北京大学政府管理学院学术出版资助

DUAL ROLES OF THE STATE

A NATIONAL INNOVATION SYSTEM APPROACH FOR DEVELOPMENT AND TRANSFORMATION ANALYSIS

国家的双重角色

发展与转型的国家创新系统理论

封凯栋 ◎ 著

图书在版编目(CIP)数据

国家的双重角色：发展与转型的国家创新系统理论 / 封凯栋著. —北京：北京大学出版社，2022.10

ISBN 978-7-301-33472-0

Ⅰ.①国… Ⅱ.①封… Ⅲ.①国家创新系统—研究—中国 Ⅳ.①F204 ②G322.0

中国版本图书馆 CIP 数据核字(2022)第 186951 号

书　　名 国家的双重角色：发展与转型的国家创新系统理论
GUOJIA DE SHUANGCHONG JUESE: FAZHAN YU ZHUANXING DE GUOJIA CHUANGXIN XITONG LILUN

著作责任者 封凯栋　著

责 任 编 辑 梁　路（liangluo6711@163.com）

标 准 书 号 ISBN 978-7-301-33472-0

出 版 发 行 北京大学出版社

地　　址 北京市海淀区成府路 205 号　100871

网　　址 http://www.pup.cn

信 公 众 号 ss_book

电 子 信 箱 ss@pup.pku.edu.cn

电　　话 邮购部 010-62752015　发行部 010-62750672
编辑部 010-62765016

印 刷 者 三河市北燕印装有限公司

经 销 者 新华书店

650 毫米×980 毫米　16 开本　24.25 印张　328 千字
2022 年 10 月第 1 版　2022 年 10 月第 1 次印刷

定　　价 96.00 元

大变局时期的回顾和前瞻

创新经济活动以及创新系统的结构性转型为什么需要国家的积极作为？这是本书试图回答的理论问题。

对于打开本书的许多读者而言，其阅读目的可能是寻找下面这些问题的答案："百年未有之大变局"对中国意味着什么？在现阶段不利的外部环境下，中国应当如何完成发展方式的转型？如何通过结构性的系统转型来加强本土自主创新的能力，从而在复杂的国际变局中摆脱被"卡脖子"的困境？那些在历史上顺利完成转型，并在工业经济上追赶甚至赶超先行者的国家，其经验是什么？本书尝试为这些读者提供一些答案。

对于经济史学家来说，在人类社会工业化和现代化历程中"为什么有的国家贫穷，而有的国家富裕"，一直是学术讨论的中心问题。而对于研究发展与创新问题的理论家而言，他们对这一问题的探索则结合了对工业技术革命、经济长波，以及各国经济模式的理解（von Tunzelmann，1995；Freeman and Soete，1997；Freeman and Louca，2001）。作为来自发展中国家的研究者，我们应该站在前人的肩上，尝试将后发国家实现有效的工业化与对领先国家的追赶的政治经济分析纳入上述传统，从而回答"在工业创新方面，发展中国家要实现成功追赶需要怎样的政治经济条件"这一问题。

1. 理论目标

本书主要以对世界主要工业国家的历史分析为基础，探讨国家在创新系统发展与转型中的双重角色。

在复杂的现代工业创新活动中，国家的参与程度与参与模式在不同的市场经济体中有所差异，但在所有成功的创新经济体中都可以明显地观察到国家的双重角色：第一重是国家作为重要的制度供给者和资源配置者，发展并维系本土高质量的工业创新活动；第二重是国家作为创新系统转型的关键推动者，即推动本土工业创新活动从原有的发展模式转向新的、更强调创造力和效率的模式。

一些读者可能会认为本书是一部典型的“国家主义”的作品。这种评价并不全面。从“国家创新系统”的视角来看，本书尝试拆解国家内部的各种行为者，讨论国家与社会的互动；从与强调市场为导向的经济学思潮对话的角度而言，本书的确在发展的价值取向上坚持国家立场。在理论分析上，本书强调政治性在发展本土创新系统和促进创新系统转型时的关键作用，但这些分析是将国家当作创新所涉及的系统性、复杂性活动中的重要参与者而展开的。从这个角度来说，创新活动的本土性以及国家作为有效的创新系统的重要参与者，是创新研究和成功发展经验中的客观事实。但大量创新活动在资源配置上的跨国性特征同样也是客观现实，因此本土性质的协调和跨国性质的协调同时在起作用。然而，由于创新活动内在的层级性、组织性和累积性，当人们尝试推动创新经济体结构性转型时，创新活动的本土性协调与跨国性协调的矛盾就会凸显出来。从这个角度来说，一个国家的创新系统转型就意味着创新活动在全球范围内的重新布置；这种重新布置不仅是绝对意义上的，同时也是相对意义上的。就此，本书的讨论的确存在李斯特（List，1885）

所说的国家主义经济学与世界主义经济学之间的张力。

本书是一本理论性著作，有着明确的理论发展意图。本书立足于演化经济学对创新和市场过程进行分析的基本框架，尝试将比较政治经济学中的格申克龙（Alexander Gerschenkron）传统和发展型国家理论融入以熊彼特主义传统为基础的创新系统性分析范式，由此解构创新活动所涉及的不同参与主体的差异化角色，为传统的创新系统分析范式注入关于结构变迁的政治经济解释；尤其是通过对危机动员和战略性资源配置等过程的分析，凸显国家在其中不可或缺的作用。同时，本书也尝试将熊彼特主义范式融入比较政治经济学分析，通过对演化理论和创新系统范式的应用，将传统主要关注“国家—社会”互动边界的政治经济学分析下沉到产业和创新活动的中微观层面，为政治经济学分析提供工业技术体系和创新分析方面的支持，从而帮助人们更好地理解发展型国家发展所面临的困境[①]。

总之，本书旨在把对国家创新系统的讨论放到后发展和结构性转型的情境中去，为研究国家的创新转型和解决传统发展型国家理论的理论瓶颈服务。对于创新研究、发展研究和比较政治经济研究等多个学科领域而言，本书做了一次融合性的理论尝试。

2. 写作动机

本书的筹备过程是一个“发现性”的过程。它最初的动机完全是

---

① 在这里，有必要对比较政治经济学中的格申克龙传统与发展型国家理论进行概念的梳理与澄清，以便读者理解全书结构。格申克龙（Gerschenkron，1962）的“后发国家的发展理论”（Late Development Theory）于20世纪60年代开始为人们所熟知，并为从20世纪70年代末期崛起的“发展型国家理论”提供了重要的思想源泉。格申克龙强调的是国家如何利用危机条件来进行社会动员，如何通过精英决策来投放战略性资源，国家内生性的独特制度构建在成功的后发展中的重要性。政治经济学家们在发展型国家理论中沿袭了他们对“国家—社会”关系的关切，但吸纳了格申克龙对于集中决策、资源动员和战略性投放的强调；同时他们的分析也纳入了更多的产业内容，比如讨论政企互动机制对于产业间协调与企业内组织生产方式的影响。

理论性的；而随着准备工作的推进，政策分析的动机，尤其是解释中国当前所面临的挑战以及展望中国未来发展道路的这一部分被发展了出来。

本书写作最初的目的是为读者提供一个关于发展与转型的国家创新系统分析框架。本书认为可以通过将国家创新系统理论范式和政治经济学中的后发展理论、发展型国家理论相融合来解决它们各自存在的理论瓶颈，尤其是尝试诠释国家创新系统学说中创新系统自身的演进问题，以及解释政治经济学中发展型国家的困境问题。

自从弗里曼（Freeman，1987）、伦德瓦尔（Lundvall，1992）和纳尔逊（Nelson，1993）等人奠定其理论基石以来，“国家创新系统”作为分析不同经济体长期发展差异的一个比较性分析范式，迄今已经走过超过30年的发展历程；而且从20世纪90年代开始，创新系统范式及各种相关的概念工具在欧美各国已经成为经济政策分析的显学。但这一范式的理论构建是以体系成熟的欧美发达国家为蓝本的，在分析动态的工业与技术追赶问题和系统转型问题时存在先天不足。然而，在创新系统范式进入发展中国家后，人们并没有重视这一范式的理论缺陷，相反更多的是将创新系统视为机械性的系统构建，强调创新系统的模板或者“最佳实践”（best practice）中各主体的静态关系，从而尝试通过简单的制度复制来解决后发展过程中的问题。这种“头痛医头，脚痛医脚”的对策思路其实是站在了创新系统理论的对立面，违背了创新活动的非线性、系统性、涉及缄默知识等一系列基本的理论常识。相应的政策建议不仅无用，甚至往往有害，更容易损害创新政策的社会认同度——人们对创新政策的质疑，很大部分是由糟糕的政策思维和政策实践带来的。其负面效应会随着发展中国家面临愈发复杂的创新竞争而不断加剧。

国际主流理论界在推动“国家创新系统”理论范式的后续发展上并不能令人满意。在进入新世纪之后，作为新的系统性分析方式，可持续转型与多层次分析等新框架成为一大批原来研究创新系统的学者的中心话题。这些新的努力刻画了根本性创新的发生与发展的过程，分析了创新发展过程中社会各子系统的互动等问题，为人们提供了一些启发性的观察视角。然而，这些新的分析框架时常给人一种“历史终结”的错觉，即它们所分析的根本性创新或者技术范式的变化，事实上都是在目前给定的社会经济条件下产生的。这些分析并未触及真实发生在后发国家的结构性变迁，或者国际条件的重要变化，因而其归根到底并不能解释启动系统变迁的动力机制。

因此，本书致力于通过引入其他的理论源泉，来构建一个针对发展中国家的国家创新系统理论框架。这个分析框架尤其强调面向发展与转型问题去挖掘国家创新发展背后的政治经济“动力学”。同时，书中对于后发国家工业化问题的研究也可能为政治经济学者提供新的思考维度，尤其书中对工业体系和创新协调的演进性分析，能为人们理解发展型国家理论的暂时困境提供新的视角。

本书的第二个目的，是为“百年未有之大变局”背景下中国的创新政策讨论提供一个启发性的分析框架。在国际政治经济版图发生剧变的背景下，本书尝试为人们寻求中国的战略出路提供参考。事实上，本书在2020年完成初稿之后搁置了许久。在本书写作的过程中，笔者有幸参与了一些政策讨论，本书不同阶段的书稿也曾作为参考读物赠送给多位政策制定者。本书的部分讨论也是在激烈论战的语境下形成的。事实上，面对“百年未有之大变局”，中国的决策者已经做了全面的动员，而当时的讨论所采用的术语概念、讨论问题的角度在过去的几年间，都已经有了翻天覆地的变化。

政策讨论之激烈恰恰反映了中国当前结构性转型压力之巨大。这种压力是由两方面原因造成的。第一方面是工业发展所带来的。随着中国工业经济的持续发展，发展本身会持续地重塑中国的投入要素结构，其中突出的表现是劳动力价格上升，而劳动力价格上升又是由生产率水平、人口受教育水平以及城市化水平的提高带来的。如果用熊彼特主义的视角来评述，那么这可以理解为创新发展带有“自我毁灭”（self- deconstructive）的内在本质，它要求生产模式的持续进步来回应生产能力的提高；否则就有可能陷入一系列困境，比如经济增长趋于停滞、劳动力在部门之间的迁移放缓、资本外流、失业率提升等，也就是学者们热议的“中等收入陷阱”。

中国所面临的结构性转型压力的第二个来源是国际政治经济局势的变化。如果说上一点主要是内因，是中国经济发展到特定阶段，结构限制了发展空间，制约了中国可持续发展能力的话，那么当前国际政治经济格局的变化便是外因，这就使得中国工业经济发展原有的动力机制难以持续。美国塑造了当今的全球经济体系，但自20世纪80年代以来，美国长期笼罩在生产资本外流、低增长高失业率的阴影下。为了创造对自身有利的变化，美国开始利用在科技、货币和全球贸易秩序中的优势地位，打压挑战者。美国通过非市场化的手段追求“制造业回流”，并通过联合日本、澳大利亚和印度等国，意图重构以美国为中心的全球产业协作链，美国的打压无疑给中国“空降”了一次系统性危机①。危机的“系统性”特征意味着，中国无法通过提高现有经济活动的边际效率来应对；中国只能通过构建新的经济空间，通过强劲的内循环来弥补外部经贸环境变化所造成的损失，同时在内循环中构造出新的创新增长机制，并以此刺激外循环，打造以中国为中心的全球创新系统。打造新的经济空间，就意味着要塑造此前在本土不存在或者并非主流的经济活动；市场主体要以与此前不一样的方式开展竞争与合作；本土创新共同体需

---

① 特朗普和拜登两届美国政府不惜打破原有的全球产业协作链，是因为美国自20世纪30年代以来其国内系统持续积累的结构性矛盾在历经20世纪80年代的“日本挑战”（Japan Shock）以及过去10年的“中国挑战”（China Shock）之后，已然无法自行调和（封凯栋，李君然，2018）。

要全新的知识公共品和创新协作议程机制。这就需要中国在工业经济领域发展出新的制度关系甚至新的制度体系。这意味着中国面向创新转型的政策任务首先应是战略性的，人们不应从中短期视角去考察塑造新空间、塑造新创新系统的政策在边际意义上的效率，更不能用财务逻辑来提前计算。

在内外双重压力面前，如何认识危机的本质，以及如何认识中国以往能力的源泉，应是首要关注的重点问题。当前的中美经贸及科技冲突背后是基于世界体系内在的结构性矛盾，因此中美双方的张力是难以通过边际上的调整来缓解的。当然，曾经幻想通过政策让步、边际调整来获得美国认同的少数国内评论家，事实上也没有深刻地认识到中国在过去几十年经济高速增长的根本源泉。因为，他们的逻辑在于预设中国的经济增长主要（甚至完全）依托于与美国之间良好的经贸关系。但事实上，中国改革开放时期的经济成长一直伴随着间歇性的外部紧张环境。在全世界将近 200 个国家中，只有少数几个国家在 20 世纪 80 年代以后获得工业经济的大发展，其中只有中国是在重压之下依然保持独立发展道路的。新中国成立后 70 多年间所塑造的本土工业体系，中国共产党在开创事业和制度改革中对于中国社会强大的号召力和动员能力，以及中国在国际社会中所坚持的政治独立性，都是使中国有别于其他在 20 世纪 80 年代后获得工业经济大发展的国家的根本原因。

然而在理论界，中国国内创新和创新政策研究，尤其是在方法和议题产生机制上，很大程度都是在中国融入全球化经济体系的过程中发展起来的，这导致其方法和议题都深深嵌入当前（此前）的全球化范式，其认知背景也深深植根于 20 世纪 80 年代发展起来的全球生产网络。这些背景长期以来给中国学者和政策研究者带来了一系列几乎未曾得到挑战和反思的关于中国发展的预设条件，包括发达国家与发展中国家的分工和技术流动关系，国际市场是中国创新发展的重要驱动力，以及全球生产网络是创新协调的重要机制，等等。但很多分析者都没有意识到，作为中国发展的外部环境，这些预设条件仅有 20 多年的历史，在逻辑上它们也不必然会长期存续下去。随着当前“大变局”的发生与发展，这些预设条件很可能会持续地发生改变。对于中国学者而言，不论是否做好了充分的准备，都将面临研究情景的巨大变化。

如果中国最终能够有效地完成结构性的系统重塑，那这一转型过程必然是政治性的和社会性的，离不开有效的社会动员。2019 年以来的“新型举国体制”正是这样一种通过重大任务机制来动员产业创新参与者，从而推动系统性转型的尝试。同时，系统重塑必将是持续性的，中国工业体系的体量及其所处的国际政治经济环境，都决定了中国的转型对于政策制定者而言必然是一个持续的“发现性”的过程，即他们会持续地发现问题和遭遇挑战。因此，转型需要在国家意志的指导下，通过定位问题和解决问题发展出一系列相关联的政策来逐步完成。在面对内外双重挑战时，世界上并不存在一劳永逸的“奇思妙想”式的对策，而任何囿于一时一地一事的盘算都是无效甚至有害的。

作为对结构性转型挑战的解答，本书主要以 19—20 世纪德国、美国、日本、韩国等不同经济体的历史经验为分析基础。尽管中国今日所面临的挑战，与历史上成功驱动系统性转型的国家有明显的差异，如二战后的美国、日本以及 19 世纪的德国，但这些国家的经验（以及中国在过去 70 多年的经验）依然是我们认识结构转型所需的战略意志、社会动员和持续性制度探索的关键学习对象。如果抛却历史性分析视角，就难以寻找有指导意义的智识。

本书写作的第三个动机是为该领域的学生提供一本系统性介绍国家创新系统范式，并帮助他们在更广视野下理解国家创新系统变迁的读物。国内不乏潜心耕耘的杰出学者，但那些长期以来在流行的大众视野下开展的关于“政府 vs 市场”的讨论往往是高度符号化的：辩论者们都倾向于将对方的观点进行极端化的诠释，即把对方强调为“市场原教旨主义者”或者“计划经济者”，以确保自己的批判看起来更有力。这就好比在战争中射击准头都不好的两个对手，他们都假想对方已经被固定在正前方显眼的电线杆上，然后他们各自架上自己的马克沁机枪进行散布式射击。这事实上反映的是辩论双方的理论能力不足，以至于辩论只能在极其符号化的层面上开展。而这些辩论更多只是体现了我们在面对理论不足时的焦虑，而无法为我们提供解决问题的道路指引。

这本书最早的写作动机也与发展相关课程和教科书的计划有关。在我刚回国时，创新政策研究的老前辈顾淑林老师就曾经提议笔者写作一本系统性梳理和讨论国家创新系统的专著，同时还商量是否要一起开设一门相关课程，当时顾老师还在同济大学中国科技政策研究院给学生和青年教师们讲课。但不料略一踌躇，时间就被各种事务填满，再回头数年光阴已逝，已经到了再不着手完成这一任务就无颜面对顾老师的地步。在内容上，本书也与最初的设想有比较大的差异。我依然需要在将来多花几年的时间，才可能兑现一本教科书的承诺。

3. 致谢

本书得到了北京大学政府管理学院学术出版资助项目和国家自然科学基金（项目号：71673012）的支持。此外，本书的写作还要特别感谢两个群体。第一个群体是我的学生，尤其是自 2011 年我任教以来、参与了我多门研究生课程的数百名学生。参加过我各类研究性课程的学生中有中国学生，也有来自欧美发达国家、亚非拉发展中国家的学生。而在过去的 10 年里，我所开设过的、与本书内容有紧密关联的课程有：“创新与经济发展战略”（Innovation and Strategy for Economic Development，英语授课课程）、“现代经济制度史”、“演化理论基础”、“工业化与市场经济”和“全球视野下的中国工业与经济发展”等。在这些课程中，我们主要采用国际学术界相关的经典文献和前沿文献作为阅读和讨论的主要材料。其中不少同学后来在自己的学位论文中，发展了与国家（及地区、产业）创新系统相关的研究；有几位博士生同学已经成长为国内高水平大学的教师，也在教授相关的课程；还有一位非洲同学在获得北大的MPP（公共政策硕士）学位后，返回了自己的祖国，在大学里以我的“创新与经济发展战略”课程为蓝本，也开设了一门相似的创新政策研究课程。在这些课程中，我和同学们以课堂讨论、邮件来往和课程论文等多种方式开展了大量的讨论。同学们的好奇心促进了我进一步的思考，与同学们的讨论也构成了本书重要的灵感来源。希望这本书的出版能够成为给以往的学生的一份礼物，也希望它能够帮助将来的学生更好地理解创新和发展转型问题。

本书要感谢的第二个群体是我的老师们。我在求学阶段是特别幸运的，曾得到来自国务院发展研究中心、清华大学和苏塞克斯大学多位老师的悉心教导。我在学习创新理论与创新政策分析的过程中，分别接受了高世楫老师、薛澜老师、路风老师、尼克·冯·图兹曼（Nick von Tunzelmann）和爱德·斯坦穆勒（Ed Steinmueller）的教育和培养；同时，我还有幸能一直从顾淑林老师处得到指导，从亦师亦友的沈群红老师处受益良多，而威廉·拉佐尼克（William Lazonick）也待我如其学生，书中大量观点都受益于这些老师的指导和启发。但在众多老师之中，本书要特别献给我2004—2010年在苏塞克斯大学科学政策研究中心攻读博士学位期间的主导师尼克·冯·图兹曼教授。他在20世纪70年代之后，一直是创新与创新系统研究领域的重要学者，并长期担任*Research Policy*和*Industrial and*

Corporate Change 等重要期刊的主编，也是欧盟和联合国等组织重要的政策专家，同时他本人还是卓有建树的工业史学家和经济史学家。我在求学期间曾多次与尼克讨论到国家创新系统范式中的诸多问题，他的见解给了我很多启发。然而很不幸，他从 2008 年开始患病，于 2010 年见证了我的毕业后就不得不退休。2019 年夏天，也是我的上一部专著 *Innovation and Industrial Development in China: A Schumpeterian Perspective on China's Economic Transformation*（劳特利奇出版社出版）的截稿当日，得知他在长期忍受病痛折磨之后最终离开了人世。这对于我来说是难以言述的一天，以至于不敢回忆当日。也从那一天开始，我深感自己必须动笔写这样一本作品，以这样一种形式，将他对我的影响总结、整理和发展下来。如果说学术思考是生生不息代代相传的接力，我会努力地跑好自己的这一棒。

本书在写作过程中，有多位学生和挚友为书稿的写作提供了直接的帮助。博士生纪怡、陈俊廷和硕士毕业生魏莹分别在不同的阶段为本书的文字修改润色提供了大量帮助；赵亭亭、余嘉俊、李君然、姜子莹四位博士已经成为国内一流大学的青年教师，与他们的讨论激发了我在本书中多处思考；挚友唐奇为本书的写作提供了大量帮助。此外，还有许多同事和学生也为我的写作提供了帮助，受限于篇幅，便不再具体致谢了。

我还需要特别感谢北京大学出版社的梁路老师，感谢她在初稿完成后 2 年时间里给予我巨大的宽容和耐心，更要感谢她极高的专业编辑能力；她为书稿所提供的修改建议和编辑工作让我叹为观止，没有她本书是完全不可能与读者见面的。当然，本书所有可能存在的错误和不成熟的观点均由我本人负责。

本书是我第一本中文独著。当我还是博士生，可以信马由缰地评论师长们的作品时，我总以为自己将来的著作一定会在深思熟虑、百分之百准备充足的条件下写作完成，以至于认为自己将来的作品可以是完美的、经得起新一代年轻学子挑剔的。然而事实恰恰相反，我迄今为止出版的每一本书籍都是在“紧张仓促”的写作和修改中完成的。本书的写作和修改长达 3 年，这使得我无法再从时间上找借口。我开始意识到写作的仓促是必然的，因为不仅仅我所讨论的对象（中国的工业经济和它的内外环境）一直处于变化中，而且我自己的想法也在实践中、在参与并回应争论中不断发展。我们在前进，这使得我们永远无法追上明天的自己，所以仓促感甚至压迫感几乎是必然存在的，而重要的是我们不会因此停止前进。

封凯栋

2020 年 8 月第一稿

2022 年 6 月第二稿

目 录

导论　国家与国家创新系统

“研究市场经济就是研究一个演进的过程……（创新）不断地从经济体内部革新它的结构：不断地破坏既有的结构而创造出新的结构来。”

——约瑟夫·熊彼特

0.1　系统性危机及其积极影响

在奥巴马2011年1月25日的国情咨文中，在论及美国在阿富汗和伊拉克的战争，以及美国与印度、韩国、中国的贸易协议等诸多重要事项之前，奥巴马强调美国民众当前正面临着一个“卫星时刻”（Sputnik Moment），即在科技领域保持竞争力的重大危机。奥巴马指出，对照中印等国的迅速发展，美国正面临竞争危机，只有通过创新才能保证美国在全球的竞争力，并创造大量就业。奥巴马试图以“卫星时刻”这一在美国政治社会生活中具有标志性意味的话语凝聚全体美国人的共识，推动改革并重塑美国，以确保美国在21世纪立于不败之地。

在这一背景下，奥巴马强调美国将增加生物医药、信息技术和清洁能源等领域的研发投资，来增强美国在全球的竞争力，并创造大量就业岗位。

“卫星时刻”在美国是一个不常被采用，但具有特别政治意涵的术语。它表述的是美国的竞争对手已经在关键领域获得相对美国的重大领先，美国的国家安全和全球竞争力岌岌可危的历史性时刻已经到来。作为一个专用术语，它是美国试图动员社会以进行结构性转型并有效应对危机的政治口号。

“卫星时刻”这一说法的出现要追溯到 1957 年 10 月，当时苏联出人意料地成功发射了人类历史上第一颗人造地球卫星——斯普特尼克 1 号（Sputnik 1）；紧接着在 11 月，苏联又成功发射了第二颗人造地球卫星。苏联连续成功发射卫星的事实，意味着美国人此前对苏联科技水平的判断是错误的，美国不得不接受苏联在太空探索和导弹等关键技术领域超越了自己。对于美国来说更糟糕的是，美国回应这一系列挑战的第一个大动作，即在 1957 年 12 月由美国海军发射的“先锋号”（Vanguard 1），竟然因为准备仓促而在万众瞩目之中失败了。

1957 年的“卫星时刻”给美国民众带来了巨大的恐慌，因为这意味着在与苏联的冷战中美国很可能已经开始失去科技主导权。这种恐慌对于当时的美国社会来说并不陌生，因为在第二次世界大战中，德国在一系列军事科技如潜水艇和导弹研制领域的领先优势同样对美国造成了巨大的压迫。当时美国的科技精英们也推波助澜，让公众更感危急，尤其是在苏联发射斯普特尼克 1 号后，前福特基金会主席、兰德公司创始人罗恩·盖瑟（Rowan Gaither）递交给美国总统的《核时代的威胁与生存》（“Deterrence and Survival in the Nuclear Age”，常被人们称为“盖瑟报告”）在 1957 年 11 月下旬被人有意爆料给《华盛顿邮报》，进一步强化了美国社会对巨大危机的认知。

1957 年的“卫星时刻”最终推动了美国发展历程中最重要的一

次系统转型[①]。事实上这一转型早在 1945 年就开始酝酿了，当时美国在二战中的科学家大军的领袖万尼瓦尔·布什（Vannevar Bush）认为美国必须对欧洲大陆（尤其是德国）在科技上的领先地位做出回应，为此他在 1945 年向美国总统递交了著名的报告《科学：无止境的前沿》（“Science，The Endless Frontier”，常被人们称作“布什报告”）。在该报告中，万尼瓦尔·布什强调美国应该在战争结束之后依然保持战争时期大力投资科技研发的做法，而不是退回到战争之前的状态（Bush，1945）。布什的主张虽然被精英们广泛接受，但美国社会依然对国家是否应当直接资助除了基础科学研究以外的其他科研活动存在疑虑，因为后者必然会与特定的私人利益有关（Stokes，1997）。同时，布什建议成立一个全国统一的由科学家主导的国家科学基金会［布什等科学家精英对美国国家科学基金会（National Science Foundation，NSF）最初的设想］的主张，在不同党派、不同部门之间引发了争议，这也拖延了美国战后新体系的形成进程（Wang，2008）。

但“卫星时刻”改变了这一切。巨大危机的冲击使得美国社会在短时间内就搁置了争议，迅速建立起新的机构、新的制度和新的体系。而自此之后，美国社会对科技重要性的认可度一直稳定地处于高位（封凯栋，李君然，付震宇，2017）。在此基础上，一系列“任务导向型”项目在美国铺开，首先是在军事科技领域，然后迅速地扩散至能源、卫生健康等领域。如美国著名的国防部高等研究计划局（Defense Advanced Research Projects Agency，DARPA）于 1958

① 在美国的历史上，能与 1945—1957 年的国内争论与国际危机所推动的结构性转型相比的，可能只有 18 世纪末的转变。当时的争论同样是由战争危险和军事技术危机推动的，即美国与法国之间的 XYZ 事件。受该事件影响，美国战争部决意要扶持一个高质量、标准化、大规模的军工生产体系，这直接开启了美国在整个 19 世纪可互换零部件体系和标准化生产的管理革命，这一变革最后塑造了美国的科学管理革命与最终在 20 世纪初成型的大规模生产体系（Mass Production System），从而助推美国工业经济在 19 世纪末从规模到生产能力全面超越当时工业世界的领头羊英国。

年成立，专门资助前沿开创型的技术研发活动[①]。同时，美国国防部和精英大学还创办了专门支持前沿技术进行商业转化的风险资本，联邦政府在若干重点领域开展了政府引领的长期资助项目（Mazzucato，2013）。更重要的是，国家开始在全社会的科研投资中扮演领航者的角色。在此，我们必须指出，在二战之前，美国联邦政府甚少参与工业技术研发活动，只在第一次世界大战期间因为军需问题组织过工业界的联合开发以克服当时的技术瓶颈（Mowery and Rosenberg，1998）。美国国会曾在1884—1886年专门成立了艾利森委员会（Allison Commission）来审查广义上受到联邦资助的科技机构（当时主要是海岸和大地测量、地质调查、气象和海军水文机构），而当时美国政坛的主流论调依然不认可联邦政府在科技事务中扮演积极角色，国会认为美国宪法并没有为联邦政府直接管理科学事务提供依据。而在二战后，美国联邦政府和军方充当着美国社会科技研发的指挥棒，它们在20世纪80年代之前一直提供着美国全社会研发支出的二分之一到三分之二的资金，毫无疑问成为美国创新投资的第一推动力（Mowery and Rosenberg，1998）。其他工业发达的市场经济国家如德国、英国和法国等也从未达到过这样高的比例；即便在现阶段，美国联邦政府的研发支出依然占全社会相应总支出的30%上下，显著高于包括中国在内的大部分大型经济体[②]。

---

① DARPA在促进前沿技术进步、完成技术的工程化和商业化方面非常成功，引得能源部和国土安全部等一系列美国联邦部门纷纷效仿，建立起同类的、专门负责技术创新事务的管理机构，甚至机构名称都包含“ARPA”（Fuchs，2010；Weiss，2014）。其中，2002年，美国成立首个类DARPA的机构——国土安全高级研究计划局（Homeland Security ARPA，HSARPA）；2006年设立了服务于整个美国情报界的情报高级研究计划局（IARPA）；2009年设立了面向低碳技术的能源高级研究计划局（ARPA-Energy，ARPA-E）。

② 以2008—2013年为例，美国联邦政府研发支出占全社会支出比在26.71%—31.39%间波动，平均值为29.54%；而2015年中国政府的研发支出占比仅为22%（美国数据来自NSF，“Science and Engineering Indicators 2016”，https：//www. nsf. gov/statistics/2016/nsb20161/#/data，2022年6月22访问；中国数据主要依据国家统计局所公布数据计算得到，http：//data. stats. gov. cn/easyquery. htm? cn=C01，2022年6月22日访问）。

也就是说，联邦政府角色的转变为美国社会的经济生活塑造了一组此前未有的制度逻辑，即政府介入并大量投资于私人产业部门的科技活动是正当且必要的，大学等科研系统接受将自己的研究与人才培养活动建立于军事技术需求、私人部门研发委托和联邦科研项目的基础上；同时，美国还新设了一系列机构、项目和基金，并配以相应的法律、规章制度来形塑新的系统。

基于这一转变，美国奠定了其产学研军政相结合的现代科研经济体系。随后为了促进这一体系科技成果的扩散，美国还出台了国防采购体系内的强制性技术扩散条例等政策举措；从 20 世纪 60 年代开始，先是军方，然后是能源部等联邦机构，继而是公立大学、私立大学，这些公共部门与准公共部门逐步开始设立风险基金以鼓励其科研体系的成果转化；20 世纪 80 年代，美国通过了以《拜杜法案》为首的多项法律，授权并促进联邦政府与军方所资助的科研项目成果经由科研人员私有化之后进行商业化开发。这些制度建设实质上重新界定了公私所有权之间的边界，并且畅通了科研成果的转化路径。其中，人们普遍熟知的现代创新经济模式，尤其是硅谷经济模式（也包含今日诸多流行的术语如开放式创新、模块化创新、集成创新等）都源自这一系统性的转变。可以说，“卫星时刻”所推动的系统性转变塑造了一个全新的美国科研体系，为美国在创新经济中赢得持久的霸权地位奠定了基础。

上述事实表明，成功的系统性转型依赖于社会对危机的认知，以及国家有效的社会动员和制度构建工具。这些条件也意味着，“危机并非总是好的”，而且并不是每一次政治领袖或精英集团推动系统性转型的尝试都会成功。事实上，大部分动员或尝试都无疾而终。例如，前文提到的奥巴马在 2011 年的动议，最终成效仅体现为对新能源产业的补贴政策等一些行业性举措；而奥巴马所依托的科技精英们，在高流动性的金融资本的支持下，更青睐全球化协作，并没有认定美国正在遭遇系统性的科技领导力挑战。此后的特朗普政府不仅没有使用“卫星时刻”这样的政策口号，甚至一直都在尝试取消制造业扩展伙伴计划（Manufacturing Extension Partnership，MEP）[①] 等高技术政策项目。可见，危机并不必然会带来积极影响。但需要承认的是，在塑造现代创新经济模式的历程中，美国每一次结构性转变和重要的制度重塑，确是以影响重大的系统性危机作为前提的[②]。

0.2 创新系统与系统变迁

前面尝试通过分析美国在走向全球创新经济霸主道路上的一次重大的系统性转型，即以 1957 年“卫星时刻”为触发事件的创新转型，为读者展现国家在创新经济中发挥的两种不可或缺的作用：通过进行社会动员来推动系统转型，以及为新的系统奠定制度基础、构建创新互动空间。要想理解市场经济体自身的发展规律，理解经济体在国家竞争背景下的发展演进，我们必须深刻理解国家在现代创新系统中的角色，同时必须运用有历史视角的国家系统分析方法。因为国家不仅在静态的创新活动中扮演着关键性的角色，更重要的是，完成整体创新系统的有效转型几乎只能依靠政治性力量来主导。正如上述案例所凸显的，有效的结构性转型所带来的绝不仅仅是现

---

① MEP 计划起源于 1988 年美国为了应对日本制造业的冲击而启动的政府项目，该项目主要是为激励美国制造业（尤其是中小型企业）采用先进技术、提高生产力而设立的，是美国联邦政府为了本国工业技术竞争力而主动介入竞争性领域的代表性政策之一。

② 例如，1980 年的《拜杜法案》及整个 20 世纪 80 年代美国所通过的一系列促进技术转移、技术扩散和商业化的法案，都是以越南战争和后续美苏冷战所带来的巨大的财政支付压力为背景的。而 20 世纪 80 年代中期之后美国所通过的 ATP 计划（Advanced Technology Program，先进技术计划）、MEP 计划和 20 世纪 90 年代的信息高速公路计划则是以日本在制造业和生产效率方面对美国形成严峻挑战为背景的（Wang，2008；Weiss，2014）。

有经济活动在量上的增长，更重要的是它开拓了新的经济空间，形成了新的工业活动关系。纵观工业革命以来市场经济的关键演进历程，背后的推动力正是这样的结构性转型（在不同的阶段往往由不同的国家完成）。

然而，在系统分析中，最关键的是研究特定社会运动下制度的结构性重塑，正如熊彼特所说，“研究市场经济就是研究一个演进的过程……（创新）不断地从经济体内部革新它的结构：不断地破坏既有的结构而创造出新的结构来”（Schumpeter，1976：82-83）。一般而言，新的制度结构或者新的重要制度的形成，往往离不开相应领域内重要的社会动员和战略决策。因为新的制度结构的塑造通常涉及社会资源投资结构的转变，涉及所有权机制、价格机制和人力资源供给的系统性变化等，如果没有社会危机可用来构建制度变迁的合法性，一个国家是很难完成重塑制度所需要的社会协调的。重要的制度逻辑无法在政策工具的边际修正中形成，新的制度的有效塑造需要相应的社会动员作为条件，而后者往往要以社会系统性的或者部门性的危机作为前提。这实际上是格申克龙传统在讨论后发国家的追赶式发展时的两大核心命题之一①。

此外，系统性转型的开启也意味着国家在孵化新的创新系统，重新塑造有效的创新竞争市场。创新活动的互动性特征决定了有效的创新竞争市场必定是“受组织”的，市场参与者传递的信息远远超过交易的价格信号，它们有组织地投入资源，发展特定的交流方式并建立信任关系，同时互动性也为应对创新在演进性过程中不断增加的不确定性提供了答案。创新互动实践与受组织市场的本地性特征都意味着国家必须成为新的创新系统的参与者，为创新的互动网络提供资源供给与制度安排。更进一步，这一创新竞争市场的持

---

① 在格申克龙传统中，成功追赶式发展的两个核心命题是：国家需要利用危机来完成社会动员，同时国家还要发展出有效的资源动员机制来启动工业化进程。

续动力来自知识在私用部门与公用部门[①]之间的转化与平衡，为了维系这一动态平衡，国家需要在教育、科研、公用知识传播等方面投入大量资源，并塑造出一系列规制性政策，在激励创新的同时避免其被少数行为者垄断。显然，仅仅依靠市场自组织力量是无法实现这一目标的。

要理解国家的双重角色，就需要我们重新审视对国家创新系统的讨论，那些尝试进行简单的政策工具（或政策链）比较、简单的政策学习或政策复制的做法尤其值得质疑。因为简单的政策复制不仅难以起效——因为新的制度安排往往缺乏足够的基础性或者辅助性制度的支持（这种支持在仿效他人成功经验的国家中可能并不存在），更可能难以落实（新的制度安排所需的社会协同条件可能在该国并不存在）。以创新活动中的中介组织为例，中介组织在合适的环境下能够对创新扩散及应用起到很好的促进作用。然而，中介组织的有效发展需要相应的资源配置，以使技术中介活动的成本项得到回报，这些成本项包括：在中介环节完成的知识编码、转译和重新组合，人力资源的组织化，为跨部门合作提供有效的激励机制，以及为中介过程中的技术所有权转移而发展出的制度性安排等。这些资源配置往往需要跨越不同的部门进行广泛的动员和协调，往往也需要进行重要调整，从而促进新的结构的形成。同样，在另一种情

① 在本书的论述中会出现两组对应的词，公用知识（或公用部门）和私用知识（或私用部门），以及公共部门和私人部门。第一组，公用知识与私用知识是在工业技术知识的背景下定义的，“公用”强调的是某些知识对于相应的国家和相应的产业共同体内的大部分成员是可以获得的，例如人们通过接受大学教育，通过学会和行业协会内的交流机制，通过同行之间的信息传播等获得知识；而“私用”强调的是私人企业为了自身利益而制造出来且尚未被产业共同体所掌握的知识。公共部门和私人部门在本书更多强调的是相应部门的所有权属性，即“公共”指的是不属于“私人”所有的。之所以做这样的区分，主要是在工业实践中，人们在公用部门掌握的知识也可以是私人所有的（例如专利知识），但这些知识已经被人们所熟知并应用于产生新的知识的过程中；而在私用部门中，人们所生产或利用的知识未必有明确的产权，例如秘而不宣的个人诀窍等。

形下，有效的创新系统完全有可能并不需要一个“显著”的创新中介部门就能实现相应的功能，只要相应的功能在其他部门中能够有效运作起来——当然这也需要另一套制度结构来支撑。此处讨论的核心是：创新系统分析强调的是制度关系的发展，而绝不是政策建议者臆想的那样，只要给一些机构挂上带有“中介”二字的牌子，这些机构就能起到真实的创新中介作用。可惜的是，在过去20年里，这种“幼稚病”般的主张在政策实践和创新研究中俯拾皆是。

在国内，另外一个流行的错误是关于政府与市场的关系的。很大一部分学者（不仅仅是新古典经济学家）预设市场机制提供了更有效率的资源配置方式，甚至大量研究创新和创新政策的学者同样如此。而这事实上是与主流的创新理论中的一些观点，如把创新活动理解为涉及多元参与者的互动式过程，以及创新发展的非线性、系统性等的本质属性完全相悖的。在后者的概念中，市场本身也是动态的、被塑造的。然而，不少学者只是将创新当作一种管理现象，或者计量经济学的一个变量，而根本不理解也不理会熊彼特关于创新与市场经济关系的核心表述，即创新通过“创造性破坏”不断重塑市场经济生态（Schumpeter，1976）。这类研究更像是“以创新为题材”的作品，而远非真正尝试理解创新现象的研究。真的创新研究“必须在不停歇的创造性破坏的风暴里，它（创新）所扮演的角色当中去看待它；如果我们无视风暴，或者假设风暴后有长期的平静，那我们就无法理解它”（Schumpeter，1976）。

更常见的错误是人们对转型发展期政府角色和产业政策的理解。近年来，在“小政府”的流行理念的影响下，不少对产业政策相对友好的学者也认为产业政策应当是可考核、可评估的（Rodrik，2007）。然而如果这些学者是以“市场失灵”（预设市场是资源配置的最佳机制）为出发点来思考政府在创新系统中的角色的话，那么政府的政策和举措本来就应当是“不经济”的，否则这样的行为就应当由市场主体来完成。而如果他们认同国家的角色是要促进发展模式的转型，正如美国在“卫星时刻”后的转型那样，政府的核心任务本就应当是通过资源配置来开拓新的经济空间，这些举措更不可能用静态的“经济理性”来度量。所以，无论是从“小政府”的理念还是从“市场失灵”的角度出发考虑政府在创新活动中的角色，基本都会陷入理论上的自我冲突，更无法真正解释为何积极的政府角色往往是成功的创新经济体中不可或缺的部分。

0.3 将历史制度分析传统带回国家创新系统

改革开放之后，中国经历了长期的高速发展，又在近10年走进了一个历史性的转型期。转型的迫切性固然与以美国为首的西方国家的贸易保护主义和冷战思维的回潮密切相关，但同时也是中国现有发展模式遭遇瓶颈的表现。自20世纪80年代中期以来，中国国内工业部门长期实行国际技术跟随战略，同时通过推进国内劳动力在部门间转移（从农业部门到工业部门）来获得经济规模的扩张和工业技术的渐进性改进。这一模式遭遇瓶颈有两种意涵：一是中国的制造业已经获得长足发展，尤其是在大宗工业制成品方面，如石化、水泥、机电、汽车等诸多大类，中国已拥有世界上最强大的生产能力；二是由原有资源配置结构（包括资本和人力资源）所支撑的经济系统已经不再具备充足的增长空间和潜力，因而需要进行有效的调整。随之而来的问题是——往哪个方向调整？如何调整？成功国家的转型经验应该能为上述问题提供一些答案。对于中国的研究者与政策制定者而言，其重要使命正在于深入研究成功国家的转型历史，进而深刻理解国家在创新经济中的双重角色。

本书通过将格申克龙传统与发展型国家理论融入创新的系统性分析方法完成理论构建，强调国家创新系统分析对历史研究传统的回归。本书所强调的正是熊彼特传统对市场经济体系分析的核心，即分析其内部结构是如何不断被创新摧毁和持续重塑的。只有回归历史分析，才能真正挖掘一国创新经济生命力和竞争力的根源，而不仅仅是对创新系统进行静态的机械的刻画。在弗里曼晚年最后一篇关于国家创新系统的理论文章中，他把那些主要聚焦于国家创新系统中不同参与者的行为和相互关系的研究称为“狭义上的创新系统”范式；而他所定义的“广义上的创新系统”研究则正是利用历史分析的方法，通过辨析在不同的国家中，不同的社会子系统的变迁如何共同塑造了特定的工业经济模式，来解释各国在竞争力和发展道路上的差异（Freeman，2002）。

本书的第一部分采用演化视角阐述创新的互动性过程，诠释工业技术经济的“国家系统”意象是如何形成的，以及对创新活动的分析为何需要系统视角两个问题。首先介绍系统性的创新分析视角是如何在 20 世纪 80 年代被学者和政策分析者“重新发现”的；其次扎根于演化理论基础，通过对经典理论的再发展，运用具有代表性的产业演进案例，说明创新活动的竞争机制是一个“受组织的市场机制”，由此强调制度供给而不是纯粹的“市场自组织”机制在创新活动中的重要性；最后以欧美等成功的创新型国家为例，说明国家在资源配置和制度供给两方面对现代创新经济不可替代的关键作用，由此将“发展型国家”角色与市场机制结合起来，超越简单化的“市场 vs 政府”二分法，并为第二、三部分的系统动态分析奠定基础。

对于中国读者而言，关于创新系统这一话题，最具现实意义的探索是寻求有效推动创新转型的路径；而静态的系统分析难以为系统转型问题提供足够有益的探索。因此，本书的第二部分侧重宏观视野的系统变迁分析：首先强调危机动员和明确战略导向的集中决策在驱动经济系统转型中的重要性，由此将格申克龙传统与创新系统理论结合起来。随后以德国和美国等数次成功实现经济系统创新转型的国家为例，刻画国家通过关键制度的重塑和战略性资源的重新配置来驱动创新经济体系转型的过程，力证尽管创新有赖于开放性的市场竞争，但其基本制度逻辑的构筑却是由国家通过危机动员和集中决策来完成的。至此，本书完成了创新系统分析与比较政治经济学的“国家—社会”关系分析的融合，进一步论证了国家在持续塑造市场体系过程中的重要性。

第三部分是对本书理论框架的运用与深化。这一部分最终的落脚点是对中国的讨论，但也对与中国有一定相似性、在二战之后实现工业化的其他国家进行了分析，并在此过程中解构了国家双重角色之间的逻辑关联。首先，本部分展现二战后东亚经济体成功进行快速工业化的兴起过程；其次，讨论这些经济体所遇到的创新转型瓶颈，进入对比较政治经济学中普遍存在的“发展型国家衰落”观点的理论讨论。该部分重点分析“发展型国家衰落”的国际政治经济环境根源，即在二战之后所形成的以美国为中心的全球经济体系，这一体系以美欧跨国企业对全球产业活动的协调为核心，而不仅仅是以全球性商品贸易为核心。这一体系的发展及相关资本的全球性流动，在事实上为后发国家的转型升级制造了制度性（协调性）障碍，加剧了各国转型的困难。本书的分析尝试为后发国家系统转型指明方向。

同时，第三部分还将分析传统发展型国家政企互动机制的僵化。政企互动机制作为国家从产业界获取信息的网络，是国家在发展过程中贯彻自身战略意志的基础；随着发展目标的变化，原有的政企互动机制会出现结构性的不适应，而这导致了部分学者所哀叹的“追赶的极限”（王振寰，2010），让部分学者与评论家质疑在创新经济或创新转型中国家参与的有效性与必要性。而本部分强调，这种困境的本质在于国家嵌入社会的方式不适应新阶段的创新发展，也就是说它是国家创新系统的结构性问题，并非否定政府在创新发展中扮演角色的必要性。国家在创新系统中的双重角色表明，恰恰只有国家才能完成政企互动机制的重塑，同时国家也必须完成对政企互动机制的重塑。本部分结合前文的格申克龙传统，运用演化理论中核心惯例与开放式制度实验的讨论，探讨国家驱动政企互动模式转型中潜在的制度路径。

本书第三部分最后落笔于对中国转型过程及转型任务的讨论上。本书回顾了自新中国成立以来中国两次重要的转型及前后三个阶段的国家创新系统，并将中国创新经济的系统转型解释为自改革开放以来中国内在转型动力与外部环境转变双重因素作用的结果。正是第二次转型的不彻底，使得中国在国际经济体系发生重大变化时又面临了重大挑战。

本书的结语部分为全书的总结。现阶段中国转型的根本任务在于重塑国内政企互动的机制，并使之为与创新相关的信息在多元参与者之间有效流动服务，由此为国家准确地驱动战略性资源的配置提供必备的知识基础。在这一基础上，本书审视当前国家倡导的“新型举国体制”等新的政策举措，认为它们有通过任务导向的重大任务机制来构建中国创新经济内循环的潜力。因为这些政策举措一方面能够通过国家对工业和科研的动员来解决集体行动困境，从而解决发展本国创新共同体中缺失的基础技术和关键技术的问题，为本土创新提供知识公共品，使得更多的企业能够进入相关领域的创新竞争；更重要的是，这些举措能够在执行重大任务的过程中形塑新式的“政府—工业—科研”协调机制，使得本土各部门的创新参与者能在竞争之余，形成定义重大技术问题、形成议事日程、发展技术标准等公共事务的共同体。因而“新型举国体制”可以是促进有效的创新市场机制形成的关键手段。

0.4 本书的分析框架

本书的分析部分主要包括三部分共九章。分析框架如图 0-1 所示，该框架旨在提供一个直观的理论结构概览，帮助读者理解一般性的创新市场竞争活动、创新活动背后所需的制度支持以及创新系统自身作为一套制度构建这三层逻辑之间的关系。

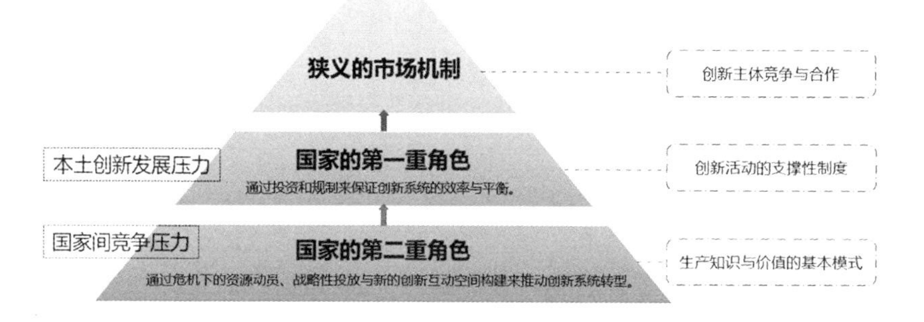

图 0-1　本书的分析框架

第一层即不同企业通过创新开展竞争以获得市场优势，是通常被人们定义为“市场机制”或者“创新市场经济”的部分。事实上，由于创新活动的复杂性、集体性、累积性和不确定性，即便是这一层的活动也不是由新古典经济学强调的“完美市场”所规制的。

第二层是国家参与提供的对创新竞争活动的支撑性制度，尤其是创新活动在知识生产与知识转化方面的基础制度。其中，基础性知识生产，包括大学教育、基础科研以及社会制度对个体知识生产的激励机制等，决定了一个社会经济体的静态创新效率。因为创新活动归根到底需要立足于社会的知识存量和增量，其中大量关键知识的生产过程并不符合市场经济逻辑，这类知识的生产并不会为其生产者带来经济利益，所以需要由政府介入来提供，或者促进其他主体予以提供。更重要的是，创新活动的互动性机制，涉及不同主体、不同部门之间的知识转化，涉及知识性资产的所有权交易，决定了创新活动在公用部门与私用部门之间的平衡。知识转化保证了全社会进行知识再生产的能力；而所有权交易则保证了对个体创新的激励。这些机制毫无疑问都是由国家提供的。由此，通过投资和规制的手段来保证本国创新系统的效率，以及本国公用部门与私用部门之间的平衡，是国家在创新经济中的第一重角色。

第三层结构定义了创新活动的核心价值生产模式，即一个社会经济体中最关键的价值创造模式，例如一个国家的经济到底是以熟练制造为核心，还是以前沿科技的生产及其产业化为核心，等等。这层结构具有突出的国家特征，以至于当今主要的工业化国家虽然都是市场经济体，但其创新经济活动依然具有长久的、鲜明的国家特点。当然，真实世界中的经济活动难以用完全类型化的描述来分类，但这些“关键的价值创造模式”事实上反映了人们在配置战略性资源时的优先选择。例如，美国从二战之前的以大规模生产制造为核心的创新经济模式，转向以前沿科技的生产及转化为核心的模式，就涉及社会在配置新的战略性资源时到底是以拓展大企业的生产性组织为核心，还是以强化其“政府—军队—大学—工业”的复合体为核心。核心价值生产模式的转变意味着国家创新系统的结构性变迁，它需要国家在重大系统性危机时刻通过战略性资源配置的系统性调整来驱动，而这样的过程在本质上是政治性的。推动创新系统的转型，是国家在创新经济中的第二重角色。

事实上，尽管全球化不断向纵深发展，国际经济网络与技术网络的基本稳态仍然是一个受政治、军事、经济等多种因素综合影响的层级体系。国家间开展着激烈的工业竞争，目标是在全球生产体系中抢占更有利于利润分配的位置。而利润分配位置又是由各国创新活动的核心价值生产模式所决定的，因此国家间的竞争压力最终将转化为对维持国家创新系统效率与平衡的要求，转变为对本土创新能力和工业竞争力的要求。

本书的三个部分分别回应了上述分析功能。其中，第一部分的任务是引入并介绍国家的第一重角色。以熊彼特主义经济学传统来解构复杂创新活动本质上所蕴含的组织性机制，从而解释为什么自由市场并不是创新活动有效的制度基础。有效的创新经济活动必然是“受组织”的，国家对知识生产与转化的基础设施及相关组织性机制进行投资，扮演着制度构建、政策执行的角色，这是维系公用部门与私用部门在知识生产与转化之间动态平衡的关键。如果这一组关系失衡，那么创新经济体要么会倾向于寡头垄断而失去创新活力，要么会因为公用部门知识积累不够而导致整体竞争水平低下。随着本国创新经济的不断演进，国家还需要持续调整政策举措，转换激励及规制的重点，以保证创新的社会化活动在不同功能中的动态平衡。

第二部分的任务是介绍国家的第二重角色。以经济追赶研究中的格申克龙传统为基础，通过分析美国和德国等历史上成功实现创新系统转型的国家，来强调危机动员机制、集中决策和战略性资源配置在推动系统转型中的决定性作用。由于系统性转型是对新的价值创造机制的塑造，其对资源配置的结构化调整远远超过了市场自组织的范畴。结构性转型需要国家通过社会动员来获取战略性资源，需要集中决策来完成对资源的配置，需要将战略性资源投放到选定的发展方向，孕育出创新主体之间的互动机制，并通过在一定时期内持续的战略性行动来为相应互动关系的能力积累提供基础，从而推动新的市场“自组织”机制的成熟。

本书的第三部分对国家双重角色进行了综合，并阐述二者之间的逻辑关联。这一部分将发展型国家理论与创新的系统性分析范式结合起来，强调在国家主导下“国家—社会”和“政府—工业”互动机制的重塑，以及国家所推动的战略性资源配置的调整对以上重塑过程的重要性。国家撬动创新系统转型的过程是一个带有引导性的开放式过程，国家的战略性行动并不能直接塑造新的创新系统，但它能孵化新的创新系统，并为其提供制度框架与发展空间；它推动系统转型的路径是选择特定的发展方向，并为这些方向中的核心机制提供关键的资源配置，使其他相关的创新互动性关系围绕核心机制逐渐成长起来。

第一部分

国家作为创新系统的参与者

在学者的讨论中，事实上存在两个“国家创新系统”。第一个是考察创新活动的成因及绩效的一种系统性分析视角；而相比那些主要在经济维度上考察且主要考察若干独立变量的分析方法而言，国家创新系统可以是一种理论范式。严格地说，它是一个分析视角，“系统”作为“范式”的定语说明这个视角强调的是，对创新发生发展的分析与理解应当放在一个系统性而不是单一性的视角下。第二个则是指一种以国家整体工业竞争力为考量的实践活动，它指的是两个要素的结合：人们有关国家整体工业经济活动的思想和情感，以及人们为该思想和情感所开展的带价值取向的实践活动。

当然，在部分读者和研究者的认识中，还存在一个关于国家创新活动的、由带明确功能的不同部件所构成的一套“系统”，在这套“系统”中，部件之间被认为理应存在协作关系。这事实上是在国家创新系统范式成为全球分析创新活动的主流理论视角后，人们沿袭“经济系统”“工业系统”或者“技术系统”等概念，所想象出来的国家创新系统实践的“基本型”。它虽然有利于人们理解与创新有关的行为者结构及系统结构内潜在的僵化，但也可能让部分读者误以为这种结构真的存在“基本型”，或者存在完美的系统配置，即认为有效的国家创新系统应当有一套符合特定模板的安排。而当人们把注意力过多地集中于构建“基本型”时，他们强调的往往是其中的部件是否存续，而忽略了部件之间的关系及其整体性。这种机械式的观念本身就削弱了解释范式的“系统性”，反映在实践层面上往往是进行一种简单且停留于表面的制度模仿，其实质效果要大打折扣甚至可能是有害的。

总体而言，作为研究范式的国家创新系统的产生有赖于作为情感与实践活动的国家系统意象这个前提。只有产生了对国家工业技术整体利益的关切，国家系统性创新分析范式才应需而生。在现实中，系统性范式的两次振兴都与激烈的国家竞争当中国家意识的觉醒有深刻的关联。

本部分的中心任务在于通过理论和实践两个维度的往复思考验证，为读者解答以下问题：为何针对创新活动的理论分析需要系统性的视角？为何在创新经济活动的实践中需要国家的介入？第 1 章的任务在于介绍创新活动的“国家意象”的出现，及其与国家创新系统范式之间的关联，从而为读者厘清国家创新系统范式的起源和基本特征。第 2 章扎根于演化理论，着重介绍为什么在有效的创新经济体内，市场本质上必然是被一系列制度安排所组织起来的（“受组织的市场”）。第 3 章先对市场发展的持续动力进行解构，之后介绍了国家在维持知识生产可持续性过程中所发挥的作用，并以成功的创新经济体的经验为基础，来说明国家的制度变迁是如何逐步塑造市场的。总之，本部分尝试厘清国家作为最重要的制度供给者在创新活动中扮演的基本角色。

第1章　被“重新发现”的国家创新系统

“（魁奈和亚当·斯密等人的世界主义经济学）要求我们必须有这样的想法：所有国家的商人都是出于同一个商业共和国……这些学派把那些还没有出现的情况假定为已经实际存在的情况。”

——弗里德里希·李斯特

国家创新系统范式的发端，与现代经济体系的发展以及人们对国家与现代经济关系的认同有着密切的关系。作为一种分析范式，它起源于人们对国家在现代工业经济中整体利益的认同；反过来，相应的政策思维又促进了以国家为主体的经济活动实践，尤其是本国工业能力的成长。意大利、英国、法国、德国和美国等国家在其工业化早期阶段都经历了这一过程。在这个过程中，现代意义上的市场是在工业经济活动的“国家意象”浮现的过程中，由政策实践所逐步塑造的。而当国家工业竞争力伴随着20世纪70年代之后市场经济国家间新一轮激烈的国际竞争被重新强调时，广义的国家系统范式又重新崛起了。

本章将首先描述“国家系统”如何在解释国家工业竞争力的研

究中被“重新发现”；之后正式引入国家创新系统范式并介绍其基本特征，其中，各子系统协同演进是其“系统性”特点的重要体现；最后通过回顾以“系统”为基本特征的分析范式，进一步明确本书分析社会经济发展的国家视角。

1.1 创新活动当中“国家意象”的复兴

当下为人们所熟知的“国家创新系统范式”起源于1987年克里斯托弗·弗里曼（Christopher Freeman）的作品《技术政策与经济绩效：日本国家创新系统的经验》（*Technology Policy and Economic Performance: Lessons from Japan*）或者在更早时期弗里曼未正式出版但广泛流传的一批作品。随后伦德瓦尔（Lundvall，1985；1988）和纳尔逊（Nelson，1993）等也加入了这一行列。这些学者的共同努力不仅带动了科研团体的发展[①]，而且使得这一概念被决策共同体广泛接受。经济合作与发展组织（OECD）自20世纪90年代中后期便开始年度性地出版大量与国家创新系统相关的分析报告[②]；而美国

---

① 如本特奥克·伦德瓦尔（Bengt-Åke Lundvall），理查德·纳尔逊（Richard R. Nelson）和查尔斯·埃德奎斯特（Charles Edquist）分别在1992年、1993年和1997年组织编写了相关文集等。事实上，自20世纪90年代中期之后，在全球范围内关于国家创新系统的研究就开始出现井喷态势。

② OECD一直是国家创新系统范式的拥趸。其中部分原因是自OECD成立早期开始，克里斯托弗·弗里曼等学者就在工业技术与科技相关的工作中扮演重要的角色，如他们在20世纪60年代开始编撰《弗拉斯卡蒂手册》（*Frascati Manual*）。1980年前后，OECD的科技工业司（DSTI）所组织的“科学、技术和竞争力”研讨活动，直接催生了弗里曼的“国家创新系统范式”（Chaminade，Lundvall and Haneef，2018）。随着该学说的成型，从20世纪90年代中期开始，OECD发布了一系列基于创新系统理论的报告。其中1997年和1999年的两份报告采用了创新“气候”（climate）与创新“环境条件”（condition）的概念，强调创新越来越依赖于科研部门与商业部门的互动，由此提出在全球化背景下各国之间、大小企业之间，以及其他不同主体之间互动与合作的重要性（OECD，1997；1999a）。OECD在1999年发布了创新系统主题的第三份报告，以创新聚群（cluster）为分析对象展现了由创新气候与系统性条件的差异带来的创新发展的多元化，强调系统性的制度条件对发展绩效的影响（OECD，1999b）。这些报告获得了各国决 （转下页）

则从20世纪90年代中期开始用另一个术语“创新生态”作为其政策体系的重要部分①。这一思潮从20世纪90年代后半期开始被引入中国［如齐建国（1995）、王春法（1998）、冯之浚（1999）和石定寰等（1999）］。当时那些将“国家创新系统”概念介绍到中国来的学者，后来都在国内的学术研究和政策制定中扮演了重要的角色。

在1987年的《技术政策与经济绩效》中，弗里曼采用了一个由公共和私人部门共同构建的网络为中心的分析视角来开展日本与英国的比较研究。这个网络包括与技术创新、组织创新的发生与扩散相关的多元化主体，也包括教育、培训等相关部门，后者使得不同的人群被赋予人力资源价值并被纳入相应的体制安排，从而在工业技术活动中应用并再生产他们所拥有的知识和技能。尽管这个将“国家创新系统”定义为一组公私部门共建的网络的概念早已被国内学者广泛引用，但并不是所有人都意识到弗里曼（Freeman，1987）所强调的并不仅仅是这个网络本身，还有这个网络背后所形成的制度性、跨部门的结构。就日本的案例而言，弗里曼认为，正是由国家、企业和社会共同构建起来的这个网络，帮助日本维护国内工业的技术学习，从而使得其工业具有国际竞争力并反过来促进社会就

(接上页) 策者的热烈反响。其中，OECD在1997年到21世纪头几年所做的这一系列工作为创新政策在全球范围内的讨论确立了新的立足点。在此之前，人们认为政府干预是为了应对“市场失灵”，即解决个人创新者由于无法获得创新的全部产出而存在的激励不足问题；而创新系统范式使人们认识到创新是涉及多部门多主体的互动过程，因此促进创新的关键不是修补个别的“市场失灵”，而是要去修补“系统失灵”或者促进系统性效率的提升（OECD，1997）。

① 克林顿政府在1994年发布了美国在二战后的第一份关于科学政策的总统报告《科学与国家利益》，其中强调“今天的科学和技术事业更像一个生态系统，而不是一条生产线”。2003年由竞争力委员会（The Council on Competitiveness）启动的《国家创新倡议》（National Innovation Initiative）将这一思想具体化，其2005年发布的报告强调美国要在企业、政府、教育机构与工业企业之间塑造新型的合作关系。在乔治·布什政府与奥巴马政府时期，美国总统科技顾问委员会（President Council of Advisors on Science and Technology，PCAST）向总统呈交的多份关于美国创新的政策报告都以创新生态作为理论基础。

业。也就是说，弗里曼并没有刻意强调这个公私共建的网络内都应该有什么，他所强调的是为了特定的目标，经济体应该形成一套相互协调的制度安排，以此来推动产业发展和劳动者知识与技能的提高，并通过国际市场竞争来获取竞争优势，持续推动本国系统的演进。

这就不难解释为什么弗里曼（Freeman 1995，2002）会强调李斯特的《政治经济学的国民体系》是自己“国家创新系统范式”的思想源泉。李斯特（List，1885）在论述生产的国家体系和对本国幼稚产业的保护时，明确指出保护的目的和为“保护幼稚产业”所设计的制度体系，应当能够使得国内的幼稚产业利用保护的窗口期构建自身的知识与能力，最终参与国际竞争并为本国带来财富。

这就带来了两个问题：一是为什么李斯特（或更早的欧美思想家）在工业和经济问题上抽象出“国家系统”的意象；二是为什么这一意象在20世纪80年代又被人们“重新发现”。

李斯特对工业经济活动中“国家系统”意象的建构，受到了人们在激烈的国际经济竞争中逐渐形成的清晰的“国家意识”的启发。在经济上，国家意识受到了重商主义的深刻影响。重商主义是在欧洲封建主义体制崩溃的过程中被孕育出来的，尤其是14—15世纪由于军事技术革命逐步销蚀了封建领主对王国武力的供给，欧洲各国开始建立由中央政府控制的非贵族武装来应对国家之间的激烈竞争[①]（Tilly，1992；Nussbaum，1933）。这一变化起码导致了两个后果：其一是地方分封的领主和贵族衰落了，因为国家不再依赖贵族及其随从组成的重装骑兵作为国家武装的主要来源，而这种转变则带来

① 自1490年到二战，通过国家之间激烈的竞争和由竞争所导致的兼并，欧洲版图由200多个国家变为只有不到30个国家；如果再往前追溯，当时欧洲的国家数量则更多，在公元1200年左右，光意大利半岛就有200—300个城邦国家（Tilly，1992）。国家间激烈的、涉及国家主体生死存亡的竞争一直是工业体制形成与发展的重要外部环境。

了国家对地方控制权尤其是经济控制权的增强；其二是国家需要稳定的税源来供养常备军队，且随着国家之间竞争的加剧，国家对税收的需求快速增加，同时，为了应对国内的反抗和国际的冲突，官僚系统建立并日益壮大，这反过来又强化了税收需求（Mann，2012；Tilly，1975）。而这两者导致了一个共同的结果，即新兴的工商集团在主要国家政治版图中的兴起——它们因为充当了新兴国家军政体系的主要经济来源而拥有了日益显著的政治影响力。这些新兴集团追求国内市场的一体化，以使其经济活动能在更大的规模上开展。对一体化的追求是通过一系列产业政策对各地厂商的行为进行管制而实现的。随着欧洲主要国家对海外市场的争夺愈演愈烈，政治精英与工商集团所组成的重商主义联盟有关出口类产品的标准和国家海外经营行为的规范被迅速推广开来（Rosenberg and Birdzell，1986）。

自此，在国家竞争的过程中，社会公众追求国家整体富强的思想和情感开始形成（Nussbaum，1933；Landes，1969）。这种思想和情感的形成，意味着在政治生活中，职业官僚体系和政治精英集团以往对国王、家族或特定商人集团的利益的追求已经被对国家整体利益的追求所超越，也就是说，在经济意义上独立的国家意识出现了，国家财富不再只是私人财富的算数总和（List，1885）。日益壮大的职业官僚体系和政治精英集团在理论上成为独立的国家意志及其利益的核心代言人。

正是在这个历史性转变的过程中，重商主义开始登上舞台。培根 1605 年开始将工业和经济，将科学与技术等概念结合起来，而在此前的时代，例如封建庄园经济和行会经济时代，人们并不会形成这样的想法（Mokyr，2002）。塞拉、柯尔贝尔、李斯特和汉密尔顿等重商主义者开始在意、法、德、美各国宣传并践行其理念：通过实施产业政策来塑造市场，并在这一过程中促进本国工业能力的提升，以在国际竞争中谋求优势，追求国家的整体富强。

市场是重商主义政策实践所塑造的，这一表述可能会引发争议。的确，作为一种交易机制，“市场”在封建庄园经济和行会经济，甚至更早的时期就已经存在了。但以上表述依然是有意义的：第一，此前的“市场”与我们今天所理解的现代市场之间存在很大的差异，大量的交易具有强制性（如受庄园领主或者传统所控制）。第二，此前的市场是高度分割的。在中世纪，100 英里的旅途中，一个贸易商人可能会经过 12 个不同的主权国家，而这些国家从行业规范到水质、法律、货币甚至度量衡都不同。莱茵河上的航运通道到 15 世纪依然有 60 个不同的收费站，分别属于地方性的教会诸侯。假如人们在 15 世纪末的法国塞纳河上运输谷物，每经过 200 英里所需要支付的费用总额将跟谷物原本的价格一样多（Heilbroner and Milberg，2011）。第三，更重要的是，当时大多数人的经济理念完全是以“生计”为中心的，缺乏利润和盈利的概念（Mokyr，2002；Nussbaum，1933）。强制性的交易机制严重压制了技术创新的可能，而分割的市场同样使得任何复杂的、带规模效应的工业生产不可能成为现实。以“生计”为中心的理念，则使得生产所需的劳动力和倾销产品所需的消费者这两端都缺乏供应。事实上，不论是对原有体制的破坏，还是强制性产业政策的执行，甚至那些于市场经济而言至关重要的要素如劳动力和土地的价值化，都需要通过重商主义者长期推动下的制度构建方能成为现实（Polanyi，1957；Rosenberg and Birdzell，1986）。由此，重商主义者在推动促进本国整体经济富强的政策的同时，其举措也促进了现代市场的发育和成长，并持续地形塑本国的市场体系。

创新活动的国家系统范式在 20 世纪 80 年代被重新发现。弗里曼等人在将国家系统范式引入工业经济活动领域时，也面临同样的背景，即人们在国际竞争中对国家整体经济繁荣日益关注。二战后的马歇尔计划使得西欧经济活动深刻地嵌入以美国为中心的体系。然而从 20 世纪 60 年代开始，国家之间的差异性和政策分歧开始凸显。到了 20 世纪 80 年代，国家在工业经济发展中的差异成为诸多学者不得不直面的重要问题：当时不仅存在着美苏两大体系之间的差异，甚至在西欧及北欧内部也存在发展政策和发展速率的不同。更重要的是，以日本和韩国为代表的东亚及东南亚新兴工业势力的崛起对传统上占据经济优势地位的美欧形成了巨大的挑战，这使得“拥有全球性竞争力的工业企业”不再是少数几个国家的专利。相比之下，除德国外，美欧在制造业上的创新发展则相对缓慢，部分原本领先的国家甚至明显失去了在工业制造环节的竞争力，而世界其他一些地区和国家又始终没有发展起来。这使得不少国家的学者和政策制定者形成了“技术国家主义”的思潮，即他们开始意识到一个国家的技术能力是其国际竞争力的源泉，而技术能力是可以通过国家行为构建的（Nelson，1992）。

相比之下，当时占据主流地位的新古典经济学对国家差异的解释力极为有限。它单纯强调资本与劳动力要素的解释模式，比如讨论低工资、市场保护、要素价格扭曲等（如 Krugman，1990），以及对于工业成长的分析往往只有“规模经济”（scale effects）等有限的理论工具（如 Krugman，1986），自然就无法解释各国工业竞争优势的动态变化，即李斯特所讨论的，如何运用政策和保护手段，使得本国工业逐渐构建起竞争力。而当人们主要以资本充沛度（资本相对劳动力的比值）为中心变量构建理论进行解释时，就出现了一系列有关不同国家发展“趋同”（convergence）（如 Baumol，1986）或者长期“趋异”（divergence）的争论（Fujita，Krugman and Vanables，1999；Quah，1996）。另一些主流经济学家则从索洛（Solow，1955，1956）计算技术进步对经济增长的贡献的传统出发，尝试通过在增长模型中把技术内生化来构造“新增长理论”（Romer，1986），或强调无形资产的积累作用（World Bank，1991）。这些努力虽然在意识上开始认可技术进步在经济分析中的核心地位，但却忽视了工业技术创新的不确定性等本质特征，以及人们为了应对这些特征而在组织与制度上所做的努力，从而也同样无法有效解释各国中长期发展的实际差异。

在缺乏拥有足够解释力的框架的前提下，主流经济学所产生的经济决策与其理论逻辑产生了直接的冲突，例如在 20 世纪 90 年代开始重新主导美国决策界的、具有攻击性的国际贸易理念（Tyson，1993；Thurow，1992），被保罗·克鲁格曼（Paul Krugman）讽刺为“流行的国际主义”（pop internationalism）（Krugman，1994）。而现实更耐人寻味，一方面克鲁格曼的批评是错误的，因为美国自 20 世纪 90 年代开始的确依靠着“流行的国际主义”者的政策主张在一定程度上有效应对了来自日本的挑战；另一方面，以对抗性贸易政策作为主要手段的“流行的国际主义”又的确没有办法从根本上阻止美国制造业的持续衰退（Pisano and Shih，2012）[①]。在当时思想界的激烈辩论中，曾经担任美国经济学会主席的主流经济学家、“增长核算”研究的先驱阿布拉莫维茨（Abramovitz，1986）摒弃了把资本与劳动力作为核心解释变量的传统，转而认为是社会能力（social capability）的存在或者缺失，造成各国在有利于技术进步的制度变迁上的差别，从而导致增长差异化。但对于社会能力这一概念，他更多

---

① 这一组矛盾事实上正好说明了李斯特思想的价值，即保护性贸易政策与培养本土工业能力的政策措施必须是配套使用的。这就说明，一方面，国家需要采用针对性政策为劣势产业的发展提供成长空间，另一方面，缺乏工业能力培育的贸易保护政策是毫无意义的。主流经济学思想的缺陷在克鲁格曼身上体现得最为清楚：作为国际贸易理论的专家学者，克鲁格曼强调全球化当中本土化的作用，但因其逻辑基础是基于比较优势理论的福利经济学，这使得克鲁格曼（Krugman，1986）一直都没有正视特定国家或地区的工业技术能力（新的比较优势）在实践中得到培育并最终促进经济效率提升的可能，即李斯特所强调的不同的人和资源为了生产而达成的联合或结合（List，1885）。在这一基础上，克鲁格曼（Krugman，1994）甚至坚持将日本和“亚洲四小龙”等经济体称为“一群纸老虎”。对他的批评可以参见纳尔逊和帕克（Nelson and Pack，1999）。

只是笼统列举了潜在的对差异性解释有影响的机制，例如教育部门、金融部门、研发能力和社会信任等。

而以弗里曼、伦德瓦尔和纳尔逊等人为代表的“国家创新系统”范式的复兴，除了源于国家工业竞争中“国家系统”意象的重新发现以外，还得益于一系列重要的学术进步，尤其是创新研究的进步。创新研究主要起源于熊彼特的两本重要著作，即 1912 年的《经济发展理论》和 1941 年的《资本主义、社会主义与民主》。20 世纪 60 年代之后，在弗里曼等人和苏塞克斯大学 SPRU 推动新熊彼特主义学派发展的过程中，创新研究开始作为一个独立的研究领域出现（Fagerberg，2005）；而到了 20 世纪 80 年代，与创新相关的不同部门之间的互动（Lundvall，1985，1988；Clark，1985；Perez，1983），以及创新与社会经济系统之间的动态匹配性带来的国家在应对技术变化挑战时的绩效差异（Perez and Soete，1988；Freeman and Perez，1988），成为创新研究共同体的研究主题。这一时期，在 OECD 科技工业司（DSTI）组织的研讨中，对国际贸易的关切与创新研究实现了汇流，人们普遍意识到创新对于国家竞争力的重要性；在创新背后则是教育部门、技能培训、工业基础设施和企业研发部门对国际贸易所产生的更长期的影响，而这些影响因素及它们之间的互相协调都体现了一个经济体长期的国家政策与制度建设（Freeman，2002）。

李斯特的学说重新回到了人们的视野中。套用李斯特本人喜欢的术语来说，国家主义经济学再次在世界主义经济学无法诠释世界经济的困境中站了起来。国家及国家如何通过其内部的政策措施来培育本国工业创新能力再次成为人们理解国家在贸易领域的竞争力的关注焦点。

1.2 国家创新系统范式的基本特征

在国家创新系统范式成为全球范围内关于创新经济的主流分析范式后，人们对其进行了大量的拓展。弗里曼（Freeman，2002）和伦德瓦尔（Lundvall，2007）对此都有过系统性的梳理。

总体上，政策制定者及关注特定产业、区域和国家分析的学者更倾向于采用“狭义”的国家创新系统范式，即将高等教育、科研部门、促进技术扩散与商业化的中介机构、企业等主体，以及它们之间的关系置于研究的中心（Chaminade，Lundvall and Haneef，2018）。其中 OECD（1999a）所提供的分析框架成为政策研究者们广泛引用的素材。

而“广义”的国家创新系统范式则主要体现在弗里曼和伦德瓦尔等人的作品中，他们强调创新活动是嵌入社会各子系统的，即知识不仅来源于正式的研发活动，而且与工业现场的应用、改进与积累有关，同时还产生于不同的制度行为者的互动中。因此，他们将创新绩效的差异归因到更长时间内的教育、科研、工商事业甚至宗教与政治的相互作用。

在这里，本书以弗里曼（Freeman，1987）对日本工业体系的分析来呈现“广义”的国家创新系统范式的特点。弗里曼通过比较的方式解释了战后日本工业经济竞争力快速上升的根源。弗里曼强调：技术范式的跃迁不可避免地会带来新生范式与原有制度框架之间的冲突；日本虽然没有如同当时的美国和西欧主要国家那样为 20 世纪后半叶的 ICT（information and communication technology，信息与通信技术）革命贡献核心技术突破，但日本的国家创新系统在消化、吸收和扩散外来技术，通过持续改进来促进本土技术能力提升方面有很强的能力，这反倒使日本得以率先抓住将信息技术产业化的机会，奠定其在国际贸易中的竞争优势。具体而言，在日本的国家创新系统内，政府起到了关键性的协调作用，这种协调作用的根源在于政府领航性质的经济协调部门在人员、咨询服务以及协调工作方面与工业界发展出了高效的互动机制，使得决策者能够及时、深入地掌握产业部门在发展技术能力和国际贸易竞争中的关键问题；政府通过外汇管控和联合协商等手段，帮助各财阀达成关停低效率企业、扶持有竞争潜力企业的目的。在产业部门，各财阀内部的主银行制度使得同一体系内不同产业部门、不同环节的企业能够协同完成系统性的学习目标；在企业内部，由财阀体系所提供的“耐心资本”（patient capital）使企业得以把工厂当作系统性工业工程的实验场，使基于逆向工程的技术学习能够顺利开展以获得持续的产品及工艺技术改进。而在劳动力供给上，战后美军所主导的社会改革消除了蓝领和白领之间收入及阶层差异；政府大力投入教育；工业企业致力于为员工提供终身培训的机会，并推行劳资“共同体”式的组织文化，对核心工人实行终身雇佣，这都为企业开展高强度的技术学习提供了技能基础。因此，新兴的 ICT 技术一旦被日本通商产业省等政府工业协调部门和主要财阀企业认定为关键的技术，就可以在其国内相关产业中实现快速的学习与扩散。而上述日本式的政府与企业之间的协调、企业集团对战略技术方向的耐心投资、企业内卓有成效的学习型组织，以及社会各部门对技能培养的强调所形成和代表的国家系统，在当时美欧各国并不存在，基于此，弗里曼解释了日本在二战后获得特定优势的来源。

值得指出的是，弗里曼等学者强调的是中长期工业经济的绩效扎根于各部门协同的“系统性”作用，特定部门的优势并不必然带来国家创新能力的成长[①]。人们常常片面地把工业革命或者现代某个

---

① 有趣的是，在 2004 年的一次会议上，弗里曼向听众（包括本书作者）提到他对系统性协调的认识来自其参与第二次世界大战的体会，即部队和兵种之间的协调远比单项武器的技术优势更重要。

国家的创新优势用相应国家在科学研究领域的领先来解释，但是弗里曼（Freeman，2002）以第一次工业革命之前的牛顿为代表的英国科学界和伽利略为代表的意大利科学界的发展为例，否定了这种认识。他认为，特定的科学发现并不必然刺激工业革命的产生，工业革命同样需要这个社会存在尊崇科技的文化和制度安排：在意大利，伽利略及其科学发现受到了国内宗教权威的打击与压迫；而牛顿则在英国得到了从王室、政府到宗教的尊崇。当时在英国，不仅牛顿这样的贵族能够因为自己的科学成就得到社会的广泛认可，甚至连约瑟夫·斯米顿（Joseph Smeaton）这样出身草根、没有接受过正规教育的工程师也能够得到英国皇家学会的认可——皇家学会为斯米顿提供了推广其多项工程技术的重要舞台。这种科技、宗教、王权和社会文化等多部门间的协同是弗里曼认为工业革命之所以发生在英国而不是意大利的根本原因。

从弗里曼强调社会子系统的协调性的角度出发，为维持创新经济的效率，一国的制度与技术应当协同演进。但是，在经济实践中实现了制度与技术持续协同演进的案例是很少的（Nelson，1994；von Tunzelmann，2003），这事实上是由创新经济活动本身的“自我毁灭”特征决定的（Schumpeter，1976），即创新的本质就在于驱动市场经济体制内部的自我革命，所以严格的静态协调关系在理论中不应当是有活力的创新经济体的常态[①]。于是，相关学者探究的是制度与技术之间的动态协同（Nelson，1994；Kim and von Tunzelmann，1998；von Tunzelmann，2003），但这部分的研究并不充分，国家创新系统范式缺乏对自身动力学的解释。事实上仅有为数不多的学者，

① 在这里，如果我们引入阿尔伯特·赫希曼（Albert O. Hrischman）的不平衡增长理论，将会有更深入的理论对话。该理论认为，增长本身就必然源自不平衡的经济活动，也会导致经济活动新的不平衡（Hirschmann，1958）。但受限于篇幅，本书对此不再做进一步阐发。

如斯托尔茨（Storz，2008）和克雷默（Krammer，2009），尝试提供一些探索性的案例研究。人们并没有掌握实现制度与技术协同演进的动力机制是什么。部分学者认为社会经济系统内的多层结构有可能是系统自身演进的动力源泉，即原本边缘化的制度关系和行为者得到强调而引致系统性的变迁（Lundvall and Johnson，et al.，2002）。这种观点在过去 20 年内关于创新的多层次分析中得到进一步发展。

但就制度与技术之间的协同性问题而言，更常见的是，工业发展目标与制度之间的长期不协调所导致的国家发展“掉队”或停滞的现象。李约瑟对古代中国技术领先地位丧失的解释就是典型的例子（Needham，1954）。进入 20 世纪，英国在大规模生产模式的冲击下丧失其工业领导者地位，其工业体系内的工头控制、企业没有动力设立内部研发机制都是直接原因；而更深刻的原因则是英国的社会价值观、教育部门及政治体系对新技术范式的不适应（Edqvist，1997；Lazonick，2005）。

在国家创新经济中制度与技术的不相适应首先可以用社会不同子系统之间的不协调来解释。每一个与创新活动相关的社会子系统，如政治、文化、军事、金融和教育等，都会在创新经济活动实践中对其他子系统产生影响，但它们同时也存在各自相对独立的发展逻辑。例如文化会受经济活动的诱导及激励，但更多地会受到共同体内的价值与方法演进的规制。这正是我们不应持机械式的“国家创新系统”观念，即认为该系统是由一系列明确的部件所构成，而应该强调“系统性”的观察视角的原因。也就是说，因为每一子系统存续与发展的基本逻辑不是单一维度的，各个子系统存在着除了服务于经济创新活动之外的其他逻辑，所以那种设想不同子系统之间是静态的、完美的协作关系的想法是幼稚且不切实际的。从这一角度来说，国家创新系统的僵化，首先很有可能就是各子系统之间的协调失灵，即就经济创新活动而言，各个子系统的逻辑存在冲突而无法达成协同，而且由于各子系统所涉及的其他强逻辑的作用，各子系统在经济创新活动上的冲突长期无法得到解决，或者虽然各子系统之间形成了暂时有效的结构，但该结构却妨碍了更有潜力的行为者的进入（Pelikan，1988）。

其次，这种不相适应也可能是制度自身的僵化所带来的。制度与技术之间的动态协调只有在实践性的互动过程中才能形成，而在特定的时间和空间情境中有利于创新的社会条件在另一情境中并不必然是有效的（Lazonick，2005；Johnson，2010）。不同知识的创造和传播可能需要相关参与者不同的互动方式；新技术的支持者要想进入社会经济体系中已有的信息流通机制，或想要得到资源来创造新的机制，都可能造成新体系与现有框架之间难以协调的冲突。例如，18 世纪的英国在经过工业革命之后拥有了全球性的工业竞争力，熟练工匠在工厂的地位很高，因为当时英国并没有发展出普及性的义务教育和工程、管理教育体系，生产中的大量活动都有赖于工匠们长期积累的个人化技能。然而，在进入电气化和流水线生产时代之后，这种工头控制制度却阻碍了英国的进步。工匠们排斥从正式大学毕业的工程师和管理人员，因为担心他们及其标准化（非个人化）的知识体系会打破工匠们在原有工业体系中的特殊地位。哪怕到了 20 世纪初，原有系统的僵化都使得英国甚至无法建立起一个全国性的、标准化的电力网络（Hughes，1983）。这种新旧体系之间的冲突与矛盾在技术范式变迁时尤为突出，卡洛塔・佩雷斯（Carlota Perez）等人所发展的技术经济范式（techno-economic paradigm/techno-economic system）的视角着重描述了两者之间的不相适应（Freeman and Perez，1988；Perez，1983；Dosi，1982），其中由基础设施、关键要素部门、产业供应链、企业组织和政府政策等组成的技术经济体系，往往会在重大工业技术变迁时成为系统僵化的来源[①]。那么，从另一个角度来说，如果一个国家想要发展影响重大的创新性技术，其技术经济体系的开放性与多元性往往是确保成功转型的关键，这也意味着新技术主导地位的确立要打破一些原有的制度关系，或者重塑原有制度体系的内在结构（Johnson，2010）。

最后，另一个关于制度与技术协调性的观察视角考察的是国家之间的差异性，或者说地理上的差异性。不同国家针对同一产业或同一类技术对象可能会发展出存在明显差异但都效率较高的制度结构（Nelson，1993；Forbes and Wield，2002）。虽然这一视角没有直接采用“创新系统”这类术语，但类似的讨论在 20 世纪 90 年代的商业史和多样化商业系统研究中出现了，且具有里程碑式的意义。其中以钱德勒（Chandler，1990）和惠特利（Whitley，1999）等学者的讨论最为经典。正因为影响创新的因素是复杂的、多元的和多层次的，所以不同的国家会基于自身特点发展出有针对性的做法。与在 20 世纪 70—80 年代利用源自美国的 ICT 范式革命的日本相比，瑞典等北欧国家同样实现了自身经济模式的转型，但其在文化、政治以及基础科研投入上与美日等国均不同，它们更强调新技术对各自原有产业部门的嵌入，并通过国家对共性平台的投入发展出一套扩散 ICT 技术应用的机制。此措施使得这些国家在资源加工、金属加工、通信设备和机器人制造等领域形成了国际竞争力。

从另一个角度来看，这也意味着在一个国家能够有效促进特定创新活动的政策经验，在另一个国家并不必然有效。这是因为在创新过程中，不同行为者的互动关系是嵌入政治、文化及意识形态等

---

① 这种将系统性僵化与康德拉季耶夫和熊彼特等人的长波理论结合起来的视角，事实上构成了卡洛塔·佩雷斯在 2002 年出版的著作《技术革命与金融资本》（*Technological Revolutions and Financial Capital*）的知识基础。该著作被认为成功预示了 2008 年金融危机而在其后变得非常有名。

社会子系统的（Freeman，1995，2002），各个子系统不仅有各自相对独立的发展规律，而且它们很难在短期内受社会经济发展的影响而改变。佩利坎（Pelikan，1988）认为，不同的制度之间存在一套层级体系，基础层制度关系的差异决定了，即便人们在上层经济活动中采用相似的政策，这些政策的效果也会存在巨大的差异。例如，即便在经济活动中都采用类似的研发激励政策，但如果两个国家在界定产权的规则及反垄断的原则等基础层制度上存在根本差异，那它们的创新活动的形态依然会有显著的区别。因此，简单进行政策移植的做法是需要审慎思考的。名义上相同的两个政策安排在不同的国家，其效果的差异可能会非常大，人们对其也可能会有迥然不同的认知和评价，因为同样的政策举措在不同的国家所面临的制度背景及制度之间的关联很可能是不同的，而这些政策举措很可能是由完全不同的制度路径发展而来的。

以上对国家创新系统范式的“广义”理解，揭示了国家的制度与技术协同演进、工业发展目标与制度之间长期动态协调的重要性。但在现实中，上述协调状态往往很难实现，具体而言，一是因为各社会子系统之间的协调失灵可能导致国家创新系统的僵化；二是随着工业经济的发展，社会确立了新的目标，但制度却存在僵化，这就导致了系统转型的困难；三是因为创新影响因素的复杂性、多元性和多层次性，所以国家无法为转型厘清有效的制度路径，导致改革本身并不必然带来有效的系统转型。如果我们接受上述判断，那么就不难理解为何在实践中经常能观察到“政策转移”无法达到预期效果的情况。在复杂的制度层级体系中，特定的输入激励在系统中所得到的响应必定不会是直接的和线性的。反过来说，如果要实现给定的目标，那么行动者往往需要同时改变多种输入激励才有可能取得预期的效果（Lee and von Tunzelmann，2005）。这也再次回应了本书对“机械式”的国家创新系统观的批评，因为它往往强调构成国家系统的部件的形态而忽视了部件自身和部件之间的制度逻辑。

1.3 亚国家体系，还是超国家体系？

为什么在研究创新和长期经济发展时要将国家视作重要的分析对象？人们对这一问题的争论由来已久，直到近期依然无法达成共识（Lundvall，1992；Chaminade，Lundvall and Haneef，2018）。本书作者也在早期的一些作品中对这一问题展开过讨论（封凯栋，2011）。除了国家视角之外，不同的学者还在产业、区域等亚国家层面，或者在全球意义上开展创新系统研究。

把创新分析置于亚国家体系的视角，无论是区域视角还是产业视角，其基本逻辑与国家视角其实是一致的；而分析视角的下沉，主要是想突出在特定部门具有显著区域性影响的因素。例如，德布勒森（DeBresson，1989）、萨克森宁（Saxenian，1996）和库克等人（Cooke，et al.，1997）强调了区域特殊性对创新活动的贡献，即因为文化、知识基础和基础设施等条件差异，创新可能存在区域性差异。波特（Porter，1990）的框架虽然没有直接源自创新系统学说，但其逻辑也与区域创新体系的常见范式有很多相似之处。

更多研究产业部门创新系统的学者，本身就是研究国家创新系统范式的关键学者，如莫利和纳尔逊（Mowery and Nelson，1999）、布雷斯基和马勒巴（Breschi and Malerba，1997）等。而基于产业的分析视角之所以引人入胜，往往是因为在这些经典研究中的案例里，政府、金融和军事等部门与产业的互动塑造出有鲜明部门特征的知识基础和产业结构。弗里曼（Freeman，2002）对工业革命时期英国优势的分析就是基于特定的工业区展开的，例如他研究了兰开夏郡的棉纺织工业、约克郡的毛纺织工业等。但我们要留意，区域与产业视角更多的是国家创新系统逻辑在不同层面的具体应用，例如弗里曼所强调的各个工业区内新机器设备的应用与推广、工厂制度中对工人技能的培养等，这些因素虽然具有区域性，但其实也都是英国整体的社会和技术部门变迁的组成部分。

创新的“三螺旋”框架也采用了以特定几个部门为主的分析视角。这一范式的代表性研究包括洛特·雷迭斯多夫（Loet Leydesdorff）和亨利·埃茨科维兹（Henry Etzkowitz）等学者的作品（如Leydesdorff and Etzkowitz，1996；Etzkowitz，1998；Etzkowitz，et al.，2008；Leydesdorff，2012）。这一视角源自人们对知识生产过程的“模式 2”（Mode-2）的理解（Gibbons，et al.，1994）。传统的模式即“模式 1”（Mode-1）认为知识生产是线性的，知识的生产和传递遵循从大学、科研机构到产业部门的顺序，各主体之间保持着相对明晰的边界，而在每一环节中还存在着学科与领域的分离。“模式 2”则强调自二战后知识的生产与应用的边界开始变得模糊，这就要求大学、产业与政府三方紧密结合在一起，科研成果的产生、转化和应用从一开始就尽可能互相嵌入。“模式 2”所反映的这种现象被称为知识生产的社会弥散性，即在知识生产中，原有的大学、产业和政府边界变得模糊（Gibbons，et al.，1994；Hessels and van Lente，2008）。这种基于实践应用情形的知识与基于科学研究的知识在生产机制上的耦合现象，也在另一些以历史分析为基础的研究中得到了印证（封凯栋，2012；Mokyr，2002；Rosenberg and Nelson，1994）。

三螺旋范式，以及以三螺旋范式为基础的其他分析框架，既可以应用于超国家层面，也可以应用于国家、产业或者区域层面。这一范式的特点是集中分析大学、产业和政府在知识生产、知识扩散、知识应用中的角色与关系，并以基因染色体螺旋作比喻，认为大学、产业和政府三者应当紧密地“缠绕”，互相驱动。这一范式特别适用于研发密集型的技术活动，但对于其能否有效地剖析 DUI 模式的创新活动[①]，学界依然存在争论；而且这种分析更聚焦于大学、产业和政府三者之间的互动（Chaminade，Lundvall and Haneef，2018），对于组织内部的能力问题讨论得很少。

但更重要的争论在于对创新的系统性分析是否应当“去国家化”。从国家创新系统范式勃兴之初就有部分学者认为，在全球化背景下，全球性经济规则对各国创新活动的影响力已经超越了特定国家政府的作用（Ohmae，1990；Naisbitt，1994）。尤其是当他们看到在第二次世界大战之后，西方国家在大科学研究、大飞机、航天空间技术及核能开发领域的跨国合作，以及大型跨国公司在汽车制造和消费电子等领域的崛起，乃至形成了全球性资源配置与全球性营销的布局[②]时，他们认为全球性的创新协作才是新情景下研究长期经济发展的核心问题。

这种观点遭到了来自各个方面的挑战。即便是主流经济学家如克鲁格曼（Krugman，1986）等人都坚持认为在全球化时代，本土性因素在决定国际贸易格局中的重要性反倒更突出了，所以对本土

---

① STI 模式和 DUI 模式是延森等（Jensen，et al.，2007）学者发展起来的对两种不同的知识生产机制的描述。其中 STI 指的是基于正式的科研与发展活动的模式（Science，Technology and Innovation）；而 DUI 指的是基于“非正式的创新活动”产生知识的机制（Doing，Using and Interacting）。事实上对这两种知识产生机制的分类已经出现在冯·图兹曼和阿查（von Tunzelmann and Acha，2005）、莫基尔（Mokyr，2002）和帕维特（Pavitt，1984）等一系列学者的研究中。因为 DUI 的知识产生机制依赖于实践情景和长期的经验积累，所以贯注于大学、产业和政府三者边界的三螺旋范式对它的解释会存在较明显的局限性。弗里曼（Freeman，1987，2002）认为，DUI 涉及的是企业组织内部，以及社会阶层文化、教育及培训等不同社会子系统之间的相关关系。因此，从这个角度来说，三螺旋更像是一个局部版的创新系统范式。

② 对全球产业链的研究揭示了这种由跨国性经济实体在全球范围内开展的资源配置，如恩斯特和金麟洙（Ernst and Kim，2002）和施密茨（Schmitz，2007）等人的作品，但值得注意的是，与那些强调将“全球性经济协调”作为主要分析对象的学者不同，在创新研究领域中针对全球生产体系开展研究的重要学者大多都在强调国家的重要性，因为他们认识到全球化体系是一个层级体系，这就意味着各国对全球生产体系的参与和分享都是不均等的。由此他们在分析中特别关注发展中国家如何在全球化体系中打破原有的层级结构，也就是实现创新升级。

性因素的强调在区域研究中得到广泛的认同（Storper and Harrison，1991；Porter，1990）。纳如拉和邓宁（Narula and Dunning，2000）等揭示了资源配置并不会因为全球化而趋向均等，相反，核心的技术资源依然留在少数发达国家。而与这种不平衡的资源结构相对应的，则是全球化中各国所从事的活动和所获得的回报的显著差异（Schmitz，2007；Freeman and Soete，1997）。发展中国家面临的是在全球生产能力与技术能力分野结构中被锁定在劳动密集型制造环节一端的困境（Bell and Pavitt，1993）。

因此，各国是否参与以及怎样参与全球化，才是全球性视野中的根本性问题，而这一问题的答案又深深扎根于各国为实现及促进国内技术学习所发展的措施。对于这种现象，正如李斯特所强调的，单用世界主义经济学是无法解释的，我们必须应用国家主义经济学。认为全球化时代的创新经济分析可以“去国家化”的思维最值得检讨的地方是，这种思维方式低估了国内市场和国际市场在基本逻辑上的差异，甚至一部分对全球化有所反思的学者如罗德里克（Rodrik，2011）在批判全球化的同时又认为可以通过发展出更可靠的全球性治理来改善全球化。从描述未来可能性的角度来看，这种想法当然并没有错——如果全球化能够被改善，那么必然是因为出现了更可靠的全球性治理。但如果我们认同全球性治理是基于军事、金融和地缘政治等因素搭建起来的层级性体系，那么全球性治理归根到底就是全球体系内关键国家在军事、政治和经济维度角力的结果。但这又意味着，只要各国存在发展的不平衡，尤其是存在后发国家在能力上的结构性提升，那么就必然会引发全球化内部经济力量的此消彼长，经济或工业创新领域的全球性治理就不可能是绝对稳定的。基于此，这种结构本身就会表现为国家经济力量的差异格局的“平衡”，其基本稳态会是基于军事、金融和地缘政治等多种因素所决定的层级体系，而非单纯经济意义上的全球性协调或者“共同治理”；即便国际市场中存在一种基于力量平衡的层级结构，它也并不必然是稳定的。卡尔·波兰尼已经见证过这一结构的崩溃（Polanyi，1957）；而美国在特朗普和拜登两任政府期间，坚持采用非经济手段对中国实施打压，甚至不惜打破一系列此前国际社会达成的共识，这种“百年未有之大变局”也向我们明确展示了新一轮全球化退潮或重组的可能性。

倘若对全球化抱有不切实际的幻想，就是无视或者选择性无视世界体系本质上的层级性（Arrighi，2009）。世界体系的层级性决定了国内市场与国际市场在治理机制上的本质差异，这使得李斯特学说的内核依然保有其不褪色的“时代”价值。而世界主义经济学依然无法解释各国发展的根本性问题，也无法作为政策制定的有效指引。

最后一个“成功地”去国家化的系统性分析学说是创新生态学说。正如上文所提到的，美国的经济政策部门是这一学说的拥趸。该学说发展于对生物生态的理论拟态。在解释框架上，创新系统范式批评了“系统”意象自身过于强调稳定的倾向，认为这无助于人们理解怎样去构建在功能上真正有效的创新体系（Jucevičius and Grumadaitė，2014）。创新生态学说更强调对“生态功能”的分析。如弗朗斯曼（Fransman，2010）在其获得熊彼特奖的著作中，就从企业内、企业间以及企业群体与制度环境之间这三个层次，强调了生产功能、财务流转功能、竞争功能和知识生产中的合作功能等的重要性。埃斯特林（Estrin，2009）等人则把研究、开发与应用这三个群落当作理论核心，分析政策、资金、领导力、文化与教育等社会功能如何为这三个群落服务。一些学者甚至引入“生态”概念来强调系统动态演化的特性，认为创新过程就像生态系统中生物体通过觅食来实现与物理环境的能量交换和物质交换。但即便如此，创新生态学说所强调的依然是“跨组织的、政治的、经济的、技术的和环境的系统”，一方面创新依赖于环境，另一方面多部门的系统性协同反过来也将“持续塑造有利于工商业增长的环境”（Pihlinkienė and Mačiulis，2014）。从这一点上看，创新生态学说的理论内核与创新系统学说所强调的主体之间的互动性是创新知识的关键来源的思想并没有本质差异（Lundvall，1988；Lundvall and Johnson，1994）。

创新生态学说之所以在美国获得广泛应用，最主要的原因在于其弱化了“国家”的意象。在生态的意象中，国家成为生态的一部分，且其主导性意味在表述中被淡化了。但事实上，在美国二战之后的创新政策实践中，国家（尤其以联邦政府与军事部门为代表）一直都扮演着强有力的核心驱动机的角色（Stokes，1997；Wang，2008；Janeway，2012；Mazzucato，2013）。美国社会在意识形态上存在的“反国家主义”传统，使得美国政府在战后一直采取将公共部门与私人部门紧密结合的政策实践；通过网络化的制度结构，将政府资金的决策权分置于包括军事、科研管理、医疗卫生、能源、农业、地质勘探等部门的项目性部门手中，美国得以将国家意志隐藏在以军事安全和前沿技术开发为主的行为者网络背后，从而让积极的发展型国家模式在公众视野中成功地隐藏起来（Weiss，2014；Block，2008；封凯栋，李君然，付震宇，2017）。

总体而言，20 世纪 80 年代“国家意象”在创新分析中的回归，实质上反映的是战后欧洲重建基本完成之后，国家之间的竞争与发展差异超出了人们简单依据意识形态差异而形成的认知，即不仅在美苏阵营之间存在显著的发展差异，甚至在市场经济阵营内国与国之间的差异也日益凸显出来。东亚经济体在大规模工业制成品市场上对美国与西欧形成了挑战，先是由日本发动，紧随其后的是亚洲四小龙；随着市场扩张的放缓，扩大或捍卫本国在国际经贸竞争中的份额成为各个国家维系本国社会经济繁荣或稳定的重大事务。这一现象促使国家中心视角回归至大量学者的研究视野，人们重新投入精力去分析并认识国家及其行为在塑造本国工业竞争力、保障就业、促进社会福利中的重要作用。从这个角度来说，弗里曼谦称当时“国家创新系统范式”中的主要分析性要素在李斯特将近150年前的作品里早已存在的说法是正确且合理的：李斯特对国内市场与国际市场差异的分析，以及他对国家主义经济学的坚持和对世界主义经济学的批判，已经预示了在20世纪80—90年代国家主义经济学在实践与理论两个层面的回流。甚至他对精神资本的分析，以及对生产力经济学与交换经济学之间差异的强调，也为人们分析发展中国家在全球体系中的问题提供了重要启示。当然，在弗里曼、伦德瓦尔和纳尔逊等重要学者完成开拓性工作之后，后来者们又进一步丰富了创新系统类学说的样貌。

今天我们所见证的，正是又一轮世界体系格局的重大裂痕，甚至是“百年未有之大变局”。所幸的是，中国从未系统性地经历“世界主义经济还是国家主义经济”的困惑，因为自1949年新中国成立以来，在国家意识上，中国领导人从未让国家屈从于任何强权所主导的世界性政治体系或者经济体系。这使得中国不曾经历集体性的方向感迷失，而这也成为中国应对当前世界结构性挑战最重要的智力财富。

第2章　创新经济中受组织的市场机制

"当高度的纵向劳动分工与广泛的创新活动结合时，它就意味着绝大部分的市场都会是'受组织的市场'，而不是狭义上的纯粹市场。"

——本特奥克·伦德瓦尔

强调创新研究中的"国家视角"并不等于要让国家执行贸易保护政策，尤其是对幼稚产业的保护。只要执行贸易保护政策，就能推动本国的工业经济发展，这曾是不少人对李斯特学说的误解。这种误解把李斯特学说演绎为"有贸易保护的世界主义经济学"。而事实上，李斯特是在特定的时代和国家背景下讨论贸易保护的，他认为，之所以采取这些措施是期望为本国工业提供技术能力成长的机会，由此他不吝笔墨在其著作中讨论关税设定、吸引国内外投资、培养技能工人、强调机器设备进口等有关事项。也就是说，如果国内并没有采取能够有效促进本国工业发展的措施，那么贸易保护就失去了它的意义。

本章将从创新研究的"国家意象"在理论与实践上的双重意义的讨论转到对创新本身的讨论。本章将着重说明，为什么有效的创新经济体系无法单纯由狭义上的"市场"来组织；超越市场的制度性协调是使竞争机制得以有效孕育创新成果，同时保持创新经济在整体上可持续的根本条件。如果创新竞争立足于人们仅仅传递价格信号的市场机制，那么创新竞争根本无法克服高浪费的缺陷；同样，如果关于创新的技术、知识不能在社会中扩散，那么创新竞争会导致市场集中度持续提高甚至形成垄断格局。换言之，“完全市场”和创新经济在逻辑上是矛盾的[①]。无论是理论还是实践上都不存在纯粹由市场机制驱动的创新经济。如果一个经济体只存在理论上狭义的市场制度，那么创新活动将只停留在“菜市场经济”那样简单、原始的模式中，根本就无法孕育出现代复杂的工业技术创新。

由此，本书强调，创新经济得以存续和发展的制度性条件是“受组织”的市场机制。受组织的市场机制指的是超越狭义市场规则的协调性机制，包括产业内、产业间、厂商与用户之间、政产学研等不同的部门之间等多元主体的协调。这些机制不仅为参与者彼此获取对方信息和开展协作提供了基础，而且塑造了不同参与者各自面对的信息与知识情景。如果不存在这些信息交流机制，创新主体之间仅存在价格信号的话，创新活动的市场机制就类似于“对号开奖”[②]，即只有当交易完成之后，不同的创新主体才能明确其从市场上获得的物品是否满足自身的需求。而对于复杂的创新活动而言，这将导致巨大的浪费，使得经济行为完全不可行。

---

① 虽然伦德瓦尔（Lundvall, 1998）和卡特（Carter, 1989a, 1989b）没有使用这样的术语，但笔者相信他们已经表达过类似的含义。

② 本书用“对号开奖”来描述基于主流经济学假设的“完美市场”中，由于生产者与消费者各自内部和彼此之间在信息上的隔绝、市场上只传递价格信息，市场竞争更像是在各参与方事先毫不知情的条件下的一次性开奖匹配。在这种苛刻的条件下，只有能够与消费者需求完美匹配的创新才有机会被市场选择，这样的局面无疑是荒谬的。事实上，对这一问题的讨论还可以进一步拓展，即如果生产者内部和消费者内部没有充分的信息交互的话，那么不论是在生产端还是在需求端，根本就无法形成带有聚类性质的技术方案和需求特征。所以即便存在“开奖式”的匹配过程，也会由于双方各自需要搜索海量的信息以及供应与需求各自不成规模，导致这样的机制不存在任何理论上或者实践中的合理性。可见主流的经济学理论没有对创新活动与创新竞争的主要现象进行解释的能力。

真实的市场实践中的“受组织”机制为参与者在具有模糊性与风险性的外部环境中做选择提供了决策聚焦机制（Rosenberg，1969）。换言之，这种“受组织”机制使得创新参与者中分化出不同的群体，如利用激光技术解决自动驾驶问题的共同体。这个共同体是在人们探索汽车自动驾驶不同技术方案的过程中，参与者彼此持续交换意见，从而对技术发展的潜在方向达成一致性意见而形成的。也就是说，在创新竞争中，虽然任何一个企业都无法断定未来会胜出的技术方案，但具有创新能力的企业也并不是以“孤岛”的姿态、关起门来随机地选择技术方向进行尝试的；相反，它们会通过技术展现、技术交流、技术模仿、技术合作、委托外包甚至正式投票等不同的方式来寻找正式或非正式的同盟者，并在同盟群体内部针对技术问题和方案选择通过交流互动来摸索并逐渐明确技术进步的方向。这个过程降低了技术发展方向的不确定程度，即竞争不再是在大量的方案中进行，而是收缩为数量有限的几个阵营之间的竞争；其中有潜力的阵营甚至能够在竞争的过程中不断地扩大联盟，使得技术竞争的结局在创新最终被成功产业化之前就已经大致明朗了。也就是说，创新竞争的参与者们会在应对不确定性的过程中持续地互动来确定关键技术问题、技术研发的方向，而这种互动过程本身成为参与者应对创新不确定性的最重要的机制。在阶段性的创新竞争中赢得胜利后，紧密互动的企业群体还为创新的后续发展提出了新的技术问题，这使得创新的演进本身就成为新的不确定机制的重要来源。

国家在这一过程中的作用是独特的。它是创新活动关键的参与者之一，因为国家往往在政府资金、教育部门、技术培训部门、金融与货币部门以及社会福利部门等中扮演着主导的或者重要的角色；同时它还通过规制类政策限定创新参与者合作与竞争的边界。更重要的是，国家需要通过一系列促进信息与知识跨组织、跨部门流动的机制，以及利用包括反垄断在内的规制手段，来确保创新的知识收益不会被每一轮创新竞争的获胜者长期性、排他性地占有，以此来保证创新经济体系不会陷入被少数大企业控制的僵化状态。

本章将首先讨论创新的互动性机制，解释为什么现代工业经济中有效的创新活动必然扎根于多元参与主体的互动机制；随后引入技术创新发展的演化视角，以此来解释创新参与者在动态的演化过程中与创新不确定性的关系，即组织性、社会化的创新互动网络增加了创新活动在动态演进过程中的不确定性，但同时也为参与者提供了应对方案；之后介绍受组织的创新竞争市场的本地化特征，从而引入对国家在维持创新经济内在活力中的角色的讨论；最后讨论创新互动实践的受组织性在全球工业网络中的意义与影响。在这一章中，创新活动的互动性与组织性特征是关键概念，它深刻影响着我们对于创新竞争市场的认识。

2.1 不存在“完美市场”：创新活动的互动性

在20世纪80年代末期之前，与创新和技术进步相关的经济学研究深嵌于“计划经济vs市场经济”的争论（参见Wiles，1981；Amann and Cooper，1982）。其中，在考虑创新活动时，主流经济学理论中完美的市场机制会导致巨大的浪费：假设市场上的行为主体都是自由、分散且独立地进行决策，而每次创新竞争的获胜者数量又极其有限；如果市场机制仅仅传递价格信息，生产者无法在竞争前得知用户的需求，用户也没有掌握产品的信息，那么竞争就好比在产品面市时的一次性匹配游戏，无法提供符合消费者偏好的产品的创新者将被市场淘汰；而由于生产方的技术选择和消费者的需求是多样化的，这个机制就会造成巨大的浪费（Nelson，1990；Lundvall，1988；Levin，et al.，1987）。

然而历史经验证明，市场机制作为创新经济活动的制度性载体是适用的。在20世纪80年代到90年代初世界格局发生剧变之后，对市场机制的批评和质疑声就消失了。但这并不等于理论中的那个“完美市场”机制在支持创新方面相对于计划经济的胜利。相反，市场经济之所以在这一轮社会体制的“创新竞争”中幸存，是因为它本质上并不同于主流经济学理论所描述的那样，所以它在创新竞争中所造成的损失并不会是整体性的。在真实的创新经济实践中，竞争并不是位于“信息孤岛”的参与者与消费者之间的一次性“对号开奖”；相反，创新竞争的参与者，包括不同的厂商、用户和来自其他部门的行动者之间持续互动，而在这种互动中他们交换的远不止价格信息（Lundvall，1988）。这才是市场经济体制并不会因浪费而被摧毁的原因。

在20世纪70—80年代，随着演化经济学与以知识和学习为中心的组织理论在创新研究中的充分融合，学者们集中发表了一大批讨论创新的互动与演进过程的作品。帕维特（Pavitt，1984）就指出，英国在1945—1979年最重要的2000项创新中，超过一半都是直接根据用户的需求产生的。这说明，虽然人们常说企业是创新的主体，但与创新相关的大量关键信息甚至知识都是来自作为创新主体的企业之外的。换言之，“企业是创新的主体”这一表述应该更多地理解为企业作为直接产生和投放创新的主体，除了人们常说的生产要素外，它还积极地整合了从用户、供应商、大学和研发机构等主体获取的信息和知识，然后将其转化为创新产品。这说明，在创新过程中，不只有最终实现创新的企业是重要的，支撑创新企业获得各类信息要素的机制安排也是极为重要的。

获取外部信息对于企业创新过程的重要性，在复杂技术和设备类行业表现得最为显著（Rothwell and Gardiner，1985），因为这类产业要么有突出的“用户定制”特征，要么就是涉及大量前沿技术或涉及跨部门技术的整合。冯・希佩尔（von Hippel，1976）在对科学仪器产业的研究中就观察到此类现象，他甚至发现在科学仪器产业中大量创新的原型都是由领先用户（lead users）率先做出的。而作为这一研究的集大成者，伦德瓦尔（Lundvall，1985）详细讨论了在竞争压力下，厂商与用户都有动机与对方保持并深化互动，力图利用与对方的关系来赢得竞争优势。而为了达到这一目标，他们需要为互动发展出特定的编码系统[①]。这样，互动机制本身就要建立在双方组织性的努力（如渠道和编码系统）的基础上，并通过持续稳定的互动关系来发展信任以降低协作成本。甚至在互动关系中，生产者与用户的关系可能是层级性的（hierarchical），即由于双方博弈能力不对称，一方对另一方有更大的影响力，甚至一方直接主导互动机制。这使得基于信任的交互机制变得更为重要，在互动中处于弱势的一方（无论是厂商还是用户）会在自己所在的群体内寻求联合协作以解决信息不足的问题（Lundvall，1985，2007；Pavitt，1984）。这种互动关系也会发生僵化，即双方互动所交换的信息或编码的方式与新的技术发展不相适应，这时互动关系当中的一方就有可能尝试重塑互动关系或者脱钩去构建新的“厂商—用户”互动来保持自身的竞争力（Lundvall，1985，1988）。

更重要的是，这些学者将对互动关系的讨论拓展到了更广泛意义上的“生产者—用户”互动关系中，即产业内相关环节的协作互动中，甚至是制度场域中制度行为的施动者与受动者之间的关系中。在产业链内，由于产业内技术对接的需要，专业用户对协作性的要求会更高；当核心厂商推动产品质量提高或者性能改善时，它往往

---

① 编码系统（coding system）是创新研究中常见的术语。在此处指的是推动互动协作正规化，使双方需要交换的信息及交换的模式得以用一套明确的安排确定下来。这是节省协作成本、提高组织效率的常用做法，因为它避免了活动可能的模糊性，减少了双方不必要的试探，并使得这些活动可以脱离协作的创始人而持续存在（Nelson and Winter，1982）。

需要上下游厂商的紧密配合，这与同时期人们对相关联的不同厂商在大规模生产中近似“计划性”的协调模式的讨论是一致的（Piore and Sabel，1984；Clark and Fujimoto，1991）。而冯·希佩尔（von Hippel，1988）则直接把自己的著作命名为“创新的源泉”（源泉，“sources”一词为复数），强调对于创新活动而言，大量关键的信息和知识都来自创新者之外，既包括用户、供应商，也包括竞争对手，等等[①]。

当然，不同的产业对于互动的需求存在差别。对于那些技术相对简单、产品和质量相对稳定、变动小的领域，用户不一定需要掌握创新者的动态。在用户群体内，也有领先用户与非领先用户之分，而创新活动也会存在变异大与变异小的技术进步。但对于特定的竞争情形而言，创新本身就是一种寻求差异化的活动，如果我们观察的不是一般性的市场活动，而是创新类活动，那么这种生产者与用户之间的互动就是普遍的和关键的。弗里曼和苏特（Freeman and Soete，1997）也指出，对于商业成功而言，创新者有效地获取与之相关的用户信息或知识，几乎与它们对新技术机会的识别同样重要。当然，反过来说，在复杂工业中，大部分的技术失败也来源于创新过程中的互动协作失败（Johnson，2003）。

学者们进一步把这种“生产者—用户”关系的讨论拓展到生产者与科研、金融和规制等部门的关系中，因为广义的“产品供给”（如政策的制定和执行）同样有赖于供给者与其“用户”之间有效

---

① 作为一名供职于商业院的学者，冯·希佩尔在后续一些作品中采用商业企业视角来分析企业如何有效地识别并获取用户创新对于商业成功的影响是情有可原的（von Hippel，1986；2005）。但部分国内学者在分析国家创新系统时，却不顾前提条件而强调国家政策要重视用户创新，这其实是逻辑上的本末倒置，甚至是对冯·希佩尔等学者本意的曲解——这些理论先驱的本意更在于强调社会化或系统化是创新的本质特征。这种对其理论的误用也可以认为是本书所批评的那种将创新系统当作一系列指定部件的机械结合的静态观的表现。

的互动（Johnson，2010；Lundvall，et al.，2002；Nelson，1990）[①]。我们在日常经济生活中所见到的科研合同、产学研合作、网络式联盟、关系型合同、学科学会和行业协会等都是“受组织的市场”的体现（Christensen and Lundvall，2004）。

也就是说，市场上的主体并不是只传递价格信息的“孤岛”。传统的主流理论严格区分了组织机制和市场机制，认为企业组织的协调机制是层级制的，而市场则是完全相反的机会主义的。主流经济学家对市场上的“非市场性行为”多持负面态度，他们认为市场上的主体彼此隔离，只有价格信号是流通的；如果市场上存在额外的信息，那么这些信息就只能是生产者为了获利而制造的虚假的、具有欺骗性的信息（Lundvall，1988）。但20世纪70—80年代的创新研究学者通过大量的工作证明了在各类产品市场中，机会主义行为对于生产者和消费者都是没有效率的，机会主义行为并不能解释主要工业国家中真实的市场机制；在有效的创新经济模式中，市场是受组织的，即市场竞争的参与者会交换远不止价格信号的信息，甚至是交换更为具体的知识、复杂的技术和产品原型。为了确保互动的效率，参与者之间的关系是“受组织”的，即他们会投入相关的资源，形成稳定的机制，发展特定的编码方式。为发展互动机制提供制度性的保障是重要的。如果所有的互动都需要非常明确，一事一议，那么协作各方的信息交互只能处于初级状态，大量基本的、规定性的信息需要被重复传递，无法完成大规模的、长期的和复杂的信息交互（Baldwin and Clark，2000）。反过来，这种制度性保障的构建又形成了双方进一步协作所需的信任，使双方得以剔除市场

---

① 有趣的是，几乎是在同一时期，研究发展型国家的政治经济学学者们，也提出了“治理性互赖”（governed interdependence）的概念，即强调政策的有效性必须建立在发展政策和执行政策过程中，政策制定者与受到政策影响的产业界之间良好互动的基础上（Weiss and Hobson，1995）。本书的第三部分将对这一话题进一步展开讨论。

上那些虚假的信息，塑造彼此开展信息交互、信息过滤和协作行为的边界。参与者的选择本身其实也是有倾向性的，是“受组织的”。就中长期而言，可以认为，创新者的竞争绩效是高度依赖互动和交流的，因为重要的信息、知识和资源——冯·希佩尔（von Hippel，1988）所强调的“创新的源泉”——都在这些互动和交流机制中被分享，并使创新者得以剔除干扰性因素，降低由虚假或不可靠信息导致失败的可能性（Christensen and Lundvall，2004；Nelson and Winter，1982）。

对创新经济市场“受组织”本质的辨析可以产生以下两方面的启示：首先，对于创新竞争而言，市场机制之所以并不会因为理论上的巨大浪费而在现实中难以为继，这是因为在成功的经济体中，市场竞争并非生产者与用户之间一次性的“对号开奖”活动；生产者内部、用户内部以及生产者与用户之间交流内容远超出价格信号的互动机制，避免了双方的“盲选式”行为，从而避免了整体性的浪费。

其次，从广义上来说，创新是一个社会化的过程，而这个“社会化”情景中的资源条件和制度条件对创新本身的绩效存在关键的影响。创新建基于不同参与者的互动机制之上，创新的源泉不仅仅是生产者，也包括用户，供应商，科研、教育、劳动技能和金融等诸多部门。获得后面这些主体的信息对于生产者完成创新有着不容忽视甚至是不可或缺的影响。由此，广义的“创新者”超越了任何生产者个体，而应当由半开放式的网络来解释。

2.2 创新的不确定性及应对：互动性的动态演进

不确定性是创新的一个重要属性，同样也是人们理解市场经济中创新活动活力的重要概念。创新的不确定性指的是我们无法对创新的方向、速率和结果做完全确定的预判。用奈特（Knight，1921）的话来说就是，“（我们）无法对不确定性形成确定的认识”。对此，我们应认识到，创新竞争机制不是线性的。创新的线性模式，不论是“投资—技术进步—创新产出”，还是“基础科学—应用科学—产业创新”，一度在理论界和政策决策者当中非常流行，而万尼瓦尔·布什的“布什报告”事实上也造成了后者的流行。但正因为创新活动存在不确定性，所以投入资源与创新竞争结果之间以及从基础科学到产业创新就不可能是线性的关系（Nelson，1962；Rosenberg，1976）。这种不确定性，不仅在技术开发的实验室中存在（纯粹技术探索过程中的不确定性），也存在于技术发明被商业化之后（Rosenberg，1996）。内森·罗森博格（Nathan Rosenberg）曾经利用工业史素材对技术发明被商业化之后不确定性产生的各种成因做过详细的解释：创新从科学发现或技术原型到工业应用需要长期持续的尝试和改进；新技术与其他技术具有关联性，故新技术潜能的充分转化需要相关技术或组织的配合；创新产生的应用往往是将来某个技术系统的一部分，而人们有可能尚未发展出对该系统的认识，原有的系统往往也会对新应用的推行造成结构性的阻碍；发明者最初对于创新的设想往往聚焦在过于狭窄的范围内，创新可能在更广泛的领域里催生了大量“意料之外的应用”；创新技术的组合方式未必与人们的需求相吻合，后者往往涉及复杂的社会心理因素；创新技术还面临着与未来新技术和旧技术的竞争；市场结构和其他因素也会对创新技术的经济效益的实现产生影响等（Rosenberg，1996）。

不确定性是创新的本质属性，但部分国内主流经济学家却用创新过程存在不确定性这一点来强调政府不应该介入创新经济活动，他们认为个别行为者的决策可能会无法应对不确定性而导致低效率甚至重大失败。令人感到意外的是，在20世纪80年代末之前的“计划经济 vs 市场经济”大争论中，市场经济中创新活动的不确定性曾被支持计划经济的学者用以批评市场经济模式。他们认为，不确定性使得市场经济必然导致重大浪费，让市场缺乏整体效率[①]。当然，即便抛开“计划经济 vs 市场经济”的争论传统，单就市场经济的“政府 vs 市场”关系而论，这一逻辑也让人困惑。在理论上，不确定性并不会自动地甄别它所作用的对象到底是企业还是政府，是私人部门还是公共部门，所以用“政府无法应对创新活动中的不确定性”作为否定市场经济中国家的角色的理由是似是而非的，因为政府的确无法完美地应对创新活动中的不确定性，但市场主体同样如此，所以基于这样的论据并没有实质性的意义，也无法实现其论证目的。

这些主流经济学家的错误，很可能是因为其理论体系无法接受非“完美”的假设，所以他们一旦发现某类主体无法解决不确定性问题，就认为这类主体存在相应的“失灵”现象，不应该作为市场机制正常的组成部分。另一个原因是，他们假定市场主体彼此隔离、完全独立决策，这样可以通过简单加总个体层面的变量得到整体层面的变量，个体所面对的不确定性加总到整体层面后会被放大，那么个体的损失必然意味着整体的损失。

然而，主流经济学家的这些苦恼在他们的经济学课堂外是无意义的。对互动性作为创新活动基本特征的分析已经说明了，市场本

---

① 从这一点来说，市场经济的批评者是有道理的。因为在完全理论化的计划经济中，“新技术出现之后”的不确定性是可以被大幅度降低的。假定消费者潜在的差异化需求因为计划性分配而长期无法得到满足，那么消费者就会降低他们对差异化需求的预期，计划经济当然就更容易人为地塑造“技术供给”与“需求”之间的匹配。这种“不近人情”的、纯粹理论上的推演并非完全没有意义，因为如同日本的财阀体系在其内部构造了足够大的市场，而这些内部市场受到行政协调要比市场协调更显著，那新技术在这一体系中所面临的不确定性自然就与在开放竞争的市场中的不一样。但这些学者捍卫计划经济的理由是不充分的，因为经济活动是否有效率并不完全取决于生产出来的产品能否（哪怕是通过计划性手段）分配出去，关于“应该生产什么产品”也就是技术目标的选择就构成了人们评价不同经济系统优劣的基准之一。而一旦现实中的市场并非理论上的封闭式市场，例如存在外部竞争或者国际竞争，那么它的效率优势就存疑了。

质就是不完美的，市场每时每刻都在“失灵”状态——按照主流经济学家们狭隘的定义。但是，市场经济之所以没有崩溃，是因为市场经济的参与者并不是彼此隔离的，而是基于动态的互动机制而决策并行动的。市场经济是否有效，并不由个体或个案能否从不确定的创新竞争中获利决定，而应当从整体和动态演进的角度来考察。对于这一点，本书作者在上一节已经做了一定的解释，本节和下一节也将进一步展开说明。这一问题同时也是理解创新互动网络与不确定性之间关系的钥匙。

首先，创新竞争是演进性的，这在很大程度上保证了竞争能相对及时地淘汰失败者，避免给社会经济带来系统性浪费。

恰恰因为创新的根本目标是使技术供应满足用户的需要，由此创新是否成功首先取决于生产者对用户信息的获取。但是，任何主体的知识搜寻往往只能在自身已有知识的邻域内开展（Nelson and Winter，1982），这使得用户自身的需求表达也是受限的，是渐进的。用户在掌握生产者所提供的产品信息之前，是无法有效地针对相应的产品提出自身的需求的。所以当一个创新市场刚刚开启时，生产者一方往往只能够提供简单的、仅具有核心技术功能的产品，例如汽车产业最初只是有“不用马的马车”这一概念（Clark，1985；Rosenberg，1996）。而用户整体（人们口语中的“市场”）对产品的期望，只有在反复的持续的“生产者—用户”互动中才能不断塑造并逐步稳定下来。这就使得生产者进行的技术学习也是受限的，因为除却自身的能力问题外，他也无法一次性地获得完备的“市场概念”的信息，因为后者本身就是演进性的，而且这一演进还内生于“生产者—用户”关系和创新竞争本身。克拉克（Clark，1985）和多西（Dosi，1982）等人认为，技术方案产生于两个要素：一是由需求产生的技术情景，情景定义了技术问题；二是科技或产业共同体在供应一侧所能提供的方案。其中，克拉克（Clark，1985）通过工业史中丰富的案例细节，刻画出创新竞争当中生产者、用户以及创新竞争本身的演进性，起码包括以下几种情形：

第一，用户需求的发展具有明确的时间序列特征。用户的学习也是有限的，他们只有在持续地接触产品后才能逐步丰富其关于产品的知识，从而逐步呈现自身对生产的需求，即“市场概念”。例如在汽车产业中，只有当用户开始在夜晚行车之后，关于车辆照明的需求才会被提出来。同样，人们也只有在使用了第一代移动通信产品（“大哥大”）之后，才会对手机在便携性和电池续航能力方面有更清晰的要求。

第二，技术问题的产生同样有时间序列性和层级性。也就是说，一些技术问题只有在另一些技术问题产生和解决之后，才会浮现出来。层级性的产生至少有两种原因：一种是前面提到的需求演进。另一种则是技术供应方的，即纯粹技术上的原因。也就是一些技术问题只有在前序技术问题被解决、相应的技术选择被做出之后才会被人们意识到。例如只有当人们为汽车这一产品选择了全金属覆盖车身之后，怎样研发更好的合金来提高车身覆盖件的性能才会成为产品开发人员考虑的问题。

第三，生产者在特定时刻只能从自己所面对的诸多问题中选择有限的对象来解决，这又使得技术、需求与竞争的演进路径不是完美无偏的。即便在考虑技术问题产生的序列性与层级性的前提下，生产者也会同时面临大量不同的问题；但由于生产者所拥有的资源以及组织自身关注力的限制，生产者在特定的阶段只能将资源贯注于其中一部分被选择的问题上。尤其是，当我们考虑到产业技术体系内不同厂商之间的协作关系后，特定生产者的选择空间就会更加受限——他们有可能不得不接受来自协作伙伴的半强制性要求（例如以研发合同的形式），也有可能因为受到其协作伙伴的能力限制而不得不选择特定的技术方向。这些因素都使得生产者不得不选择数量有限的技术问题加以解决。而当这些问题被解决（或未被解决）后，用户需求、技术问题产生和协作的演进性又会持续地塑造新的选择空间，使得生产者在这一过程中的技术选择所形成的轨道必然是有偏的。也就是说，生产者每一次技术选择并不是在完全理想化的空间进行的。对于这一点，多西（Dosi，1982）在其关于产业共同体如何在与市场需求和技术可能性互动的过程中塑造技术轨道的分析中也有论及。

创新演进的这些特征说明了创新竞争并不是一次性的“对号开奖”。在演进的过程中，生产者通过持续地与用户开展互动来获得信息，从而使其投资的技术方向得到及时的纠偏。同时，生产者也可以通过获得关于“市场概念”的认识，在演进的任何阶段退出市场，这就避免了占市场主体绝大多数的生产者在投入大量资源后被震荡式淘汰的系统失灵。事实上，创新领域的研究者们早就观察到产业创新中的“主导设计”（dominant design）现象。主导设计往往发生在产业创新尚处于中前期的阶段，它被认为是那些在市场中赢得了高度认同的产品设计，如果任何潜在的竞争对手想要获得相当程度的市场认可，它们就必须将主导设计作为设计的参考基准（Utterback and Suárez，1993；Utterback，1994）。主导设计是一个基于经验观察的概念，而与之相关的特征化现象就是：市场上的参与者数量呈现出一个显著的倒 U 形走势。当主导设计出现时，大量生产者被迫或者主动离开了市场，参与竞争的企业数量大幅度下降（Utterback and Suárez，1993）。事实上，学者们将主导设计的出现当作产业创新从早期非成熟阶段转向成熟阶段的里程碑。往往只有经过这一转折阶段之后，专业性的设备供应商才会进入产业并开发标准化的生产设备，而这是生产厂商得以大幅度扩大生产规模、跟随型厂商得以进入产业的前提，这也标志着对产业资源投资的快速扩张（Abernathy and Utterback，1978；Perez and Soete，1988）。而在转型期之前，也就是在大量企业被清出市场之前，产业共同体是不会对该产业进行大规模的生产设施投资的。

当然，强调主导设计及与之相关的产业生态现象，并不等于说创新竞争只有这么一种淘汰竞争参与者的机制。创新竞争的演进过程，包括技术发展过程中每一轮重要的功能性分岔，协作阵营每一轮对特定环节参与者的选择，以及消费者每一次基于对当时产品市场的认识而进行的“用脚投票”行为，都会源源不断地清出企业。但主导设计的出现的确是产品创新周期中的关键性现象。在主导设计出现后，不仅参与竞争的企业数量会大幅度下降，而且相关产品技术的变化会被控制在既定的系统架构内，整个产业共同体对产品技术变迁的投资会减少，相反对生产设施以及渐进性产品与制造工艺的投资会大幅度增加。而在产业创新的成熟期，由于技术变化频率的下降，重要企业（拥有大规模生产设施的企业）的失败就不再是属于“不确定性”范畴的问题了（Utterback and Abernathy，1975；Abernathy and Utterback，1978）。

其次，除了创新的演进性之外，上述讨论还揭示出两点值得人们深思的问题。一个是创新演进过程中的社会化，另一个则是不确定性自身的相对性。

第一，创新竞争是“社会化”的。在复杂的现代工业体系中，企业是通过专业化分工关系联结在一起的。这种分工关系在每一个产业创新周期也必然是一个演进的过程：随着产业的发展，协作性技术问题的确定性会提高，需求的确定性会强化企业之间对彼此协作关系的锁定——“生产者—用户”之间互动的信息渠道与编码系统得以构建起来。而这种社会化的协作必然会同时带来多种效应：淘汰没有被选择的参与者；通过协作机制为参与者提供大量高价值的技术和需求信息——当然这些信息的提供是有偏的，是服务于该协作体系的整体目标的；创新竞争往往发生在拥护不同设计方案的“阵营”之间，即企业并不是单枪匹马参与高度不确定性的创新竞争的。

图 2-1 刻画了主导设计出现前的相对成熟的产品设计阵营之间的竞争。该图在克拉克（Clark，1985）观点的基础上，纳入了“生产者—用户”互动的概念。不同阵营内部的“生产者—用户”互动是普遍存在的；“生产者—用户”之间存在互动，消费者内部也会交换意见，甚至在最终表现出不同需求特征的消费者之间也可能存在信息交互。同样，对于厂商而言，不仅同一阵营内部存在频繁的互动，不同阵营间的企业也有可能交换信息，甚至少数企业可能会参与不同的阵营（为简洁起见，图中未标示）。

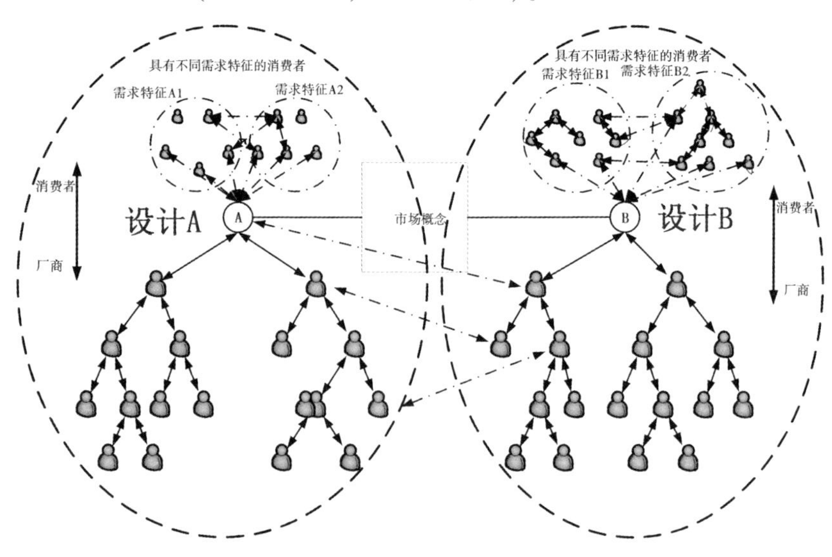

图 2-1　创新过程中社会化的互动关系及阵营竞争

注：图中双箭头实线表示有强关系的互动，例如正式的技术合作或供应关系；双箭头虚线表示弱关系的互动，例如非正式的信息交互。

在每个阵营中，产品集成厂商（图 2-1 中的 A 和 B）与消费者的互动在很大程度上为阵营整体提供了来自市场的信息。来自市场的信息，以及阵营内主要的技术型企业的偏好会为阵营整体的创新方向塑造出“聚焦机制”（focusing device）的效应，使得阵营成员会选择相应的技术方向和技术问题，而并不是在巨大的技术可能性空间中随机尝试（Rosenberg，1969）。这就使得阵营当中大部分创新型企业其实并不是在极端模糊与不确定的外部环境下竞争的，而是在聚焦后的信息环境中开展“关系型学习”（relational learning）（Christensen and Lundvall，2004；Johnson，2010）。当然，需要强调的是，对于每一个阵营来说，这种“聚焦机制”也是在演进性过程中发展起来的。

图 2-2 是基于詹姆斯·厄特巴克和威廉·阿伯纳西首创的产品生命周期模型（Utterback and Abernathy，1975）发展起来的。当然，厄特巴克和阿伯纳西之后的学者对产品生命周期模型内发展阶段的划分有多种不同的处理办法，本书采用了佩雷斯和苏特（Perez and Soete，1988）的四阶段模型，即初创期（introduction of new technology）——成长期（market growth）——转型与确立期（transition and establishment）——成熟期（maturity）[①]，并以此来展现在不同时期创新竞争对互动性的要求，以及对互动的组织性的要求。

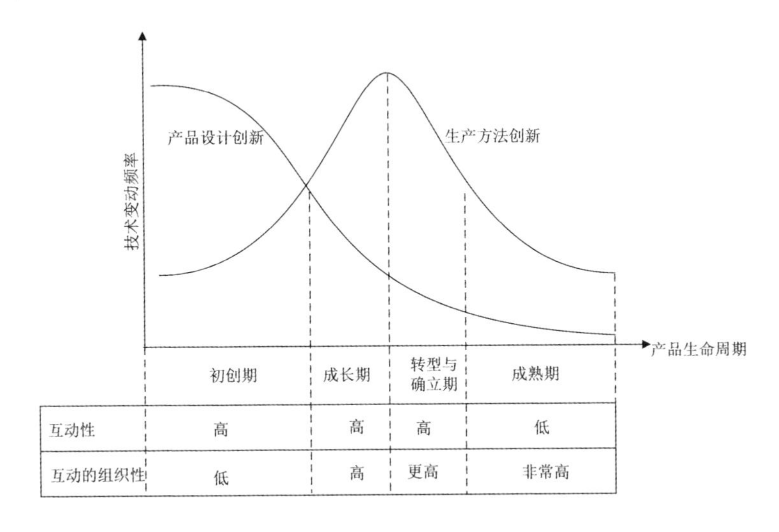

图 2-2　互动性及其组织性的演进过程

① 作为在创新领域较早采用产品生命周期模型的学者，厄特巴克和阿伯纳西等学者在他们的研究中一直采用的是三阶段模型，即流动性阶段、转型阶段和成型化阶段（Utterback，1994）。但这对于本书尝试呈现演进性的目的来说，三阶段模型和四阶段模型的差异仅仅是视角上的，没有本质上的不同。当然，周期性模型很早就被人们运用于对产业和贸易变化的分析（如 Vernon，1966）。

在产品生命周期的前两个阶段，主导设计尚未出现，市场概念依然灵活多变。在这两个阶段，人们主要强调创新产品的竞争优越性，所以创新者对互动性的需求非常高，因为创新者能否幸存，往往取决于他们是否能够更有效地获得更大规模用户的需求信息，并且把更多的产业链合作者以及其他行为者（如金融和监管机构等）纳入自己的阵营。这种互动性的需求随着产业的发展和对创新的资源投入规模的扩大而不断增强。同时，互动的组织性最初也呈现出流动性较强的形态，因为创新参与者尚处于彼此了解、交换信息、达成共识并逐渐形成相对稳定的互动关系的过程中。随着互动实践和创新技术逐渐成熟，互动的组织性也愈发稳定，趋向于形成不同的竞争性社团或阵营。

进入产品生命周期的转型与确立期，则意味着主导设计出现，主流的市场概念开始浮现，这使得技术的流动性急剧下降，尤其是创新产品的核心技术方案的确定性显著提高，这时候围绕产品设计的互动性要求就降低了。随着主导设计的出现，产品发展的重点转向大规模标准化生产，于是围绕制造环节的知识生产（不管是核心企业之间，还是生产型企业与专业化设备供应商之间）的互动性都极大地增强。在组织性方面，主导设计的出现不仅淘汰了大量创新竞争者，也由于技术确定性的提高，互动的组织性大大提高了，即不同主体之间的协作关系因技术目标明确而变得相对稳定。尤其是当竞争由产品生命周期早期的产品新颖性和功能领先性转向产品的标准化和可制造性之后，生产投资以及关系型活动的投资规模极大地扩大，产业链中的互动关系越发明确。以少数旗舰企业为核心，创新产业界形成了若干含有从核心到边缘不同层级协作关系的、相对稳定的阵营。一旦产品生命周期延伸至成熟期，互动的信息就变得更为明确，合作者之间所需要交互的信息也变得更为有限和标准化。事实上，厄特巴克和阿伯纳西（Utterback and Abernathy，1975）

就直接把产品生命周期在时间维度上的两端分别称为非协调性过程（uncoordinated process）和系统性过程（systemic process），而他们的这一分类反映了互动的组织性的演进。

当然，创新演进过程的社会化特征也意味着不同产品设计之间竞争的结果往往表现为阵营整体的成败。在现代工业体系中，不确定性环境下的创新竞争从来就不是如主流经济学家所说的“众人的独立努力”（如张维迎，2018），而更像是社群模式的竞争。因为大量技术在其开发之初就是为特定阵营的产品系统服务的，所以被淘汰的阵营当中绝大部分创新者独有的单项技术也会被淘汰——不论这些技术的先进性如何（Clark，1985）。如在民航领域，能以2.2倍音速飞行的协和式客机的失败正是经典例子，其引人瞩目的速度技术并没有从阵营的整体失败中被民航工业有选择地保留下来。当这些单项技术无法获得市场支持时，相应企业的相关业务也会遭受沉重的打击。

上述讨论中引人深思的第二点是不确定性自身的相对性。创新的演进性说明，不仅竞争的效果（部分企业在创新竞争中胜出，并带来相应的技术进步）只会在过程中实现，甚至竞争的目标（解决什么问题，研发什么技术）也是动态变化的，连创新竞争参与者所遭遇的问题与挑战也是在这个过程中逐步且持续地涌现的。由此，用户需求、技术发展与参与者之间协作的演进性，使得产业的技术进步在时间维度上经常呈现出显著的群落性，因为技术问题经常会在其前提性条件满足后成簇涌现（Clark，1985）。人们无法事先获知这个涌现的结构，因为它是在用户需求、技术发展与产业协调多维互动的过程中被塑造的。换句话说，不确定性本身是在创新竞争与技术发展的过程中被持续地制造出来的。多西和埃吉迪（Dosi and Egidi，1991）就将不确定性分为实质性与程序性两种。可以认为后者就描述了这些发生于过程中的不确定性。

对于特定的参与者而言，不确定性带有强烈的反身性特征（封凯栋，姜子莹，2019）。假如企业 A 的行为影响了企业 B 的行为，那么企业 A 的行为就构成了对企业 B 的程序性的不确定性；反言之，企业 B 出于相应竞争压力而做出的变化同样也更新了企业 A 所面临的不确定性环境。从这个角度来说，不确定性对于观察者和市场参与者的影响在一定程度上是有偏的，它的有偏结构取决于在创新竞争中不同观察者和参与者相对于创新事件而言所处的位置。

因此，不确定性机制的复杂性提醒人们不应当试图从总体上或者从特定时间截面来计算它（Nelson and Winter，1982：18-19）。在这个复杂且无法事先预知、无法做总体计算的过程中，创新者往往遵循一种“受指导的经验主义”（guided empiricism）机制来应对挑战，他们在每一个时间节点上都从已有的知识和所掌握的信息出发，尝试去推测并发展一个可行的设计，以使自身能够开展试验、测试和制造，边干边学，在经历生产投放和市场反馈之后，再根据新的问题、知识与信息进入新的开发环节，周而往复（Kline and Rosenberg，1986）。而创新者自身所处的互动性网络，既为其行为提供了相应的信息、知识和资源，同时也诱导甚至是强制其做出选择。

总而言之，企业不是独自地、以盲试的方式来应对不确定性的。创新企业扎根于与之协作的企业、消费者以及其他机构，通过构造不同的长期关系、松散联盟甚至紧密的阵营来获得信息，形成方向感。可以说，程序性的不确定性同样也部分地来自创新参与者基于互动机制而开展的竞争。所以创新竞争参与者在制造新的过程性的不确定性时，他们也发展了有可能帮助其应对不确定性挑战的机制，即越发深化的、社会性的互动实践。当最终产品创新成熟之后，在竞争中被市场选择的产业共同体最终会创造出庞大的公用知识库，形成该技术范式共有的基本准则、核心概念和技术编码、基础的材料技术和设计的逻辑结构等（Dosi，1982；Rosenberg，1985）。因此，动态的、社会化的互动机制，既增加了创新过程的不确定性，也为其提供了答案。显然，这个答案并不是由狭义的市场来提供的。

2.3 市场受组织机制的本地性

既然创新活动扎根于参与者的社会化的互动机制，而且这一机制本身就塑造了程序性的不确定性，也催生了对不确定性的解决方案，那么，互动机制的社会经济空间及其制度条件就成为理解整体创新效率的关键。由于创新活动所涉及的知识往往具有显著的缄默性（tacitness）成分，所以互动性活动在社会经济空间中的分布往往倾向于在特定的地区集聚；同时，互动机制需要许多公用部门提供大量的知识、资源和规制，这意味着互动性活动能否开展、以怎样的方式和效率开展，往往取决于当地的制度条件，即具有本地化特征。

首先，现在工业活动中知识的缄默性和复杂性使得互动性活动往往会对特定的地理空间产生黏滞效应。知识的缄默性是迈克尔·波兰尼（Michael Polanyi）提出的重要概念。缄默知识是指人们无法通过编码化的手段，即无法借由数字、文字、图表、共识或程序等形式表达出来的知识。除了日常生活中人们早已认识到的知识——编码化知识（codified knowledge）之外，缄默知识也是人们在生产和生活实践，以及学习活动中重要的甚至关键的部分，一定程度上我们可以认为，所有的技术应用和技术学习过程都与缄默维度（Tacit dimension）有关（Polanyi，1966；Nelson and Winter，1982；Baumard，1999）；或者可以说，大部分“有用”的技术知识都是编码化知识与缄默知识的组合。由于无法编码，所以缄默知识的转移，包括技术学习、技术贸易、技术扩散和模仿等，都无法简单地经由编码化的手段完成，而必须用演示、言传身教等手段实现，这就使得缄默知识的转移成本高，具有本地化的特征。当然，在企业的知识观理论中，缄默知识由于难以被转移，因此也难以被模仿，反倒被认为是企业竞争优势的重要来源（Grant，1991；Nelson，1991）。

在技术创新变化频繁的阶段，知识的缄默性和复杂性都使得创新的互动实践具有本地化的倾向。第一，创新参与者所传递的信息往往涉及大量缄默内容，其中甚至包括对技术需求的描述［例如工程技术人员经常说的“这个（方案的）感觉不对”］，或者解决问题的诀窍［“只有×××（某个富有经验的人）才能解决这个问题”］，或者是基于信任和惯例的协作行为。第二，现代技术活动所涉及的专业信息可能很多，需要面对面的沟通才能解决问题。现代工业中关于具体的哪怕是一个产品、一个零部件甚至一处关键表面加工工艺的相关技术信息的总量已经变得很大，其中大量的细节只有具备相应的专业知识的人才能很好地理解（von Hippel，1994）。尽管 ICT 的广泛应用使得信息的传输变得更为容易，但当复杂的专业技术问题涉及大量的情境性信息、背景技术，而且技术难题可能同时在不同维度上存在，问题与相对复杂的协调性要求相关时，人们就更倾向于用面对面的方式，甚至组成临时的工作组来解决它们。当然，协作对信任的要求也使得合作者更倾向于保持密切的接触，信任机制为协作节省了大量程序性成本，而信任本身的构成要素却有可能是本地性的，即基于熟人关系、对共同的社会文化或者社交网络的认可等等（Powell，1990）。

其次，影响创新的互动性机制有显著的本地化特征的原因还在于，开发创新性技术的活动要想保持高质量，就需要许多具有本地化特征的环境要素。例如，由于缄默知识与经验积累的原因，高水平的人力资源同样会更容易聚集在特定的创新活跃地；产业长期发展所形成的公用知识库，即产业发展所形成的、储备了大量相关知识的社会网络，往往也是本地性的。此外，重要的环境要素当然还包括相关联的科研部门、熟悉产业甚至与产业伴生的金融部门、相适应的产业链体系以及相关的基础设施等等。这些要素在很大程度上是有效的互动性实践的产物，但反过来它们又促进互动实践得以在较高水平上运转及拓展。

既然创新基于社会化的互动过程，那么为互动过程提供资源和规制的制度安排就成为决定创新绩效的关键。而互动实践中大量的要素都是本地化的，所以，在产业、区域和国家层次上的创新系统，就成为决定创新活动在不同产业、不同地区和不同国家效率差异的关键解释变量。相关制度作为市场自组织协同经验的正式化安排，往往自下而上由产业共同体内部非正式的惯例逐步塑造形成，而这类协作经验的正式化有助于参与者对互动的社会化过程形成稳定的预期，避免波动（Pelikan，1988；Baldwin and Clark，2000）。同时，国家也需要通过增加关键要素的供给，如人力资源、公共科研、技能培训和金融投资等促进当地的创新活动，甚至在特定的方向上诱导行为者的互动实践，而公共部门对创新互动的参与，当然需要相应的制度作为保障。此外，国家还通过产学研与公共部门科技成果转化机制、技术及产业标准、反垄断法律等设定了不同部门之间互动协作的规范，人们可以在大量讨论创新政策或者比较国家创新系统的文献中看到详细且具体的讨论。这些举措的实质在于为创新协作与创新竞争的参与者设定互动行为的边界。

这些制度性要素塑造了创新活动嵌入社会经济体系的基本特征，而这些特征往往是带有长期稳定的国家差异的（Nelson，1993；Whitley，1999）。这些差异首先来自社会系统本身的复杂性与多样性。由于创新活动与国家生活中的各个子系统紧密相关，而这些子系统各有其相对独立的演变逻辑，因此创新活动本身会受到其他子系统重要的制度和传统的深刻影响（Pelikan，1988；Freeman，1987）。其次，无论是源自何种路径，有效的制度应与创新的互动性实践匹配。但制度作为一个人为建构的概念，它必然有其执行与维持的组织化载体；而这些载体，无论是政府所搭建的政策网络还是由市场自组织的其他约束性机制，必然存在路径依赖，那么制度与创新之间如何保证协同演进就会是重要的问题（Nelson，1994；von Tunzelmann，2003；封凯栋等，2017）。在不同的经济体中，这种动态协同性的实现自然会有显著的区别；即便是在领先的创新型经济体中，依然会存在大量制度安排与创新发展要求相矛盾的现象（Stiglitz and Greenwald，2014；Jaffe and Lerner，2004）。再次，政策转移对各国创新制度实践的影响更具有决定性。政策扩散有两种表现形式，一种是发展中国家主动向创新经济体学习。尤其是 20 世纪 90 年代国际力量对比发生变化后，华盛顿共识等自由主义意识形态大行其道，许多后发国家开始采纳以华盛顿共识为主的“西方经验”。但这种做法是值得质疑甚至可以被认为是危险的，因为无论是从二战后成功工业化的国家的经验来看，还是回溯自工业革命至今仍领先的工业化国家的成功经验，它们都不是通过模仿其他国家现成的制度经验而发展起来的。不同的工业、不同的工业发展阶段和不同的国际政治经济环境要求一个经济体必须实施与自身相适应的，而不是教科书般的、有“标准答案”的政策来推动自身的工业化（Forbes and Wield，2002；Chang，2002），其中私有化、低税收、过于严格的专利保护、低关税的贸易政策等做法往往是此类自由主义意识形态制度组合内的主要内容。另一种常见的政策扩散的做法则是跨国企业或者外国资本对发展中国家进行游说，即这些外来资本为了自身利益而在发展中国家推动政策模仿。

创新是一个持续的互动性过程，所以制度的发展就应该以本土存在的创新实践活动为基础，或者以促进具体的创新活动为目标。因为真实的市场活动必然是以具体的创新及其贸易活动为基础的。从这个角度而言，有效的市场制度也应当是人们经验积累的产物。所有明显脱离了创新互动实践的真实需求的所谓“先进制度”事实上并不会促进创新发展，相反它们有可能因为强制资源错配，或者约束有价值的创新互动行为而阻碍了本地工业技术活动的发展。如果一个发展中国家在实践上并不存在本土“生产者—用户”的互动，例如本土的科研部门与产业部门之间或者本土的产品开发部门与本土用户之间不存在生产有效知识的互动，那么不论在政策上怎么鼓励企业加大研发投资，或者怎么鼓励大学及科研部门申请专利，都不会产生真正有效的本土自主创新的效果，而只是在“账面上”看起来像创新型国家罢了。

2.4　市场组织性的“额外”价值与全球化的冲击

创新是以产品开发和制造过程中形成的知识与经验体系为基础的，这种体系一旦消失，那么创新也就不复存在了。为创新活动服务的制度构建，或者说市场的组织性，与创新活动实践是一枚硬币的两面。纳尔逊等学者甚至用“社会技术”（social technology）来定义那些促进“物理技术”（physical technology）发展的协调方式（Nelson and Sampat，2001；Nelson，2008）。这种讨论其实与弗里曼（Freeman，2002）在广义的“国家创新系统”中对制度的界定是一致的。从这个角度来说，由于创新当中大量的信息都来自企业外部（Pavitt，1984），因此物理技术意义上的创新能否发展，取决于该经济体是否有相应的社会技术。市场的受组织水平决定了一个经济体能够孕育什么样的复杂技术创新。理论上体现价格信息的“完美市场”，基本上只适用于定期开放的圩集类“菜市场”。而现代复杂的工业则需要不同程度的组织性。以“山寨机”的生产为例。山寨机的生产技术虽然简单，但其对市场的组织性依然是有相当高要求的：山寨机的生产商们同样需要获知联发科（MTK，来自中国台湾地区的 IC 设计企业）等企业所供应的不同“交钥匙”（turn-key）方案[①]所能实现的手机性能，以此来作为自己战略决策的前提；同时，山寨机生产商需要确保供应链上各环节的供应质量和到货率，还需要了解目标市场消费者潜在的差异化需求，招募合适的生产职工，了解分销商的财力以及销售计划以确保如期回款，充分掌握政府在手机入网许可方面的政策变化及其执行力度；山寨机生产商还需要熟悉竞争对手的产品特征并保持对产业内出现的新技术、新产品相关信息的敏锐度；等等。这也就不难理解，为何在同一时期大量研发与生产“山寨机”的主要是中国珠三角一带的厂商，因为这一地区具有此前在“三来一补”和代工生产等工业活动中积累的社会技术。同样，作为这种“组织性”力量的重要提供者，联发科一家企业的兴旺和萧条又反过来影响了珠三角“山寨机”产业的崛起和衰落；而直到新一轮本土智能手机的系统集成企业（提供产品组合的系统架构、组织和协调产业链的智能手机厂商）崛起之后，珠三角当地的手机制造工业才再度振兴。手机产业如此，其他复杂的工业技术活动，例如现代食品工业、机电产业、半导体集成电路等，也同样需要相应市场具备复杂的组织功能。

由此，特定国家、区域或产业内市场的组织性决定了该经济体在有效协作要求下的专业化分工程度（Arora，Gambardella and Rullani，1997），也决定了该经济体所能承载的创新活动的复杂性，而在国际竞争中这种应对复杂性的能力则往往代表着这些经济体创造价值的水平，也就是创新竞争的“熊彼特租金”。据此来评述主流经济学的谬误，我们可以说，当现代商贸经济出现后，“菜市场经济”几乎存在于大部分国家，但并不是所有国家都能够承载复杂的工业

① 当时联发科为山寨机厂商提供了一揽子的“交钥匙”，既有囊括了手机的处理器、基带芯片和其他功能模块（如 Wi-Fi、GPS、FM 和蓝牙等）的硬件，同时也包括以上核心功能所需的软件。

技术经济活动，发展出复杂的创新竞争市场。就这一点来说，尽管在发达国家中，市场的组织性即组织模式也各有差别，例如美国模式［如纳尔逊（Nelson，1988）与莫利和罗森博格（Mowery and Rosenberg，1998）］和日本模式［如弗里曼（Freeman，1987，1988）与小田切让和后藤（Odagiri and Goto，1993）］就存在显著的区别，但相比发展中国家而言，发达国家之间的共性却是明显的，即它们都以不同的方式促进了多元化创新参与者围绕复杂的技术信息与知识开展互动实践，不论这些互动实践是基于网络性市场协作的方式完成，还是在财阀内部实现。相比之下，发展中国家却未能为相似的活动搭建有效且稳定的制度性平台。

同时，由于市场机制的形成与发展涉及大量不同的社会子系统，并且与复杂的多元的参与主体相关，因此任何一个国家，尤其是发展中国家，无法通过简单的制度复制或者政策转移来获取高效且高水平的创新市场的发展经验。它们必须结合本地长期实践所形成并积累的经验方有可能获得相应的社会技术。

虽然本书作者强调市场自组织功能的本地性特征，但这并不等于创新活动的协调只能发生在本地。跨地区和跨国性的贸易和资本流动早已经是现代经济社会重要的组成部分，而正如阿里吉（Arrighi，2010）等思想家所刻画的，当今以美国为中心的全球经济体系，正是一个由大型跨国企业在全球范围内进行生产协调的体系。当然，跨国性生产协调的全球经济背景并不违背创新活动中许多互动机制呈现出的本地性特征，因为在产业共同体中，能够以较高效率进行转移的，依然是编码化的知识，并非缄默的、复杂的知识。而跨国性经济组织，无论是以一体化企业的形态出现，还是以全球生产网络的形态出现，其实质都是一方面通过资源（包括研发资源）配置全球化来获得优势，另一方面通过跨国公司内的行政性协调或者全球生产网络的关系型合同来改善跨地区、跨国协调的效率问题，即通过发展组织性手段来克服长距离协作在传递复杂知识、构建信任机制方面的短板（Mattsson，1998）。

即便如此，发展中国家与发达国家的创新活动及其组织依然存在巨大的区别。贝尔和帕维特（Bell and Pavitt，1993）等学者早就观察到在全球化体系下生产能力（production capacity）与技术能力（technological capability）脱嵌的现象，而大量发展中国家在通过OEM（original equipment manufacturer：原装设备生产商）等模式融入全球生产体系之后，并没有获得发展与管理技术变化的能力，这一能力依然掌握在主导全球生产网络的发达国家手中。生产能力与技术能力在不同国家以不同形式出现的脱嵌，归根到底是因为在全球范围内研发活动分布的不均衡。即便在生产已经高度全球化的时代，研发活动依然主要集中在美国与西欧、北欧等少数国家与地区，而且呈现出长期相对稳定的特征（Narula and Dunning，2000）。第二次世界大战之后发展起来的少数后发国家，只有通过长期的科研及投资与工业经验积累，才能逐步从结构上改变其在全球体系中的位置（Freeman and Soete，1997；Hikino and Amsden，1994；Viotti，2002）。

这一固化现象的本质，不仅仅在于西方国家及其跨国公司出于获取“熊彼特租金”的目的，维系了对研发的资源投资的全球不平衡（Feng，2020）[①]。更重要的是，大量基于社会网络的知识，即便是跨国公司想要转移它们，也是极其困难甚至难以实现的。由此在实践中，跨国公司往往缺乏转移真正的核心研发职能的动机，甚至，它们还会特意设置专门的隔离机制来杜绝发展中国家的合作伙伴接触自己的研发核心活动（Sölvell and Zander，1998；Porter and

① 在后发国家投资于创新性的活动，往往被国际资本认为是一件高风险的事情。由此跨国型企业在进入发展中国家的时候从来不会主动地从无到有新建一个工业，相反它们会从该国已存在的工业中赚取利润（Amsden，2001，2009）。中国在2005年之前长期依赖“市场换技术”和跨国公司的技术转移时，这样的例子俯拾皆是（Feng，2020）。

Sölvell，1998）。

回到将创新理解为互动性活动的视角，不论这些发展中国家如何模仿发达国家的制度设计，发展中国家与发达国家在创新活动实践及其组织形态上必然存在显著的区别。这种区别不仅体现在创新活动和创新竞争的内容实质上，例如是灵活多变的前沿技术还是稳定的成熟技术；也体现在产业创新活动的结构上。在先发的工业化国家中，因为当地厂商在工业发展的长期累积过程中，经历了与当地的领先用户、供应链、大学及科研机构等主体的互动，所以形成了关于新产品与关键技术开发设计、基础科研突破及其商业化原型开发的经验。这些经验不仅包括具体的技术知识，也包括各类主体的组织方式、不同主体之间协作的方式、政策激励的手段和人才培养的机制等，即纳尔逊等人所强调的"社会技术"（Nelson and Sampat，2001；Nelson，2008）。

在二战后的全球化浪潮中，除极个别国家外，后发国家普遍采用 OEM 等代工方式融入全球生产网络（Hobday，1995）。OEM 模式意味着发展中国家的生产能力构筑于发达国家的生产设备以及相配的产品图纸之上。然而，发展中国家相应的企业虽然获得了利用这些设备和图纸组织生产的机会，但它们并没有经历发达国家在发展这些技术型设备和图纸过程中所开展的互动性学习，也就并没能获得相应的、用以理解被"封装"在这些设备与图纸中的复杂技术的能力（Wang and von Tunzelmann，2000），即它们并不拥有"发展与管理技术变化"的能力（Bell and Pavitt，1993）。发达国家企业通过互动性机制形成了相应的核心知识的社会网络，而发展中国家企业被隔离在这个网络之外，因此发展中国家企业甚至连寻找解决与核心技术相关问题的路径知识，即"知道谁"（know-whom）拥有解决相关问题的能力的知识都不具备，因为这部分知识更是只有当人们扎根于相应的社会网络时方能获得（Pavitt，2003；Sölvell and

Zander，1998）。

同时，发达国家与发展中国家在创新活动实践及其组织形态方面的差异也是结构性的。长期互动实践的经验积累使得发达国家与地区形成了完备的公用知识库。这种公用知识不仅体现为行业和技术类协会、研究院所、会议和出版物机制、技术标准等有形的载体，而且体现为高质量且具有流动性的人力资源、充分传播的知识经验和广受接纳的行业惯例与价值观等（Best，2001；Saxenian，1996；Piore and Sabel，1984）。但这些公用知识库对于没有被纳入共同体的“外行”或者“外部人”而言，其产生的作用可能是大打折扣的（Rosenberg，1985），尤其是考虑到大量的知识本身是扎根于社会网络的。其中机床工业往往蕴含了最具代表性的、根植于本地化创新互动关系而发展起来的公用知识库。

机床工业既可以看作一个产业，同时它也是一个国家、地区和产业发展最重要的知识储存库。它在现代工业经济中扮演了异常重要和关键的角色：在生产能力上，一个国家在特定工业部门生产规模的上限，不仅受制于资本与劳动力，同样也取决于它所能获得的机器设备的种类、质量与数量；同时，一个国家机床工业的存续及技术能力也反映了该国总体所能达到的技术复杂程度。

机床工业作为国家、地区和产业的知识储存库，是通过吸收领先用户的设计经验，再融入自身的技术探索，为不同的产品制造商提供制造设备的。可以说，在一个特定的地理性的创新生态中，机床工业扮演着收集知识、推动知识编码化和标准化，以及在同产业不同用户间和跨产业进行知识转移的角色（von Hippel，1988；Abernathy and Utterback，1978；Rosenberg，1963）。事实上，现代大规模机床工业本身就是从美国19世纪的军火及纺织等产业的设备部门经专业化分工分离出来的；同时它又积极地通过吸收、继承外部用户知识和推动内部技术进步，将美国整个机械类工业乃至现代工业的知识经验逐步向机车、汽车、科学仪器等更广泛的部门拓展；接着，它又把新的部门纳入以机床工业为信息节点的知识集成、知识再生产、知识扩散的范畴（Rosenberg，1963）。机床工业的存续与发展，有赖于其所处的环境中是否存在着活跃的“生产者—用户”互动；否则，在一个主要采用 OEM 模式进行生产的国家，是无法孕育和发展强有力的机床工业的。通过机床工业案例，我们可以认识到，发达国家和发展中国家在创新活动及其组织性的结构形态上也存在显著的差异。

以上的讨论为我们理解全球经济体系的层级性奠定了基础。虽然在全球化时代，不同的国家和地区都在不同程度上被纳入各种全球生产网络，但这一体系的本质是基于技术能力的权力结构，即该体系存在着主导企业（全球生产网络理论往往称之为“旗舰企业”）、核心协调企业和边缘企业之分。涉及发展中国家的，往往是少数代工环节的核心协调企业和大量为之配套的边缘企业（Ernst and Kim，2002；Schmitz，2007）。而权力的基础则是技术能力中的稀缺性资源，即发达国家主导企业所拥有的核心物理技术，以及组织和发展该技术体系的社会技术。施密茨（Schmitz，2007）等学者旗帜鲜明地把这些稀缺性能力称为“定义技术问题的能力”，而下层参与者只能在上层企业给定的框架下解决特定的问题。决定各个国家与企业技术能力差异的是其在发展关键技术、争夺关键资源、孕育相应的协作体系的历史序列中的相对位置；而发展中国家与发达国家的创新活动及其内部的互动性机制，既作为各国创新系统的环境条件，也作为相应产业技术发展的过程性变量，对各国的能力差异产生了关键性的影响。

简而言之，主流经济理论中的“市场机制”在现阶段的世界各国是普遍存在的，但是复杂的、需要高组织性和制度性的创新市场，只在少数发展起来的工业化国家中存在。

需要补充说明的是，全球化引发的发达国家“去工业化”（de-industrialization）趋势带来的负面效应，同样说明了本土工业组织性和制度性协调的重要性。具体来说，发达国家在将部分生产能力向发展中国家迁移的过程中，其本土制造业出现衰退、社会的技能基础（skill base）持续削弱，甚至整个产业性基础知识出现退化现象（Pisano and Shih，2012）。这一问题的根源在于经济发展过程中资本与劳动力在流动性上存在差异，其中，资本因本土经济困难而回报率不佳，或者遭遇其他的政治经济压力时，倾向于通过国际性流动，从国际性金融投资中获益（Gilpin，1975；Perez，2002）；相比之下，劳动力（尤其是从事生产制造或一般性工程业务的劳动力）国际性流动的难度就大得多。对于发达国家而言，全球化同样也带来了研发活动与生产活动的分离，使得不少发达国家的传统制造业向海外转移（Sturgeon，2002）。当研发活动长期脱离制造部门之后，发达国家的知识再生产同样面临了困难：研发部门与生产制造部门的互动效率，以及研发部门经过生产制造之后再从供应链体系和最终用户市场获得反馈的效率，都因为地理距离的拉大而受到了明显的折损，从而降低了发达国家相对发展中国家的竞争优势。

有效的创新竞争需要“受组织的市场”这一认识，否定了主流经济学关于市场机制的基本看法。既然对于创新竞争而言，“完美的市场”机制是不适用也不存在的，那么把市场假定为最优的资源配置机制，认为政府只应当在“市场失灵”的例外情况下才介入经济活动的观点就是站不住脚的。相对于主流经济学虚渺的假说前提，“创新市场本质上是受组织的”这一基本认识等于强调市场始终处于失灵状态，只有在市场失灵的状态下创新才成为可能；相反，市场失灵程度低，也就是市场的受组织程度低的阶段，更接近于产品生命周期中创新频率低的“成熟期”。

以上认识要求我们将创新研究的重点放在促进（或阻止）行为

者受组织的互动的制度及其体系上。从制度效率的角度来说，这些制度及其体系需要考虑的是，促进创新所涉及的知识生产、扩散和转化以及这一过程的再生产，什么样的互动机制应当被许可，什么样的行为者应当被包括进来，信息流通的边界在哪里。而从特定国家、地区或者产业的社会经济体系的维度来说，这些制度及其体系需要考虑制度的路径依赖、要素条件和构建成本分别是怎样的。在实践中，这些经验，即“社会技术”的形成与发展，也需要现代国家在工业实践中进行长期的积累①；而国家同样是相关实践中最重要的参与者（Freeman，2002；封凯栋，李君然，付震宇，2017）。

① 为了打破主流经济学在人们的认识中筑造的关于有效率的“完美市场”是给定的制度安排的虚幻想象，此处提供一个在分析层次上不太对等的对比案例。就现代商贸活动中诉讼纠纷的法律体系从萌芽到发展成熟的历程而言，英国的法律体系从中世纪末期开始积累人们关于交易、合伙、金融等现代财贸活动的诉讼经验，一直到18世纪下半叶（超过300年的时间），伦敦皇家法院才积累起足够多的裁决纠纷经验，使得人们能够对经济诉讼的因果逻辑形成相对稳定的预期（Rosenberg and Birdzell，1986）。当然，自从人类社会进入工业发展阶段之后，社会技术的积累与发展极大地提速了，但它的形成机制依然需要长期的社会实践作为经验积累的基础。

第3章　国家的第一重角色：有效创新竞争市场的塑造者

“最能区分技术演进与生物演进特征的是技术进步所产生的新技术和新知识……并不严格地归附于它的发现者或创造者，它们至少在一定程度上是被公众共享的。在许多情况下，这种共享是人们有意的，而另一些情况则是尽管人们努力为其新技术保密，但无论如何，新技术最终还是会被公众所获知。这意味着技术是通过一种文化性（社会性）的进程而进步的。社会整体的能力从个体的创造中受益，这就是技术演进与生物演进最具有差异的地方。”

——理查德·纳尔逊

如果我们认同有效的创新活动需要的市场机制是“受组织的市场”，那么在逻辑上紧接而来的问题就是：这样的市场机制是如何发展而来的？国家在其中扮演着什么样的角色？我们首先得旗帜鲜明地指出，市场机制本身是演进性的，21 世纪头 20 年的市场机制相比 20 世纪 70—90 年代的情况，相比第二次世界大战之后的情况，以及相比此前的任何阶段都存在巨大的差异。历史学家卡德维尔基于国家竞争假说发展了对欧洲国家经济活力的解释，即著名的“卡德维尔定律”（Cardwell’s Law）（Cardwell，1972；Mokyr，1994）；以国家之间的激烈竞争来解释欧洲创新活力的观点在诺斯（North，1981）等人的研究中也得到反复强调。尽管国家与企业的约束条件有所差异，但不同经济体的市场制度也会在激烈的国家竞争当中主动搜寻效率更优的模式以作锚定和参考，开展制度模仿与制度学习（Johnson，2010）。用纳尔逊（Nelson，1990）的话来说就是：“（市场上）组织制度的发展更像是一个文化演进的过程：企业彼此观察对方，想从别人的经验中得到启发；当技术进步在一个国家比在另一个国家更显著时，后者会效仿前者的经验，同时又会在这个过程中开辟出许多新的做法。”而在这个竞争、学习、演进的过程中，英国、德国、美国、苏联以及日本等国都曾经成为被各国广泛参考与学习的对象。

既然市场机制本身是演进性的，那么认识市场经济制度的起源及其演进就成为至关重要的任务。就这一点，卡尔·波兰尼1944年出版的《大转型：我们时代的经济与政治起源》（*The Great Transformation：The Political and Economic Origin of Our Time*）在启发性和影响力上都是后来学者难以逾越的高山。波兰尼在该著作中强调自我调节的自由市场是“彻头彻尾的乌托邦”，经济活动深深地浸润在广义的社会活动中，包括政治、宗教和社会关系等，而不是如同部分经济学家所设想的，以市场规则来调节社会生活，尤其是劳动力、土地和货币这些无法转变为纯粹商品的要素，只有在得到制度保护（国家调节）的前提下才能发展成为虚拟商品。由此在现代生活中同时存在着“双重运动”，一个是自由市场范畴的扩大，另一个则是抵御市场机制控制的社会保护。由此，市场机制无法“自发”地扩张，诸多地方性市场联结形成更大规模的市场也并不是市场自发的行为。从“虚拟商品”的逻辑出发，在国内经济层面，只有相应的社会保护得到发展，人们才会在更大程度上接受市场经济的扩张；而在国际层面，各国则需要通过协调在国际金融问题上达成可信承诺，否则市场的发展将难以为继（Polanyi，1957）。波兰尼所分析的现代市场制度在双重运动的交替摸索中逐步被塑造的过程，事实上在桑巴特等人 1900—1920 年间的一系列作品和努斯鲍姆的作品（Nussbaum，1933）中都得到了具体的诠释。新近部分学者认为，熊彼特在其一系列作品中刻画了从“物质循环流转的经济模式”到创新及其制度演进的转变，包括 1912 年的《经济发展理论》和 1942 年的《资本主义、社会主义与民主》，事实上分析的也是人们的社会生活如何从工业化之前的相对稳态中脱离，逐渐在经济工具和经济生活目标两个方面都倾向于“理性化”的过程；而这一过程本身又暗示了资本主义的再次异变[①]。

本书并不尝试去进一步发展关于市场机制的起源的政治经济解释。针对创新与发展问题的市场机制和国家角色的讨论，我们必须正视熊彼特关于市场经济与计划经济的观点。这两者对于熊彼特而言，更像是在历史的不同阶段被人们发展出来的“社会技术”。熊彼特在《资本主义、社会主义与民主》中指出，随着创新活动越发制度化和惯例化，经济活动会产生明确的集中化的倾向。他论证了市场经济体系的崩溃趋势，并展望了计划经济的前景[②]。甚至在 1949 年熊彼特人生最后一次重要的发言上，他也是以“大步进入社会主义”作为在美国经济学会会议上的公开演讲的主题[③]。后来的部分

---

① 该观点得益于北京大学学生肖京，他在 2016 年 1 月递交给本书作者的课程论文《“创造性毁灭”的创造与毁灭：熊彼特论资本主义的兴起与衰亡》中诠释了以上观点。

② 熊彼特在其 1942 年著作中所采用的词是“资本主义”和“社会主义”——正如该书的标题所示。本章主要讨论经济活动的不同组织形态，即集中化决策的形式或者分权化决策的市场机制。套用熊彼特假说的逻辑，我们是在“自由市场经济”“垄断结构经济”“寡头结构经济”和“计划经济”等不同决策结构类型中讨论这一问题的。所以本书采用“市场经济”和“计划经济”这两个概念。在本章中本注脚皆适用。

③ 该讲稿被收录在商务印书馆 1998 年出版的《资本主义、社会主义与民主》的中译本之中，作为序言之一放在正文之前。

学者把熊彼特关于创新竞争的长期发展必将导致经济活动的集中化趋势的观点称为“熊彼特假说”（Schumpeterian Hypothesis）。

熊彼特重要的追随者，包括赫希曼、博托莫尔（Tom Bottomore）、麦克劳（Thomas K. McCraw）、罗森博格、纳尔逊等人，对熊彼特的这一论断都做过深刻的讨论。本章主要基于纳尔逊和罗森博格等创新研究者从20世纪70年代到21世纪初的一系列工作展开讨论，这些研究工作解剖了真实起效的市场机制的运行机制，在证伪熊彼特关于市场经济必将消亡的假说的同时，再次证明主流经济学家理想化的市场模型的荒谬。更重要的是，后人的解释与辩论本身就刻画了市场和市场经济体制在创新竞争参与者的共同作用下持续被重塑，从而持续演进的历程。对市场经济源动力的解构可以帮助我们理解国家在持续塑造有效的创新竞争市场中的关键角色。

本章首先简单介绍熊彼特关于市场经济将会被计划经济替代的论断，以此来进一步揭示主流经济学家对市场的理解（以及他们对于“政府 vs 市场”的简单二分法）根本无法说明创新市场经济的内在活力根源。第二节通过讨论纳尔逊及他同时代的创新研究者关于“市场机制作为创新发动机”的模型，为市场机制提供一个更符合历史和当代实践的替代性解释。最后本章将再次回到创新经济范式演进及国家在创新经济中所扮演的角色的讨论上。在第二章的后半部分，我们已经引入了一个抽象意义上的国家，而这一角色所发挥的作用将在本章结合作为创新发动机的市场机制得到更为具体而切实的分析。

3.1 熊彼特假说：市场机制在创新竞争中的长期趋势

虽然部分学者认为，熊彼特本人从来没有简单地表述“垄断有利于创新”或者“企业越大越有利于创新”（Nelson，1992），但熊彼特在不同时期对创新机制的认识的差异，构成了熊彼特的追随者们有关创新经济运行机制判断的重要议题。对这个被称为“熊彼特假说”，甚至是“市场经济 vs 计划经济”争论的讨论，将引导我们深入思考创新市场竞争的内在运作机制。而我们的答案是非常明确的：如果市场机制接近于主流经济学家所坚称的“完美市场”，即市场上只传递价格信号，且市场主体都是各自独立参与市场竞争的，那么将如熊彼特所预言的那样，创新竞争的社会效应会把经济机制导向计划经济体制。换言之，“不失灵”的、“完美的”市场机制反而会导致自我毁灭和彻底失灵，使其不得不让位给计划经济机制。而现实中市场机制之所以得以维系，恰恰是因为市场并不是“完美的”。一个受组织的、持续“失灵”的市场机制才是创新经济得以持续保持活力的原因。

麦克劳（McCraw，2007）等人认为，在熊彼特的一生中，其思想起码经历过三次变化。但对于创新研究者而言，由于熊彼特的两部重要著作，即 1912 年的《经济发展理论》和 1942 年的《资本主义、社会主义与民主》，都在创新研究中扮演了极其重要的角色，又分别体现出熊彼特对创新的不同认识，所以后来者们发展出了熊彼特-I 型创新与熊彼特-II 型创新（Fagerberg，2005）。

熊彼特-I 型创新是指熊彼特以企业家为中心所考察的市场经济创新发展的基本机制，即他强调经济发展并不单纯是静态的“物质循环流转”。静态的“物质循环流转”更像是熊彼特所批评的“封建经济”。由于社会经济系统中的组织方式普遍存在惯性，惯性会导致社会对新的经济实践的抵制；而克服社会的这种抵制，是由企业家或者新企业来完成的——这是熊彼特早期研究的重点。在熊彼特-I 型创新学说中，熊彼特讨论的重点起码包括两个：一个是企业家或企业家精神，第二个则是信贷的作用。信贷是资源在地理、实践和产业上的“错配”，而企业家作为创新的执行者则通过信贷来完成新的经济活动组合（创新）。新的经济活动组合则被归纳为后人熟知的五种创新的模式[①]。熊彼特本人通过刻画这五种模式来强调创新市场经济本身就蕴含着“背离均衡的趋势”。由此，在这一时期，熊彼特着重于强调个体企业家或企业家精神在创新中的重要性。

熊彼特-II 型创新则集中体现于他 1942 年的著作——《资本主义、社会主义与民主》。熊彼特强调，随着创新活动在经济社会中被“惯例化”为企业内部的日常事务，社会整体就能够将产业和经济变革变成“例行公事”，这时熊彼特在 1912 年著作中所刻画的那种企业家的功能就过时了，因为社会不需要他们也可以源源不断地推动创新。由此，“以减少企业家和资本家职能重要性、打破保护层和保护制度、造成敌视气氛来破坏资产阶级的统一经济过程，也会从内部瓦解掉资本主义发展的原动力”（Schumpeter，1976）。人们把这种强调创新的“组织化”“制度化”特征而非个人化特征的模式称为熊彼特-II 型创新模式。

学者们普遍认为，熊彼特思想的转变与其生活和工作环境的变迁有着密切的关联。熊彼特在撰写《经济发展理论》时，他正生活在 20 世纪初的奥匈帝国，在他当时的观察视野里尚没有设立内部研发机构的大型工业企业。在撰写《资本主义、社会主义与民主》时，他已经在哈佛大学任教，所观察的对象是 20 世纪 30 年代末的美国。当时的美国早已历经了一波从 19 世纪最后几十年开始的巨型企业甚至是托拉斯的浪潮（Rosenberg and Birdzell，1986）。自 19 世纪末的反托拉斯行动后，美国企业的治理体制经历了深刻变革，事业部制的大型企业全面崛起并主导了美国大量的工业部门（Chandler，

---

① 熊彼特在《经济发展理论》中提出五种情况会改变经济活动的均衡状态，即（1）在市场中引进新产品或者为产品带来新的特征；（2）应用新的生产技术或新的生产方式；（3）开辟新的市场；（4）开辟新的投入要素或者半成品来源；（5）采用新的组织方式（Schumpeter，1961）。在《资本主义、社会主义与民主》中，熊彼特同样强调了这些要素是市场经济发动机的根本动力（Schumpeter，1976）。

1990）。同时，在反托拉斯法的压力下，大企业为了继续扩张而不得不进入陌生的产业领域，这又使得内设研发机构同样从19世纪末开始成为美国大型企业的主流配置（Mowery and Rosenberg，1998；Noble，1977）。大企业内设研发机构被英国数学和哲学家怀特海称为“发明方法的发明”（invention of inventions）（Whitehead，1926；Buderi，2000）。他认为正是这种“发明方法的发明”推动了19世纪经济体制的重大转变①。

“发明方法的发明”实质上刻画的是创新活动从个人化、由少数企业家或科学家驱动，向集体化、制度化、由职业的科研团队驱动的转变。当时人们甚至由此创造了“集体发明家”这一新概念（Buderi，2000）。这一做法在第一次世界大战之后的美国已经得到了极大的扩散（Mowery and Rosenberg，1998）。正如熊彼特所说，“一个现代企业，只要它觉得它花得起，它首先要做的事情就是成立一个内部研发部门，该部门的每个成员都知道他的面包与黄油取决于他所发明的技术革新是否成功”（Schumpeter，1976：96）。杜邦、通用电气、西屋电气和AT&T等都是美国大企业内设研发部门的先驱，随后几大汽车巨头也加入到这一行列（Buderi，2000；Nelson，1992）。大企业内设研发机构的做法促进了企业内部的专业化分工，而研发与生产的一体化又增强了不同环节的互动，使得科学能够更好地服务于生产活动（Mokyr，2002）。在进入20世纪之后，该模式很快就成为美国工业的主流模式。

相比此前时代的创新模式，这种组织化和制度化的模式更具优

---

① 事实上，德国大型化工类企业建设企业内研发机构的实践更早。德国的尝试起源于19世纪70年代，并于1890年前后在拜耳公司最终成型，成为当时世界性的典范（Buderi，2000）。熊彼特在20世纪最初十几年的研究工作并没有将重点放在对德国这一新兴事物的观察上。他在1912年著作中所呈现的情景，更接近于英国和欧洲其他大陆国家在19世纪大部分时间里创新活动缺少“制度化”、与科学联系并不紧密、缺少国家积极介入的情景（Mokyr，2002）。

势，并终结了工业“英雄”个人发明家的时代。熊彼特认为这种趋势将不断深化，随着受雇于大工业企业的科学家与工程师团队开发性工作的组织性和制度性越来越强，创新就会逐渐转变为大企业的惯例性事务。熊彼特甚至认为，与创新相关的事务在一定程度上都将是可以被人们事先计算出来的，这就使得创新活动越发不依赖于个人企业家的意志，“经济进步日趋‘去个人化’与自动化。官僚机关（bureau）和委员会的工作日渐取代个人的活动”（Schumpeter，1976：133）。由此，创新经济发动机的驱动者由其1912年著作中所强调的企业家（entrepreneur）转变为1942年著作中所描述的一般化的市场经济企业（capitalist enterprise）。

那么，按照熊彼特的推论，由于创新会在竞争中带来“创造性毁灭”效应，竞争的获胜者便会拥有结构性的市场优势；既然创新成为惯例性事务，那么创新竞争就主要取决于哪些行为者能够为这类惯例性事务投入更多的资源。由此，大企业的成长会强化其在创新竞争中获得的优势；另外，因为创新具有“创造性毁灭”的特征，创新竞争的获胜者又能够通过对竞争对手的打击而赢得更多的资源，那么获胜的大企业会加速成长，并在后续的创新竞争中具有更明显的优势。以此推论，创新竞争将会导致大企业的出现，资本主义将发展到垄断、寡头垄断阶段；“当（计划经济）所要求的产业发展阶段已经达到时”，市场经济就将让位给计划经济（Nelson，1992）。用熊彼特的话来说，“（资本主义经济体制下）企业的成功自相矛盾地倾向于损害早先和它联合的那个阶级的威望和社会权势，巨型的控制机构倾向于剥夺资产阶级借以获得社会权势的职能”，最后计划经济的成功则是由从市场经济中成长起来但逐渐官僚化了的巨型企业实现的（Schumpeter，1976）。这一观点后来被创新研究者称为“熊彼特假说”，即包含了上文所描绘的关于大企业、垄断是否有利于创新的争论，以及随之而来的关于计划经济是否必然会替代市场经济的前景展望（Murrell，1990；Cohen and Levin，1989；McCaffrey，2009）。事实上，经济集中度或企业规模与创新表现之间的关系一度是创新与产业经济学中的重要话题，而部分实证研究的确揭示了创新活动在持续地向少数大企业聚集（Cohen，Levin and Mowery，1987；Barge-Gil and López，2014）。

也就是说，按照熊彼特的逻辑，在创新的“创造性毁灭”的不断作用下，市场机制会不断地自我重塑，由此正如同他自己所强调的，研究市场经济的重点不应当只是“研究（市场经济）是如何管理现有结构的”，而应当是市场经济是“如何创造并持续地从内部破坏它的结构的”（Schumpeter，1976）。那么，既然在熊彼特的理论中“资本主义本质上（只）是一种实现经济变迁的形式或方法”，那么在情感上和理论上，基于创新效率原则，个人资本主义会让位于管理资本主义，管理资本主义会被垄断资本主义所替代，而最后出现寡头资本主义乃至高度集中的中央计划性的经济模式，也就是合乎逻辑的了。

熊彼特的论断在历史过程中有其实证观察基础，即市场经济的形态在不同的时代的确存在着显著的变化。随着工业化的发展，个人资本主义的确正在逐渐地被社团化（corporatism），然后是集团化、全球化的市场经济运作模式所取代（Mokyr，2002；Rosenberg and Birdzell，1986）；当然，不同国家存在着不同的运作机制，以个人企业家为核心驱动机制的经济模式依然在一些地区和国家存在（Piore and Sabel，1984；Chandler，1990），但毫无疑问的是，这些差异跟国际工业经济主导权的结构及其变迁有着显著的相关性。从这一角度来说，熊彼特所强调的市场经济会不断地从内部自我重塑、组织化和制度化更充分的市场制度会在创新竞争中带来更高的整体效率的判断，从趋势上而言是正确的。

但是，起码到21世纪初我们尚未见到创新竞争进入计划经济阶段，相反，20世纪80—90年代全球政治经济格局的重大变迁为熊彼特的推理带来巨大的挑战。事实上，苏联及东欧地区的剧烈变动甚至直接导致了现阶段学者们在谈论“熊彼特假说”时，更多的是从产业经济学和创新经济学的角度去讨论，即主要是在讨论产业结构与创新效率之间关系的问题，而不是市场机制自身演进的问题①。而以中小型创新企业为基础的硅谷模式的崛起，以及产业生产组织方式中基于模块化的协作机制的兴起，两者都强化了通过企业间合作而不是企业纵向一体化来开展创新竞争的趋势；这似乎又延缓了产业结构趋向集中化的历史进程。所以，我们需要追问的是，到底是什么因素使得市场机制在创新发展历程中依然保有其内部活力与生命力，以至于它迄今为止并没有被高度集中的经济决策机制所替代。

3.2 作为创新发动机的市场机制：国家对有效创新系统的持续塑造

关于熊彼特对创新的社会经济体制的历史演进趋势的推理，其追随者内部存在很大的意见分歧。其中，理查德·纳尔逊、理查德·列文和内森·罗森博格等学者并不认同这种判断。他们认为在长期的发展历程中，经济活动集中度与创新竞争之间并不存在确定的一致性（Cohen and Levin，1989；Levin，Cohen and Mowery，1985；Cohen，2011；Malerba，et al.，2016）。他们认为起码有两个现象与熊彼特的预见是相矛盾的。第一个是，创新活动的惯例化程度并没有持续地深化，创新的不确定性在其中起到了重要的作用：科学发展与产业创新之间的关系并非线性的（Rothbard，2009；McCaffrey，2009）。第二个是，产业创新也并不必然随着投资的增加而增强（Kline and Rosenberg，1986；Malerba，et al.，2016）。具有资

① 如最新的一组此类讨论可见 *Industrial and Corporate Change* 期刊在 2019 年第 3 期所组织的以 Industrial Dynamics 为主题的专刊。

源优势的一方并不必然在创新竞争中获胜。事实上，创新竞争的非线性和动态性是如此复杂，以至于研究创新的技术变迁特征和产业生态的关系本身就成为创新及战略研究等领域的一项重要议题（Tushman and Anderson，1986；Henderson and Clark，1990；Christensen，1997）。而与此直接相关的原因在于，每一轮创新竞争的获胜者并不能完全独占创新活动的知识收益（Nelson，1990）。一方面，创新者对其技术进步所带来的经济利益的占有，往往需要多种复杂的、社会化的条件（Teece，1986；Levin，et al.，1987）。另一方面，其在知识上的排他性占有更是困难的——从中长期视角来看，我们应当说是不可能的。

如果创新者无法独占其知识产出的判断成立，那么熊彼特的推理就存在极大的问题。因为尽管创新竞争会为其获胜者带来市场与知识方面的优势甚至是垄断收益，但非独占性机制也使得成功的创新会引发创新知识的扩散，从而增进其竞争对手在知识方面的积累，甚至通过多种机制使得创新知识转变为公用知识库的一部分。这使得创新所带来的知识累积效应是社会整体性的。新一轮创新竞争也必然会在知识更丰富的平台上开展，即潜在的竞争参与者都在不同程度上受益于市场机制中所积累的知识，其中也包括以往历次竞争获胜者扩散的技术与管理经验。在新一轮创新竞争中，不同来源的知识与经验将被不同的参与者以不同的程度和形式重新组合，这使得此前创新竞争获胜者在知识上的优势被部分地削减，降低了经济活动由于创新竞争而无限制地趋向集中化的可能性，从而避免了市场体制的自我毁灭①。

当然，投资与产业创新之间的不确定性与非线性特征，同样也

① 当然，此处抽象了创新竞争在时间维度上的次序，事实上由于创新竞争在与特定产业相关的众多领域以不同的成熟度同时发生，因此在大量领域中创新竞争的“上一轮”与“下一轮”很可能是高度交织而非泾渭分明的。

会导致竞争者在资源上的差异并不必然体现在创新竞争的结果上，那么这些机制同样也会使得创新竞争不必然导致垄断甚至计划体制。据此可以推断，从20世纪30—40年代熊彼特在美国所观察到的创新活动的组织化与制度化过程，并不必然推导出经济集中度持续提高，从而走向垄断、寡头乃至计划经济的结论。

上述提到的纳尔逊等熊彼特学说的追随者，由于见证了美国在二战前后更长历程的演变，由此产生了与熊彼特有明显差异的看法。纳尔逊作为这批学者中的“旗手”，在1990年的一篇文章中就有力地为市场经济体制进行了辩护。他在论证中，恰恰不是把美国的市场经济机制阐释为“完美市场”或者“自由市场”（因为这种“完美市场”在熊彼特的推论中会因为创新竞争效应而自我毁灭），而是强调了现代创新发生发展机制的复杂性：成功的创新经济体是通过一套复杂的制度设计（包括正式的制度安排和非正式的社会制度）来维持知识生产与扩散过程中公用部门与私用部门之间的平衡，从而确保了市场经济在创新竞争中保有持续性的活力。

罗森博格（Rosenberg，1985）、列文等人（Levin，et al.，1987）、纳尔逊（Nelson，1988，1990，1992）和莫格斯与纳尔逊（Merges and Nelson，1994）等对这一主题分析的出发点，是将产业技术发展中的相关知识区分为公共领域内的“公用知识”和私人领域内的“私用知识”，两者的划分则是基于知识的可获得性（accessibility）[①]。公用知识指的是创新的参与者通过公共领域内的制度化途径可以获得的知识，它既包括民众通过国家的教育、培训和公共传播等途径获得的知识，同时也包括产业共同体内人们通过政府资助的

① 纳尔逊等人的研究是基于他与一系列学者在20世纪80年代中期完成的针对美国的一项广泛而深入的大型企业创新调研计划，因此在当时具有很好的现实解释力。由于纳尔逊等人所做的这次调查是以耶鲁大学为组织方的，自此之后创新研究的学术共同体将其简称为“耶鲁调查”（Yale Survey）。该调查是创新研究中著名的大型调查之一，列文（Levin，et al.，1987）对其执行给出了相对详细的说明。

科研项目、产学研跨部门交流、技术协会的沟通与协商机制、企业间的技术交易、专利体制内的信息公开以及同行技术人员之间的交流所获得的有关产业的特定知识。在内容上，这些知识往往体现为面向产业内特定技术领域同行开放的关于某一事物的工作机理、影响产品绩效的主要变量、技术演进的一般机制，以及做相应探索的大致方法等方面的知识（Dosi，1982；封凯栋，2012）[①]。而私用知识则是指在特定的时间内为某些实践者所持有的、未被广泛扩散的知识。它主要是特定组织或个人针对技术问题所发展出来的特定技术方案，以及这些组织与个人在发展特定技术方案的过程中衍生出来的相关知识（封凯栋，2012）。

对于创新竞争而言，参与者的私用知识毫无疑问是极其重要的。私用知识，如上一章所描述的，是创新者在动态竞争过程中，通过自身与相关用户、合作者和其他相关主体互动，在解决问题的过程中所生产的知识。这些知识使创新者得以回应技术挑战，并形成与其他竞争者差异化的技术特征。但是，罗森博格（Rosenberg，1985）等人的经验研究却表明，创新者们用以生产私用知识的已有知识中的绝大部分都是产业共同体内的公用知识，即创新参与者通过接受大学教育或者在职培训、参加产业内的会议论坛、阅读专业报刊、进行个人的信息检索，以及与同行交流等形式获得的知识。相应地，企业需要通过一系列的机制来获取公用知识，例如招聘新成员，参加政府组织的科研或产业技术开发项目，参与产业或技术共同体内的交流活动，设立企业内部的技术信息收集及分析职能岗位，等等。

---

① 公用知识指的是人们可以通过社会中开放性的制度途径获得的知识。所以公用知识的公共属性是针对“可获得性”的开放性。公用知识具有公共品的色彩，但这并不等于说获取公用知识是无成本的，或它们是人尽皆知的。学习公用知识的成本在不同的环境下、在不同的产业中各不相同。当公用知识是复杂技术系统的一部分，或者跟特定情境密切相关时，掌握它们的成本就有可能很高（Pavitt，1984，1999）。

同时，私用知识也会持续地转化为公用知识。通过大学教育与科研活动、公开出版物、不同主体之间的合作研发、供应链合作、专利制度、技术交易、工程技术人员共同体内的交流传播、竞争者的模仿与逆向工程等多种机制，创新者所拥有的独特知识同样也会被其他竞争对手获取。特别要指出的是，专利制度是一项重要的知识扩散制度。因为在申请专利的过程中，申请人需要依法公开自身针对相应问题的技术方案，论证其方案的实用性、创新性与新颖性[①]，并接受公共部门的审核，所以这一制度在保护私用技术在法定专利保护时间和保护形式内的商业性使用垄断权之外，事实上促进了知识的扩散。也就是说，专利制度保护的仅仅是技术的商业化应用的垄断权，并不是技术所对应的知识。在披露相应的技术方案的同时，技术知识也得以扩散（封凯栋，2012；Merges and Nelson，1994；Nelson，1992），尤其是同行业内具有较强的吸收能力的竞争者往往仅通过“只言片语”就能捕获专利技术的关键诀窍。

由此，纳尔逊等学者在对企业进行大量调研后发现，赋予技术以商业应用的私有产权并不能从根本上阻止竞争对手的技术学习并一劳永逸地构建自身的竞争优势。专利对于维护创新者在商业上获利方面的作用远比人们想象的小。企业维护自身从创新中获利的另外两个重要手段分别是保守技术秘密和先行者优势（first-mover advantage）（Levin，et al.，1987；Nelson，1990）。从本质上，保守技术秘密意味着创新者需要让大部分关键知识保留在缄默的、非编码的状态：编码化知识在创新的互动过程中很快就会被合作伙伴掌握；而经由产业链协作关系、外部设备供应商、服务供应商或者产学研合作关系，这些编码化的知识很快就会被转化为产业共同体内共有的知识储备，甚至会被编码进教科书或者广泛流传的技术手册。先

① 这是专利管理机构对专利进行审批所依据的三个关键特征。

行者优势事实上意味着创新者明确自身的优势仅是暂时的，相当于利用竞争者实现有效追赶的时间差让自身在经济规模与网络效应上获得优势。在这个过程中，绝大部分的私用知识会逐步被同行理解与掌握，并以多种形态传播。以内燃机技术为例，对于每一特定时期而言，尖端发动机的设计方案只停留在行业内的少数技术精英手中，但在产业和技术长期发展的历程中，原有的尖端技术会陆续被编码化、扩散，从而逐步转变为一般性的技术原则为广大从业者掌握，甚至人们会陆续将工业技术经验总结发展为科学，或者补充进已有的科学体系中[①]。人们在内燃机技术发展的过程中逐步发展出热力学，这使得教育体系作为最具有公共性的知识扩散机制，让已经标准化的内燃机知识以教科书、培训材料等多种形式广泛传播，并使其以间接的方式在不同的行业中普及应用（以热力学思想的形式）。

专利、保守技术秘密和先行者优势这些手段都意味着创新竞争获胜者在知识上的优势是暂时性的。随着时间的推移，创新者所在的社会网络内越来越多的行为者会从创新知识的扩散中获益。因此，在真实的创新竞争实践中，大量企业有可能并不主动阻拦自身技术信息的外流，甚至会鼓励这样的现象（Nelson，1990；Levin，et al.，1987）。因为如果我们认同创新本质上是一个互动性过程，那么创新优势的构建起码部分地取决于企业参与互动的社会网络的技术水平。而这种互动的实现本身就需要双方以自身技术信息的输出作为载体；为了吸引高质量的互动对象，创新者就需要输出高质量的技术信息作为自身能力的象征。例如我们在日常生活中所观察到的，企业会对人力资源市场释放技术实力的信号，会精心准备向政

---

① 在科学史和工业技术史上，内燃机与热力学的关系是一个典型的先有工程技术，然后才发展出相应科学理论领域的案例（Mokyr，1990，2002）。早期的航空动力学也有类似的特征（Vincenti，1993）。

府申请科研项目的技术方案，会为合作者提供技术原型等，都是其具体体现。伦德瓦尔、克拉克和冯·希佩尔等人认为创新是发生于广义的“生产者—用户”互动过程中的，所以创新知识的产生本身就是嵌入开放性或者半开放性的互动关系，而不可能由少数创新者所保有。

这也意味着，真实有效的创新竞争市场并不是理论上仅仅传递价格信号的“完美市场”。参与者们需要在这个机制中获得海量的公用知识，从而使得自身有能力因应所遭遇的技术挑战，发展出有针对性的技术方案。同时，私用知识也在这个机制中以各种形式进行转化，成为公用知识，而现代市场经济体制的活力源泉就在于使有价值的知识源源不断地被注入或广泛或特定产业层面的公用知识库，使广泛的参与者得以动态地重塑自身的知识基础，从而从社会整体上提升创新效率。更重要的是，只有私用知识被持续地转化为公用知识，创新市场竞争才能在大部分情境中拥有多样化的、有足够竞争力的参与者，从而避免创新决策只为少数巨头甚至个人垄断，并为经济系统带来显著风险的极端局面。这似乎是主流经济学家时常用以批判计划经济体系的推理，即经济决策为少数机构所垄断，由此导致经济系统低效甚至在竞争中面临系统性失败的风险。然而，正如前文所分析的，理论上的“完美市场”同样也会导致创新被少数创新者垄断和效率低下。可见，主流经济学家并没有真正掌握理解创新竞争市场的关键。

本书试图在之前研究（封凯栋，2012）的基础上发展出有效创新竞争的市场机制框架（如图3-1）。这一模型的核心在于，创新竞争获胜者的知识基础的很大一部分都来源于公用知识，同时它也无法排他性地独占其创新过程所产生的知识，这就避免了熊彼特关于市场机制会自我毁灭从而走向计划经济的推论。

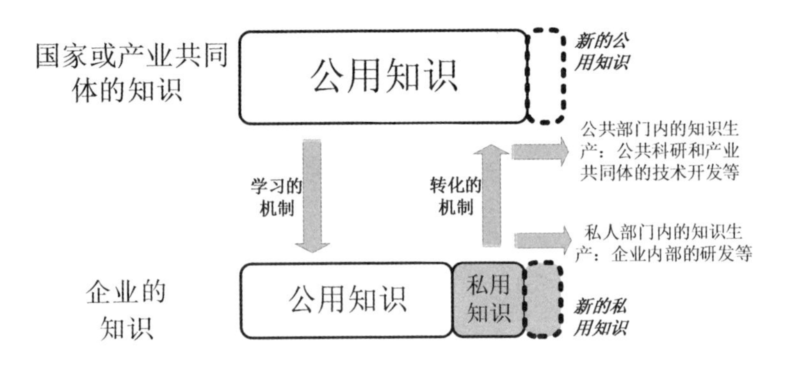

图 3-1　有效创新竞争的市场机制

至此，不难理解纳尔逊（Nelson，1990）等人所解构的市场经济模式，需要在公用部门与私用部门之间就知识的生产、扩散与再生产问题取得动态平衡，这一动态平衡在企业产权私有且大企业内部普遍设置了研发机构的情况下尤为重要。如果没有私用知识向公用知识的转化，那么市场经济体中公用知识的储备就会逐渐失去活力，在公用知识基础上创造新的私用知识的活动只能维持在相对低的水平上。如果私用知识向公用知识的转化不足，或者产业共同体遇到了系统性瓶颈，那就需要其他渠道向公用部门增加资源投入，从而更充分地或有针对性地促进相关公用知识的供给。同样，如果制度对私用知识在特定时间范畴内的商业化应用所给予的保护和激励不足，那么私人部门通过技术学习和创新活动生产新的私用知识的动力就会不足，同时无论是从私用知识到公用知识的转化，还是公用知识价值的实现都会失去动力，这同样也会导致整个创新系统陷入僵化。

因此，有效的创新市场机制必然是高度制度化的。创新经济要想保持其内在活力，就必然需要相应的制度在促进公用部门与私用部门知识生产的同时，维持两种知识互相转化的效率及平衡。这些转化机制中有一部分带有市场或社会自组织的意味，例如科学共同体内的传播机制以及专业技术人员之间非正式的交流①。但这些机制中更多的部分超越了市场或社会自组织的范畴，从而要求国家在其中扮演创新系统的制度塑造者的角色：首先，大量机制需要由国家直接的资源投入来支持，如基础研究、教育、培训和公共科技传播等；其次，大量规制性的政策也无法由市场的自组织来提出和实施。例如反垄断就是一种典型的、无法由市场自发形成的机制（Rosenberg and Birdzell，1986），这一机制决定了不同的市场主体在开展合作方面是否被许可，以及以何种形式被许可。同样，产学研合作中所产生的关于知识的产权安排，或者专利的信息披露机制，对专利滥用的限制等，都是人们经过“非市场化”的机制学习和经验总结而发展出来的（Nelson，1990）。

更重要的是，在创新产业未发展成熟的时期，需要国家在介入市场活动的过程中与各相关主体共同摸索并做出相应的决策，这样方能促进“社会技术”即基本竞争规范的成熟。尤其在涉及复杂系统、网络性的产业中，国家的介入尤为重要（David and Bunn，1988；Shapiro and Varian，1999）。就最近观察到的具有明显特征的案例而言，自20世纪80年代兴起的软件和计算机产业就可以视作典型：大量厂商之间以及厂商与消费者之间关于私有知识权利的边界，都是在反复的产业协调、司法裁决和社会舆论的博弈过程中界定的（Farrell and Saloner，1992；Katz and Shapiro，1985），市场并不拥有现成的答案，也并不能自动产生答案。它必须在国家的干预或者见证下形成。

由此，纳尔逊等学者为市场机制作为创新竞争的有效制度做了充分辩护。对于那些成功的创新型国家而言，并不是自由市场机制，

① 当然，即便是技术人员之间的非正式交流等深嵌于社会非正式关系的做法，也不能说是完全由市场或者社会“自组织”的；在复杂的现代工业经济体中，这种交流往往也受到相关法律或者合同的约束。

而是由国家所主导的一系列制度，尤其是促进公共部门与私人部门之间知识学习与知识转化的制度，保证了市场能在持续的创新竞争中保有其内在的活力。这一辩护本身也解构了市场制度作为创新的组织性机制。从这一个角度来说，纳尔逊（Nelson，1990）从另一个更深刻的角度剖析了为什么我们对创新活动的长期分析必须具备一个以国家为中心的视角。

3.3　创新经济发动机的本地性

创新经济的发动机，即一套促进公用知识与私用知识增长，并保证两者之间有效转换的制度，带有显著的本地性特征。这反过来再次强调了国家作为本地最主要的制度供给者的重要性。

第一，公用知识带有明显的本地性特征。一个产业内的公用知识，在另一个产业内就不一定是公用的（Rosenberg，1985）。当公用知识越接近特定的工业应用，它就越与特定的产业创新生态相关（封凯栋，2012）。例如软件工程师所熟知的某些编程的基本准则或者行业“黑话”，对于机械工程师而言就未必是公用知识。更重要的是，即便是在同一个产业内，在某个较发达国家的公用知识库的知识，就不一定存在于另一个发展水平相对低的经济体的公用知识库中。例如，2000 年前后中国东北某车企引进国外设备，但即便采用的生产线与外方伙伴一模一样，该企业生产出的车门与车身的间隙总是不合格。在正式向相关外方伙伴及设备供应商咨询后，这个问题依然没能得到解决，无奈之下该企业只好斥资盘下一家国外的车门总成生产商，才得知一个在外方伙伴母国业界普遍知晓的技术诀窍——让模具在冲压最低点多停留 1—2 秒（封凯栋，2012）。

公用知识的本地性主要源于知识的供给受到本地制度的重要影响。尽管工程技术与科学研究之间有认知与实用性上的差异，但在众多领域里基础科学的拓展依然能够为提升工程技术的发展水平与多样性提供更多的空间（Rosenberg and Nelson，1994）。例如一个国家的半导体和集成电路产业在基础性技术和核心技术上的繁荣，必然与该国在光学、物理学和材料学方面的优势存在明显的相关性。日本在液滴蒸发等基础性研究上的长期积累，为其发动机领域（尤其是具有高燃油经济性的发动机）的优势奠定了基础，因为对液滴蒸发微观机制的认识为人们深刻地理解发动机缸体内燃油雾化与燃烧过程提供了知识基础。科学家们并不直接将基础科学发现转化为产业技术，但这些基础科学知识依然为工程与产业开发部门的参与者理解相关联的技术问题提供了扎实的基础，这使得他们能够在相应的知识基础上发展出多样化的产业和产业应用以及备选的多种技术方案[①]。

二战之后，主要工业经济体内的大学与科研院所都陆续与产业研发行为紧密地捆绑在一起（Mokyr，2002；Nelson and Wright，1992）。国家的一系列制度性安排，包括政府如何投资于大学与科研机构的研究活动，公共研发机构与企业之间的合作如何协调等，存在显著的国别差异。如果用互动性的视角来看待创新过程，那么在互动过程中形成的公用知识会镶嵌在相应的社会网络内。当这些社会网络存在稳定的强制度支持时，它们就能为知识的产生与转化提供必需的信任、沟通渠道和知识编码机制。所以，本地性的知识流动当然是更为便利的。当然，不同国家之间也存在相当频繁的知识流动，如通过人员的交流、学术或产业界的公开出版物、产品和技术贸易等。但是，当知识的交互和转化涉及数量庞大、复杂和微妙

① 理解基础科研为工业提供极有价值的可能性和多样性空间的一个有趣的例子是金融衍生品，其在20世纪80年代之后的发展的很重要的一部分智力基础竟然是美国大学在数学和物理等领域所培养的大量博士生的转行，即这些基础学科的发展促进了金融产业的工程创新——尽管这一创新并不一定带来社会福利的增加。

的信息时，跨国的知识传播并不会因为在国际市场上没有政府的行政干预而变得更为容易，反而由于缺乏稳定且足够的制度保障而难以实现。

第二，私用知识也具有一定程度的本地性特征。正如前文所提到的那样，创新者产生私用知识所依赖的知识储备绝大部分是产业共同体内的公用知识（Rosenberg，1985）。这些源自正规化教育或社会化学习，后经二次创造形成的私用知识，有赖于当地的公用知识库，因此公用知识的本地性也意味着私用知识具有一定程度的本地性特征。另一部分非本地性可能源于某些个人特质，比如来自个人灵感与天赋。

第三，知识从私人部门向公共部门转化的机制具有明显的本地化特征。知识转化机制的形态首先取决于特定的产业、地区和国家的价值传统，例如强调集体主义还是个人主义的传统，或者强调地区性社群的传统。这本质上是政治和社会文化等子系统内的路径依赖及其对工业创新系统的影响。其次，转化也会受到重大的政治和社会经济事件的影响。这实质上类似于佩利坎（Pelikan，1988）所强调的不同国家具体的创新模式归根到底会受到重要的基础性制度条件的影响。进一步地，私用知识转化效率将影响公用知识的积累，因此转化机制的本地化特征又增强了公用知识的本地性。

更值得注意的是，特定产业部门内促进公用知识部门与私用知识部门的知识生产与平衡的知识转化机制，必然与特定产业和特定国家的发展阶段有密切的关系，因为在不同的发展阶段，对产业创新竞争起关键支撑性作用的公用知识、对竞争者形成激励的私用知识会存在巨大的差异。其中人们最容易理解的例子就是对专利的保护（封凯栋，赵亭亭，2012；Chang，2002）。在以大规模制造经济为主的模仿阶段和以前沿技术创新为核心发动机的创新阶段显然需要完全不同的知识要素，所以制度设计所追求的目标也应当有所区别。这些特征都强调了，后发国家不应当简单地模仿和复制先发国家用以促进知识转化的政策与制度。

3.4 理解国家在创新发动机机制中的角色

国家创新系统内制度的本地性决定了国家是促进知识增长和知识转化过程中的重要角色。既然已经意识到应当采纳一种系统性的观点去认识创新活动，那么国家为所有的创新实践都提供同样的政策方案就必然是错误的。因为系统性视角决定了，国家作为系统内重要的参与者，其行为的有效性必然取决于该系统内已经存在的活动及其相关状态。国家应当尽力保持知识在公共部门与私人部门之间的动态平衡，但在不同的国家或产业中，公共部门与私人部门在知识的存量和增长趋势上都可能会呈现显著的差异性。本书虽不能为读者具体的或者泛化的政策难题提供有效的解决方案，但本书可以为国家在创新发动机机制中的角色提供一些原则性的参考。

第一，整体效率问题。国家对本国创新系统中知识生产的资源型投入，可以理解为对公用知识部门增加投资。特定共同体内相关知识的存量对于成员在创新过程中的信息搜索与方案实施都有重要的影响（Mansfield，1980），因而国家对公用知识部门的资源型投入，本质是国家通过在资源配置上的积极作为来“扭曲”（增加）市场上稀缺的知识在公用领域的供应，以此来提升社会整体在相应领域内的知识搜寻和方案实施的效率。强调国家的资源型投入的实质是增加公用知识，并不等于说国家在创新领域的战略性投入仅仅应当贯注于那些高度开放性的、基础性的知识，比如基础型教育和科普。国家战略性投入应该解决的是导致本国创新系统动态演进失灵的问题（封凯栋，姜子莹，2019）。例如，如果关键设备、关键软件或者关键材料在国内产业界所依赖的生态系统的缺失使得整个系统的动态演进失灵，那么国家就应当坚决地对相关领域进行投资，以促进整个系统的有效演进。

就此，有必要对近年来在创新政策领域内流行的“竞争中性”（Competitive Neutrality）或政府政策应避免扭曲市场竞争等主张展开简要的讨论。所谓“竞争中性”，即政府在政策执行中应当维持不同所有制企业之间的平等竞争（OECD，2012）。这一主张实质上与前文强调的国家对本国创新系统的资源投入应当着重于增强公用知识部门的能力的主张是一致的。但这一主张又应当进一步超越静态的“竞争中性”而采用一个动态的、中长期的视角，否则就有可能在国家创新政策实践中造成障碍。在静态视角中，如果要保证政策的“竞争中性”，就必须保证政府的贡献在当时对所有的参与者的影响都是均等的，而这几乎只有在政府行为所产生的知识在市场上并不稀缺、已经供应充分的前提下才有可能实现。这背后其实蕴含着一个假设，即已经存在一个运转良好的市场，因此政府的行为不应该造成歧视并扭曲该市场自身的运转机制。但在图 3-2 中，当公共部门中知识供应充足时，事实上并不需要国家的介入；而真正需要国家介入的是知识供应不充足的状况（图 3-2 中右端的情况）。由于知识供应不充分，所以当市场的自组织功能并不能保证系统有效地动态演进时，那些缺失的知识必然会有较高的“影子价格”，即根据其稀缺性而在理论上估算出来的价格；同时因为技术关联性，通过国家介入而新增的知识供应对于系统内的参与者的作用必然是不均等的——为了解决关键技术缺失问题，有效的资源投放往往需要和关键的互补性资产①（complementary assets）紧密结合（Teece，1986）。而后者在市场中的分布很有可能并不完全在公用领域内。这使得政府在系统动态演进失灵状态下的干预必然会违背“竞争中性”

① 互补性资产是蒂斯（Teece，1986）提出的概念，指的是与实现创新技术的商业价值相关联的其他能力和资产。

的要求。

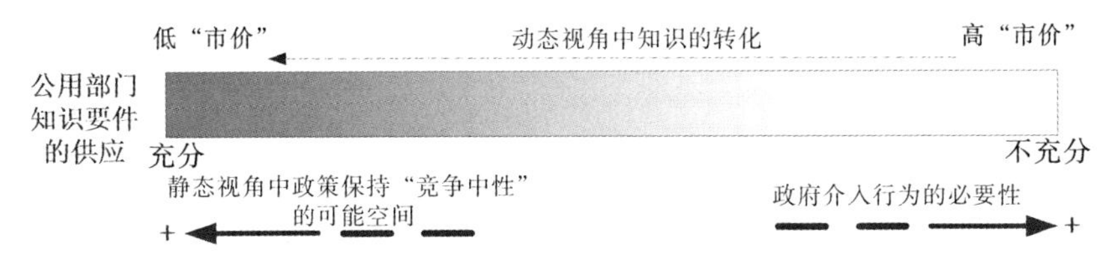

图 3-2　国家介入行为坚持“竞争中性”原则的有效空间

需要注意的是，在关键知识供应不足时，事实上并不存在有效的市场。如果对“竞争中性”原则的讨论仅基于静态的系统观，通过对国家行为所造成的事后效果反推国家的参与扭曲了有效的市场竞争机制，就会造成逻辑上的因果倒置；而国家的战略性行为要解决的恰恰是系统的动态演进失灵问题，所以它必然需要瞄准具有高稀缺性、高“影子价格”的空缺知识。因此，如果一味地强调静态的“竞争中性”，反而会使得国家对创新活动的参与变得低效，从而产生严重的“政策失灵”或“系统失灵”。韩国在 20 世纪 70—80 年代为了促进国内工业向重工业、化工类产业和电子类产业的节次转型，曾经采取过非常具有代表性的举措：先是大量资助公共科研机构以积累基础性科研能力并吸引国外人才，而后在产业起步时又把这些公共科研机构转让给私营企业以促进产业部门克服核心技术瓶颈（Lee，2000）。

对“公共性”的强调，并不是刻意地强调政府的投入必须严格地落在充分开放的公共领域，并保持对所有的企业无差异对待。我们需要认识到相关的争论存在着一组富有张力的矛盾：一是根据纳尔逊（Nelson，1990）等人所发展的市场经济创新发动机模型，创新经济内极少存在长期停留在私用领域的知识。哪怕国家的资源直接投放于私人企业，所形成的知识从长期看，也会被转化到公用部门中。基于此，系统演进的有效性原则应当被放在优先位置，甚至不论国家资源投放的承载主体是“私有企业”还是“国有企业”[①]。二是，当然，国家资源投放于不同的对象，如大学、公共科研部门、产业公共技术平台、产学研联盟或是竞争性企业[②]，很有可能影响随后知识向公用部门转化的难度。因此，在解决系统演进失灵问题之后，国家的介入战略应当选择更易于促进相关知识在国内产业共同体内转化与扩散的机制。总之，“竞争中性”原则应该建立在系统动态演进的背景下；国家在创新活动中的战略性投入，中长期而言，的确不应该有除了系统整体利益以外的其他利益考量。

第二，创新系统的活力需要由国家通过对知识转化机制的调节来保持。国家对知识转化机制的投入，实质是维系公用部门与私用部门之间的平衡，以避免市场结构的极化，进而维系创新系统的活力。纳尔逊（Nelson，1990）强调市场经济作为创新竞争发动机的核心在于“社会整体的能力从个体的创造中受益”。这一原则同样应当立足于“所有制中性”原则，因为无论是私有企业还是国有企业，它们对关键知识的排他性占有都会导致整个国家创新系统的僵化，损害经济体持续创新的能力，尤其是不利于中小型企业的发展，最终危害国家经济长期发展和繁荣。对转化平衡的维系包括两方面，一是促进转化，二是保护和激励个体创新。对于后者，人们已经有大量的讨论，尤其是在加强专利保护等方面，本书就不再赘述。而对于促进转化的制度安排，人们讨论得最多的是反垄断和专利的强

---

① 传统意义上，“竞争中性”原则是为了避免政府政策优待国有企业而设立的。但如果就知识从私用领域向公用领域转化的问题而言，企业的性质是国有的还是私有的事实上并没有本质上的区别：竞争性的国有企业同样也可能会有极强的保守商业秘密的动机。因此核心问题依然是动态系统演进中的规制性问题，而这些规则应当保持对企业的“所有制中性”（ownership neutrality），对不同所有制的竞争性企业都一视同仁。

② 此处按照各种机制的“公共性”逐一列举不同的载体，但并不是说公共性越强的载体对于相关新增知识转化的效率就会越高。因为知识的转化除了从私用部门向公用部门转化这一维度之外，还会受到知识的复杂性和缄默性，以及科学发现与产业知识分野等多种因素的影响，因此对于不同类型的知识而言，这些载体在进行转化时的效率很有可能是各有差异的。

制许可（Mowery and Rosenberg，1998；Jaffe and Lerner，2004；封凯栋，赵亭亭，2012）。但即便是美国，迄今最成功的大型创新经济体，不同的评论家对其政府和军事部门在技术采购中所采取的强制性技术扩散政策的作用同样褒贬不一，有的学者认为该政策抑制了私人企业的创新意愿，有的学者则认为该政策真实促成的扩散效果并不如人们期望的那么好（Weiss，2014；Alic，et al.，1992）[①]。可见，要实现知识扩散和个体激励之间的绝对平衡是困难的，即便是美国的经验也并不完美。

由于中国尚处于从模仿追赶向创新竞争转型的阶段，中国学术界对创新系统中知识从私用部门转化到公用部门的机制的讨论并不充分；相反，倒是基于传统经济学范式的西方学者在向中国宣传采用竞争政策、反对政府采用产业政策与创新政策时，会把反垄断政策作为竞争政策的一部分（威廉·科瓦西奇等，2017）。即便反垄断政策具有促进知识转化的可能，但它在理论上同样也有可能导致系统动态演进失灵。因为现代工业技术往往具有显著的复杂性与系统性，其发生与发展需要一套复杂的社会网络作为组织性载体。所以，这套社会网络的稳定性往往是技术创新效率的重要条件。如果反垄断措施的执行损害了孕育创新的组织性条件而又没有办法形成替代性的协调方案的话，那么不论以多么高深的经济学理论作为支撑，这样的举措也是反创新的。这种情形在发展中国家尤为突出，因为复杂的技术知识对于发展中国家而言往往供应有限，且缺乏替代性供给来源，也并不存在相应的技术市场。因此，就创新问题而言，反垄断政策的执行务必以政策本身对知识供应、知识转化、知识扩

① 这指的是美国军事部门采购中通过对所采购技术执行“非单一来源”（second choice）原则所实施的强制性技术转移，即美军所采购的技术装备都需要在市场上存在不止一个供应商。根据这一原则，如果某个供应商使用的是独家拥有的技术，那它就需要将该技术扩散出去以制造出竞争者才能符合这一原则的要求。

散的正向效应作为最基础的判断准则，而绝不能简单地只以市场结构作为决策依据。尤其是，关键的技术生产机制一旦被切割，就会增加其被国际竞争对手俘获的可能，从而使讨论重新转入“世界主义经济学”和“国家主义经济学”的争辩。

当然，除了传统的规制思路之外，在知识转化问题上同样也可以有生产性的、“增量改革”式的思路，其核心逻辑是在公用知识领域提供私用技术的替代品或者竞争品。事实上，委托教育与科研部门对已有的产业技术开展研究，以促进它们的编码化和理论化，并使其通过学术共同体或教育机制扩散，就是一项重要的促进知识转化的机制；同样，在相应领域内通过教育与科研部门来孵化竞争性企业，或者政府牵头产业共同体在潜在的、由少数企业垄断技术的领域开展联合技术研究等也可以起到类似的效果。

第三，国家需要为产业发展的不同阶段设计不同的创新政策。技术在其生命周期的不同阶段中，创新竞争的焦点以及产业生态都各有特点（Utterback and Abernathy，1975；Utterback，1994），这就使得国家在解决不同阶段的系统演进失灵问题时所需要考虑的基准框架不同，自然就需要发展出不同的政策手段来应对。比如在断裂式创新或技术轨道变迁时期，创新者往往渴望得到更多的科研基础知识的支持，政府相应地就需要将更多的资源投放到基础科研和科技人才培养上；若处于技术和产品设计试错的产业早期，基础性设施和技术试错机制对于产业创新者尤为重要，政府就应当加强对公共技术设施、新技术试验区和产业引导基金等领域的投资；在渐进性竞争阶段，政府采用严格专利保护政策往往对于激励企业的持续投入能够起到促进作用；而在成熟制造阶段，制造质量的长足进步又有可能依赖于政府扶持技能培训的政策来克服个体企业在集体行动中的困境。当然，这里的讨论仅仅考虑了一般理论上存在的带有典型阶段性特征的情景，有效的创新政策的实施必须以稳步提高社会整体公用知识的存量和质量作为产业持续性发展的前提，而不应该简单地照搬国际先进经验。柯拉尔等（Curral，et al.，2014）就很好地以美国为范本描述了创新链条中社会各部门（包括政府）的协作；而詹韦（Janeway，2012）则指出在这个过程中，国家不仅要有投资并激励科技产出的能力，还需要在技术和产业发展成熟时具备逐步将技术发展的领导权让渡给其他社会性机制（如风险资本和产业资本）的能力。

3.5 国家介入失灵与国家介入创新经济的必要性

国家是否应当介入创新活动？本书已经用了三章的篇幅来探讨这一问题。在理论上，答案显然是肯定的，国家作为制度构建和资源配置的重要角色，是创新系统中最重要的行为者之一。“菜市场”经济在全世界普遍存在，但“菜市场”的市场制度无法作为复杂的工业技术创新活动的有效协调机制。“菜市场”升级为足以协调复杂创新活动的“高级市场”并不是一个自动自然的过程，事实上，迄今为止世界上只有少部分国家实现了“社会技术”的持续升级，进而发展成为有竞争力的工业国家和创新经济体。从这个角度来说，认为市场可以自然而然地催生创新只是一种空想，市场必须通过它自身之外的变量才可能实现不断的“系统性制度构建”。这种空想的当代版本就是对“竞争政策”的过度迷恋，因为其前提都是已经存在一个要素齐备的创新市场（封凯栋，姜子莹，2019）。然而在发展实践中，有效的制度安排都是各国的创新实践者在长期的协商、试错和改革过程中摸索出来的，其中国家是这个制度构建过程中的关键角色。

当然，谈及特定的政策问题，我们还必须根据具体的情况来考虑具体的举措，因为政策是否必要和政策是否有效都高度依赖于特定产业和技术的生态。理论上，如果特定产业的知识生产和扩散运转良好，国家的确完全应该置身事外而避免扭曲这些部门内部的资源配置。在这个情境下，主流经济学家用静态的“市场失灵”和“政府失灵”理论来作为界定政府与市场两者合理行为的边界才是勉强适用的。但这样的情况只有在生产过剩的萧条时期才存在，而发展本质上就是一种不平衡的现象（Hirschmann，1958）[①]。这就意味着，我们至少应当在那些高度成熟、仅存在价格竞争的产业之外抛弃这种幻想。在创新和发展的语境中，当产业尚且处于持续的创新、发展和转型的状态时，不仅意味着这些产业扮演了所在经济体内增长发动机的角色（同时也往往是国际竞争的焦点），更意味着与这些产业相关的制度需要进行持续的调整甚至重塑，以促进公、私两部门的知识生产以及社会整体的学习效应和知识转化效应。作为重要的制度构建者与资源配置者，国家也就理应保持相对活跃的参与。

总之，国家介入创新活动的逻辑基准应当是促进公、私两部门的知识生产并推动创新系统的动态演进。对其他问题的讨论，如最常见的所有权问题，都应该在以上逻辑基准的框架下进行。而具体有效的政策，既可以是去规制的，即解除市场中不合理约束的，也可以是通过构造激励机制和资源配置来促进关键知识的生产，即执行有偏的、有选择性的产业政策和创新政策，或者是通过规制手段的动态调整来促进知识的扩散和转化，也即人们常说的功能性的产业政策或者合理化的产业政策（宋磊，郦菁，2019；封凯栋，姜子莹，2019）。

但是，国家的介入会失灵吗？答案是有可能失灵。本书前三章所讨论的主要是国家在创新系统和创新发展中应当扮演的角色，是应然的问题。而国家介入的实践效果则取决于大量的因素，如国家通过与社会协商来发展政策的能力（Weiss and Hobson，1995；

---

① 作为熊彼特的追随者，赫希曼（Hirschmann，1958）的这一判断是对熊彼特（Schumpeter，1961）对企业家是如何通过信贷来驱动创新和经济发展的进一步诠释；同时赫希曼通过拆分产业间关系为这一逻辑提供了极好的论证。

Weiss，1995），国家自身从工业部门获取信息、分析信息的能力（封凯栋，姜子莹，2020），当然还有人们已经讨论得非常多的政策设计和政策执行问题。此外，既然存在着面向创新的国际竞争，那么国际竞争不仅是影响国家介入创新活动有效性的重要条件，也是国家介入是否失灵的重要原因。因为既然是“竞争”，且是针对前沿创新技术的“竞争”，那么获胜者（国家）数量必然是有限的，必然有不少国家因为资源、地缘政治、路径依赖等而失败。当然，在一个动态稳定的全球化环境中，国家的失败并不必然体现为国家经济或者政体的崩溃，而很有可能是该国的经济被限制在全球化经贸和工业分工格局中极其有限的区间内，这是我们常见而不常意识到的“竞争失败”。那么，既然前沿竞争的“失败”是普遍存在的，那么基于这种失败而从本质上批评国家的介入，甚至将其解释为竞争失败的根本原因，在逻辑上从一开始就是错误的。

因此，我们必须摒弃两类错误的观点。第一类错误与对国家介入创新经济活动的绩效判断有关。正如本书反复强调的，国家参与创新活动的根本逻辑，应当是促进公、私两部门的知识生产及两者之间知识学习和转化的动态平衡，那么对国家行为绩效的判断就应当以知识生产、知识扩散与知识转化为基准。具体落实到大量战略性创新政策项目的实施中，采纳的政策目标与政策绩效考核就应当以基础性知识的生产、攻克关键瓶颈类技术问题的技术原型、有价值的人力资源的培养、人员流动、对私人部门投资的吸引，以及相关领域中专利的增长、企业的繁荣等为标尺[①]。国家的创新战略如果

---

① 例如中国在第三代移动通信技术的国际竞争中对本国TD-SCDMA技术标准的支持，虽然没有使该标准的旗舰研发企业（国有企业大唐电信）获得商业上的巨大成功，但是却为我国前沿通信技术和集成电路产业培养了重要的人才和企业。这些资产都在2016年一些国家加大对我国的科技封锁力度后对国内产业界的发展显现出了重要价值。由此，我们在制定和评价国家的战略性创新政策时，应当将短期和局部的经济收益与长期和整体的创新收益区分开来。

以项目的、直接的、短期的经济回报为目标，那么其政策设计就是错误的。与之相对应的，如果社会对国家战略性创新政策的要求是以其项目的直接经济回报为基准的，那这样的社会预期也同样是错误的。这种错误的思路其实在一定程度上与计划经济有相似性，即它们都将国家看作经济活动的直接参与者，并追求其经营活动产生直接的物质财富增值。

第二类错误的观点同样部分地反映了计划经济的思维遗产，即政策决策者应当避免产生“系统性设计国家创新体系”的冲动。政府是国家创新体系中重要的行为者，而创新活动又深深地嵌入社会系统，受到政治、社会文化、国际关系等多部门复杂因素的影响。同时，创新系统内部也有个人、企业、大学、科研单位、产业联合组织、劳动和保障部门等多元参与者，国家也是这一系统的一部分。国家经济系统的重大结构变迁，需要社会形成共识，并通过广泛的动员来完成（对这一问题的讨论将在第二部分展开）。而如果社会动员的条件并不存在，仅仅是工业经济部门内的创新政策就不具备推动结构性变迁或全局性创新系统设计的能力，那么，创新政策的制定与执行，便应当以工业创新系统内的部门性问题为中心，以问题为导向来发展具体的政策。发展中国家的资源约束边界是清晰的，而各类创新问题往往又需要成规模的资源投入，因而创新政策更应当立足于瞄准具体、特定的问题，逐次地推动创新系统的完善和动态演进。

第二类错误的观点有可能带来两种不良的后果。其一，持续保持“系统性设计者”的视角容易使得政策制定和实施脱离创新实践中的企业、大学和科研机构的需要，反倒使得政策失去了有效撬动各部门参与的能力。其二，面面俱到的“系统设计”容易带来似是而非的“制度构建”，即产生了名义上存在但事实上并不起作用的政策安排或机构。挂牌为“中介机构”的主体未必能真正起到中介作用，命名为“孵化器”的机构也并不能直接发挥真实的孵化功能，其相应功能的产生都需要有效地界定问题和动员相应的主体，使得资源被准确地投放在各相关方的互动过程中。过于泛化的“系统设计”更容易导致资源配置的“撒胡椒面”式的做法，即为了追求“面面俱到”而平均地使用资源，使得每一个环节的资源支持都未必能产生预期的效果，从而无法有针对性地解决问题。

当然，因为特定政策实践的失败而否定国家在创新系统和创新活动中的重要角色的思路是完全错误的。这种错误的做法就像是医生声称要通过完全抛弃人的心脏来治愈心脏疾病（封凯栋，姜子莹，2019）。部分主流经济学家，不论是来自国内还是国外，在中国过去40 多年的改革发展历程中一直坚持鼓吹中国应当对自身的战略性政策实践加大约束，甚至在中国进入创新发展转型阶段后鼓吹应当全面废除产业政策和创新政策，而代以竞争政策。然而在 2016 年开始的“产业政策存废争论”中被各方参与者频频引为创新国家典范的美国和西欧，事实上一直没有放弃国家的积极作用（封凯栋，李君然，付震宇，2017；Mazzucato，2013）。事实上，中国的工业与创新经济活动之所以得以持续发展（使得主流经济学家始终还能坚持这一争论），也得益于中国的创新系统并没有完全遵循这些建议。

熊彼特所预期的中央计划性的经济体制并没有普遍出现，这是因为私人企业或个体经济无法独占创新所带来的所有收益；私用知识持续向公用领域转化，以及公用部门强大的知识积累功能，都使得受组织的创新竞争市场得以持续发展，而不会走向自我毁灭。市场活力需要靠私用知识与公用知识之间的持续转化与动态平衡来维系，这一平衡使得公用知识基础不断扩大，以此为基础的创新活动才能不断从私人部门涌现。公私知识的生产、扩散、转化及再生产都离不开创新互动实践中形成的半开放、互动性的社会化网络，这一网络又深刻嵌入本国的制度环境与价值传统，使得这一套知识生产、扩散与转化的机制具有本地化特征。

由此，国家需要直接投入大量资源并塑造合适的规制环境，从而催化半开放、社会化网络的互动规范走向成熟。当国家增加资源型投资时，应该优先投向解决本国创新系统动态演进失灵问题的关键领域，考虑投向更易于知识在产业共同体内扩散与传播的对象。更重要的是，各子系统之间的协同演进还要求国家根据本国的社会经济发展阶段与不同产业的发展阶段来扮演差异化的制度供给者的角色。这意味着，国家作为创新系统参与者的第一重角色是具有战略动态性的，不应当根据简单经济意义上的可评估、可考核来评价产业政策的效果。当然，以上基于应然性框架的讨论并不意味着国家介入始终是有效的。

第二部分

国家作为创新系统转型的推动者

转型问题一直都是发展研究中最重要的话题之一。在工业史和经济史研究领域，关键国家在历次工业革命和现代化过程中的发展及差异化，尤其是这些国家对全球工业经济主导权的争夺一直是热点议题。同国家经济长期发展与变迁相关的研究事实上分布于社科领域各类学科内，有大量的学者对此做出了重要的贡献，例如西蒙·库兹涅茨（Simon S. Kuznets）、戴维·兰德斯（David S. Landes）、沃尔特·罗斯托（Walt W. Rostow）、克里斯托弗·弗里曼等，当然也包括熊彼特。其中所涉及的主题、理论和争论是如此之多，本书并不打算对其做系统性的回顾和分析。本书在此处着重介绍转型研究中最核心的问题，即转型发生的政治经济条件，及其对于创新研究的实质意义。本部分主要分析在社会经济整体遭遇重大挑战时，不同的国家所做出的战略选择以及由此形成的社会集体行动和发展结果。这些分析有助于人们理解不同国家和地区中长期发展差异的成因，并对现实具有指导意义。

相比创新研究的普遍性，国家成功的发展转型是不常见的，这使得对系统性转型和成功实现工业经济追赶案例的研究先天地更依赖于历史分析，而难以套用主流经济学的模型和计量经济学工具①。人们在讨论国家发展中的成功转型时，往往会不自觉地同时包括对两种略有差异的现象的观察：第一种现象是通过成功的转型，本国的工业竞争力产生结构性跃迁并在全球经济中占主导地位；第二种现象则是国家通过对政策的动态调整，实现工业经济持续和相对长期的增长。这两种现象事实上恰好对应学术讨论中常用的两个术语："赶超"（leap frogging）和"快速工业化"（rapid industrialization）。二者都属于经济追赶（catching-up）现象，即后发国家经由成功的经济发展拉近与先进国家之间的距离。

---

① 当然，即便是经济史学，其在20世纪中期也发生了明显的分歧。感兴趣的读者可以参考弗里曼和卢桑的研究（Freeman and Louca，2001）。

自工业革命以来，成功赶超的例子在世界经济层面上并不常见。事实上，迄今为止，只有18世纪英国相对欧洲大陆国家的赶超、19世纪德国相对英国的赶超，以及19—20世纪美国相对英国和德国的赶超。其中，德国在19世纪对英国的赶超事实上只是在工业和科技竞争力上实现了赶超，并没有在经济总量上实现对英国的超越。美国对以英国与德国为代表的西北欧国家的赶超则是分两步完成的，首先是19世纪最后20年实现了经济总量上的赶超，然后是在第二次世界大战之后实现了在科技总体实力上的赶超。第二次世界大战之后发展起来的日本和其他东亚新兴工业国家尤其是韩国，客观的评价应当是它们实现了超乎寻常的快速工业化，但并没有实现在全球工业竞争力和工业经济主导权上的赶超。

执行追赶战略的国家，相对于其追赶对象而言都是后发国家，这意味着这些国家在资源上必然是相对匮乏的。就长期来看，其高质量的人力资源也必然是相对匮乏的——因为高质量人才的培养是需要消耗大量资源的。因此，后发国家要实现追赶就必须进行有效的资源动员，并有针对性地将资源投放到高回报的工业领域，即要人为地制造资源在不同领域内的配置不均，由非市场化的决策过程在国家层面决定战略性资源的投向。其前提是国家具备特定的条件使社会接受动员，国家因而可以用“非正常”或者“非市场化”的手段发动工业化并贯彻其战略意志。

当然，国家不可能以市场机制为主来贯彻其战略意志以启动快速工业化，相反，市场力量会自觉或不自觉地推动资源配置回到“正常的市场价格”。甚至国家都无法只依靠经济政策来完成转型，因为社会动员和资源的收集、选择性配置本身就意味着资源配置权和资源流向对于“经济理性”而言是扭曲的，这使得国家必须诉诸其他领域的权力来贯彻其意志。追赶战略的实质在于塑造新的创新互动空间，无论是在新的产业领域内创造出有效的创新互动（如投资于战略性新兴产业），还是把原来关联不密切的部门或主体带到政策的舞台中央，或者为其塑造新的互动模式（如二战后出现的产学研合作，或者近年来国内政策共同体热议的新型科研院所等兼顾科研和产业化工作的复合型组织），都属于这一类型。

因此，在推动创新系统转型的过程中，无论是完成社会动员和资源投放，还是塑造新的创新互动空间，都要求国家积极参与并在其中发挥核心的、关键的作用。可以说，在以上历数的成功赶超或快速工业化的案例中，国家无一例外都扮演了转型的第一推动手的角色。

本部分的中心任务在于向读者解释国家在创新发展中的第二重角色。本部分通过分析历史上最成功的两个赶超国家的案例，尝试构建关于国家创新系统转型的理论。其中第四章的任务在于介绍学者们关于追赶研究的学术发展历程，特别突出了格申克龙的后发国家理论的贡献。这一章旨在帮助读者在理论上理解为何国家在成功的系统转型中具有尤其重要的作用。第五章和第六章分别介绍德国和美国两个成功实现赶超的例子，并以此来为这部分的理论讨论提供扎实的实证研究基础。

第4章　系统转型理论：危机动员与战略性资源配置

“一个落后国家的（成功）工业化过程与先进国家相比很可能会有明显的差异。这种差异不仅体现在发展的速度上，而且体现在发展过程中的生产结构与组织结构上。这种发展速度和过程性特点都源自成功工业化的后发国家自身独特的制度，而这些制度在先发国家中是少见或者完全没有的。此外，工业化进程所处的观念氛围，即整体的‘精神’或者‘意识形态’，在先进国家与落后国家之间也有显著的差异。”

——亚历山大·格申克龙

对国家经济整体转型升级的研究大体以格申克龙理论的出现为分水岭。在格申克龙的“后发展国家”（backward countries，常被简称为“后发国家”）理论之前，古典经济学家和历史学家都曾经对国家之间的发展差异做出过解释，但却没有在国家视角下发展出一套有普遍解释力的理论框架。

格申克龙理论对于主流经济学范式而言，极具冲击性。用他后来的追随者安士敦（Amsden，1989）的表述来说就是，有效的追赶战略要求后发国家必须正确地“把（要素）价格弄错”。“把要素价格弄错”指的是通过非市场化的行为实现对资源的动员和有选择性的投放，“有选择性”是“把要素价格弄错”的核心，即要素的供应被人为集中于某些被选定的领域，相比之下，其他领域就无法得到足够的要素投入。那么国家就必须发展出有效的制度来保障追赶战略的两头：一头是对社会资源的有效动员，以使决策集团能够掌握在全社会总量有限的战略性资源；另一头则是选择恰当的领域进行投资，以实现相对高的回报和社会整体发展效应，使得相关的发展战略是可持续的。格申克龙及其追随者认为，遵循市场逻辑、“把要素价格弄对”的行为不可能带来后发国家的系统转型，并为之开启持续的快速工业化。这从根本上异于主流经济学的逻辑。事实上，格申克龙的思想与熊彼特对创新活动中企业家与信贷作用的诠释，以及纳尔逊认为市场经济的长期发动机是其内在制度的持续重构的观点，在逻辑上有着极好的契合度，其对于国家战略性角色的认识与李斯特的思想也有着很好的呼应。

当然，我们不能简单地将熊彼特分析中的“企业家”这一在经济活动中从事战略性决策的角色，从个体经济和个体企业层面提升到国家层面。因为我们要意识到个体与国家层面的战略性决策所需要的社会条件存在着较大的差别。国家的战略性行为会涉及广大的甚至是该经济体内绝大部分民众，所以一个经济体的结构性转型并不简单是个人决策或者单个企业的决策，经济体的结构性转型必须有高水平的社会共识才能推动。而在实践中，社会共识则往往是由经济体所面对的系统性危机带来的。

本章将首先介绍格申克龙传统的核心思想，即后发国家想要启动追赶式发展，就需要对社会完成有效的资源动员，并由精英集团进行集中决策，以决定资源的战略性投放；而这一切都需要国家借用社会所面临的系统性危机来为自己的行动构筑合法性。其次，本章将结合技术机会窗口理论，详细阐述国家在面对处于不同发展阶段的产业时应该如何配置战略性资源，并制定相应的追赶战略。最后，本章将讨论格申克龙传统对于思考外国资本在本国工业追赶过程中所扮演的角色的启示。

4.1 后发国家工业化的启动：危机动员

俄裔美国经济史学家格申克龙于1962年出版的《经济落后的历史透视》（*Economic Backwardness in Historical Perspective*）一书被当代学者普遍认作现阶段工业追赶研究（catching-up study）的理论源头[①]。他后来的一系列作品（Gerschenkron，1963，1968，1970）也奠定了人们对后发展问题认识的基础。

格申克龙是在对19世纪欧洲的“后发国家”（主要是德国和俄国）和领先国家（英国）进行比较的基础上发展自己的理论的。他强调成功实现工业化的后发国家，其工业化进程与被其追赶的先进国家相比，会在增长率、工业结构与组织结构上存在显著差异。他的主张可以概括为六个命题：（1）一国的经济越落后，其工业化就越可能表现为较高的制成品增长率；（2）一国的经济越落后，就越重视企业的大规模化；（3）一国的经济越落后，就越强调（工业）生产资料而不是消费品；（4）一国的经济越落后，对人民消费水平的压制就越严重；（5）一国的经济越落后，特殊的制度因素在增加新生工业部门资本供给中的作用就越大；（6）一国的经济越落后，其农业就越难以为工业提供有效的市场，所以经济结构就越不平衡（Gerschenkron，1962）。一部分学者认为格申克龙的贡献在于构建了

① 该书是格申克龙一系列论文的合集，其中第一章，也就是与书名同名的一篇文章最为著名。这篇写作于1951年的文章最初收录于伯特·弗兰克·霍塞利茨（Bert Frank Hoselitz）在1952年编撰的著作《欠发达地区的进步》（*The Progress of Underdeveloped Areas*）一书（芝加哥大学出版社出版）。这篇文章在1962年经过简单的改写，成为目前被人们广泛引用的版本。格申克龙1962年出版的这本书的中文译本于2009年由商务印书馆出版，张凤林译，中文译本为《经济落后的历史透视》。

“后发优势”理论，但其实格申克龙的贡献还在于他通过德国和俄国两个国家的历史研究及对比，凸显了一个后发国家发展潜力（“后发优势”）得以兑现的社会条件，其中，资源动员的制度、国家的作用和社会的意识形态都是关键要素。

在格申克龙之前也有不少学者研究工业经济追赶，但是他们都没有形成关于成功追赶的一般性理论。以索尔斯坦·凡勃伦（Thorstein Veblen）为例，他关注的重点在于后发国家如何有效利用来自发达国家的技术与知识，他强调可投资的资金和受过良好训练的人才与劳动力队伍的重要性（Veblen，1915），并且指出后发国家追赶战略的重点是发展出有效的方式来引进并利用先进国家的技术。随着先进国家的工业技术从早期主要基于个人缄默知识的状态，发展到后期更多地体现为“机器技术”（machine technology）的阶段，后发国家的追赶变得更容易。因为后一阶段的技术会更为“成熟”（ready-made）和高度编码化，用凡勃伦的话来说就是这些知识“以明确和统一的方式来传播，而且相关技术扩散后的吸收既不困难，也没有那么多不确定的因素”（Veblen，1915）。凡勃伦的这一判断与其所处的时代紧密关联，当时的工业生产正由小规模工商企业迅速转向大企业、大规模的标准化机器生产。

即便是在格申克龙之后，部分经济学背景的学者依然主要关注资源类的能力及所选择的技术与国家资源类条件的匹配性。阿布拉莫维茨（Abramovitz，1986）就将国家之间长期经济发展水平的差异主要归因于两点：一是该国所选择的技术与其国内市场规模、要素供给等条件是否匹配（technological congruence）；二是国家的社会能力（social capability），即该国为了实现发展而在人才培养、基础设施和工业研发能力方面的积累[①]。

---

① 阿布拉莫维茨的讨论是20世纪80年代关于“趋同”和“趋异”的研究的重要部分。随后很多学者都沿着这个思路开展了实证研究，其中著名的有鲍莫尔（Baumol，1986）的“趋同论”。

许多学者都对上述研究工业经济追赶的学说做过充分的评述，不过需要明确的是，成功的追赶，无论是工业经济赶超还是快速工业化，在全球200多个国家中都是罕见的；国家之间并不存在有效的技术市场，无论是动员资源以获取技术，还是通过获取技术类资本品来构建本国的工业技术能力，都不如部分学者所设想的那样顺理成章。如申璋燮（Shin，1996）批评阿布拉莫维茨的“社会能力”概念过于泛化，基本无可操作性。申璋燮还认为，阿布拉莫维茨虽然强调了技术相对社会条件的匹配性，但却没有分析社会条件如何能在动态的工业发展过程中与该社会所采用的技术在性质上保持匹配。

对于关注发展实践的观察者而言，阿布拉莫维茨还留下了另一个亟待回答的问题：无论是社会用于投资的资金，还是社会能力，或者发达的人力资源队伍，它们是如何在相对后进的环境中得以实现并保持的？正如上面所提到的，一个国家的基础建设或是人力资源，对于后发国家的快速工业化都起着重要的作用，但它们的形成都需要消耗大量的资源。考虑到后发国家在财力上的短缺，这意味着此类资源投放和能力建设必然不会是纯粹的自发自动的市场过程，也不会仅仅是简单的经济问题。相比“国家在拥有了社会能力之后如何决策”而言，国家如何在资源相对有限的前提下完成对社会能力的构建，以及国家选择哪些资源以及将有限的资源投放于哪些领域等问题，对于我们理解后发国家的发展可能更为重要。

格申克龙（Gerschenkron，1962）基于欧洲国家发展历程的比较研究为上述问题提供了一个极富启发性的框架。他的理论是在批评罗斯托（Rostow，1960）等人观点的基础上发展出来的。罗斯托等人认为不同国家的工业化历程都需要经过一系列相同的发展阶段。但格申克龙认为，不同后发国家的成功发展路径，取决于各自“落后的状态”，以及社会对这种状态的认知（Gerschenkron，1962；

Hobday，2003）。

格申克龙（Gerschenkron，1962，1970）借用了汤因比（Arnold J. Toynbee）的“挑战与回应”框架，强调国家所面临的系统性挑战对于社会整体认知转型并最终采取行动是至关重要的[①]，尤其是工业和军事上的竞争，对于国家争取自身的生存空间而言非常关键，由此社会精英们容易保持高度的紧张感，而不得不推出各类改革措施以谋求与领先者的竞争。格申克龙在其研究中，主要以 19 世纪的德国和俄国为例刻画了这种由危机驱动的集体行动。在形成社会共识的前提下，整个国家需要试验性地发展出有效的资源动员机制，作为对先发国家资源条件的替代（Shin，2002；Hobday，2003）。在赶超的过程中，德国在 18—19 世纪两次被法国击败的经历和建立一个统一国家的意愿起到了巨大的作用；而第一次克里米亚战争（1853—1856）同样也对后来俄国的改革起到了巨大的助推作用（Gerschenkron，1962）。可以说社会整体性的竞争压力或生存危机，给予了精英集团进行社会资源动员和战略性资源投放的合法性。战争和激烈的国家竞争不仅是国家的起源，而且是国家驱动系统性转型的合法性的来源。

在 19 世纪欧洲后发国家的赶超历程中，德国的综合银行（universal bank）被格申克龙称赞为 19 世纪最伟大的组织创新。这一银行系统是在借鉴法国经验的基础上发展而来的，与英国的储蓄银行（deposit bank）不同，德国的综合银行把进行长期投资和持有产业骨干企业的股份当作自身最重要的任务，有效地支持了德国现代化工大企业的崛起，并对其技术设施进行了持续投资（Gerschenkron，1962，1970）。而俄国因为更为贫穷，其银行系统没能成功地为大规

① 对汤因比的引用，格申克龙并没有明确指明来源。而汤因比关于各国文明起源与发展中“挑战与回应”的思想在其鸿篇巨制《历史研究》（*A Study of History*）（1934—1961 年出版，12 卷本；此外另有 1972 年单卷本）里有明确的体现。

模工业化筹措资金，所以其工业化的启动要依赖国家的税收体系和官僚系统来完成相应的资源动员和投放（Gerschenkron，1962；Shin，2002，1996；Hobday，2003）。

格申克龙的理论框架回应了追赶式发展所面临的两个维度的问题。第一个维度是工业经济发展的投入要素，即后发国家必然是在可投资的资源相对匮乏的情况下起步的，其高质量的人力资源也必然相对缺乏。第二个维度则是战略决策维度：一方面，可投资资源的有限性决定了国家可以选择投资的领域只能是高度受限的；另一方面，决策所依托的知识同样也是缺乏的。这就意味着，后发国家要想快速工业化，就必须突破两大瓶颈——广泛的资源动员和战略性资源投放。这事实上就需要国家为了启动工业化而开展广泛的社会动员，从而通过扭曲要素价格来形成对选定领域的大规模投资，或者（同时）解决特定领域内高质量人力资源短缺的问题，由此贯彻自身的发展战略（Amsden，1989）。而这些措施要得以实施，就需要社会感知并认可自身经济体在国家竞争中所面对的巨大压力，以形成社会共识。

相比凡勃伦和罗斯托等人的思想，格申克龙理论的特殊贡献在于，它强调后发国家成功发展的道路会因其落后状态和落后因素而与先发国家之间存在显著的差异。依照这个逻辑，如果后发国家照搬先发国家的发展道路，必然是不可能成功的（Hobday，2003）。同样，由市场来主动进行资源配置也是完全无法启动相应的工业追赶的，因为市场逻辑会导致资源配置追逐中短期的资本回报，而潜在“被动员”的资源持有者——例如农民、城镇居民、地主、小企业主等——当然也会基于各自的经济立场来决策；企业家在其中能起到发动创新的作用，但在给定的后发国家情形下，单个企业家几乎不可能完成特定领域内产业链的覆盖，这就使得有远见的企业家几乎不可能选择这样的领域开展商业活动。因此，有效的工业追赶现象不仅无法用主流经济学来解释，甚至也不应该仅仅用基于经济理性的视角去解释。

在时间序列上，如果不考虑跨国资本流动，那么一个国家越落后，工业化进程越慢，这个国家就越需要发展出独特的制度安排来启动工业化。因为越落后的国家，其物质条件与目标的“资本密集度”（capital-intensity）之间的差距越大，就越需要国家对经济活动的介入来完成对资源的动员和配置（Amsden，2001）。因此，对于落后国家而言，格申克龙“后发优势”理论所给予的启示中，最值得借鉴的是其理论的核心，即追赶战略最重要的因素归根到底在于后发国家启动工业化所需要的动员机制，以及由国家或精英集团所完成的资源配置。

资源动员需要通过社会认可的危机来驱动，而资源的投放就需要国家在介入方式上进行更为系统性的、动态的部署。因为越是后发展，越是希望通过资源动员和战略投放的方式来启动工业化，相应措施所面对的市场力量的潜在抵制力就越大：后发国家的生产性资源较为紧缺，从而需要高利率（或替代性的制度安排）来鼓励储蓄，但同时又需要维持低利率来鼓励投资；需要低汇率来刺激出口以赢得更大的市场，同时又需要提高汇率来减少引进本国没有能力生产的技术类资本品所需的成本和国外直接投资所形成的外汇债务；后发国家需要保护本国的市场，同时又需要宽松的贸易环境来从国外获取技术类资本品（Amsden，1989）。甚至在西欧第一批国家开启工业化时，要素价格的形成是带有高度强制性的（Amsden，2001；Polanyi，1957）。这使得成功的工业化过程需要高度动态的、复杂的政策安排（Forbes and Wield，2002）。对此，格申克龙本人并没有很好地做出回应（Amsden，1989，2001；Shin，2002；Hobday，2003）。

在对战略性产业的选择上，格申克龙的思想和赫希曼关于经济发展的研究有很好的呼应。赫希曼在 1958 年出版的《经济发展战略》中强调，经济发展本身就是一种不均衡的过程，不均衡首先源自产业之间的关联效应，即一个产业的增长或衰退会影响相关产业（Hirschmann，1958）。根据某一产业发展所影响的其他产业在产业链的位置，人们将这种效应划分为“前向关联”和“后向关联”。比如，钢铁工业的发展会影响产业链下游的基建和汽车等产业，因为钢铁供应的增加或者减少会影响这些产业的成本构成，所以钢铁工业对基建和汽车产业具有显著的后向关联效应；反过来，钢铁产业的发展同样也会影响采矿业，因为钢铁产量的增减会直接影响对矿石的需求，所以说钢铁工业对采矿业具有显著的前向关联效应。此外，汽车产业因为其强烈的关联效应而被人们称为“工业中的工业”（industry of industries）（Drucker，1946）。集成电路和房地产这些产业同样也被认为具有很强的关联效应。

基于这一逻辑，国家如果想要通过选定产业部门进行资源投放来撬动经济增长，那么就应该聚焦于那些关联效应强的部门，以充分诱导私人部门增加相应的生产性投资。这就解释了为什么工业化的后发国家在 19 世纪末之后的不同时期分别对纺织工业、化工工业、钢铁工业、汽车工业、造船工业、电子电器工业和半导体工业等进行投资（Forbes and Wield，2002）。这也帮助我们更好地理解格申克龙为什么在其理论中强调工业而不是农业，强调重工业而不是轻工业，强调资本品工业而不是消费品工业，以及强调有前景的、带动效应强的前沿技术产业，等等。

4.2　格申克龙范式的创新研究意涵：机会窗口视角

格申克龙的理论范式意味着国家通过强制性的资源动员和战略性投放来启动选定领域内的产业工业化，相当于人为创造出相关的行为者，为创新互动空间的创造与发展提供基本条件。格申克龙及其追随者都认识到，后发国家工业化起步越晚，对本国采取独特的制度安排以解决启动工业化所需要的资本密集型投资的需求就越高。

但有效的追赶策略需要考虑投资的策略与机会，因为后发展战略对资源的规模需求无法无限制地得到满足（Shin，1996，2002；Amsden，2001）。固然国家可以通过动员社会来增强它在特定领域的投资能力，但国家再怎么动员社会，其所能掌握的物质资源在大部分情况下也都受限于本国经济能力。不过，格申克龙（Gerschenkron，1962）认为如果恰逢关键技术的问世催生了新产业，而先发国家由于在已有产业技术上进行了大量投资而犹豫是否进入新产业，那么后发国家就有可能在新产业对投资资本要求不高的情况下开启工业化进程。

格申克龙的这一思路在 20 世纪 70—80 年代的追赶研究中得到了弘扬。在这一时期，卡洛塔·佩雷斯、克里斯托弗·弗里曼、保罗·戴维等一批学者在不同的层面强调了技术扩散与应用中的组织结构及社会系统对技术演进的影响，尤其是强调先行者的路径依赖有可能会在技术发生重大变化时为追赶者提供有利的机遇（Perez，1983；Freeman and Perez，1988；David，1985）。在企业和产业组织层面上，迈克尔·塔什曼（Michael Tushman）、丽贝卡·亨德森（Rebecca Henderson）和多萝西·伦纳德-巴顿（Dororthy Leonard-Barton）等一大批学者提供了大量的证据，证明企业内部组织惯例的僵化或者外部资源供给体系的僵化，会导致企业和产业在面临建构性创新（architectural innovation）或者根本性创新（radical innovation）时产生组织系统相对于技术变迁的不适应问题（Tushman and Anderson，1986；Henderson and Clark，1990；Leonard - Barton，1992）。而克莱顿·克里斯坦森（Clayton Christensen）则将这一概念扩展到以企业为中心的“价值网络”（value network）的范畴，这些

“价值网络”包括与创新企业相关的供应网络和用户等[①]（Christensen，1997）。

在国家层面上，学者们认为工业活动会强化相应的技术经济范式（techno-economic paradigms），包括技术研发部门、生产部门、消费者、教学和政府规制部门等的行为模式（Perez，1983；David，2005）。作为一套社会化的网络体系，技术经济范式具有自身的路径依赖。那么，技术经济范式既可能是先发国家长期竞争优势的基础，也可能在面临重大的技术变革时——这些变革要求相应的技术经济范式做出结构性甚至是根本性的重组——使得先发国家产生系统性的僵化，而后发国家有可能利用这一契机，通过抢先对变革型技术进行投资从而挤进相应的工业竞争版图，推动自身的工业化进程。

佩雷斯和苏特（Perez and Soete，1988）则基于厄特巴克和阿伯纳西（Utterback and Abernathy，1975）的产品生命周期模型，提供了一个更为具体的解释。本书将其称为“技术机会窗口”理论。佩雷斯和苏特在这一框架中采用四阶段产品生命周期模型，从对固定投资的需求、对区位优势的要求、对科技知识的要求以及对技能和生产经验的需求等四个方面讨论后发国家进入一个新产业的壁垒和机会窗口[②]。本书综合了佩雷斯和苏特、厄特巴克和阿伯纳西以及金麟洙（Kim，1997）等人的观点，将这一模型具体呈现如下。

在产品生命周期的第一阶段，由于产品技术尚处于高度灵活、不确定的阶段，企业竞争的核心在于为用户提供创新性功能，所以

① 克里斯坦森的“价值网络”这一概念其实非常接近伦德瓦尔等人讨论创新互动性时紧密互动的各种主体，参考本书第2章的分析。

② 根据佩雷斯和苏特（Perez and Soete，1988）的观点，固定投资指的是采购设备和建设生产设施所需要的成本。区位优势指的是企业从事该项活动所需要的资金、知识和经验的外部环境，可以理解为这些要素在当地的外部性。科技知识的要求指的是后发国家的工业实体通过学习、引进国际业界已经存在的知识，或者通过雇用科研人员开展研究活动所需要的成本。而技能和生产经验的要求指企业在产品原型商业化过程中投入技术工人和管理技能方面的成本。

企业需要的是“熊彼特式”的企业家精神，这些“企业家”要迅速、频繁地与用户及供应商进行互动，以更好地获取相关知识。这时主导设计尚未出现，所以单个产品的市场规模并不大，专业的设备供应商也尚未踏足这一领域，企业也不会扩大产能，而是更多地用通用设备来小规模试制产品。因此，在这一阶段，固定投资的门槛要求以及对技能和经验的要求并不高。但由于产品设计需要根本性的新技术，因而这个阶段对企业科技知识、区位优势的要求高。

在产品生命周期的第二阶段，产品市场迅速成长，不同的设计之间的竞争日趋白热化并趋于成型，主导设计在这一阶段的尾声出现；基础的科技手段成型，生产工艺开始变得重要，生产组织开始出现专门化，工程方法和生产设施的重要性日渐上升。这一阶段对固定投资的要求有所提高，但依然处于较低水平；对科技知识的要求开始降低，但依然相对较高；对技能和经验的要求逐步提升；由于竞争者持续地投资，本地的产业环境持续优化，因此该地区相关工业活动对区位优势的要求降低。

产品生命周期的第三阶段是技术具体化阶段。产品设计以及产品设计与制造技术之间的关系已经明确，从业人员对潜在的市场规模和生产工艺持续提高的方向基本达成了共识，即多西（Dosi，1982）所定义的技术范式或者技术共同体已经形成。存活下来的企业的规模和投资能力都有所积累，因此对区位优势的要求进一步降低。但这一阶段企业在生产规模、制造工艺和工厂管理水平上的竞争越发激烈。尤其是，这一阶段标准化设备供应商开始进入，但机床供应商依然需要通过向领先用户学习方能逐渐发展出供应全行业的机器产品。所以，这一阶段是领先的生产型企业当中蓝领精英工人和生产管理者大展宏图的时刻，其技能和经验将决定其所在企业的竞争力，当然，这些技能和经验也会通过多种形式被转化到公用知识部门。在这一阶段，固定投资门槛已经被抬得很高，而产业对科技知识和区位优势的要求持续降低，对技能和经验的要求则是四个阶段中最高的。

产品生命周期的第四阶段是产品的成熟阶段。由于产品及其生产工艺都已经高度标准化，所以不会再有企业对技术研发做战略性投资，同时能工巧匠已经被管理者闲置为车间里的形象大使，而生产主要依靠大量仅获得基础性培训的蓝领工人来完成。企业竞争的焦点转向如何能够在全球范围内找到高性价比的生产地，因而企业倾向于重新配置自己的生产地，追逐低劳动成本制造，或者追求降低从生产到消费市场之间的运输时间或运输成本。甚至部分企业在第三阶段的尾声就开始在地理上重新布局生产单元以确保自身的竞争力。标准化设备市场的存在促使可交易的“技术市场”的出现，即后发的企业可以通过购买市场上已存在的标准化设备、必要的专利或图纸来组织生产；部分企业因为自身在规模生产上的效率劣势而转型为生产型服务供应商，或者陆续退出市场，从而让出部分市场；相应地，在全球范围内，发展中国家企业陆续利用 OEM 等模式进入这一产业。但由于激烈的成本竞争使得市场陆续走向了垄断结构，后发国家若想在这一阶段进入产业，那么它们就面对最高的固定投资要求、最低的科技要求、最低的区位优势要求和低的技能与生产经验要求。

图 4-1 是在佩雷斯和苏特（Perez and Soete，1988）模型的基础上，对四阶段新进入者门槛的描绘。其中图 4-1（1）、（2）、（3）和（4）按照佩雷斯和苏特的分析，分别刻画了一个产业在不同阶段为新进入者设置的固定投资、科技知识、区位优势和技能经验方面的门槛。

图 4-1（5）是新进入者在产业不同发展阶段进入产业所面临的四种门槛的叠加。该图是示意性质的，因为四种门槛并不在同一维度，无法进行简单的比较或加总，但通过该图可以清楚地看到四个

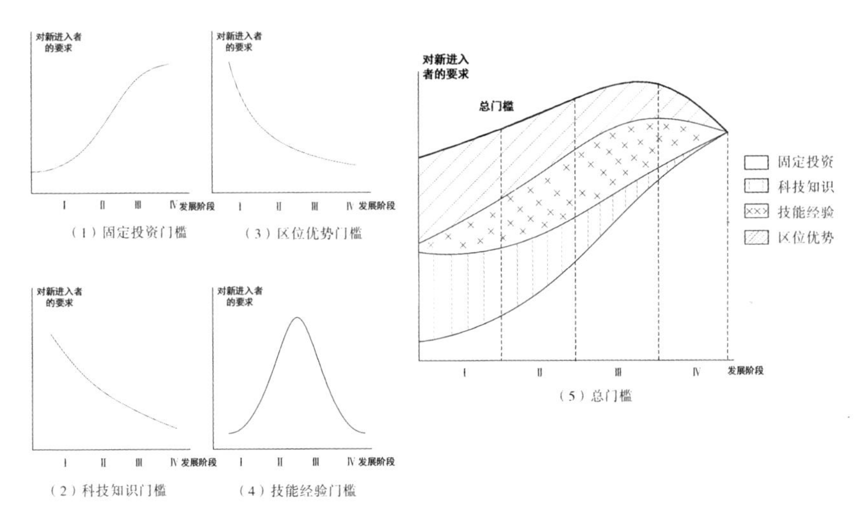

图 4–1　不同阶段对新进入者的要求

阶段进入门槛的不同构成。当然，就长期发展而言，不论是技能与经验，还是区位优势，都可以认为是国家或产业长期投资的结果，国家政策在中短期并不具备足够的操作空间。对于后发国家的政策实践而言，比较可行的是通过社会动员获得资源后，运用政策工具来满足目标产业对固定投资或科技知识的要求。前者需要国家在社会中实现有效的资源动员以实行资源的集中投放，通过投资或扶持大型企业来满足固定投资的需求，所以国家应该选择在产品生命周期的第四阶段进入这一产业。后者需要国家在长期资源配置中具备战略远见，及早以超越“市场理性”的方式在基础科研、关键人才培养或先进技术装备引进方面投入战略性资源，从而争取在发达国家仍然受制于旧产业所形成的“技术经济范式”僵化时抢先挤进新兴市场。这意味着国家会选择在产品生命周期的第一阶段就进入这一产业（Perez and Soete，1988）。

机会窗口理论为后发国家的赶超战略提供了一个很好的、带操作指南意味的分析框架，后来得到了不同学者的继承与发展。例如李根与林采成（Lee and Lim，2001）基于对韩国动态存储芯片、汽车、通信标准、消费电子、计算机及机床等六个产业的研究，发展出了“路径创造型”（path-creating）、“路径跳跃型”（path-skipping）和“路径跟随型”（path-following）三种不同的追赶模式。随后李根等人在后续的研究中继续深化这一分析思路（Lee，Song and Kwak，2015；Lee，2013），并且得到其他学者一定程度上的呼应（Choung，et al.，2014）。

基于机会窗口理论发展而来的追赶经济研究视角有其明显的缺陷，这些缺陷很多都与产品生命周期理论的局限性有关。比如，大量产业的发展并没有呈现出如厄特巴克和阿伯纳西所刻画的周期性：不少产业从一开始就需要高强度的制造工艺技术创新；而另一些产业的产品技术创新和制造工艺创新会持续相当长的时间，并没有呈现出创新频度降低的“成熟期（阶段四）”；还有一些产业的创新驱动力并不在本产业范畴内，这些产业主要是从外部引进技术来推动本产业创新，如现代农业（Pavitt，1984）。这就使得无论是利用产品生命周期第一阶段还是第四阶段的机会窗口进入产业，都需要后发国家基于具体情况进行考量。

在各种追赶战略中，人们往往热衷于讨论“弯道超车”，即趁新兴产业还处于产品生命周期的第一阶段时就选择进入该产业。因为相比于已成熟的产业，只要后发国家事先能够有效地积累其科技力量，处于技术发展早期的产业就可以为后发国家留下更大的竞争空间；而如果发达国家此时由于已有产业利益集团的干扰而难以做出恰当的决策，后发国家就有可能利用抢先发展新产业的机会而实现“弯道超车”。这种思路既有明显价值，同时也存在着风险，因而决策者需要审慎且全面地考量。因为绝大部分现代产业都同时涉及数量庞大的新旧技术，这就意味着并没有绝对意义上“全新”的产业。在过去数十年的时间内，并没有出现如同技术范式变迁那种新旧技术和新旧产业泾渭分明的转变；绝大部分“新”产业或者“新”技术产品不是新创造出来的，而是在大量已有的“旧”技术或者“旧”部件的基础上融入“新”技术或者“新”部件的成果。

以新能源汽车产业为例。这一产业近十年来受到人们广泛关注，具有大量“新产业”特征：新能源汽车采用了电力、电池（含燃料电池）和电机来为车辆提供动力①，这与传统汽车使用燃油、发动机和变速箱来提供动力具有巨大差异；动力系统的区别又使得新能源汽车在产品结构上与传统汽车产生了差异；新能源汽车所需要的能源基础设施即电力网络，与传统汽车所依托的石化网络不同；新能源汽车所需的一系列重要技术，如锂聚合物（或氢氧催化剂）、电池控制系统、轻质材料（车身）、智能驾驶技术和充电技术等在传统汽车领域并没有得到重视。这些技术特征，以及新能源汽车对原有产业结构的冲击在一定程度上符合佩雷斯、塔什曼和克里斯坦森等人对“技术—经济”体系转变时新旧技术阵营之间的张力的描述。

但与此同时，与我们现阶段见到的大部分产业一样，新能源汽车同时包括大量“旧”技术和“旧”部件：车身设计、底盘工程、传统的汽车电子技术、车身材料、安全设施、轮胎、内外装饰件等都与传统汽车相同或相似；而汽车驾驶、汽车金融等服务和规制也属于“旧”范式内已有的内容。由于技术能力的形成需要相关产业的经验积累，所以发达国家往往在这些“旧”技术和“旧”部件上更有优势；而后发国家因为此前并没有相关的产业经验，因此其依然需要从头开始在这些领域积累自身的能力。

大部分新兴产业其实同时包括“新”“旧”两类技术和部件这一事实，使得后发国家不可能在新产业萌芽时通过提前布局就轻易获得在相应产业内的竞争优势，也就是所谓的“弯道超车”。由于新兴产业包含了大量“旧”技术，所以后发国家同样需要在这些发达国

① 目前中国官方认定的新能源汽车有纯电池驱动、复合动力（电机和内燃机）驱动以及燃料电池驱动的汽车等。为简洁起见，此处不做详细区分。

家占据优势的“旧”技术领域进行投资，其在相应领域内的技术能力同样需要通过长期实践来积累构建。

如果将讨论从单一产业上升到国家工业体系，那么更广泛的工业基础（如钢铁、化工等基础材料工业，电力、交通运输和信息网络等基础设施工业）作为一个整体，在过去数十年中的重要性要远远超过单个技术、单个产品甚至单个具体产业部门的重要性。更重要的是，广义上的机床工业，即从最初的机械类工业所需要的切割、铣削、锻压类设备，到后来的大型化工类锅炉、鼓风机、反应器，到自动化时代的数字控制系统、加工中心，以及到半导体集成电路时代的光刻机等，无一不是在服务原有产业的实践当中不断积累而发展起来的。作为广泛应用类工业生产知识的蓄水池，机床工业具有很强的连续性（Rosenberg，1963）。大部分新产业的发展都依赖于以上这些基础类工业和机床工业，由此新工业的成长也需要来自这些工业的必要的支持。

因此，要想执行“弯道超车”式的战略，后发国家的政策思考与政策准备必须是系统性的。任何一个新产业都涉及大量的关联技术或关联产业部门，同时也涉及大量关联功能性部门，即涉及科技人才、产业资本、劳动力和基础设施的供给。与新产业浮现所形成的“机会窗口”给人们留下的那种“突变式”的意象不同，在国家层面上，人才、资本、劳动力和基础设施的供给规律往往更强调能力的累积性而不是跳跃性。这就意味着，后发国家如果想要利用产品生命周期第一阶段的“机会窗口”执行工业追赶战略，其决策和准备工作往往要远早于机会浮现的阶段，而这考验的是该国社会的共识和战略意图，即充分有效的社会动员和富有远见的政策决策。

人们常常讨论的另一类发展战略是后发国家利用产品生命周期第四阶段的“机会窗口”来开展投资。投资于完全成熟的产业，对于决策者而言需要应对的不确定性更少，但正由于产业已经发展成熟，参与者开展差异化竞争的空间就变小，基于成本和效率的国际竞争必然更激烈。那么，后发国家就需要通过资源动员来保证本土企业从创建之初就能构建起足够大的生产规模以保证成本优势。对于国家而言，最主要的压力就来自如何完成资源动员，以及如何在为本土企业提供市场保护的窗口期有效促进企业提高管理水平和生产效率。

虽然以上两种战略都是追赶式发展讨论的经典话题，但其对后发国家工业化历程的影响是有差异的。投资于成熟工业为后发国家带来的是制造能力和相关联配套工业活动的发展，但并不会自动地带来后发国家在技术密集型产业或者在前沿技术创新中能力的提升。后发国家依然需要通过投资于相关活动才能获得技术密集型产业或前沿技术创新能力的发展。

4.3　格申克龙范式中的本土性：外资的角色与局限性

格申克龙范式有助于人们认识不同类型的资本在后发国家工业追赶过程中的不同角色。资本的不同属性决定其在“非正常”的资源动员和战略性投资中有差异化的行为模式。

格申克龙本人和他的一些追随者，如爱丽丝·安士敦（Alice Amsden）和迈克尔·霍布德（Michael Hobday）等，都对这一问题进行过思考。每个人的思考都部分地反映了其实证研究所处的时代和所能观察到的现象。在格申克龙及其追随者的研究中，跨国资本在一定程度上具有对国内资源动员机制的替代性功能：当后发国家在工业化序列中处于相对靠后的位置时，它必须通过大规模投资来获得足够的规模优势以赢得进入已有产业的机会，然而，这对后发国家资源规模或资源动员能力的要求远超其能力范围。所以，来自国外的资本就很可能成为后发国家在国内进行资源动员的一种替代性方案（Gerschenkron，1962）。霍布德（Hobday，1995，2003）在其对东亚及东南亚国家和地区在二战后兴起历程的分析中，发展了格申克龙关于替代性功能的解释。他认为活跃的国外直接投资（foreign direct investment，FDI）是这些地区新兴经济体得以崛起的重要原因。霍布德（Hobday，1995）认为，虽然国外直接投资在东亚新兴经济体中资本形成率的占比并不处于主导地位，但这些经济体在战后的快速工业化却显著受益于那些受国外直接投资驱动、后来被证明能够快速增长的“出口导向”（export-oriented）产业。

安士敦和霍布德等人的解释，在逻辑上能够较好地承接格申克龙关于后发国家追赶优势的诠释，即后发国家应当为自身的工业化所需的条件寻找能够替代先发国家相关功能的制度安排。但同时也要认识到，后发国家成功利用国外直接投资来部分地替代本土的资源动员是需要条件的。格申克龙所观察到的现象在一定程度上与18—19世纪现代银行体系在法国、德国陆续形成时资本在欧洲内部的流动有关。当时，一部分掌握财富的欧洲上层人士会越过正在形成的现代国家和国家经济利益而对与祖国存在直接竞争关系的别国进行投资，这使得当时德国等后发国家能够较好地利用来自其他国家的资本部分地支撑本土的工业发展——这种现象在政治与经济体系维度上都有深刻的历史原因（Arrighi，2009）。然而，随着民族国家的兴起，整个国家的政治经济环境发生了重大变化，跨国私人资本作为战略性资源去参与开启其他国家工业化进程的现象在二战后的确并不常见。

安士敦（Amsden，1989，2001）敏锐地发现了二战后新兴工业国家和地区实践的差异。二战后，起到核心资源动员作用的不再是此前的综合银行，而是新兴的、由国家主导的“发展银行”（development bank）。虽然安士敦（Amsden，1989，2001）同样强调国外直接投资对于这批国家启动工业化的重要意义，但她也观察到国外直接投资在这些国家中的资本形成率并不高。而且她特别强调，这些外国资本并未在后发国家扮演开拓性（explorative）角色，而是在后发国家对国内相关领域已经做了可观的投资、产业生态的雏形浮现之后，才会进入去占有并扩张市场[①]。

基于特定国家的研究更强化了这一判断。作为成功实现追赶式发展的典型，日本一直努力避免国外产业资本的进入（Bernstein，1997a；Fransman，1999；Forbes and Wield，2002）。在20世纪60年代到70年代末的工业化历程中，韩国政府也努力将外国技术与外国资本分割开来，即其更青睐引进国外技术，而避免引进外国资本（Lee，2000；Kim，1997，2000）。

外国资本，或者跨国公司，在发展中国家的工业化历程中并不是没有发挥作用，而是它们极少在后发国家的工业化历程中发挥开拓性的作用。在后发国家经营的跨国公司往往在技术资本品和经营管理能力上相比本土企业拥有明显的优势，但其行为模式与本土企业有明显的区别。在后发国家的跨国公司归根到底是其母国总部的派出分支机构，因此它们主要遵循母国的指令，战略决策权往往归于其全球总部，其行为模式主要是行政官僚式的（bureaucratic），主要目标是追逐生产率的提高和可见的市场空间，并努力避免承担过高的风险。同时，由于跨国公司对全球范围内经济机会的信息掌握得更充分，它们有更强的动机根据要素价格在全球范围内进行资源的“再次配置”，即离开特定的后发国家（Amsden，2009；Sölvell and Zander，1998）。

相较之下，后发国家的本土企业尽管在工业技术和管理水平上往往比不上跨国公司，但在理论上[②]它们更有可能采用开拓性的战

---

① 安士敦（Amsden，2009）认为只有基础设施类产业和资源类产业会是例外，即国外直接投资可能会在后发国家的基础设施产业和资源类产业中扮演开拓性角色。

② 此处讨论的是在理论可能性上，跨国公司和后发国家本土企业的行为模式的区别。而在实践中，企业采用怎么样的发展战略会受到大量因素的影响；后发国家本土企业同样可能是腐败、低效以及投机的。

略。因为本土企业的战略决策单元就在后发国家本地。在国家所驱动的“非正常”的快速工业化历程中，本土产业资本对当地的信息掌握得更充分和准确，但对世界其他地方信息的掌握则存在明显的劣势，因此国际流动性差；基于此，它们更有可能留在当地采用创新的行为模式获得发展，更有可能去回应高度不确定的、开拓性的环境，并承担开拓时期面临的风险，在追逐生产率提高的同时也追求技术效率的提升（Amsden，2009）。

当然，不同属性的资本之间最大的差异还源自它们与国家的关系。跨国资本不仅流动性高，而且其投资人的政治经济利益与后发国家的国家利益并不一致。基于此，后发国家用以开启社会动员、扭曲要素价格的政治合法性对于跨国资本而言是无效的——国家生存危机或者国家竞争的显著压力并不会对具有较高流动性而且往往价值取向还带有国别特征的跨国资本起作用。

对于后发国家而言，国外直接投资和跨国企业基本上是无法基于国家“非正常”的工业化目标而“被动员”的。它们可能会被后发国家的优惠政策所吸引，即当后发国家为启动“非正常”的工业化而采用“扭曲要素价格”的手段在特定领域提供低价优质资源时，它们会将相关的优惠纳入自身关于成本收益的计算。然而，开启一个新产业，或者进行系统性转型的风险往往是巨大的，历史上后发国家转型的成功率正是这一事实的有力证明。最重要的是，企业无法在事前对这种开拓性过程做准确的风险收益分析。这就使得这种开拓性工作从本质上与跨国资本在后发国家的“行政官僚”式行为模式是冲突的。可以考虑中国自 20 世纪 80 年代以来执行“市场换技术”战略引进跨国资本发展工业的情况，在汽车工业中最早进入中国市场的两个重要跨国企业都曾经以事实上撕毁合资合同的方式拒绝落实事先已经商定的在中国市场开发新产品的事宜，而以自身在中外合资企业中拥有技术资本品供应的绝对优势为筹码，要求中方接受按照外方成熟产品的设计图纸进行生产的做法。面对中方最初的反对意见，一家德国企业甚至还给中方展现了这样的蓝图，即中方合作者“无需”追求对产品设计的改进，只要该中外合资企业坚持生产并持续提高桑塔纳车型的制造水平，桑塔纳的单位生产成本就能在2000年降到5000美元。那时候，该合资企业生产的桑塔纳“将成为世界上最具竞争力的汽车”，而该合资企业也将成为世界上最具竞争力的汽车企业之一（Feng，2020）。

同样，韩国汽车工业原有的两个本土巨头现代和大宇的发展历程能为本书提供更直观的比较：两个企业都是通过引进美国的技术发展起来的，但现代汽车坚持仅与福特保持技术合作而不接受产权方面的合作，而大宇汽车则接受了通用汽车的合资建议。当韩国朴正熙政府在1973年通过“国民车计划”要求本土汽车产业在技术能力上实现升级，即完成从组装国外已有产品转向开展自主产品设计的转变时，现代汽车积极地响应了国家的动员，而大宇汽车则没有参与“国民车计划”（Kim，1997）。这一对比在一定程度上展现了受外资影响的企业和本土资本主导的企业在响应国家动员时的不同反应。

当然，这并不是说跨国资本不可能在后发国家投资研发类技术活动，而是强调跨国资本不会在后发国家奠定研发能力基本框架之前为其开拓研发类活动的版图。例如跨国公司在中国大规模设立研发机构和利用中国研发类人力资源，基本都发生于2005年之后。也就是说，只有当行业内已经涌现出本土创新型企业，而这些本土创新型先驱已经初步塑造了本土创新生态之后，跨国公司才会普遍进入这一领域来利用该国高性价比的研发工程师和科研人员从事相关活动（Feng，2020）。而事实上，本土培养的科学家和工程师在此之前早已存在于本国的经济体内，但跨国公司并不会率先把战略性资源用于将他们转化为研发类人力资源。

对于后发国家而言，跨国资本最大的作用是，当后发国家开拓并奠定了相对明晰的产业与市场框架后，可作为对资金、技术资本品和管理经验的有益补充，并促进后发国家对先发国家技术与管理经验的学习。然而，一旦遇到结构性的危机或挑战，无论这种危机或挑战是来自外部，还是由发展中国家自觉驱动的，跨国资本的局限性就体现出来了：它们更倾向于利用自身的灵活性退出当地市场，并在全球范围内进行“再次配置”。自20世纪80年代以来，东亚和东南亚地区多次剧烈的金融波动，以及南美洲由于资本外流而过早地陷入去工业化的陷阱（premature deindustrialization）（黄琪轩，2013），都是跨国资本在后发国家面临结构性危机或挑战时迅速流出当地的鲜活案例。

在此，有必要简单回顾与格申克龙范式完全不同的后发展模式，即自20世纪30年代兴起的雁行模式，或自20世纪80年代兴起的全球生产网络理论。这两种理论都主要采用了跨国资本的视角，更有助于解释由跨国资本主导的全球化模式及其实践为何不会主动推动后发国家的结构性转型和跃迁。

在早期日本学者的讨论中，“雁行模式”（flying-geese pattern）主要用于解释日本国内主导型工业产业的发展演变。赤松要在其1932年和1935年的两项研究中用一个V形图来刻画日本纺织工业的发展过程，即进口国外产品（V的左上角点）、实现本地化制造（V的正下方点）到最后出口国际市场（V的右上角点）。在这个过程中，日本本土工业分别要实现技术引进、低成本制造到高效率制造三步跳。而后，随着日本在特定产业领域的成熟，其战略性投资需要从已有产业转移到未经充分发展的产业，以保证其投资拥有可接受的回报率。赤松要及其追随者，如小岛清等人，都认为这是一个适用于发展中国家的动态追赶理论（Akamatsu，1961，1962；Kojima，2000）。尤其是小岛清，作为赤松要的学生，他结合了费农（Vernon，1966）的产品周期理论，把“雁行模式”定义为“追赶的周期理论”。小岛清用另一种“雁行”的比喻，即倒U形曲线，来刻画国家在每一个产业“依赖进口”“开展本地化生产”和“大量出口”三种模式所代表的比较优势，在时间序列上逐次产生的先上升，然后趋稳，最后逐步下降的过程。更重要的是，发展本身会带来国内要素价格的变动（如劳动力价格会随着人均收入水平的提升而升高，而后者则是产业和经济发展的结果），而资本就会基于此逐步去开拓潜在回报更高的新产业。雁行模式成为一个理解日本的工业化是如何从生产基本消费品转移到生产资本和技术密集型产品的框架（Kojima，1978，2000）。山泽逸平是小岛清的学生，他在一系列作品中将国家和本土企业家的角色引入雁行模式这一框架，尤其是国家在实行保护性政策和进行投资导引，以及企业家在促进动态和持续的组织学习方面的重要作用（Yamazawa，1990；Yamazawa and Hirata，1993）。就此看来，雁行模式与格申克龙传统有着逻辑上的兼容性，它强调国家和企业家作为战略性力量的作用，即推动国内资源一步步离开夕阳产业而投向朝阳产业。

作为“追赶的周期理论”，雁行模式在二战后作为以日本为中心的“区域性国际化理论”被日本政策决策者采纳。以小岛清和山泽逸平为代表的理论家是日本自20世纪60年代开始的推动东亚地区工业化、建立以日本为中心的区域性国际经济体系等举措的重要思想源泉甚至是直接的政策参与者[①]。在理论上，日本国内产业间投资的动态转移，生产的产品类型从劳动密集型消费品到技术资本品再到技术密集型产品的转变，不仅需要国家与社会精英准确地做出结构性转变的战略决策，同时还需要从已有的工业经济活动中持续地获得收益，以支持新的战略性投资。在这个过程中，对日本工业界

① 小岛清是自20世纪60年代以来日本决策界的重要咨询顾问，其主张日本向东亚地区投资，以此为日本的产品出口减少阻碍；而他的学生山泽逸平则自20世纪80年代起就是亚太地区经济合作的重要推动者，并为推动APEC的成立与发展做了大量重要工作。

中已经存在并长期积累的工业资本品、管理经验和部分熟练工人的有效使用就成为关键。一个“国际化”版本的雁行模式则强调日本应当推动其产业向其他东亚国家及地区转移，具体形式是通过对外直接投资，使日本积累的工业资本品、管理经验和部分熟练工人与其他国家的低成本生产要素结合（尤其是劳动力），由此继续产生经济价值并反哺日本国内的产业和技术升级（Kojima，1978，2000；Yamazawa，1990）。这一举措，实质上相当于为日本自身的资源动员和战略性投放构建一个“中心—边缘”的区域性国际体系，以确保日本能够持续地将由于产业成熟、要素价格变化而不再具有比较优势的产业转移到边缘层级，从而促使日本本土动态地进入新的产业领域，通过战略性投资、政府的保护性政策和企业组织的系统性学习在新的领域中构建比较优势。小泽辉智（Ozawa，2009）形象地把这一战略称为“比较优势再生”（comparative advantage recycling）。

在实践中，日本利用朝鲜战争中美军的“特需采购”迅速恢复了工业生产，后来的越南战争又使得日本事实上成为美国进行技术转移和生产能力转移的重要基地。这些都迅速推动了日本工业经济的复兴（Bernstein，1997a），也为日本产业通过技术学习、进口替代生产等实践迅速提升其制造能力提供了条件。仅十多年后，日本国内的主导产业就开始随着国内投入要素的价格变化而发生转移，原有的主导型产业开始向外迁移。从1963年开始，日本对东亚国家及地区的直接投资开始加速增长。通过对外投资，日本将国内已经成熟的产业向外转移，这不仅推动了日本国内去追逐边际利润更高的新产业，同时也延伸了日本在已有产业中的盈利能力。这一政策在日本20世纪60—80年代的发展战略中扮演了重要的角色，使得日本对东亚国家及地区的投资持续增长；到20世纪80年代后半期，随着日元的升值，日本甚至成为全球第一大对外直接投资国（杨鸿，2005）。

通过雁行模式的实践，日本陆续围绕其周边构建起一个地区性的国际工业经济体系。本书基于小泽辉智（Ozawa，1993）的框架，改绘了图 4-2 加以说明。日本所构建的地区性国际工业经济体系分别包括韩国、新加坡等，东盟国家，中国和印度多个层级。从 20 世纪 70 年代开始，日本陆续对外转移不同类型的产业。按时间顺序，第一批次转移的为劳动密集型产业，如纺织、日用轻工业等；第二批次为规模密集型产业，如钢铁、造船、石化等；第三批次为工程密集型产业，如汽车、机械工具、电子等。对外产业转移是由日本的产业资本推动的，为了优化自身的利益，日本相邻两组产业首次对外转移的时间间隔了 10 年，而同一产业向东亚各个层级首次转移的时间也间隔了 10 年（Ozawa，1993）。如纺织、日用等劳动密集型产业，日本首次对外转移是 20 世纪 60—70 年代将其转移到韩国、新加坡等地区，第二次转移则是在 10 年之后，即 20 世纪 70—80 年代将其转移到东盟国家。与此同时，日本又通过在国际市场上采购海外日资企业的产品来增进本国福利。通过这种方式，日本试图建立一个由自己主导的“亚世界经济体系”。

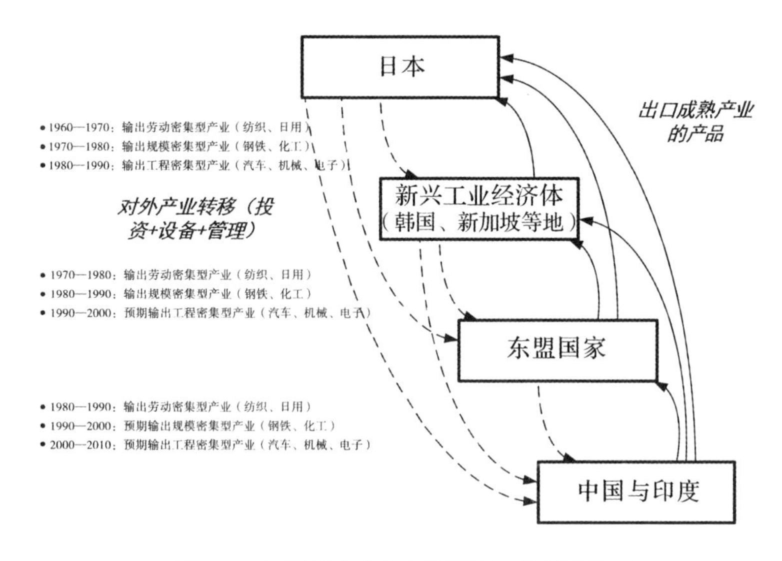

图 4-2　雁行模式中的东亚国际工业经济体系

在推行雁行模式的实践中，日本自 20 世纪 70 年代末就开始大力推动东亚乃至泛太平洋地区的经济合作，先后主导并推动了亚洲银行及亚洲太平洋经济合作组织（Asia-Pacific Economic Cooperation，APEC）等组织的建设。但其实践在 20 世纪 90 年代之后遭遇了严峻挑战：一是东亚金融危机对日本经济的沉重打击；二是韩国及中国工业的崛起，不仅吸收了日本主动推进的产业输出，而且呈现出极强的自主发展意志和逐渐崛起的自主创新能力；三是在当前的技术范式内，日本始终无法挑战美国在前沿技术和基础科研领域的优势，从而丧失了继续创造动态比较优势的能力。到 2000—2001 年，连日本政府都在一系列政府文件中承认以日本作为领头雁的东亚雁行模式已经崩溃（杨鸿，2005）。这一模式的崩溃反过来又给日本解决自身在追求持续发展过程中所出现的结构问题和社会问题带来了难以克服的困难，进一步滞缓了其长期经济发展（青木昌彦，2002；Hatch，2010）。

雁行模式被不少学者和政策制定者看作后发国家实现工业追赶的重要战略范式。然而，有效的后发国家追赶战略到底是作为“国家主义经济学”的雁行模式还是作为“世界主义经济学”的雁行模式，学者们则大多语焉不详。但是，不论是日本学者在尝试动员东亚及东南亚国家及地区时的主张，还是 20 世纪 80—90 年代研究该地区的一系列著作（如 Hobday，1995），无疑都是从“地区性国际工业经济体系”的视角来看待雁行模式，并认为它能有效地帮助后发国家实现工业追赶。

雁行模式毫无疑问是以该体系的中心国家即日本为主体的。换句话来说，它是以跨国公司或跨国资本为主体视角的。在该范式下，相对后发国家的技术获得无疑都是头雁国家或者头雁企业有计划的产业输出的结果，具体则表现为头雁国家或头雁企业对其资本、设备和管理人员在地理空间上逐次进行跨国性的重新布置。后发国家无法获得核心的技术能力，更无法获得解构这一套地区性国际体系的系统性知识和组织性整合经验，否则这些后发国家就可以绕过头雁国家来获得在雁行体系中的自主性，从而与头雁国家或头雁企业争夺跨国性经济整合的权力（及相应的经济收益）。因此，如果一个雁行模式得以存续和发展，那么头雁国家或头雁企业就会尽力压缩位居下层的国家或企业在技术获取和技术学习上的空间，压制其在工业能力构建中的战略自主性。

由此，在雁行模式下，后发国家固然会在上层国家的帮助下获得一定的技术进步，但正如贝尔与帕维特（Bell and Pavitt，1993）指出的，当今的全球化使得“技术能力”和“生产能力”分离了，因此后发国家所能获得的技术进步是有限的，由于“雁行模式”是由日本主导的，其产业转移是通过日本对外产业资本输出和技术输出完成的，所以这个模式内部就存在着显著的权力关系。在这个框架下，后发国家就无法对自己能实现怎样的技术进步具有自主性。

在20世纪80年代后逐渐兴起的“全球生产网络”理论则像是雁行模式在新时代的世界性版本。它的相关实践有着与日本雁行模式不一样的根源。它被看作在跨国公司基础上的一项组织创新，因为全球生产网络的兴起受到20世纪60—70年代英美国家大企业激进的非相关多元化的影响[①]。在激进的非相关多元化的泡沫破裂后，国际性大企业开始追求非产权关系的跨国性生产组织，以摆脱原有跨国企业承受的组织、财务和决策方面的负担，从而赢得自身在应

① 20世纪60年代，外国企业开始涌入美国市场，这使得当时的美国产能过剩，产品价格下降，成本上升，投资回报率下降。美国的企业经营者开始通过合并和收购进入远隔的或不相关的市场和行业来寻求资产增长。非相关多元化导致了高层和中层管理者分离，因为高层管理者往往对其收购的许多企业的技术流程和市场缺乏具体的知识或经验；同时大量不同的企业被收购，产生了对决策的巨大需求，使企业总部的决策功能不堪重负。这一转变破坏了当时美国大型企业监测和协调公司经营活动的能力，也使得它们难以为事关企业未来发展方向的重要战略分配资源，从而导致了当时美国大企业经营的一次重大危机（Chandler，1994）。

对外部市场环境变化时的战略灵活性（Borrus，et al.，2000；Ernst and Kim，2002；Contractor，et al.，2010）。而在20世纪80年代之后，信息技术的发展增强了企业在全球范围内实现远距离生产协调的能力，而激烈的全球竞争又使得大型跨国企业持续地追逐资源在全球范围内的优化配置，由此催生了“全球生产网络”这种新的组织形式（Ernst and Kim，2002；Chandler and Cortada，2000；Schmitz，2007）。

全球生产网络被人们认为是20世纪80年代之后出现的跨国企业的新形式。传统的跨国企业是由大型企业在不同国家设置分支机构，从而形成全球性的、基于产权关系的组织网络；而在全球生产网络中，跨国企业不一定需要在海外设置自身投资的分支机构来开展业务，而是可以通过长期的关系型合同构建与各国本土企业的关系。也就是说，全球生产网络可以是由非产权关系维系的组织网络；当然，在实践中，它更有可能是由产权关系与非产权关系合作形成的复合式组织网络。

在全球生产网络中，同样存在着与雁行模式相似的分层结构，甚至存在全球性旗舰企业和区域性旗舰企业的层级分工，而区域性的旗舰企业事实上也经营着次一级的全球生产体系。尽管不同的全球生产网络有多样化的战略形式（Mudambi，2008），但几乎都是由发达国家的跨国公司承担主导型角色，它们通过控制系统设计、关键零部件、关键加工工艺和资本品来实现对全球性网络的掌控。在这样的协作体系中，当然存在发达国家对后发国家的技术转移，不论是正式的技术授权、资本品输出、交钥匙工程、技术咨询，还是非正式的技术协助等（Kim，1997）。但这样的技术转移往往只在“协作失灵”时才会存在，即协作机制面临下层厂商的能力不足导致系统性失败的可能。而上层企业会尽力控制系统定义和问题定义的能力，只允许下层企业拥有应用技术和在给定的框架下解决问题的能力（Ernst and Kim，2002；Schmitz，2007）。

尽管在全球生产体系的框架下也有为数不少的后发国家“工业追赶”的研究，但这些研究所刻画的大多数现象都是后发国家企业如何在上层企业的安排下完成自身制造能力或者工程开发能力的构建，即后发国家企业的成长需要服从于发达国家跨国企业的设定（Giuliani，et al.，2005）。在现实中，该体系维持着不同国家在财富和获得财富的机会上的不平等安排，而且即便是这种不平等的安排也会在下一轮结构性挑战到来的时候被迅速抛弃——来自先发国家的资本会利用其灵活性优势迅速撤走，而扔下后发国家的参与者，让其充当结构性冲击的“缓冲器”。事实上，这正是英美跨国公司设计全球生产网络这一形式的初衷，即通过纳入非产权关系的海外合作伙伴，使发达国家旗舰企业可以避免直接投资用于生产制造、销售运输等业务的“重资产”，从而赢得在资产上的灵活性。

当然，经济实践远比经济理论复杂。现实的跨国经济合作，以及后发国家在参与全球经济活动中的追赶实践，在绝大部分情况下都是上述理论的混合体。后发国家在启动工业化和追赶经济模式的过程中，可以通过吸引跨国资本来服务于自身的战略性目标，而跨国资本及与之紧密互嵌的技术资本品和管理经验也都曾在二战后新兴工业经济体的快速工业化过程中扮演重要的角色。但我们需要通过明晰不同行为者最基本的行为模式，梳理视角有明显差异的不同的“追赶经济”范式，更好地为发展中国家特定阶段的发展任务制定有针对性的战略。这对于我们理解增长问题和发展问题，理解常态化的发展问题和结构转型问题之间的差异也具有至关重要的意义。

格申克龙范式与熊彼特和赫希曼等人的思想有着很好的契合度。它事实上是以后发国家为分析对象，讨论一个有动态发展能力的经济体如何从自身内部不断摧毁旧结构，并在此基础上持续塑造新的结构。在这个过程中，国家需要持续地通过对战略性资源进行有选择性的配置，为新的经济结构的形成开创新的空间；它本质上是追赶型经济体通过主动制造经济活动的不平衡而驱动发展的过程。

不论将市场理解为一套经济活动协调机制，还是将其理解为一套社会经济范畴中的互动机制，市场机制自身都无法突破原有的协调机制或互动机制的基本框架。格申克龙范式的核心在于，后发国家想要实现的系统性转型超出了市场中的个体根据经济理性可以实现的范畴，而国家无法只通过经济手段实现对系统的重塑。它只有诉诸政治范畴，利用整体性的生存危机或竞争危机实现社会动员，完成对资源的收集，进而通过贯彻精英集团的战略决策，才能完成对经济协作体制或系统性的互动机制的重塑。这种推动国家创新系统转型的角色同样也只能由国家，而非其他主体来承担。

格申克龙范式中，通过社会动员而调整战略性资源配置的作用在于有设计地扭曲要素价格，为不同的社会经济主体参与发展新的协作体制或者新的创新互动机制提供稳定的激励机制，也就是为各主体参与塑造新的工业活动提供有吸引力的“商业模式”。根据系统转型战略和所选择的产业及其特征的不同，被扭曲了价格的要素有可能是资本、劳动力或者科研知识。国家的资源投放的本质是通过使不同的主体形成相对稳定的预期来吸引他们广泛地参与创新转型，并促进他们积累、发展自身的能力。最终这一过程既塑造了新的工业活动空间，也形成了各参与者的组织能力以及协调不同参与者所需的制度。在此基础上，新的“相对稳态”的经济活动协调机制或者创新的互动机制得以形成。

当然，部分读者可能会质疑是否只有国家能够充当格申克龙式追赶过程的主导者，因为其他非政府主体，例如德国的综合银行就曾在 19 世纪德国的快速工业化中扮演了关键的角色。这一质疑事实上不仅是刻意将“国家”这一概念限制在“政府”这样狭窄的范围内，同时也忽视了 19 世纪德国政府官僚和在政治经济生活中占据重要地位的精英集团在塑造现代国家的过程中虽有名义身份的差异，但同时也紧密联结的特殊性。另外一个常见的疑问是，“危机动员”“资源动员”和国家选择优先投资的战略性产业部门等机制是否能确保一个后发国家成功地实现系统转型。格申克龙范式只是一个应然性的框架，“资源动员”和有选择地将资源投放于战略性部门只是成功实现工业追赶的必要条件，却不是充分条件。事实上，格申克龙（Gerschenkron，1962）自己就提供了 19 世纪俄国这个并不成功的例子。每个国家的工业化都是在极其复杂的国内、国际环境中开展的，格申克龙式的战略并不能保障后发国家实践的有效性。然而，正如前文反复强调的，自工业革命以来为数不多的、成功完成“赶超”或者“快速工业化”的经济体，其系统转型的历程基本都适用于格申克龙框架。

事实上，格申克龙范式不仅可以应用于国家转型问题，在技术和组织演进的结构性变迁中也常有出现。罗森博格（Rosenberg，1969）就强调过各种“带强制性”的环境条件对塑造产业内不同企业的共同行动及发展新技术的影响。例如战争使得工业无法获取重要的生产资料，工人罢工（或者潜在的罢工威胁）使得企业不得不改变生产的组织方式，环保或反垄断立法使得企业需要改变自己的盈利模式等，这些挑战都构成了产业共同体的“危机”，导致部分企业不得不在产业链内或者组织内通过动员来形成共识，并依此做出战略性投资，发展新的技术方案。诺布尔（Noble，1984）和肯普等人（Kemp，et al.，1998）通过不同的案例对这种结构性变迁和集体行动展开了有益的研究。金麟洙（Kim，1997）用“危机构建”（crisis construction）来解释韩国工业得以持续动态演进的原因，即通过组织层面上的危机动员促使企业保持自身组织学习机制的灵活性，以使企业持续地通过组织重构来为战略转向服务（Kim，1997，1998）。这些研究所强调的，事实上都是这一点：结构性或系统性的转型所依赖的驱动力不仅是经济性的，而且是政治性的。

第5章　国家驱动的成功转型：德国崛起中的国家角色

德国在19世纪的崛起，是一个后发国家利用系统性危机来实现结构性转型，并进入新的发展模式和发展阶段的典型案例。在神圣罗马帝国解体之前，德国的政治形态在数百年里基本保持相对稳定和缓慢的发展，这使得它明显地落后于其他因工业革命与政治革命已实现快速演变的欧洲先驱国家，如英国和法国。接连被法国击败使得德国面临了巨大的危机，并自此开启了转型。当然，系统性危机并不是国家转型的充分条件，而只是国家实现社会动员的前提。事实上，当时德意志的大部分邦国都没有针对危机采取积极行动；即便是最后一统德国的普鲁士，其积极行动也没有立马奏效，而且普鲁士的精英们也不是马上就找到了如何迅速实现国家工业振兴的答案的。系统转型与诸多维度的改革和能力构建有密切的关联，因为系统转型的实质是重塑经济系统中大量参与者之间的关系。限于篇幅，本书仅以战略性产业、资源动员的制度安排和人才培养作为观察点来展开讨论。

系统转型的过程是漫长的，虽然100年的时间对于一个国家来说并不长，但对于一个政治家或者企业家而言却已经大大超过其职业年限。大部分在转型过程中起到重要作用的参与者，从事后来看都并不具有完备的行动方案，更不可能提前掌握任何市场规律或者发达国家的现成经验以作借鉴。从当代人的视角来看，这些对于系统转型起到重要作用的参与者所拥有的只是简明朴素的方向感：通过战略性资源的投入，使得国家在关键领域、关键人才的供给方面有更扎实的能力，并使得技术条件和人才条件得以在本土开拓型企业中组合起来，通过资源配置确保这些企业在市场的波动中依然能够获得长期积累能力的机会。这些开拓型企业的存续和关键要素的长期供给，最终促成了社会经济体内产业创新活动机制的完善，逐步形成了具有内部稳定性的协作机制。而相对有效的改革举措和工业发展实践则使普鲁士保持了其在德意志范围内对人才和资源的吸引力，进而形成了明显的正向反馈机制。

本章即以德国的这段历史为案例来刻画格申克龙式的发展战略是如何推动德国工业创新体系的重塑的。本章分为三节，第一节介绍了德国总体的国家危机与后发式工业化的历程；第二节介绍了德国是如何为其“非正常”的快速工业化进行资源动员、政策协调与市场协作的；第三节讨论德国远早于工业化机会出现之时就开始执行的对教育与科研部门的长期投资，这种“非理性”的投资最终使得德国在若干产业中都成功地抓住了技术变化的机会窗口。

5.1 德国的国家危机与后发式工业化

在进入19世纪之前，德意志地区的国家形态为神圣罗马帝国，即德意志第一帝国。但其实质上更像是一个松散的政治联盟，该联盟麾下的各类政治实体在最多的时候达到1000个以上；及至18世纪末，该联盟依然有350个左右的邦国。这一政治形态在19世纪初由于反法同盟战争的失败而宣告结束，德意志地区失去了统一的政治纽带而陷入事实上散裂的状态。自从19世纪第二个10年开始，以普鲁士为首的德意志地区启动了快速工业化的历程。其中，在19世纪的前半叶，以普鲁士为首的德意志地区进行了深刻的教育和文化事业改革，这为其后来的工业发展奠定了极其重要的基础；其后，德国利用第二次工业革命（主要是1850年到第一次世界大战之间）的机会实现长期快速的工业发展，由此取代英国成为当时的世界科技领袖，并最终在1910年前后在经济规模上首次超过英国，成为当时世界上最重要的工业经济体之一（Maddison，2001）。这一过程，与德意志地区在19世纪通过不断斗争而最终实现统一的历程有着紧密的关联。可以说，德国的工业化与现代化都是由构建与发展统一的德国的政治诉求所驱动的。

法国大革命之后，自1793年开始，神圣罗马帝国的皇帝弗朗茨二世先后三次组织反法同盟，发动针对法国新兴的资产阶级政权（包括法兰西第一共和国和法兰西第一帝国）的战争，结果以失败告终。第三次反法同盟的失败，导致1806年拿破仑得以通过《莱茵邦联条约》（Rheinbundakte）令原神圣罗马帝国内的16个邦国，包括列支敦士登、巴伐利亚、符腾堡和巴登等，脱离神圣罗马帝国，建立了由拿破仑支配的政治联合体"莱茵联盟"。很快又有23个邦国加入其中，德意志地区只剩奥地利、普鲁士以及当时被瑞典、丹麦和法国控制的部分地区没有加入这一联盟。同时，拿破仑还于1806年迫使弗朗茨二世同意放弃"神圣罗马皇帝"的称号，这从实质上和名义上都宣告了神圣罗马帝国的解体。1807年，第四次反法同盟失败，当时普鲁士不得不接受拿破仑的《提尔西特和约》（Treaties of Tilsit）。依据条约，普鲁士不仅要向法国割让大量土地，甚至还得向俄国割让领土。这对于普鲁士而言是个沉重的打击，也被普鲁士的精英集团视为奇耻大辱①。

---

① 当时威廉·冯·洪堡在给普鲁士国王腓特烈·威廉三世（Frederick William Ⅲ）呈送的关于请求建立柏林大学的报告中写道：在德国的一部分遭到战争蹂躏，而另一部分则被说着外语的、来自外国的发号施令者所占领的时候，我们应当向德国的科学敞开一个或许还几乎无法指望的避难所"（盖耶尔，2016），这句话正是精英集团当时心态的真实写照。

在拿破仑“肢解”神圣罗马帝国的过程中，德意志的国家主义意识反而快速发展起来，建立一个统一的现代民族国家对于德意志民众而言开始变得紧迫。随后普鲁士在与奥地利展开的德意志主导权的争夺中占了上风，并成为统一德意志的主导力量，使得德意志地区的大量精英都汇集于普鲁士，以谋求德意志的统一与复兴。普鲁士通过一系列战争，尤其是 1848 年之后的普丹战争、普奥战争和普法战争，最终在 1871 年实现了德意志的统一。

德国[①]的工业化一直都是在持续的战争和对统一国家的追求中开展的。上到精英集团，下到普通民众，德国社会对发展道路的探索都是在长期的国家竞争与国家生存压力下开展的。相比欧洲其他主要经济强国，德国无论在工业化起步，还是在统一国家等事项上都是最晚的一个（Mann，2012）。或者说，德国就是第一代后发国家最突出的代表。在 19 世纪初期，德国依然是个以农业为主的国家，其人口的 70% 都从事农业活动，而且经济基础还是封建分封制和封建庄园制，仅有的工业活动几乎都是手工业，使用近现代机器进行生产的工业活动很少。但到 1871 年时，德国已经是欧洲机械产品出口最多的国家（拉甫，1987；Fear，1997）。在俾斯麦著名的“铁与血”的演说中，“铁”事实上指的就是德国当时已经日益强盛的工业生产能力。

德国坚决地对其所选定的战略性产业进行持续投资。德国虽然相对后发，在钢铁、铁路和化工等行业的发展上相比英国和法国姗姗来迟，但 19 世纪 30 年代之后却毫不犹豫地选择大规模投资于这些行业。以铁路产业为例。铁路产业是德国经济现代化的火车头，铁路在德国的出现明显早于其工业化，这一点是有异于工业革命和铁路产业先行者英国的。这说明德国是明确将铁路网络作为撬动整

① 在本书，当提及 1806—1871 年的“德国”时，实际上指的都是以普鲁士为首的德意志地区。

个国家转型的战略性产业进行投资的。就交通基础设施而言，德国并不像法国那样有相对发达的公路网，也不如英国那样可以依靠航运来驱动其全球逐利，这也使得德国在投资铁路的时候更为坚决（Mann，2012；Fremdling，1983）。

李斯特等思想家和社会活动家极力推动德国将战略性资源投放到铁路建设中，因为他们认为铁路产业对于促进德国的经济发展和国家统一具有至关重要的作用。李斯特在 1833 年于莱比锡出版的《论作为德国铁路总系统基础的萨克森铁路系统》一书中为德国设计了 6 条铁路干线，早期德国的铁路建设基本是根据李斯特这个设想进行的（Fear，1997；Clapham，1921）。铁路为采煤、制铁和机器制造提供了庞大且持续扩张的市场，直接拉动了这些工业的增长及发展升级，同时还直接连接了各个工业中心，为工业发展提供了基础设施条件（Fremdling，1983；Appleby，2010；Tilly，1978）；发达的铁路系统也为毛奇（Helmuth Karl Bernhard von Moltke）等人推动的军事改革提供了支持，如保障大规模军队快速灵活调动等（Tilly，1978）。

德意志在 1835 年才开始修建第一条铁路，不仅明显落后于英国与法国，甚至还落后于美国，而且 1835 年所修成的第一条铁路仅有 6 公里长（从纽伦堡到福尔特）。但从 19 世纪 40 年代开始，一直到 70 年代，铁路投资占德国国内工业投资的比重一直都在 20% 上下，而且国家还直接投资了大量国有铁路（Clapham，1921）。这使得德国的铁路出现了爆炸式增长，到 19 世纪 70 年代德国已经建成全国性的铁路网，里程超过英国，成为当时欧洲铁路发展的领头羊（Fremdling，1983）。

铁路的发展也带动了其他产业的发展。正如赫希曼在其“不平衡增长”理论里所呈现的，德国政府在铁路产业的资源配置激励了私人部门对其他相关领域的投资。不仅与铁路直接相关的机械类产业，如机车产业，得到了长足发展（直接诞生了一批世界知名的公司），煤炭和钢铁产业也得到了高强度的激励。虽然德国钢铁工业中近代化的高炉一直到 19 世纪 40 年代才出现，但铁路的大发展使得德国的钢铁工业发展异常迅猛，出现了波鸿联合（Bochumer Verein）和克虏伯（Krupp）这样快速成长的钢铁企业，并且在 19 世纪 50 年代和 60 年代分别率先实现贝西默炼钢法[①]和西门子–马丁炼钢法[②]的产业化，使得德国的骨干企业拥有了跟当时规模最大的英国同行相竞争的实力（Landes，1969；Mokyr，1990）。

更重要的是，以铁路为撬杆的战略逐渐使得整个德国的经济和现代化全面起步。铁路促进了德国军事组织方式的变革，推动了为铁路建设服务的钢铁工业的发展。而军事工业的兴起，如枪械与火炮等军备的制造，又给钢铁和机械工业创造了新的机遇。克虏伯就从 19 世纪 50 年代开始全面为德国军方制造火炮，然后迅速发展成为世界上最著名的军火和机械制造商。到 19 世纪 70 年代，德国的钢铁和机械类产品在产能和质量上已经超越英国，成为欧洲的领头羊（Mann，2012）。而在普鲁士统一德意志的过程中，普奥与普法两场战争当中普鲁士军队在军事调度与军事装备上呈现出的压倒性优势，展现了普鲁士成功的快速工业化的力量与效果。

再以化工领域为例简要说明德国在整个 19 世纪的系统性转型带来的惊人的追赶式发展。在 19 世纪 80 年代，德国的三大化工企业拜耳（Bayer）、巴斯夫（BASF）和赫斯特（Hoechst）仅占世界化工染料市场三分之一的份额；到 20 世纪初，这一比例已经上升至 90%，并且它

---

① 贝西默炼钢法是标志着现代炼钢法出现的里程碑。它最早由英国人亨利·贝西默（Henry Bessemer）在 1856 年发明，是一种转炉炼钢法，由于转炉的使用和空气底吹技术的采用，铁水得以持续地与空气直接作用，由此具备很快的冶炼速度，并首次解决了大规模生产液态钢的问题，成为当时主要的炼钢方法。

② 西门子–马丁炼钢法是由德裔英国发明家西门子（Charles Wilhelm Siemens）和法国炼钢专家马丁（Pierre Emile Martin）共同发明的，又称平炉炼钢法，于 1864 年成型，为重要的炼钢方法之一，至今仍被采用。

们已经拥有了一万五千项专利来保证自己在技术上的优势。在当时，德国和瑞士的企业在大化工产品市场上占据了世界市场80%的份额（Beer，1959；Landes，1969）。到1913年，德国已在国内生产总值上超过了英国和法国，仅次于美国（Maddison，2001）。

5.2 综合银行和卡特尔：工业化导向的资源动员和协调

以上是德国选定战略性领域后贯彻经济追赶政策的实践。作为一个陈旧且在经济上全面落后于英法等强国的封建体制国家，神圣罗马帝国以及它在1806年之后的继承者们必须通过改革来提供工业化起飞所需的社会基础。

德国为其后期快速工业化而构建独特的制度结构始于19世纪初。自神圣罗马帝国灭亡后，施泰因和哈登贝格等人就在普鲁士逐步就农民和土地问题进行了深入改革。受到普鲁士的影响，农奴制度在各个邦国陆续被废除，国家允许农民通过赎买的方式解除对庄园的依附关系，并允许其拥有财产。这些措施使得农业人口获得了流动性，从而为工业发展提供了所需的劳动力。同时，赎买的政策以及人口的转移也为农业规模化，尤其是容克地主和规模化的农业业主的形成奠定了基础，而后者是德国综合银行崛起的基石，也是俾斯麦政策最忠实的拥护者（Mann，2012；Tilly，1978）。

为了经济利益，也为了德意志的统一，普鲁士从1818年开始立法取消内部不同地区之间的关卡与关税，对外则实行统一关税，从而结束了内部割据的状态，统一了市场。从1819年开始，普鲁士逐步组成关税同盟，争取在德意志邦国之间免除关税；由普鲁士领导的同盟在1833年覆盖了当时四分之三的德意志领土和2300万人口，到1842年就已经覆盖了1871年德意志统一时的绝大部分领土与人口。通过扫除国内通商贸易的障碍，关税同盟开辟出了一个规模庞大的内部统一市场，这一做法不仅促进了德意志的经济发展，而且对于普鲁士在德意志领导地位的确立起到了重要作用（Henderson，1975）。

德国工业发展中的资源动员主要包括国家资本的直接投入及综合银行的产生与发展（Gerschenkron，1962），其中综合银行的产生与发展尤其重要。这一银行体制与当时以英国为代表的储蓄银行制度的显著区别在于，它不以现金储蓄、放贷以及证券抵押等传统储蓄银行的职能为限，而是从事几乎所有提供资金及投资的业务，尤其包括参与企业的创立以及企业基于现金、股票或证券的股权交易。

在18—19世纪，英国传统的储蓄银行运行机制的核心在于可计算的实物资产：贷款者需要提供相对应的抵押物，透支的额度会被谨慎且严格地控制，银行获利机制主要在于放贷与储蓄的利率差，或者来自抵押物的变现补偿。这意味着，储蓄银行为工业所提供的金融服务事实上仅能面向富裕阶层，因为只有他们才能提供足够的抵押物，而企业的发展事实上主要依靠自我财富的积累和有限的银行透支，并没有政府或者其他机构（如产业投资性银行）与企业家共担风险。这一机制归根到底还是一种渐进累积式的经济扩张模式，同时它也有可能导致经济决策上的僵化，因为有财力的阶层更有可能因为在已有经济领域中存在投资而对新的经济机会不敏感。

相比于当时英国的储蓄银行的模式，德国的综合银行可以被认为是以有经营潜力的工业活动为中心的：银行与企业结成紧密关系，银行通过掌握工业活动的具体信息来做出放贷决策，使得资源更容易受到创新与创业机会的引导而被配置到有价值的投资领域中去。

德国的综合银行的核心特点在于可为企业提供无抵押贷款，同时也要求企业将所有的金融业务都放在同一家银行，这样银行便可以通过获取企业的经营信息来为其无抵押贷款决策提供支持。而当企业持续地与大量其他企业发生关联时，为不同企业服务的综合银行则发展起了一套银行间结算体系，大量的日常经营活动和对企业的注资都可以通过无现金的方式进行。这一体系起码带来了两个好处：一个是银行间的结算体系在一定程度上起到了对特定节点资金的支持作用，资金的集中度更高。如此，基于银行与企业之间紧密关联所批准的无抵押贷款便能够为那些真正从事工业活动的创新者所使用，而不是为已经有钱的少数富裕阶层服务。这个做法使得资源能够迅速地从少数容克贵族、地主和规模化的农业业主手中脱出，被集中起来，转移到那些从事真实的、持续的工业活动的企业家手中。德国在19世纪50年代建立起合作银行体制，将基层银行和最终结算银行按照三层结构整合起来，更好地实现了资源动员和有选择性的战略配置的功能。另一个好处是，银行与企业之间的紧密互动关系，使得银行能很好地掌握企业的信息，甚至掌握企业所在行业的信息，这都使得银行的放贷或投资活动更有效率。

银行与工业企业之间的紧密关系，是由德国的精英阶层建构的。例如，1815—1840年，在德国工业化的起步阶段，容克地主贵族反对国家投资于铁路与工业建设，认为这一方面会推高利率，另一方面国家为促进工业发展采取关税保护政策所引发的其他国家的连带反应会不利于农业的发展[①]。而正是同样出身精英阶层的私人银行家在政府、容克地主与工业企业之间进行协商，并最终以辛迪加的方式推动相应项目的发展，才使得在1840年后德国的铁路建设蓬勃开展[②]（Rosenberg and Birdzell，1986）。1870年德意志银行成立时，其董事会的发言人格奥尔格·西门子就是西门子工业集团创始人的侄子，这种银行与工业企业家的紧密关系为两者的沟通与相互理解

① 在19世纪上半叶，农业部门的资本形成（capital formation）约占全德国的50%，即大量的资本都流向了农业部门。这种情况在进入19世纪下半叶尤其是19世纪70年代之后才有迅速的结构性变化（Tilly，1978）。

② 事实上，德国的综合银行正是在这个过程中摸索出自身的经营模式并发展起来的。在投资铁路的过程中，大量小钱庄和少数富豪家族的资金无法满足投资的规模需要，由此在这些基层银行和少数地主、富豪的基础上发展出了合作银行的形式，而后者当中的一部分后来转变为综合银行（Fear，1997）。

提供了很好的条件（Moss，1997）。

银行与工业企业之间的紧密关系，使得银行一方面能够满足企业的战略性投资需要，同时还允许企业在一定程度上的透支，这就替企业抵御了经济波动和战略性投资所带来的资金需求起伏的影响（Gerschenkron，1962）。在这一基础上，银行对企业的投资以一种“从摇篮到坟墓”的形式存在，银行积极参与企业创新、扩张和多样化发展，甚至在19世纪70年代大银行出现之后，不少银行把自身的贷款转变为企业的股权，使得银行进一步加强了对企业决策的控制力。在当时德国后发展的历程中，银行对工业企业决策的影响力甚至一度超过了企业家（Gerschenkron，1962）。

在19世纪最后30年，至少有两个原因导致了德国银行的规模扩张。一是德国工业企业的成长。以德意志银行为例，它所服务的主要工业企业包括克虏伯和赫斯特等，在20世纪初当这些企业成为世界性的工业巨头时，德意志银行也成为德国最有实力的机构，在1914年，它甚至被公认为世界上最大的银行（Moss，1997）。二是德国的投资高度集中于煤炭、钢铁、电器、通用工程以及重化工等领域，投资领域的集中使得工业企业背后的银行出现了合并浪潮。大型银行的出现使得这些银行的协作偏好进一步加强，即通过鼓励旗下的工业企业组成卡特尔或者合并，避免过度竞争带来的损失（Gerschenkron，1962）。

德国的银行体制呈现出与英国的银行体制完全不同的理念，而这种理念上的差异恰好可以用熊彼特提出的“常规竞争”与“创新竞争”的差异来比拟[①]。英国的储蓄银行关注的重点是借贷本身的

① 熊彼特提到，“常规竞争”主要是量上的竞争，竞争的焦点是经济活动的成本或价格；而“创新竞争”则是质上的竞争，竞争的焦点是竞争多方彼此在市场上生存立足的基础。因此，熊彼特说了那段著名的话，即“这种（创新）竞争要比其他竞争手段有效得多，就像是在战争中用大炮轰门跟徒手推门的区别。创新竞争是如此重要，使得其他常规意义上的竞争是快点还是慢点都变得无足轻重了”（Schumpeter，1976）。

风险和盈利；德国银行通过发展与企业的紧密关系，在业务上与企业开展全生命周期的合作，更加关注企业与其竞争对手在长期竞争中的生死存亡。例如，在19世纪70年代德国经济面临困难时，以德意志银行和德累斯顿银行为代表的大银行仍然在持续加大对资本密集型产业的扶持，这使得德国企业熬过了市场波动，相较于其国际竞争对手获得了更好的发展条件（Fear，1997），尤其是当这些银行的部分贷款转化为企业股份之后更是如此。而这种做法也使得银行能够更好地为企业的生存、扩张和战略性举措服务，以帮助德国企业向当时在国际市场上占优势地位的英国和法国企业发起挑战并在激烈的竞争中生存下来。

这个逻辑同样体现在德国在19世纪发展其工业体系的其他实践中。首先德国政府一直坚持在发展过程中针对各产业的不同阶段、本国的市场需求以及产业的生产潜能动态地调整产业政策，这充分体现了李斯特保护幼稚产业以发展本国相应领域工业能力的基本思路。例如在铁路铁轨这一市场中，德国最开始是从国外进口，继而执行关税保护并鼓励国内厂商发展进口替代，最后在本国钢铁产业全面发展起来之后重新对外开放市场。

在快速工业化过程中，德国企业之间的卡特尔也遵循了类似的逻辑。1945年之前，德国不同的企业通过协商形成卡特尔是合法的。最初，卡特尔的做法是企业之间自发形成的，而1897年德国则通过正式立法授予了卡特尔合法地位（Fear，1997）。当然，卡特尔合法化并不等于说德国出现了大型垄断机构，恰恰相反，通过同业竞争的企业之间的相互协商来保证彼此存在一定的发展空间，德国成功避免了出现如同美国在19世纪末期那样的托拉斯浪潮。银行往往是卡特尔协议的推动者，因为这使得它们的投资对象有可预期的发展空间，也有利于银行本身的利益。

达成卡特尔并不意味着企业会免于竞争。德国的卡特尔往往只是阶段性的协议，企业家们会根据工业的规模以及技术的进步来重新协商中间产品的定价以及最终产品的售价。企业家们同样会经常因为市场配额和定价等吵得不可开交。但卡特尔的形成也为企业塑造了相对稳定的外部环境，使得企业更倾向于扩大规模，投资于技术研发或者通过纵向一体化来提升效率（拉甫，1987；Fear，1997）。

德国的综合银行与企业的紧密关系，以及企业之间的卡特尔，都反映了“协作式资本主义”的特点，也体现了追赶式经济模式的根本逻辑，即发展的根本目标是有效地扩大经济规模，促进技术进步，以使本国的工业企业能够在激烈的国际竞争尤其是与先发国家企业的竞争中生存下来并赢得发展。在德国的工业经济得到充分发展，德国成为一个发达工业经济体之后，工业化过程中发展出来的制度得到了保留，虽然其中相关主体的关系发生了一定的变化（如银行与企业之间不再是主仆关系，企业和企业家的话语权得到了提升），但银行和企业之间的紧密合作关系依然得以保持（Gerschenkron，1962）。

5.3　教育与科研的长期投资：为技术突破奠定基础

德国工业化的另一个重要的准备工作是在教育和科研体系中开展的。相比欧洲其他国家，德意志地区一直都有优良的教育体系。但从 18 世纪末开始，随着陈旧的神圣罗马帝国体制的转型和连续对外战争失败导致的割地赔款，德国传统的旧式大学不断衰落，甚至在拿破仑战争的影响下一度出现了超过 12 所大学被关闭的情况——无论是受占领军的强制而关闭，还是因为财政窘迫而关闭，也有部分大学是随着德意志各邦国对法、俄等国的领土割让而失去的（Keck，1993；康拉德，2017）。在 19 世纪，对于德国人而言，教育不仅是一个传授知识的机制，也是塑造现代的、统一的德意志的重要手段。德国在19世纪推进的教育体系振兴，尤其是大学体系的重振，都是在国家的支持和监督下进行的，这与英国主要靠私人部门来发展教育的情况形成了极大的反差（Mann，2012；Ben-David，1971）。腓特烈·威廉三世在1807年7月签署令普鲁士倍感耻辱的《提尔西特和约》时曾说："国家必须通过精神力量来补偿它在身体力量上所失去的。"他在同年9月责令内阁着手筹建一个新的大学，即后来的柏林大学[1]，并很快得到了德国精英知识分子的响应（盖耶尔，2016）。威廉·冯·洪堡虽然在意识形态上更强调个人的价值，但他也同样强调德意志民族在理性探索方面的突出优点，认为促进教育发展能够"激发人们对国家重新繁荣的豪情和热情"（盖耶尔，2016）。此后俾斯麦等德国政治家所强调的"有学校的民族才有未来"就更是广为人知了。

18世纪末，德国的义务教育体系就已领先于当时的大部分国家。而19世纪初，在包括威廉·冯·洪堡等一代社会精英的推动下，德国对整个教育体系进行了全面的改革，促使其义务教育体系、工艺学院和大学成为德国现代化的重要推动力量。威廉·冯·洪堡任职普鲁士文教大臣的时间虽然只有半年，但却对后来德国整个教育界产生了非常深远的影响。威廉·冯·洪堡强调教育应当是民族和国家的一部分，而不仅仅是为特权阶级服务，由此重塑了德国的义务教育体系，使得不同阶层的青少年都获得了相对公平的受教育机会。德国的精英大力推行职业类的工艺学院，在1868年之后这些工艺学院普遍都升级为技术类大学。1809年威廉·冯·洪堡所创办的柏林大学更是开创了研究型大学的先河，大学开始超越传统以神学、文

---

① 柏林大学，全称为柏林洪堡大学（Humboldt-Universitat zu Berlin），早期一度以创建时普鲁士国王的名字命名，即柏林腓特烈·威廉大学；1948年后该校分为了柏林自由大学和柏林洪堡大学，并一直维持至今。

学、哲学为重点来培养特权阶级子弟的机制，覆盖了当时所有的学科。柏林大学当时下设哲学、神学、法学和医学四个学院，并在哲学院下开设了数学、地质学、化学、物理、动物学、植物学、地理学、农业学等多种自然科学与应用科学学科。同时，柏林大学还纳入了知识探索和知识生产的职能，成为现代大学的典范（康拉德，2017；Fear，1997）。除了柏林大学，改革者们还在其他中小型城市陆续建立了一批新式大学，如威滕伯格大学等。柏林大学的做法也影响了普鲁士和德意志其他地区的传统大学，如波恩大学、慕尼黑大学和弗罗茨瓦夫大学等等。从 1830 年开始，德意志地区已经毫无疑问地拥有了世界上最高水平的大学教育体系，并将这一优势保持了 100 年之久（Murmann，2003）[①]。

威廉·冯·洪堡及其追随者在德国原有的教育体制上，为其国民构建起了一套从小学“基础课堂教学”，到中学文理学院“训练性质的课堂教育”，再到“综合性大学的课堂教学”的三级教育结构（盖耶尔，2016）。到 19 世纪中期，德国已有 85% 的国民具备读写能力，而这一比例在英国仅为 52%（Mann，2012）。教育事业的兴盛为德国在冶金、机械、铁路和化工等领域的工业大发展奠定了高质量的劳动力资源基础。

德国在 19 世纪相对于英法等欧洲国家的另一个突出特点是，其通过发展研究型大学而积累了雄厚的科研力量和培育了大量科研人才，而这又为科研与工业的结合打下了基础，并直接催生了德国大型企业的内设研发体制。在德国的现代大学崛起之前，法国是欧洲大陆科学研究的中心，尤其是巴黎高等理工大学被视为欧洲当时大

---

① 当然，在这个过程中存在着一系列的起伏和辩论，例如在 1807 年之后由于拿破仑战争的影响，事实上整个德意志地区大学的数量是下降的；而且在 1810—1830 年，德意志的其他地区认为普鲁士所发展的新式大学更像是采用了法国大学的体制，所以在民族情感上有一定的抵制（盖耶尔，2016；康拉德，2017）。

学体系的典范，甚至德国早期的著名大学都是以法国的大学为模板的，如成立于1742年的哥廷根大学。但这些大学并未将大学教师的科研职能制度化：大学主要是教学机构，而科研则更多属于教师的私人事务（Atkinson and Blanpied，2008）。然而德国在成立柏林大学之后，选择将研究性职能也纳入其大学体系。德意志地区的第一个同时服务于教学和科研的大学实验室出现于1826年来自位于黑森的吉森大学①，该化学实验室也是世界上首个将教学和科研融为一体的大学科学实验室②（Atkinson and Blanpied，2008）。柏林大学于1842年设立了第一个物理实验室。出于培训教师的目的，德国用国家经费分别于19世纪20年代和30年代在波恩大学与哥尼斯堡大学组织了自然科学研修班，这种研修班在19世纪50年代和60年代繁荣发展，为德国培养了一大批科研人才。

德国大学系统化的工程研究起源于19世纪30年代。在此之前，除了各类理科的研修班之外，大学教师们的科研活动基本都是受为数很少的企业委托，而企业委托的工作也主要是信息类的，例如检测矿石的成分、掌握冶炼过程所需要的辅材配比等，这就使得大学教师所能从事的研究活动范畴受到了很大的限制。在柏林，大学用以设立实验室和举办研讨会的开支从19世纪30年代开始快速增长，到19世纪70年代，基本每10年就会翻一番③（Keck，1993）。而从

---

① 吉森大学全称为尤斯图斯-李比希-吉森大学（Justus-Liebig-Universität Gießen），在1945年之前其名称为Ludwigs Universität。该大学于1957年重建，并以其杰出校友、著名的化学家和化学教育家、“有机化学之父”尤斯图斯·冯·李比希（Justus von Liebig）的名字命名。

② 也有学者认为大学实验室在18世纪的德国大学里就已经存在了，尤其是在医学和矿业学领域，但其规模和能力与19世纪出现的大学实验室都不能相比（Keck，1993）。

③ 德国通过这一系列改革对大学科研的推动是如此有效，以至于在当时新兴的学科如现代化学与化工领域中，德国的科学家成为引领时代的重要开拓者。其中在化学领域，就形成了在科学史上著名的李比希学派，即由李比希及与李比希具有直接或间接师承关系的学者组成的学术传统。一些学者发现，李比希学派基本能覆盖到20世纪50年代大部分的诺贝尔化学奖获得者和同时期的重要化学家（张家治，邢润川，1993；邓久根，2013）。

19 世纪 40 年代开始，吉森大学的化学家尤斯图斯·冯·李比希要求政府对大学教员的科研活动进行资助。李比希因为对实验室科学家的培训而广受尊敬，当时已经是德国社会极富影响力的著名化学家。他的呼吁在 19 世纪 60 年代得到了政府的回应，政府开始为科研活动提供财政支持（Clark，2006）。在财政支持之余，国家还听取了一系列大学与工业的联合呼吁：一是支持一系列第三方组织的发展，例如在 1856 年和 1867 年支持了德国工程师协会（Verein Deutscher Ingenieure，VDI）和德国化学学会（Deutsche Chemische Gesellschaft，DChG）的筹建与发展；随后又支持成立了富有影响力的德国化学工业利益保护协会（Verein zur Wahrung der Interessen der Chemischen Industrie Deutschlands，VzW）、德国化学家协会（Verein Deutscher Chemiker，VDC）[①]、帝国物理与技术学会（Physikalisch-technische Reichsanstalt）以及威廉皇帝学会（Kaiser Wihelm Society）[②] 等。二是资助了一系列科学期刊，使得德国开始出现社会化的现代学术共同体。三是设立了一系列支持大学化工研究的项目和支持年轻化工专家在职培训的项目（Keck，1993；Murmann，2003）。四是针对国内工业发展现状，调整了专利法等法律体系。在 1871 年德国统一之前，德意志各邦均有自己的专利体系，不统一的专利制

① 德国化学家协会成立于 1896 年，其前身是成立于 1888 年的德国应用化学学会（Deutsche Gesellschaft für angewandte Chemie，DGCh）。该组织的成立是为了改变德国化学学会基本由对工业应用兴趣不大的理论化学家组成的现状。德国应用化学学会从社会认识上赋予了“工业化学家”正式的身份，很快就成为当时德国会员数量最大的化学家、化学工程师学术共同体。值得留意的是，德国工程师协会、德国应用化学学会和德国化学家协会的创建都与传奇化学家和化工工程师海因里希·卡罗（Heinrich Caro）有关。卡罗不仅是一个优秀的化学家，而且是个卓越的化工工程师，他长期领导巴斯夫公司的研发部门和德国化学家协会，是推动德国化工工业发展的重要人物。

② 威廉皇帝学会是仿照帝国物理与技术学会创建的，两个学会的共同特征都是强调从事由工业部门资助的基础研究和应用研究工作。帝国物理与技术学会是专门面向精密仪器、精密测量领域而成立的；威廉皇帝学会则是专门面向广义的化学与化工类领域而成立的。

度使得德意志地区内的专利保护事实上并不奏效；同时考虑到德国在煤炭、钢铁和机械等领域还处于向英国和法国等先行者学习的阶段，德国在1871年之后的一段时间里并未执行严格的专利制度。但进入19世纪70年代，随着德国化工工业自主创新能力的突飞猛进，工业界与大学要求加强对本土技术创新成果保护的呼声越来越高，因此德国政府与德国化学工业利益保护协会合作，在1877年开始实施统一的专利法并建立了帝国专利局（Beer，1959）。这些举措不仅促使德国专利申请数量发生“井喷”，而且大大激发了当时大型工业企业建设研发机构的热情（Beer，1959；Murmann，2003）。

德国卓越的大学体系培养出一大批训练有素的工程师和科研人员，这使得德国的工业能够在经济追赶中多次抓住工业技术变化的机会。在德国的钢铁、制糖、纺织染料等产业没有获得大发展之前，德国大学体系的发展要快于19世纪上半叶工业体系的发展，因此它所训练出来的工程师及科学家为了寻找工作机会，有时甚至不得不出走其他国家，尤其是去英国与法国谋生。德国化学家协会的首任主席海因里希·卡罗，在青年时代就受雇于曼彻斯特的英国企业。然而当德国工业兴起后，大量的德国工程师和科学家返回了他们的祖国，卡罗也返回了德国，而且在1868年到1889年担任了德国化工巨头巴斯夫公司的研发负责人（Beer，1959）。高质量且数量充裕的科学家与工程师储备令德国很快就抓住了重要的产业机会。在钢铁产业中，贝西默炼钢法和西门子-马丁炼钢法虽都不是由德国发明家首先发明的，但德国的钢铁企业如克虏伯等却是最早大规模采用这些方法的企业。基于此，德国在钢铁和机械行业内迅速获得了全球性的产业技术能力优势。到了19世纪70年代，鲁尔区的大量大型钢铁企业开始聘任化学家对矿石和生产过程展开分析。随着工程技术开发活动日渐专业化，德国的大型企业也于19世纪60年代开始设立工业实验室，使得科学家与研发工程师能够脱离日常生产活动而专职解决技术问题。

德国通过对教育和科研体系的长期投资奠定的优势在化工工业领域表现得更为明显。化工工业的崛起最初是为了给纺织工业提供染料。英国是当时全世界化工工业的领头羊，依靠勒布朗（Leblanc）制碱法统治了整个化工工业近百年之久。英国年轻的天才化工学家威廉·铂金（William H. Perkin）在1856年所发明的苯胺紫（aniline purple，一种紫色的人工染料）是世界上第一种人工合成染料，铂金本人也因此获得了巨大的商业成功（Buderi，2000）。但铂金的优势很快就不存在了，因为他逐渐遭遇来自德国同行的挑战。德国化工工业不仅仅效仿铂金的做法，在企业内设置科学实验室[①]，而且开始从大学招募科学家和毕业生，在工业企业内部构建起由科学家和工程师组成的研发团队（而不是个人或者由个别科学家带领助手形成的作坊式的小组），日渐扩大企业内设机构。

德国从19世纪60年代开始设立的企业内部研发机构，就是后来怀海特所强调的"发明方法的发明"的核心体制。在企业内设研发机构出现之前，德国企业与大学科研人员之间的合作是通过科研委托合同的形式开展的；随着企业开始直接从大学雇用教授和毕业生，这种合作机制逐渐在企业内部化（Buderi，2000）。这使得单打独斗的英国科学家无法再在产品发明上与德国同行竞争，如威廉·铂金以及一些法国企业在1869年茜素（alizarin，一种橘红色的人工染料）的发明大战中就输给了来自德国的同行，即巴斯夫的卡罗团队与拜耳的科学家卡尔·格雷贝（Carl Graebe）和卡尔·李伯曼（Carl Liebermann）团队之间的合作（Beer，1959；Murmann，

① 铂金是在化工企业中设置科学实验室的先驱。有趣的地方在于，铂金本人是德国化学界领袖科学家霍夫曼（August Wilhelm von Hofmann）在担任英国伦敦皇家化学学院院长时指导的学生，而霍夫曼则是李比希的学生。因此，铂金也被化学界称为"李比希学派"的一员。

2003)。可以说，正是因为德国在“发明方法”上的领先导致了英国与法国在染料工业中的衰落。

更重要的是，在19世纪60—70年代，新的革命性技术在英国和德国同时出现，但此前主导化工工业的英国工业家并没有抢得先机，反倒是德国人率先采用流程法取代了勒布朗制碱法。因为连续制碱法追求高通量、连续性的化工工艺，使得生产过程不再是实验室化学反应规模的放大。为了在连续制碱生产中实现高通量、高效率，并保障安全，化学过程需要与机械工程及电力工程结合起来，以实现对生产规模的放大并确保生产过程的可操控性（Rosenberg and Nelson，1994）。这使得现代大规模化工工业的发展无法单靠化学家来实现，企业必须有大批掌握数学、机械、电力以及工业工程知识的工程师，并且这些工程师需要具备化工行业背景，以实现与化学家的通力合作，卡尔·杜伊斯伯格（Carl Duisberg）从1894年起主持建立的拜耳公司勒沃库斯（Leverkus）厂区堪称这种结合的世界级典范（Buderi，2000）。行业发展对于人员素质的要求已远远超出英国当时单个科学家加上企业所雇用的传统工匠的组合，而这套新的体系——一个社会化的高等教育系统，只在19世纪下半叶的德国存在。

尔后拜耳公司的传奇科学家和管理者卡尔·杜伊斯伯格通过长期的探索与改革，对工业研发机构的体制进行了制度化。他在拜耳公司强化了对科学家团队的制度化管理，构建了矩阵式的科研团队人员安排，甚至发展出格子间这样的办公空间布局，设置专门的项目管理岗位并制定管理制度，强调研发团队内部的信息沟通，使企业的研发体制得以摆脱对个体科学家的依赖，让研发活动和研发经验的积累发生在集体性而不是个人化的组织载体上。他促使拜耳公司最终构建了集中式的企业中央研究院，促成了工业研发界与科学界常态化的学术交流。1914年，拜耳公司的中央研究院拥有262名博士，其中57人拥有化学家头衔。在成为拜耳公司的领导者后，他又促使拜耳公司利用其在关键技术上的优势，成功进入了制药、无机化学、人造橡胶、影像产品等多个领域，使得德国的化工工业进入多元化经营时代（Buderi，2000）。

更值得注意的是，德国在发展化工工业的过程中事实上还推动了现代意义上的产学研结合体制的发展。国家所支持的科研活动使得德国在科学家和工程师等人力资源上拥有突出优势，而综合银行的产业投资与卡特尔等制度使得德国的大企业为了确保其在与英、法企业的竞争中生存下来，更青睐于投资技术研发与生产设施。这使得德国的大企业有强烈的动机与大学建立科研合作联系，以保证自己能够维持与当时世界上最高素质的科研人才之间的知识交流。作为科学共同体和教育体系的一部分，大学的科研与教学活动进一步推动了其与产业部门合作所产生的前沿技术知识的扩散。随着大学与产业合作的深化，大学科研人员开始部分受雇于工业部门，也有科学家与工程师从工业部门重返大学，这实际上加强了知识在公用部门和私用部门之间的动态转化（Beer，1959；Buderi，2000）。在这一基础上，德国的化工领域事实上已经形成了一个以核心科学家和核心科研机构为中心的网络体系，甚至连威廉·铂金这些外国科学家也被纳入这一体系，而这套网络体系完全是基于德国而非英国的机构和制度安排来维系的（Murmann，2003）。产业界、大学与政府在一系列事件中的互动，例如建立大学实验室、资助大学科研活动、成立科学家和工程师共同体、产学政合作培养工程应用导向的年轻人才，以及调整专利制度等，促成了一套有效的产学研军政结合体系，有效推动了德国创新体系的动态演进。

19世纪德国工业领域所迸发出来的巨大发展动力展示了以格申克龙为代表的后发国家理论的巨大潜力。以普鲁士为代表的德意志地区在19世纪初工业起步时，无论在国家的经济发展水平上还是社会制度上都有明显的劣势，尤其是在1807年的战争后，由于割地赔款，普鲁士失去了重要的农业产区和大量金钱。然而，正是从普鲁士到更广泛的德意志地区所形成的追求民族生存与国家统一的整体认同感，使得普鲁士在本邦甚至在整个德意志地区团结越来越多的社会精英，得以持续地开展高强度的社会动员和资源的战略性投放，能够超前发展自己的高等教育体系，以及在政府政策及立法等方面做出长期的、系统性的努力。在国家的战略性资源配置和银行的产业投资机制的支持下，德国的铁路、钢铁、机械与化工企业能够更好地对生产设施、管理体系和市场销售体系进行成规模的长期投资；而工程与科研人才的饱和供给，不仅为德国在化工及钢铁产业抓住技术机会提供了条件，还推动了其国内产学研体制的发展；公用部门科研与工业研发的双向互动交流，促进了知识生产职能的社会化，使得更多的资源被动员和纳入工业技术进步的范畴，也更好地维系了公用知识部门与私用知识部门的平衡。这些成果既为工业企业的研发活动提供了激励，也为社会整体性的研发活动提供了强有力的公用知识库，而这种发展现代工业的“社会技术”生态，在当时其他主要经济体中并不具备。

在这个过程中，德国完成的事实上是对整个社会经济系统的重塑。它的建设者们当然并没有新系统的完整蓝图，相反他们仅是在系统性危机中针对资源动员、投资战略性产业、发展企业的学习型组织、贯注于人才与科研的培养等做了长期投入。国家并没有能力对每一个部门和每一种工业活动都进行细致设计和大力投入。德国经验是一种典型的通过不同时期的核心产业和核心部门来制造经济不平衡，从而驱动社会其他参与者利用国家所提供的制度条件和资源条件逐步补足整个创新生态的过程。其中综合银行作为工业组织（企业）的耐心资本，在协调重要的产业间合作上发挥了关键作用，在一定程度上为企业抵御国内外竞争当中的波动起到重要作用。它一方面使得企业实现了长期发展与积累自身能力的目的，另一方面使得社会“正常”经济参与者和“正常”的创新协调活动能够逐步依托这些核心企业发展起来。而如果没有这些条件，人们是无法在一个落后的农业国用短短 40 年或 60 年就发展出复杂的、多部门的工业活动并不断推进这些活动的——世界上许多国家都没能做到这一点。而对教育和科研部门的长期投入，则为以上工业活动提供了大量优秀人才，使得复杂的工业活动得以组织和发展起来，同时，它也为德国在多个产业内抓住技术机会窗口提供了条件。更重要的是，德国塑造了现代大型工程企业，并且构建了工业、社会组织和大学之间有效的联结，这对于当时整个全球性经济体系都是全新的事物。而这些成就并不是在一个开放的自由市场中获得的，而是德国在经历 19 世纪多次战争的过程中，通过有效的社会动员以及国家与工商业部门的紧密互动达成的。

第6章　国家驱动的成功转型：美国崛起中的国家角色

“我们不能再指望已经被战争摧毁的欧洲成为我们（美国）获取基本知识的来源。在过去，我们尽了最大的努力来应用这些由其他国家所发现的知识。在未来，我们必须更加强调由自己来发现这些知识，特别是因为未来的科学应用将比以往任何时候都更加依赖这些基本知识。”

——万尼瓦尔·布什

今天的美国在大部分科学研究领域的领先优势已经非常明显，所以一些读者可能没有意识到，在二战之前，美国相比欧洲而言并无科学技术上的优势；除了电学之外，当时美国绝大部分产业的技术都源于欧洲（Mowery and Rosenberg，1998）。以19世纪末的高新技术产业化工染料业为例，美国的大学晚至第一次世界大战时都还没能为其学生提供化工染料领域内世界一流的教育（Murmann，2003）。除了借鉴并应用欧洲的技术之外，美国的优势主要来自依赖丰富的资源与大规模市场支持而形成的大型企业，这些大型企业创造了当时在全世界独有的大规模生产体系和现代管理层级体系。也就是说，当时美国工业经济的优势主要源自钱德勒所说的三重投资——在生产、管理和销售方面长期持续的能力建设（Chandler，1990）。而这一体系同样是缘起于18世纪末，美国的政治决策者迫于战争等一系列外在威胁，在军工产业中率先发起的一场长达百年的工业企业管理体制改革。但在二战前，相比欧洲的德、英、法等国家而言，美国在前沿科技研究上的地位完全是二流的。以战前的诺贝尔奖为例，美国虽然自20世纪30年代开始有少数科学家在化学和物理学领域获奖，但其获奖人数明显落后于以上三国，而且这些获奖的美国科学家基本都是在西欧接受的高等教育。

在《科学：无止境的前沿》报告中，万尼瓦尔·布什忧心忡忡地写道："在这场大战中，科学研究对于国家安全毫无疑问是绝对关键的。我们与德国U型潜艇艰苦而惊心动魄的斗争就是一场基于科学技术的战斗——最后我们虽然获得了胜利，但我们也只是略占上风：新研发的雷达为盟军提供了发现敌人的眼睛，但敌人也迅速地发展了足以使我们的雷达'致盲'的科技手段作为回应。这是科技竞争作为持久战的最佳案例。而在伦敦空战中，我们研发出三种办法来应对敌人的V-1导弹，但却只能通过占领敌人发射场来应对其V-2导弹。"（Bush，1945）现实的情况正如布什所描述的那样，1943年4月之前，当雷达还没有能够"成为盟军的眼睛"，盟军通过大西洋向英国输送战争资源（包括军备、物资和兵源）的船只被德军的潜艇部队大量击伤击沉，而德军的潜艇甚至一度抵达距离美国东海岸只有10海里的近海。布什所提到的V-2导弹，由于采用喷气式动力，所以它的速度非常快，盟军除了空投敢死队占领德军的导弹发射场之外，少有其他的应对办法；而德军导弹的发射场基本都布置在欧洲大陆，这也意味着这些被空投的士兵几乎都无法平安回来。

尽管美国的经济总量从19世纪70年代开始就已经超过英国，美国已成为全世界最大的工业经济体，但以布什为首的美国精英在经历战争之后深切感受到科技劣势给本国安全带来的巨大隐忧。因此，他们致力于推动政策转型。在布什报告中，布什团队，包括当时麻省理工学院校长康普顿（Karl Compton）、哈佛大学校长康南特（James B. Cannant）等一大批曾经服务于战争的精英科学家，强调美国应当在战后发扬其在战争期间动员社会力量发展科技的做法，对科研部门予以长期稳定的战略性投资，以解决战争期间积累下来的军事科技成果转化问题，把被战争耽误的一代人转化为优质的人力资源，以及发动针对疾病的科技战争，让科技力量为更广泛的社会福利服务等，并提出了相应的政策建议。布什等人的这些工作为美国在二战后关键的系统性转型奠定了基础。

一个经济体的系统转型往往并不是随着经济总量的增长而自发自动地产生的。系统转型的逻辑，或者说从经济体内部重塑一个新系统，遵循的首先是政治逻辑而非短期的经济理性逻辑；其核心驱动力是国家的生存或者经济体面临的整体的压倒性的竞争压力。因此，本章尝试用格申克龙式的框架来解释美国在 19 世纪到 20 世纪三次重要且成功的系统转型。

6.1 18 世纪、19 世纪之交的转变：军事竞争与系统性转型

在其从极落后的状态推进工业化的过程中，美国曾经发生过多次重要的结构性转型，而这些转型几乎都是由重大的危机挑战以及美国精英集团的集体行动推动的，并重塑了美国在新一时期的发展平台。限于篇幅，本书无法对美国的工业史以及其中每一次重要的结构性变迁做全面分析，在此仅以几次重要的转折为案例。本章尝试向读者展示美国如何通过对社会进行危机动员以及采取战略性举措，不断从内部进行“创造性毁灭”，从而持续地重塑自身的工业经济体系。

在现代化和工业化的进程中，相比欧洲国家而言，美国是一个新

生的国家。在18世纪末独立战争刚刚结束时，美国依然是一个以农业为主的国家。汉密尔顿（Alexander Hamilton）1791年估算，美国人当时所穿的衣服中有三分之二到四分之三是家庭自制的（Hamilton，1791；Hughes and Cain，1998）。19世纪初，美国农业人口占全国人口的74%，出口的货物主要是资源类产品（McCraw，1997）。以捕鲸业为例，从殖民地时代开始，北美就为欧洲市场供应鲸油及其他鲸类产品。由于城市公共照明和工业润滑油的需要，即便在独立战争之后，欧洲对美国捕鲸业的需求也在持续上升：18世纪70年代，美国出口产品中有三分之一甚至更高比例都是渔业产品，其中捕鲸业贡献最多（Lipsey，2000）。到19世纪中期，美国的捕鲸业达到顶峰，成为美国第五大经济产业。这个高风险的产业在19世纪中期一度直接雇用了1.5万—2万水手，而在陆地上从事相关工作的人口大约是水手数量的20倍。仅1853年这一年，美国就捕猎了8000头鲸鱼，创造了1100万美元的收入，以至于美国国务卿威廉·苏厄德（William H. Seward）将捕鲸业称作“国家财富的重要来源”（Seward and Baker，1853；张宏宇，2019）。捕鲸业的繁荣直到1859年宾夕法尼亚州大油田被发现才发生了根本逆转[①]。

然而从19世纪70年代开始，美国已经超过英国，成为世界上规模最大的工业经济体，此时距离其建国还不足100年的时间；到一战之前，美国的经济总量已经是英国、法国和德国三者之和（Gallman，2000）；二战后，美国更是塑造了以产学研结合为中心的现代创新经济，在科技领域与工业领域掌控了世界的主导权。

独立战争结束之后，关于美国的发展道路，美国的精英集团中存在着两条不同路线的争论。以美国首任财政部长汉密尔顿为首的

---

① 在石油和电力普及之前，煤气和鲸油是当时西方世界最重要的照明燃料来源，而后者就来自鲸的脂肪。后期鲸油还被应用于纺锭与机械的润滑等工业用途，需求量很大。除此之外，当时人们也利用鲸的其他部位来生产衣物、装饰物以及日用品。

联邦党人（Federalist），及其支持者乔治·华盛顿（George Washington）总统和坦奇·考克斯（Tench Coxe）等人，强调通过发展工业和科技来解决当时美国所面临的一系列问题，尤其是外部威胁所带来的国家安全问题（Nelson，1979）。其中，汉密尔顿的一系列主张被认为是重商主义的代表性观点，尤其是他1791年在国会上的发言《关于制造业的报告》（Report on Manufactures），被人们普遍视作重商主义的里程碑式的文献。汉密尔顿旗帜鲜明地说："一个国家如果没有自己独立的工业，就会失去经济发展的基础，这不仅令国家无法变得强大，而且很有可能危及国家的独立地位"，由此他提出了征收消费税、对酒类等物资的生产征收国产税、提高关税以保护国内制造业等举措。汉密尔顿还力主建立国家银行（"美国第一银行"）。这一套措施的目的是增加国家收入：一方面可以使美国尽早清偿在战争期间欠下的第三国债务，以帮助国家建立起信用，吸引国外的贷款或者投资；另一方面，提高税收也使国家有财力投资于发展工业所需的公路、运河等各类设施建设（Hamilton，1791）。

持另一发展路线的则被称为杰弗逊党人（Jeffersonian）或者民主共和党人（Democratic-Republican）。杰弗逊是美国第三任总统，他和他的支持者们力图避免美国成为类似于英国的工业化国家，因为他们惧怕工业化发展会给美国带来如同当时英国一样由特权阶层主导的专制集权的社会体系。杰弗逊本人在1782年甚至公开建议美国放弃工业化，希望工厂经济永远留在欧洲。杰弗逊等人认为美国应该保持"牧民"（pastoralist）式的国家形态，要求约束国家对社会生活的介入（Taylor，2016）。美国第四任总统麦迪逊（James Madison）[①] 延续了杰弗逊的做法，他甚至解散了汉密尔顿发起的美

---

① 麦迪逊曾经与汉密尔顿等人共同用"普布利乌斯"（Publius）这个笔名在纽约的报纸上发表政治性评论，后来这些评论被编撰收集到著名的《联邦党人文集》（*The Federalist Papers*）中。但麦迪逊的观点更偏向联邦主义而不是国家主义，与汉密尔顿具有较大的差异。麦迪逊在1792年甚至公开说汉密尔顿1791年的《关于制造业的报告》应当被立即烧掉（Taylor，2016）。

国第一银行[①]。美国第二任总统约翰·亚当斯（John Adams）在任时的铁腕治理手段引发美国社会的反抗，而当时美国的外部潜在威胁较小，如英国、法国和西班牙等国因为欧洲内部的冲突而无暇顾及美国，这就使得美国民众对外部威胁的感知普遍下降，反而对国内国家权力的增长感到不满（Taylor，2016）。这不仅使得杰弗逊和麦迪逊相继成为美国总统，同时也在事实上形成了美国的意识形态中“反国家主义”（anti-statism）的传统。

但是，汉密尔顿的主张并没能在华盛顿的总统任期内得到大规模推行。除了美国国内一直存在的警惕国家过度干预人权与社会生活的传统外，美国联邦政府当时的财政状况也是重要的原因：美国联邦政府当时的财政能力较薄弱，且欠下了大量第三国的债务。因此，汉密尔顿等人仅能在1791年以政府资金筹建“有用制造业协会”（Society for Establishing Useful Manufactures）来推动创新，这个机构能够为新的工业技术设备的试制工作提供资金（Taylor，2016）。除此之外，在相当长的一段时间内，两党相对稳定的做法是由联邦政府将“西进运动”当中所获得的新增土地转让给个人来获得收入。这一做法事实上是杰弗逊在18世纪80年代推行的，因为它符合杰弗逊弱化国家对财富的拥有的理念（Walton and Rockoff，2005）。而从19世纪初开始，部分土地被拨付用于公路与运河建设，尤其是在众议院有重要影响力的亨利·克莱（Henry Clay）推行其“美国体制”[②]（American System）时就开始大力推动交通网建设；19世纪30年代联邦政府又将大量土地用于建设铁路（McCraw，1997）。美国的铁路起步虽然落后于英国与法国，但由于在关键资源上的优势，

① 在1791年汉密尔顿提交关于“成立美国第一银行”的提案时，该银行被允许有20年的有效期。在麦迪逊出任总统时，国会没有批准让美国第一银行在期满之后继续经营的提议。

② 克莱的“美国体制”倡导中最核心的内容是通过发展交通等基础设施来促进美国国内市场的一体化，尤其是促进美国南北的一体化，希望主要依靠国内市场来发展美国经济。

到19世纪中期，其里程总数就已经与英国比肩。

特别需要人们注意的是，尽管自建国以来美国的不同政党就工业及创新政策方面有诸多分歧，但它们在面临国家安全威胁时，依然会采取高度一致的行动策略，即诉诸美国工业技术和管理手段的结构性改进，促进美国军事工业和民用制造业的发展。而这些行为都重塑了美国的工业创新系统，深刻地改变了美国的工业基础。

在这一时期发生的重要技术与管理创新是“可互换零部件体系”（interchangability）的发展。这一创新对于现代工业体系而言有着里程碑式的意义。此前的工业生产几乎都控制在富有技能的工匠手里，所以形成了“工头控制”的工厂体制。在19世纪及之前，英法等国家的工业企业在车间层面普遍都是由工头控制的。工头控制体制的根源在于工匠的技能是高度缄默化和个人化的。技能的缄默性使得工厂业主因信息不对称而无法掌握影响生产过程的因素，所以工匠们对生产过程拥有很大的控制权。他们还能利用技能的缄默性控制技能的传授，即招收谁为学徒以及学徒的学艺进度都由工匠决定。此外，他们还控制生产过程的组织。在第一次工业革命后，欧洲的企业开始雇用无技能的无产阶级，这也是企业主们用来对抗工匠的一种手段。但是，工厂的关键性生产过程往往涉及只有工匠才掌握的技能，也就是说这些生产过程无法完全摆脱工匠个人的技艺而独立实现，所以工匠事实上不仅控制了自己的学徒和帮手，也控制了无技能的工人，有些工匠甚至盘剥这些无技能的工人。因此，在知识上解构工匠的技能，将技能诀窍以明晰且准确的指标和流程表达出来，是企业管理者能够剔除“工头控制”，夺取对工厂的真正控制权的关键。

同时，技术的标准化和零部件的可互换对于更大范围的工业活动的组织与发展也至关重要。因为只有当零部件是标准化且可互换时，才有可能发展出现代意义上的供应链来；只有形成了现代意义上的产业链，机床工业才能逐渐发展起来；只有企业产生对专用机床的需求，机床工业才能获得市场空间，而专用机床正是为生产标准化的零部件服务的。产品的售后维护与生产在地理上的分离也需要可互换零部件体系，否则厂商只能把商品卖给地理上临近的消费者以确保售后维修是可行的。简言之，可互换零部件体系是启动大规模现代工业制造与相关产业发展的基础条件。

可互换零部件体系对于美国的工业发展而言还有特别的意义。因为相比欧洲各国，美国是依靠移民建立起来的新国家，它并不拥有如英国、法国甚至德国当时相对较好的技能工匠基础；少数拥有技能的工匠主要是独立战争之前欧洲各殖民公司派遣的，且人数少、工资要求高，大多不以新大陆居民自居，对工厂管理的服从性差。即便是这样的工匠输入机制，在独立战争之后也中断了。美国当时的劳动力是大量从欧洲及世界其他地方涌进的新移民，这些移民的特征就是缺少技能，而且彼此语言不通，习俗各异，沟通存在一定困难，与欧洲传统的基于长期师徒制的工匠培训体制形成了鲜明对比（Nussbaum，1933；Rosenberg and Birdzell，1986）。因此，美国想要启动大规模工业化，就必须发展出替代性的生产组织方式。

美国并不是可互换零部件体系的第一个尝试者。可互换零部件体系最早由瑞典工匠在 1729 年首先运用于钟表和一些水力机械的制作，但当时这种生产方式基本上仅限于工匠个体或者同一个作坊内的工匠。形成该体制雏形的实质性举措首先出现在法国。当时法国中将格里博瓦尔（Jean-Baptiste Vaquette de Gribeauval）是法国军队中的改革者，他自 1765 年开始在法国政府的授权下尝试推行改革，以建立标准化的军备体系。他最著名的改革是在法军炮兵中开展的。格里博瓦尔加强对火炮口径和相关军备（包括炮车、弹药箱、瞄准具等）的标准化要求，同时他还要求简化火炮的设计，使其有利于军火供应和炮兵操作的标准化。这就已经有了“标准化、模块化、通用化”的现代工业思想的雏形。后人把格里博瓦尔称为“法国现代炮兵之父”，把他所发展的这套炮兵体系称为“格里博瓦尔体系”（The Gribeauval System）（Hounshell，1984）。格里博瓦尔体系大大提高了法国炮兵的机动性和战斗效能，甚至在他去世之后，拿破仑的军队依然受益于格里博瓦尔建立起来的这套炮兵体系①。

在推行炮兵改革的同时，格里博瓦尔还委托护甲与枪械设计师奥诺雷-勒布朗（Honoré Le Blanc）发明一套生产标准化步枪的方法。由于枪械的机械结构比火炮复杂，产量要求也更高，所以除了产品设计的工作以外，勒布朗必须对生产过程进行控制，以此来发展出一套零部件设计和加工过程都标准化的体系即“可互换零部件体系”。用可互换零部件体系来生产军火意义重大，因为只有同一款产品特定的零部件的尺寸是明确的、统一的，同款零部件可以随意更换，军队的枪支才可以快速替换、快速维修以及快速补给，标准化的军需后勤才成为可能。勒布朗的工作在1790—1791年通过了多轮验收，但这一体系最重要的发起者格里博瓦尔早于1789年去世。负责此事的枪炮委员会担心这种新体系会使得法国整个军工体系中无技能工人替代熟练工人，进而引起后者的骚乱和反抗。法国当时正处在持续对外作战状态，虽然枪炮委员会很认可勒布朗的工作，但出于稳定其国内相对强大的军工系统的考虑（同时正在发生的法国大革命使官方对此更为保守），他们停止了对勒布朗项目的支持。勒布朗此后只能以私人企业家的身份来继续探索这项事业，直到1801年去世（Gillispie and Alder，1998）。

首先认识到并强调勒布朗的实践经验对于美国的重大意义的正是托马斯·杰弗逊。他在1785—1789年间担任美国驻法大使，由此了解到格里博瓦尔和勒布朗等人的探索。杰弗逊本人参观了勒布朗

---

① 拿破仑本人正是出身于格里博瓦尔所领导的炮兵部队。

的工厂，认为采用可互换零部件体系将促进美国军工和制造业的发展，并跟国内一些重要的政治家就此进行了沟通，还将勒布朗在1790年发给法国政府的一份关于推行可互换零部件体系的恳请信抄送发给了时任美国联邦政府战争部部长亨利·诺克斯（Henry Knox）。诺克斯虽然在独立战争期间曾担任大陆军的炮兵司令，但他当时并没有对杰弗逊的来信予以积极的回应。开始尝试这一体系的是华盛顿。华盛顿总统身边新组建的炮兵工兵团第一团的法籍少校路易斯·德·图萨德（Louis de Tousard）在华盛顿的授意下开始了相关探索①（Hounshell，1984）。

1797年，美法两国之间爆发了著名的"XYZ事件"②。在"XYZ事件"中，美法双方之间的外交关系高度紧张，双方在信息上的误判直接导致美国在1798年单方面终止与法国的同盟条约，并对法国不宣而战。美国急于发展可互换零部件的军工生产体系，以保证自身的军事应对能力。可互换零部件生产体系意味着一次生产

① 图萨德出身于法国炮兵，在美国独立战争期间效力于法国贵族拉法耶特侯爵（Marquis de Lafayette）所领导的法国志愿军。他在1793年因法国大革命离开法国，再次重返美国并加入了1795年新组建的炮兵工兵团。他在1795年之后受雇于美国政府，在炮兵和工程兵中服役，在1800年之后成为炮兵督察。图萨德在华盛顿于1802年创办西点军校的过程中发挥了重要的作用，并在1809年著有《美国炮兵指南》（*The American Arillerist's Companion*），又名《炮兵要素》（*Elements of Artillery*）。该书在美军中影响非常大，它传播了18世纪"法国现代炮兵之父"格里博瓦尔中将的思想。格里博瓦尔非常强调炮兵在装备和操作上的标准化，他的做法被人们称为"格里博瓦尔体系"，是军工系统标准化生产思想的重要源泉。

② "XYZ事件"是美国和法国之间在1797年爆发的一起外交事件。在独立战争期间，美国与法国达成了同盟关系。但在法国大革命爆发后，美国对法国的态度有所变化，同时这一阶段美英之间的关系又趋向缓和；而亚当斯在1797年就任总统后公开批评法国大革命，使得本来已经互有猜忌的美法两国之间出现了外交上的紧张。在亚当斯政府派出美国使团赴法寻求与法国政府的和谈时，法国外交部部长并没有直接出面，而是派出了三个中间人与美方使团接触。这三人擅自向美方索取巨额贿赂，要求亚当斯向法国正式道歉，并要求美国向法国提供战争贷款，以此作为法国开启谈判的前提。美方使团回国后，亚当斯政府在向美国国会的汇报中将此三人匿名为X、Y与Z。美方所认知到的法方的傲慢态度极大地激发了美国国内的反法浪潮，直接导致1798年美国单方面中止与法国同盟关系的结果。

组织方式的变革，意味着对生产过程的控制权从车间工头转移到企业管理者手中。此次变革所需的组织性、制度性条件与资源支持均需要国家介入，而潜在的战争威胁则为国家推动创新系统转型提供了危机动员的合法性来源。彼时，美国战争部分别向西米恩·诺斯（Simeon North）和伊莱·惠特尼（Eli Whitney）的工厂紧急下了订单要求启动可互换零部件生产，其中惠特尼的尝试在当时更为引人瞩目。惠特尼是托马斯·杰弗逊的好朋友，并在杰弗逊的帮助下模仿了法国勒布朗的做法。

当时惠特尼因为自己在轧棉机上的创新成就，在美国已经是小有名气的发明家（后来被人们称为“美国机械化之父”），而且他的行事风格符合杰弗逊等人强调的“牧民”式个体发明家的特点。惠特尼在获知联邦政府的决策后，主动给当时的财政部部长写信。惠特尼在信中称自己能做得比当时国有兵工厂更好，他计划以机器化连续大生产的方式来实现高水平的零部件可互换，并承诺年产 1 万—1.5 万支法国制式的标准化步枪。他的私人关系、声誉和承诺使他获得了联邦政府各派政治家的信任（Evans，2004）。

这是一次典型的战略性投资。考虑到当时美国联邦政府的财力，在 1798 年拿出 80 万美元在国内寻求武器制造商已经是当时联邦政府能动员的战略性资源中很大的一部分；而这一决策是当时隶属不同阵营的政治家一致达成的，其中不仅包括汉密尔顿、亚当斯，也包括杰弗逊等人。在这个战略性行动中，美国联邦政府向 27 个不同的步枪制造商下了 3.2 万支标准化步枪的订单，其中给惠特尼的订单就达到 1 万支，合同总额达 13.4 万美元，而且美国财政部应惠特尼的要求还给他提供了一笔预付款（Evans，2004）。

但惠特尼远远没有实现零件的可互换，他没能在 1800 年交货截止日期之前生产出任何一支步枪，甚至当约翰·亚当斯总统在 1801 年即将卸任之际要求惠特尼展示自己的成果时，惠特尼也没能实现可互换零部件的生产方式。当时美国企业的管理层获取和分析技术信息的能力非常有限，惠特尼受制于诸多商业事务也无暇探索系统性的、彻底的生产方式改革。当然，他为了实现标准化，与一些外部供应商建立了合作关系，要求供应商按他的要求提供标准化的部件。相比那些缺乏信息和过程控制的合作厂商而言，惠特尼在商业上很有天赋，他为自己做了足够充裕的成本计算，使得自己在生产过程中获利而不亏损；但为他供货的大部分供应商却未能充分预见到困难而陷入了亏损，甚至部分供应商因此破产（Evans，2004）。最终，惠特尼的尝试并没有引发系统性的生产组织改革。在 1801 年的展示中，惠特尼是在杰弗逊的帮助下才"蒙混过关"的：他事先将尺寸接近的零部件归为一类并且留下了记号，通过在同类零部件之间实现"部件可互换"来向联邦政府展示自己的工作成果，并通过了阶段性验收。所以，有人批评惠特尼对可互换零部件体系发展的贡献主要是在"理念"上的（Chandler，1977；Hounshell，1984）。事实上，惠特尼直到 1812 年才最终交付承诺的步枪，而当时他依然没能实现令人满意的零部件标准化。

对体系转型起到突破性作用的是美国当时的骨干国有军工工厂，而且该转型是在联邦政府长达 30—40 年的支持之下才完成的。1794 年成立的美国第一家国有兵工厂春田（Springfield）兵工厂，以及第二家国有兵工厂哈泊斯 · 费里（Harpers Ferry）兵工厂在这个过程中扮演了关键角色。在美英 1812—1815 年战争的影响下，美国联邦政府出现了政策全面转向：麦迪逊政府采纳了很多原来与自己意见相左的工业实业界人士关于增加国内工业保护和加大基础设施建设方面的政策建议（Taylor，2016）；杰弗逊等人力主增加军工体系投资，强化西点军校的地位，甚至增加了对西点军校工程学科的投资，使其后来成为美国早期铁路及其他基建工程中最重要的人才来源（Chandler，1977）；同样也是在杰弗逊等人的支持下，美国于 1815

年对战争部进行了改革，将所有与军工生产相关的业务都移交给了1812年新成立的军械部，这个军械部是由曾经与路易斯·德·图萨德在炮兵工兵团长期共事的德西乌斯·沃兹沃思（Decius Wadsworth）上校以及一批来自西点军校的少壮军官来运作的，他们的首要目标就是实现武器生产的标准化（Hounshell，1984）。随后，军械部更换了春田和哈泊斯·费里兵工厂的主管，特别是任命了罗斯维尔·李（Roswell Lee）担任春田兵工厂的主管。军械部以持续的订单坚定地支持这些兵工厂的摸索，并组织了包括惠特尼等人在内的所有业内精英进行协商。

改革的目标是使生产过程中的技术口径变得明晰、准确、可控制，使得产品的部件尺寸高度标准化，其实质是实现对生产技能的解构和编码化。这意味着，管理者要充分掌握生产过程中的知识与信息，理解不同操作、条件、工序之间的逻辑关系，因为只有这样才有可能完成对技能的编码，并将技能切割为不同的专业化模块。在新的体系下，通过交代明确的过程性信息，管理者就可以保证工人在经过基本训练后，能够利用设备加工出同样质量的部件（Gordon，1989；Smith，1973）。不过，只有发展出一套组织性的管理体系才能使管理者得以从生产过程中获取信息，解构工匠们的技术秘密，并确保新的生产方案的执行，因此这一变革既是技术性的，又是组织性的。在这场变革中，春田和哈泊斯·费里两个兵工厂的尝试最为关键，尤其是罗斯维尔·李领导下的春田兵工厂被工业史学家钱德勒称为“现代工厂管理的起源”（Chandler，1977）。

罗斯维尔·李及其追随者进行的组织改革的核心在于向下扩张管理职能，以解构当时工头的职能，这样一方面使得管理者能够有效地对生产过程进行指标化的控制，另一方面则可以实现对工匠在技能供应和生产组织方面的替代。他们的改革是革命性的：当罗斯维尔·李开始着手改革时，1815年的春田兵工厂仅有36个工种，但到1825年，工种数量已经超过100个（Chandler，1977）。罗斯维尔·李尝试在车间内新设一系列管理岗位，或把一部分劳动者纳入管理框架，使之成为企业管理者在车间层面的执行人。这些基层管理者在车间里收集信息，理解生产过程，挖掘各种“小秘密/诀窍”并形成相应的理解和知识，对这些知识进行编码，从而为管理者的管理决策提供支持，使得企业能够进行成本计算和具体的生产规划。基层管理者最终还负责管理和监督自上而下的管理决策在车间内的执行情况。为了实现部件标准化、辅助工人的劳动和增进管理者收集信息的便利性，春田兵工厂还大力推动托马斯·布兰查德（Thomas Blanchard）等新式机械生产商的发展——这些机械生产商为兵工厂提供了专用的设备。军用机床工业的发展对于美国整个机床工业而言具有里程碑式的意义，它们在车床、钻床、铣床和六角车床上的发明几乎重塑当时美国机床的设计思路，并且迅速扩展到制鞋、纺织、机械等民用行业，从而对美国后续生产方式的形成产生重要影响（Rosenberg，1963）。在生产的组织方面，军工厂的改革也是革命性的。为了赢得工人们对新的管理制度的支持，并且解决在引进机器和管理手段之后的利益分配问题，罗斯维尔·李承诺把新增收益的30%—40%分配给愿意配合的工人，10%—20%分配给基层管理者，事实上就是通过赎买的手段瓦解了工匠对生产过程的控制（Chandler，1977）。就这样，罗斯维尔·李用一套管理框架替代了原来工头对生产过程、生产组织和生产技能的控制。

同时期，约翰·霍尔（John H. Hall）也在哈泊斯·费里兵工厂推动了可互换零部件体系的发展。约翰·霍尔深刻认识到，不从根本上改变生产的组织方法，仅依靠美国在19世纪初稀缺的技能人才是无法实现标准化产品的发展的，所以霍尔努力推动产品设计的简化和标准化，以增强设计与生产之间的匹配，他的努力对于机床工业的发展同样意义重大（Chandler，1977；Houshell，1984）。

可互换零部件体系是后来美国整个生产体系的基础。尤其是美国19世纪的科学管理革命[①]和20世纪的大规模生产体系都立足于可互换零部件体系。可以说，19世纪上半叶美国在可互换零部件体系上的尝试，为其工业体制和工业企业管理体制奠定了基础，使得美国发生了根本性的变化——一个落后的农业国可以利用缺少技能基础的新移民发展出标准化的生产体系，而这一生产体系在当时欧洲传统工业强国中都没有形成，甚至连正在快速崛起的德国也没有摆脱对工匠的依赖[②]。19世纪下半叶，美国逐渐走向基于科学管理的大规模生产方式，获得了工业上的巨大腾飞。

在这里必须强调的是，虽然早期有伊莱·惠特尼和西米恩·诺斯这样的私人企业家在政府的资助下早早开展了对可互换零部件体系的探索，但这一转变所涉及的组织管理体系、组织内外的分工体系和企业内的社会权力关系变革都非常深刻，远非单个的私人企业家在经济理性的范畴内可以完成的。事实上，即便是在军工系统里，私人企业的再次腾飞，如萨缪尔·柯尔特（Samuel Colt）与他著名的左轮手枪的登台，基本上都要到1840年之后，其商业模式需要在国有兵工厂先驱在技术组织体系和分工网络方面奠定的基础之上才成立并获得成功。

这说明，美国整个工业体系的根本性改变，是在巨大的危机压力之下由国家驱动的。国家通过长期持续的战略投入，忍受新的创新互动关系中相关工业活动的“不经济”，才使得少数焦点部门（如军工产业）在漫长的实验和能力积累后获得实质性的突破；最

---

① 泰勒从罗斯维尔·李等人的工作中获得了巨大的知识遗产，如泰勒制当中非常重要的一环就是在生产车间设置服务于管理者的专职管理人员，分别负责生产流程、指示卡、成本和时间测定、劳动组织、工作速度、维修、检验、劳动纪律等工作，这事实上是对罗斯维尔·李和约翰·霍尔等人工作的拓展。

② 但就技能和生产模式问题，德国在这一过程中发展出一套国家与企业共治的“双元体制”，也有效地支持了工业化的快速发展。

终，军工产业相关的做法得以扩散至其他工业部门，进而改变了美国整个工业体系。有意思的是，美国的决策者们并没有非常清晰地认识到这一点。当系统性危机过去之后，此前留下的政策手段往往会制度化，变成他们所接受的“国家”的一部分，但关于国家行动的边界，又会在非危机时期在不同派别之间再度引起分歧甚至尖锐的对抗。第二次独立战争结束后，约翰·昆西·亚当斯[①]（John Quincy Adams）于1824年当选总统，他在第一次国情咨文中提出，要全力支持科技发展的计划，包括兴办国立大学，建立拥有大量数理和工程学科的海军学院，建设大量桥梁、港口、水坝、运河和公路网，以解决美国工业腾飞所需要的基础设施问题。当时他的计划被认为是国家主义的扩张甚至是要构建“君主制”，遭到国会和反对党的强力阻挠，以至于他关于构建一个联邦科学研究体系（Smithsonian Institute，史密斯桑尼亚学会）的倡议也被长期搁置。反对的声音如此高涨，以至于亚当斯在第一个任期结束之后就在选举中被对手以压倒性优势击败（Taylor，2016）。当然这并不意味着改革者放弃了努力，这些政治家只是需要等待下一次系统性危机，届时就能再次达成一致来驱动全国性的集体行动。

6.2 二战后的转变：国家安全与国家创新经济体系

接下来要阐释的案例是美国在二战当中的决策遗产对美国创新经济体系的塑造。在这里要澄清的是，美国在其发展历程中并不是

---

① 约翰·昆西·亚当斯是美国第六任总统，也是美国第二任总统约翰·亚当斯的儿子，此外还是第五任总统詹姆斯·门罗（James Monroe）的国务卿，是“门罗主义”的实际提出者；同时约翰·昆西·亚当斯在任期间还委任了亨利·克莱担任国务卿，后者提出了著名的“美国体制”的理念。他在1824年和1828年两次总统竞选中最重要的竞争对手则是第二次独立战争中新奥尔良战役的传奇英雄安德鲁·杰克逊（Andrew Jackson），后者也是美国第七任总统。

只有本书中所提到的这两三次重要转折。事实上，美国自独立战争后的两百余年时间里，从一个落后的邦联和农业经济体，发展成为今天在全球范围内被视为标杆的创新经济体，其间不管是政治体制还是工业体制，都发生过很多或大或小的对其创新系统产生过结构性影响的转型事件。就 19 世纪而言，“西进运动”与美国内战对其经济版图同样产生了巨大影响，国家所推动的制度构建也深刻改变了美国的创新体系。在教育体系方面，《莫里尔授地法案》（Morrill Land Grant College Act）所带来的工程类和研究型大学的崛起，不仅改变了美国经济社会的要素结构，而且促进了大学与政府、产业部门的互动；工程类和研究型大学的崛起使大学得以成为创新系统的重要组成部分，为可互换零部件体系、科学管理体系和大规模生产体系的创立提供了关键的人力资源。在竞争机制方面，美国在 19 世纪末通过收紧专利制度、打击垄断型企业和托拉斯，调控了市场各类主体之间的互动模式，限制了它们特定行为的选择空间，使得美国的大型企业开始内设研发机构，成为积极获取和生产新知识的主体。这些转变都重塑了美国社会经济系统内不同主体之间的互动规则，也重塑了公用知识部门和私用知识部门之间的关系。

受限于篇幅，本书仅选取其中有限的案例进行分析。就案例的重要性而言，本书案例的选取更反映了当代的观察视角，即选取的是那些对塑造我们今天所认识的美国创新系统而言最重要的结构性转变。而二战之后的这一次转型，毫无疑问是极其重要的，它塑造了产学研军政结合的创新经济模式，使美国从一个以制造体系为竞争优势的经济体转变为以前沿技术创新为驱动力的经济体，也成为今天人们理解“创新经济体”的基础。

6.2.1 战争及其遗产：万尼瓦尔·布什的贡献

在第二次世界大战之前，除了电学等少数学科之外，美国在科学技术上并没有优势，联邦政府虽然有一些项目为大学及科研机构的科研活动提供经费，但总体上联邦政府直接资助的力度小，所涉及的领域窄。其中，缘起于 1867 年的美国地质调查计划（U. S. State Geological Survey）是美国联邦政府在 19 世纪最重要的，也是最成功的科研项目（Dupree，1964；David and Wright，1992）。但该项目只涉及地理、地质、水文和农垦等领域的科技活动，换言之，都只是与国家领土、国家安全或者农业有直接关系的活动，即符合杰弗逊等人强调的“牧民”式社会经济想象的活动。最重要的公共科研项目主要是由 1887 年的《哈奇法案》（Hatch Act）和 1906 年的《亚当斯法案》（Adams Act）确立的，但这些项目的主要任务是帮助各州建立农业试验站；直到 1940 年，美国农业部的科技预算依然占据了联邦政府科技总体预算的 39%（Nelson and Wright，1992；Dupree，1964）。

这与美国主要的党派认为联邦政府在非危机状态下不应直接管理科技事务的意识形态有紧密关联。美国国会多次否决了联邦政府投资其他科研活动的请求，也多次否决了建立一所国立科技类大学的设想，反对者指责这样的行为是在补贴特权阶级；甚至在美国内战之后，用于军事工业开发的预算也大幅下降（Dupree，1964）。而南北战争之后联邦政府与州政府之间的紧张关系、联邦政府的能力不足，以及国会内部的斗争都决定了美国难以开展全国性的科技计划，以至于约瑟夫·亨利①和亚历山大·达拉斯·巴奇②等美国顶尖的科学家在通信中痛斥政治家们的假话空话妨碍了美国的科学发展（Taylor，2016）。当然，更广为人知的是在 19 世纪上半叶就预言美

---

① 约瑟夫·亨利（Joseph Henry）是电磁学领域的著名科学家，是当时美国科学界的领袖、史密斯桑尼亚协会的首任会长，以及美国国家科学院院长。

② 亚历山大·达拉斯·巴奇（Alexander Dallas Bache）当时是美国海岸调查局的主管，也是美国国家科学院的发起人之一，此前还担任过美国科学促进会（American Association for the Advancement of Science，AAAS）的负责人。

国将领导世界的法国哲学家托克维尔（Alexis de Tocqueville），他在访美后于1840年出版了《论美国的民主》一书，书中承认“在美国几乎没有人愿意献身于理论化和抽象化的知识的研究”，“在当今时代，没有哪个文明国家像美国一样在高科技领域那样进展缓慢”（托克维尔，1991）。

在1884—1886年，美国国会组织了一个“艾利森委员会”来评估美国海岸和大地测量局、地质调查局、气象局和海军部水文办公室等机构在接受联邦资助后所开展的科技事务的进展，并为此组织了33次听证会。听证会期间，部分委员建议设立专门管理科学事务的政府机构，以提高政府资助的科技活动的效率。但国会讨论所形成的意见却是截然相反的。持反对意见的议员们认为美国宪法并没有赋予政府直接从事科学事务的权利——这与近100年之前杰弗逊、麦迪逊等人对汉密尔顿、亚当斯等期望国家在科技与工业事务中扮演积极角色的主张的批评一脉相承（Dupree，1964；Guston，1994）。值得注意的是，美国当时的经济规模已经超过英国，成为全球最大的工业经济体，但经济方面的成就并没有自动地令美国政府和政治精英接受国家应当大力投资于科技与工业的主张。

当然，在这一阶段美国的工业研发与科技活动也取得了一定进展。尤其是1862年《莫里尔授地法案》的通过，使得国有性质的州立大学兴起。与常春藤大学专注于神学、哲学和文学等学科的传统不同，州立大学因为资金来源主要是州政府以及各州当地的工商事业赞助，所以这些大学普遍都发展了以实用为导向的工程类学科（尤其是与各地的工业领域相关的工程学），包括建筑、采矿、土木工程、电气工程、机械工程、烟草加工等。这不仅使美国出现了一大批工程类大学，还推动原有的传统大学也开始设立工程学科。到1917年，美国的工程类大学已经有126所之多（Noble，1977；Rosenberg and Nelson，1994）。同时，商学教育在19世纪下半叶开始出现，先是在中学出现，随后宾夕法尼亚大学、芝加哥大学、加州大学伯克利分校等陆续开设商学院，并且这种做法很快就扩散到更多的大学（Rosenberg and Nelson，1994）。这一转变非常迅猛，所以部分学者感叹：第一次世界大战结束时，美国不仅在工业上形成了大规模生产体系来生产标准化的工业产品，甚至连年轻的工程师和管理人员也像标准化产品一样被美国的高等教育体系大规模地生产了出来（Noble，1977）。此外，美国部分大学还对教学内容进行了调整，以满足工业实践的需求。其中，麻省理工学院电机工程系在1919年还启动了一个项目，该项目的学生除了在校学习之外，有一半的学时需要在通用电气公司参加工业实践，后来美国电话电报公司（AT&T）和西部电气（WE）等都和大学开展了类似的合作项目（Noble，1977）。

与工程和管理类教学发展相对应的，是美国工业企业研发行为的拓展。这一历史趋势在美国有两个驱动力。一个是在电学领域由爱迪生（Thomas Edison）和威斯汀豪斯（George Westinghouse）等发明家所开创的工业研发先河，后来麻省理工学院的副教授威利斯·惠特尼（Willis Whitney）也加入了进来（Buderi，2000）。这一领域的发展促使美国在1898年前后对其专利制度进行了重大改革，以保护国内的创新和发明。第二个则是源自1890年《谢尔曼反垄断法》和西奥多·罗斯福任总统期间通过1902年北方证券垄断案等事件强力推行的反垄断实践（Mowery and Rosenberg，1998）。这些举措使得当时美国的大企业为了保持资产扩张不得不进入此前未进入的市场部门，纷纷设立内设研发机构来为自己在新领域的商业探索投石问路。在1898年，美国有139个工业试验室；到1918年则增长为553个。研发机构成为大型企业的“常规配置”，从而使得创新活动，如熊彼特所说，被“惯例化”或“制度化”了（Schumpeter，1976；Mowery and Rosenberg，1998）。在基础科学研究方面，虽然哈佛大学率先在 19 世纪 70 年代设立了专业的科学实验室，即杰弗逊物理实验室（Jefferson Physical Labotary），从此将科学研究纳入大学的常规职能，随后康奈尔大学、约翰斯·霍普金斯大学、克拉克大学、斯坦福大学和芝加哥大学等也纷纷跟进（Atkinson and Blanpied，2008；Stokes，1997），然而从整体上来看，美国的科学研究能力并不强。政府也并未对基础科学和工业技术研究进行多少直接的干预（Rosenberg and Nelson，1994）。

总体而言，在第二次世界大战之前，美国主要是欧洲技术的借用者，其自身的优势主要来自美国企业在组织和生产管理中的“大规模生产体系”，而这一体系的基础是科学管理和可互换零部件体系；同时，这一体系也得到了美国国内大规模资源的发掘和大规模国内市场开发的支持。联邦政府除了战争时期以外，甚少在科学研究与工业开发方面扮演积极的角色。美国大学的工程研究和美国大型企业内部的研发机构两者都从 19 世纪末开始逐步发展起来，但它们之间的互动以今天的视角来看是非常有限的：大学除了在少数案例中会接受企业的委托，为企业明确的需求提供相应的技术检验（例如检测矿石的品相）之外，更多是通过扮演人力资源培训机构的角色来为工业界服务的，即为后者提供经过完备训练的工程师与管理人员。大学与工业界之间的这种合作方式基本上维持到了第二次世界大战之前，这也决定了美国并不会在科学研究或工业技术探索上突破当时欧洲主要国家的领先地位。

以第二次世界大战为例，当时德国在坦克、潜艇、喷气式动力等方面都领先于美国，这反映了德国在金属冶炼与材料工程、机械设计与制造、空气动力学等多个科研领域相对于美国的领先优势；甚至战争初期日本在飞机结构设计上相比美国也有自己的优势。美国更主要是通过自己强大的制造能力来打赢战争的：它在战争中共生产了 30 万架飞机，是日本累计产量的 5 倍，德国的 2 倍；共生产了 240 万作战车辆，是日本的 15 倍，德国的 6 倍（Buderi，1996）。

第二次世界大战中敌人拥有的技术优势带给美国人巨大的恐惧感。正如本章开头万尼瓦尔·布什所言，整个盟军面对德军的导弹基本没有防御的方法，而在雷达被盟军成功研发并应用之前，德国的 U 型潜艇给盟军造成了巨大损失。常规武器方面，在整个战争当中德军的虎式坦克经常对美军的谢尔曼坦克打出很高的交换比。甚至在雷达和核武器等前沿技术的研究中，美英联盟也不得不竭尽全力去避免被德国人抢得先机。可以说，第二次世界大战使得美国从普通民众到社会精英，都必须直面国家竞争带来的生存压力，这为系统性的转型提供了社会动员的前提条件。

而万尼瓦尔·布什则推动了美国决策层的行动。布什本人是美国科学界的精英，他于 1917 年毕业于麻省理工学院，在参政前曾担任麻省理工学院的副校长。在科研上，他是模拟计算机（微分机，一种机械式的计算机）的开创者，后期还发展过互联网的理论构想。他在美国社会享有广泛声誉，与不少美国商贾及政要都有良好的私交，他还担任了著名的华盛顿卡内基协会（the Carnegie Institution of Washington）主席一职。布什本人在 1917 年博士毕业后即参加了美军在第一次世界大战中组织的“国家研究委员会”(National Research Council）的工作，帮助美军解决军备技术问题。但该委员会秉持了传统的“军方提要求，科学家去执行”的做法，使得当时科学家们的才智受制于军方代表非常有限的见识（Stokes，1997）。

当第二次世界大战于 1939 年在欧洲打响后，布什决定通过自己的努力去改变美军与科学家合作的传统模式。在 1940 年 6 月，经由当时美国内阁律师奥斯卡·考克斯（Oscar Cox）和商务部部长哈利·霍普金斯（Harry Hopkins）引荐，布什得到了与富兰克林·罗斯福（Franklin D. Roosevelt）总统见面的机会。他临时在一张纸上草拟了四段话，用不到 10 分钟的时间就说服了罗斯福同意他组建国防研究委员会（National Defense Research Committee，NDRC）并任主席。从此之后，布什成为罗斯福在科技事务方面的私人代表，而NDRC则接管了绝大部分美国的军事科研项目。布什得以团结全美科学界的顶级精英，包括麻省理工学院校长康普顿、哈佛大学校长康南特、美国国家科学院主席兼贝尔实验室主任朱威特（Frank B. Jewett）等人共同为NDRC工作，至此，NDRC构建了一张覆盖美国775所大学、工业试验室和非营利性科研组织的网络（Buderi，1996）。当1941年美国正式参战后，NDRC被改组为美国科学研究与发展办公室（Office of Scientific Research and Development，OSRD）。布什改组了战时的科研领导体系，尤其强调用OSRD的科学家团队来主导全国的科学和军事研究项目。OSRD包括19个部门，动员了全美范围内大部分精英科学家。仅以负责雷达研究的第14部为例，该部门下设12个子部门和2个海外办公室，共有3897名科学家；而在战后，仅这个雷达研究团队就产生了10名诺贝尔奖获得者和10名美国总统科技顾问委员会主任。享誉世界的曼哈顿计划也是OSRD所领导的项目之一（Zachary，1997；Stokes，1997）。在政府经费拨付和民间捐赠的有力支持下，布什的科学大军获得了巨大的成就，OSRD在常规武器、雷达、原子弹、制药和所有的化工类军事技术应用方面都做出了重要贡献，以至于当时一位亿万富翁（也是布什的追随者）艾尔弗雷德·洛克米斯（Alfred Loomis）说："如果当时有谁的死亡会给美国造成最大损失，第一位是罗斯福总统，而布什博士应该排在第二或第三位。"（Buderi，1996）

然而，战争中与德国展开的军事技术竞赛和与英国开展的科技合作则让以布什为首的精英决策者感受到了巨大的危机，因为美国的精英科学家们从竞争与合作中更切实地感受到美国在前沿科技上与世界领先国家之间的差距，而在战争中，差距的存在使得美国很可能需要用巨大的牺牲才能弥补。以对战争结果产生重大影响的雷达研究为例，当时引领雷达技术的是英国与德国，法国和日本也具备一定的研究基础。而美国一度以国内企业，尤其是贝尔实验室和通用电气在生产相关联产品的规模和稳定的质量为竞争力，但当伦敦保卫战形势紧迫之时，英国决策者为了加速雷达研究决定将研发中最核心的技术部件“共振腔磁控管”（resonant cavity magnetron）与美国共享，美国精英科学家们发现英国贡献出来的部件是美国最好部件发射功率的1000倍（Buderi，1996；Zachary，1997）。这无疑让布什等精英在庆幸之余也深感压力。

在1944年当战争已经发生重要转折时，美国的部分决策者开始思索战后问题。布什经由奥斯卡·考克斯之口说服罗斯福总统接受了如下的特殊安排：罗斯福允许布什借用总统的名义给布什自己写一封信，信件的内容为向布什咨询战后美国科技事务的发展问题。这封事实上由布什自己起草的“总统来信”为布什发起一个大型政策项目提供了合理性。他组织OSRD的决策者团队分头开展研究，并在1945年撰写了给美国总统的回信，即“布什报告”。这份报告强调，美国应该在战后维持在战争期间形成的做法，联邦政府应该将直接并大力支持科技研发视作自己的职责，因为这是美国国家安全及社会整体福利发展的关键基石。其中，构建这一新体系的核心抓手是建立一个独立于国会甚至独立于总统的全国性科学基金会来统筹美国所有公共部门的科技投资和科技项目（Bush，1945；Stokes，1997）。

布什所构想的全国性科学基金会，也就是后来的美国国家科学基金会，于1950年成立。这一事件更大的意义在于，联邦政府驱动并重塑了美国国家创新系统：在20世纪30年代，联邦政府在全社会科技与研发投入中的支出比重仅为12%—20%（Mowery and Rosenberg，1998）；然而到了20世纪70年代中期，美国联邦政府财政在研发方面的投入长期占美国全社会投入的60%以上，其他主要市场经济国家基本上都没有达到过这样高的比例；在1990—2000年间，这一支出占比依然有 30%—40%，显著高于中国等大部分大型经济体（Fransman，1999；Weiss，2014）。即便到今天，美国联邦政府仍是世界上对创新活动投资最大的政府。美国联邦政府 2022 财年预算案中的研发预算总计 1713 亿美元，远高于日本的年度预算（Congress Research Service，2021；Ministry of Finance，Japan，2022）。其中军事技术应用对于美国战后的技术创新扮演了重要的先导型角色，而美国的军事开支也就此实现了巨大增长：在 1940 年，即美国参与第二次世界大战前夕，其军费开支占 GDP 的比重只有 1.7%；而战后，即便是在朝鲜战争和越南战争之间的和平时期（1954—1964），该比重也高达 8.3%—12.7%。[①]

当然国家对创新活动的直接投资，并不是通过政府机关以行政指令的方式直接管理科技活动的形式实现的。相反，它是以军事技术和航空、能源、卫生健康等不同领域的前沿技术需求为核心，通过提供资源以撬动大学、企业和研究机构共同参与来完成的。相比于 19 世纪主要为产业培训优秀人才的产学合作模式，这一阶段的创新模式大大地前进了一步，大学教育、科学研究、产业开发等活动都紧密互嵌于知识生产过程，使得产业实践当中的需求和实践知识得以与科学探索中的理论与抽象知识更好地结合，提升了创新发展的速度（Mokyr，2002）。同时，国家又通过公共科研、专利保护、技术扩散和反垄断等举措，一方面实现了对发明与创新者的激励，另一方面又维护了一个富有活力的创新生态。

美国创新系统在第二次世界大战之后的转变影响深远。它同时打破了国家军事安全与经济持续发展两方面的困境，使得美国一跃成为世界科技发展的领头羊，并奠定了美国此后竞争优势的基础。电子技术、半导体技术、互联网、数控机床、航空航天和生物医药

① 该数据来源于白宫管理与预算办公室的历史数据表格，具体网址见 https://www.whitehouse.gov/wp- content/uploads/2022/03/hist03z1_fy2023.xlsx，2022 年 9 月 7 日访问。

等，基本上都能从这一阶段美国的军事科研及联邦政府所支持的其他科研项目中找到技术源头（Mazzucato，2013；Weiss，2014）。

在美国迅猛发展、欧洲遭受战争破坏等诸多因素的共同作用下，美国与欧洲在科学研究上的相对态势发生了逆转。表 6-1 展示了不同阶段欧洲主要国家与美国的诺贝尔化学奖获奖情况，这一数据从侧面反映出美国与欧洲各国在科技方面的实力转换。

表 6-1　不同时期诺贝尔化学奖获得者的国籍

国家	1939 年之前	1940—1994 年	1995—2018 年
美国	3	36	36
德国	16	13	4
英国	6	18	7
法国	7	2	2

6.2.2　“隐藏的发展型国家”

“隐藏的发展型国家”是近年来一批学者如弗雷德·布洛克（Fred Block）等对美国发展模式的概括。这些学者用发展型国家[①]（developmental state）这一概念来刻画美国政府与产业部门在发展过程中的紧密互动，尤其是联邦政府在第二次世界大战之后通过直接投资和其他政策激励等方式对社会的科研活动以及工业部门技术创新的支持。“隐藏”指的是美国很成功地将这种国家对经济活动的介入行为隐藏在“市场导向”的意识形态以及其他议题背后（Block，2008；Weiss，2014）。

就“发展型”的一面而言，美国联邦政府在战后一直都以国家

① 发展型国家是政治经济学者对 20 世纪下半叶东亚国家快速工业化现象做出解释时所发展的概念。根据该概念，发展型国家是具有紧密的政商合作机制的国家；而国家需要有持续的发展意愿，其经济决策官僚需拥有高度的自主性，并且执行有选择性的产业政策（Johnson，1982；朱天飚，2006）。

安全为杠杆来撬动美国工业技术与创新经济的发展（Weiss，2014；Wang，2008；Stokes，1997）。事实上，美国联邦政府在创造新产业、为创新提供补贴、主动组成科技或产业联盟来攻克技术瓶颈等方面一直发挥着重要的作用（Branscomb，et al.，1999；Dertouzos，et al.，1989）。这种作用不仅是显著的，而且是成体系的。美国能够根据技术发展的不同类型、不同阶段做出有针对性的政策设计，用国防部或其他部委的科技项目预算、政府为特定领域设立的专业创新基金、政府设立的半社会化的风险投资基金和产业投资基金等不同的激励机制来成体系地实现对创新的孕育与孵化（Mazzucato，2013；Janeway，2012），足以反映美国在长期经验积累的基础上所形成的精巧的组织性、制度性设计能力。

而对于“隐藏性”的一面，正如维斯（Weiss，2014）等学者所提出的，这与政治意识形态中美国社会长期存在的“反国家主义”传统有着密切的关系，本章对自杰弗逊与汉密尔顿以来美国国会内部就此类议题的长期分歧已经做了一定的分析。然而，美国的决策集团在面临系统性危机时又能坚决地采取一致性行动，在过去200年中美国实际上一直都在采取积极的产业政策（Chang，2002）。在两种意识形态反复斗争的背景下，美国在发展过程中所积累下来的、用以激励工业技术与科学研究发展的制度安排则大多隐藏在一个网络化的协作机制中，这个网络在政府的一端包括联邦政府各部委、负责专门领域的政府委托机构、开放性的专项计划或专项基金、公私合作的基金或委员会、政府采购机制等不同形态。虽然这些机制并不以一个整合性的政府部门（如中国、韩国等国家所采用的“科技部”、日本所采用的“通商产业省”等形态）出现，甚至部分机构还是公私合作性质，但它们都很好地体现了美国的国家意志。同时又正由于它们并不体现为一个整合性的政府部委，而是由各领域执行不同政策的机构组成，所以这个网络能更好地发挥不同政府机构的专业性。这都使得这些机构能更好地渗透进社会，并与社会一端的各类主体协作。被纳入政府所发起的这个网络化协作机制的，不仅有传统的大企业、大学和科研院所，中小科技企业、大学里的科研团队也都能被各种政府专任机构准确定位并纳入进来（Schrank and Whitford，2009）。由此弗雷德·布洛克等学者把美国称为“网络化的发展型国家”（Block，2008；Block and Keller，2009）。而这种网络化的协作机制，并非二战结束时政策决策者们事先设计好的。事实上，它与布什报告的落实，以及1957年“苏卫事件”所引发的“任务导向”（mission-oriented）的科研组织机制都有关系。

在第二次世界大战之后，政府和科学界在战争中出色的表现和战争的胜利增强了科学家的公共声望，使得人们对于政府资助科研的重要性产生了极大认同。到了20世纪中期，大量重要的科技项目和技术研发活动都体现出高度的复杂性，其成本也大大提高，人们也认同单纯依靠私人部门已经很难完成大量研究活动，由此，制定合理的科学政策成为当时人们的普遍共识（Smith，1990）。但人们依然就以下这些问题争论不休：应该支持哪些科技活动？政府是否应当资助那些具备非公共属性的科技活动？应该设立怎样的制度安排来实现国家对科技活动的支持？以及相应的资助机构应当由谁以怎样的机制来管理与监督？

而这些问题之所以会产生，主要是由于富兰克林·罗斯福在1945年4月意外去世，当时布什报告还没有完成，而完成后的报告是递交到接任总统职务的原副总统杜鲁门（Harry S. Truman）手中的，杜鲁门很不喜欢布什——这很可能是因为布什在此前的权势实在太大，而且他的权力来自罗斯福的直接个人授权（Kevles，1977；Zachary，1997）。这种微妙的变化助长了潜在的对布什的反对声音，国会内部出现了直接反对布什的代表性人物，即民主党参议员基尔格（Harley M. Kilgore）。不过这二人的分歧在于，布什认为未来的美国国家科学基金会应该独立于国会和总统的监管，由独立的科学家委员会来管理；而基尔格则认为美国国家科学基金会应该由联邦政府掌控。布什进行了一系列政治运作，尝试由两党不同的议员以新的报告的方式来贯彻自己的设想，其中一份由共和党议员霍华德·史密斯（Howard A. Smith）提出的议案在1947年获得国会两院的批准，但杜鲁门针对这个议案动用了总统的否决权（Smith，1990；Zachary，1997）。结果是美国国家科学基金会直到1950年才最终成立，当时朝鲜战争的爆发使政府意识到自己在统筹科学研究方面的不足，国会也要求政府将军事研发交给科学家管理，这一次精英们终于又达成了一致（Neal，et al.，2008）。

但是，从布什在战争期间提出动议到1950年NSF成立之间的这一段争论期，美国军方和联邦政府各部门的行动改变了美国最终实施创新战略的结构。由于OSRD在战争期间夺走了美国海陆空各军种总部对军事技术开发的资源配置权，各军种总部对OSRD早有不满；而科学家们在战争中所获取的巨大社会声誉，以及罗斯福对他们的信赖，使得军队各部都非常担心“军事科技主导权”会在战争结束后继续旁落。因此，以与OSRD矛盾最突出的海军部[①]领衔，军队各部都开始筹建自己独立的科研体系，甚至在战争结束之前，它们就拿着合同要求相关联的科学家签约与其合作。其中，海军部在1945年就抢先建立了海军研究办公室（The Office of Naval Research，ONR），全然不顾当时他们根本没有获得国会授权——国会在1946年才基于既定事实认可了ONR；但ONR当时已经迅速扩张为战后美国雇用科学家人数最多的科研机构（Zachary，1997；Buderi，1996）。而布什倡导将NSF建设成为一个无须受国会管束的、全面管理美国所有科技事务的机构，也令联邦政府其他部门感受到了压力。各部门出于

① 在战争中，海军对OSRD的抵制最强烈，这也是为何直到1943年4月雷达才在反潜战中成功应用。当然，其中也有科技开发进度的原因。

部门利益考虑，纷纷效仿军方的做法建立自身的研究体系，例如曼哈顿计划等核能研究部分在 1946 年被发展为原子能委员会（Atomic Energy Commission，AEC），并设立了美国国家实验室系统。由于 NSF 未能在战争结束之后马上成立，作为布什等人最重要的同盟，美国国立卫生研究院（National Institutes of Health，NIH）大力拓展了自身的科研体系，在战争结束后承接了 OSRD 大部分科研项目委托。

这一系列政治竞争活动使得美国在 1950 年已经在科技政策领域形成了多元管理的体制。所以，在 1950 年终于成立的国家科学基金会并没有如同布什所设想的那样成为一个全国统合型的科研管理机构。同时，这个多元化的科技管理结构还在后来的改革中被不断放大。美国目前共有 30 多个涉及研发经费管理的部门，其中国防部、国家航空航天局、国立卫生研究院、能源部、商务部、农业部、运输部、环保部和国家科学基金会等九个部门所涉及的科研经费占政府科研经费预算总额的 95%（吕薇等，2002；樊春良，2005）。而在这些部委下面有更多的科研管理主体是以专门委任机构的形态存在的，它们仅向自己的上级部门负责而无须受到政府其他上级或同级部门的约束。这使得美国的科技与创新体系最终形成了布洛克（Block，2008）等人所说的“网络化的发展型国家”的形态。

即便是在国家科学基金会成立之后，美国社会依然就科技预算的制定和分配，以及带应用性的科研活动①是否应得到公共部门资金

① 带应用性的科研活动，被唐纳德・司托克斯（Donald Stokes）等参与政策决策讨论的学者定义为“巴斯德象限”［以法国微生物学家路易斯・巴斯德（Louis Pasteur）命名］内的活动，即有工业应用目的的科学研究活动。这类活动因为同时具备基础科研与工程应用性的特点而兼具公共性与私有属性，因此，反对者认为国家如果资助此类活动就相当于资助私人企业家。而司托克斯等则强调了应用活动的发展会对科学发展形成有益甚至是关键的启发，而且这类活动对于保证公共领域内科学发展的系统性往往具有重要意义（Stokes，1997）。除了巴斯德象限外，司托克斯（Stokes，1997）还定义了“玻尔象限”［以丹麦理论科学家尼尔斯・玻尔（Niels H. D. Bohr）命名］，即纯科学类的研究活动；以及“爱迪生象限”［以发明家托马斯・爱迪生命名］，即纯应用类的研究活动。

资助等事项争论不休。而此时恰逢艾森豪威尔政府在朝鲜战争结束后力主缩减联邦政府的财政支出，这使得美国事实上在 1957 年之前并未大规模地推进其积极的创新政策（Stokes，1997）。

而正如本书导言部分所提到的，1957 年 10 月和 11 月，苏联接连成功发射了人类历史上第一颗和第二颗人造卫星，向美国展示了苏联领先的导弹技术和太空技术，更让人意识到苏联在核武器全球投放能力上相较于美国的优势。美国公众对此大感震撼，而更让他们恐慌的是，美国的应对举措——在 1957 年 12 月发射“先锋号”火箭，竟然遭遇了失败（Wang，2008）。

以物理学家爱德华·泰勒（Edward Teller）为首的美国精英科学家努力劝说美国时任总统艾森豪威尔对此采取积极的措施，以加强美国的科技力量。虽然艾森豪威尔一开始拒绝了这一提议，但科学家们故意将本来呈送给总统的《核时代的威慑与生存》爆料给了媒体——这份报告通过夸大苏联的军事威胁，强化了人们对当时美国所遭遇的国家危机的认识。这使得全社会被充分地调动了起来，艾森豪威尔也只得调整政策思路，并通过一系列广播和电视演说向社会公众承诺，保证保持美国在军事科技和核武装力量方面的绝对优势（Rearden，2012）。

这一事件使得美国在创新领域的国家介入猛然加速，美国社会关于政府资金是否应当资助应用型研究的争论顿时消失。在新的体系中，是私人企业而不是大学成为从联邦政府军事科技项目获得最多资金的主体。当然，大学通过自身与政府、企业的合作关系成为这一体系的重要部分。在新时期，大学能够直接将来自国防、政府或企业的需求放到自己的实验台上，从而让大学内部对科学与工程知识的生产直接嵌入社会实际应用需求的情境（Stokes，1997）。争论的消失还催生了“任务导向型”科研组织形式。为了解决与苏联全方位竞争中的一系列问题，人们不再强调从基础科学到应用科学再到工程的线性思维，而是从具体的挑战和任务出发，设立了一系列机构和项目，如美国国防部高等研究计划局（DARPA）于1958年成立，这个机构以互联网、人工智能、GPS和大量新材料、新能源方面的创新而闻名于世。从创立之初，DARPA就独立于任何军种而直接向国防部汇报，专门资助前沿开创型的技术应用。它并不从属于任何已有的科研体系，且当时美国传统大企业并不适应DARPA锐意追逐前沿技术的模式，由此DARPA逐渐发展出一种网络式合作结构：它灵活地雇用学术界和企业界的技术精英作为管理者，并通过外包合同将来自不同大学、政府部门、科研机构和企业的精英联系在一起（Fuchs，2010；Belfiore，2010）。同时，为了促进成果转化，DARPA完全不受传统机构功能设计的约束，发展出了专门支持相关技术进行商业转化的风险资本（Weiss，2014）。由此，综合其网络式的运作机制以及与私人工商及投资事业的紧密结合，DARPA事实上为硅谷模式的崛起奠定了基础（Mazzucato，2013；Fuchs，2010）。

无论是任务导向型的思路，还是DARPA这种灵活的、网络式的组织方式，都受到了美国联邦各部门的青睐和效仿。除此之外，为应对“苏卫事件”，美国于1958年成立了国家航空航天局（National Aeronautics and Space Administration，NASA），而且在1957年11月组建了总统科学顾问委员会（President's Committee of Advisors on Science and Technology，PCAST）。该委员会担任美国总统在国防与基础科研方面的政策顾问，而在实践中它起到了保证基础科研在美国联邦预算中的地位，并协调基础科研与联邦政府各部门所负责的军事科技、能源、太空与卫生健康等应用技术开发之间平衡的重要作用（Wang，2008）。甚至连风险投资行业都源自美国商务部在“苏卫事件”后设立的“小企业投资公司”（Small Business Investment Company，SBIC）。直到20世纪90年代，受到美国政府支持的、以大学为出资方的风险投资公司依然在美国创新投资领域扮演着重要角色（Weiss，2014）。

至此，美国因为第二次世界大战所启动的系统性转型基本完成。美国政府通过军事科技开支和联邦政府各部门的投资直接推动了其国内基础科研和工程技术研发的大发展，并且将大学、研究机构和企业都纳入这一体系，此外还发展出一系列金融制度、技术转移制度来促进知识在不同部门之间和在产业链上的转化与扩散。这使得美国在战后成为全球性科技力量的领先者，其竞争优势不再仅限于大规模生产体系，也基于其在基础科研和工业技术上的领先地位。

6.3 20世纪80年代后的转变：开放式创新

当“开放式创新”(Open Innovation）这一概念扩散开后（Chesbrough，Vanhaverbeke and West，2006），各国读者对美国当前创新经济模式的理解，都是以硅谷经济和开放式创新为想象范本的。这一模式是由美国20世纪70年代中期之后的系统转变带来的。当时，由于冷战的关系，美国持续20多年在军事和太空领域进行高强度投入，使得联邦政府在财政上难以为继；而越南战争的巨额开支更是加剧了它的困境（Wang，2008）。尼克松执政以后，美国开始遏制其海外开支的增长。此后的福特和卡特总统也继续秉持这一策略。卡特执政时期，美国面临显著的经济萧条、通货膨胀和失业问题，卡特尝试在经济部门中解除大量政府管制以激发私人部门的活力，而里根则直接宣称“政府不是我们解决问题的办法，政府就是我们的问题所在”。政府执政理念的重大变化导致联邦政府预算占GDP的比重明显下降；除少数战争时期外，美国政府财政预算占GDP比重在二战后大部分时间都是持续攀升的，而里根政府时期则是明显的拐点（Walton and Rockoff，2005）。在这一时期，国会出现了大量声音质疑美国的创新政策，即质疑美国长期以来以联邦政府作为全社会研发经费最主要的支付人，并以军事科技应用为主导来引领国家科研投资的政策是否有足够的效率（Huges，2004；Wang，2008；Weiss，2014）。联邦政府财政支出的缩减与国会内部的质疑对当时美国的国家创新系统形成了巨大挑战。这驱使美国的精英决策者们开始推动系统性的转型，争取发动私营部门来接过国家科技研究投入的接力棒，从而在联邦政府投资占全国研发经费比重下降的同时，保证美国在创新投资上的力度。

这一转变是以 1980 年《斯蒂文森-威尔德勒技术创新法案》和《拜杜法案》为起点的。与同时期大部分其他相关法案一样，这两部法案在国会内部都是由跨党派的议员合作提起的[①]。这反映出两点：其一是精英集团在应对危机、促进转型时显著的一致性；其二是美国国内的政治分歧往往是建立在此前制度建设的基础上的。当人们对于科技在国家安全与国家竞争力方面的作用的认识已经被二战后的数次危机和转型形塑之后，国内的政治家和主流社会舆论基本上不会再去挑战这一价值观。

在 20 世纪 80 年代，除上述两部法案外，美国国会还通过了《小企业创新发展法案》（1982 年）、《国家合作研究法》（1984 年）、《联邦技术转移法》（1986 年）、《多边贸易与竞争力法案》（1988 年）和《国家竞争技术转移法案》（1989 年）等等。这些法案的核心都在于要求联邦实验室加快把联邦所拥有的，以及正在生产的技术向地方政府与私人企业转移，允许政府科技项目的受托人获得相应成果的发明专利，加强联邦政府对中小企业所开展的、具有商业

---

① 根据本书作者的统计，在 20 世纪 80 年代的《斯蒂文森-威尔德勒技术创新法案》《拜杜法案》《小企业创新发展法案》《国家合作研究法》《联邦技术转移法》和《多边贸易与竞争力法案》中都体现了跨党派特征，即这些法案要么是通过跨党派的合作提出的，要么就是在提出后由跨党派的议员组合在立法程序中担任联合提案人的。

化前景的研究活动的资金支持，鼓励美国私人企业组成正式或非正式的战略联盟，并在通用的、竞争前的技术开发活动中开展合作，等等。在这一时期，这些政策成功构筑了一个“常态有效”的技术市场，并通过鼓励技术的所有权在合理的前提下从公共部门向私人部门转移来激励私人部门的投入，这一方面鼓励了私人部门对商业化相关技术的投资，另一方面又形成了私人部门追逐技术、购买技术专利的市场机制。

这些法案激发了美国大学和私人部门从联邦政府支持的科研项目中获取专利的热情。莫利和纳尔逊（Mowery and Nelson，1999）发现，在 1993 年获取研发经费最多的 100 所美国大学在 1979 年的专利总数仅有 196 项，1984 年增加为 408 项，1994 年其专利数达到了 1486 项。从政府资助的科研项目中获得专利后，大学和私人企业有更强的动机去投资研发相关联的技术、推动专利技术商业化、支持从大学或大企业衍生的技术型中小企业等等。这反过来又强化了企业基于专利技术的创新竞争，尤其是在计算机与信息通信类产业里，企业获得专利不仅仅是为了从专利产业化中获利，也是为了防御竞争对手的打压而确保自己能生存下来——在企业专利交叉授权的谈判中，缺少专利或者缺少有价值的专利的一方往往不得不付出巨大的经济代价。这一转变使得美国全社会研发经费的来源在结构上产生了重要翻转：在 20 世纪 70 年代中期之前，美国联邦政府长期占社会研发总出资的 60% 以上，而到了 20 世纪 90 年代，私人部门则占到 60% 以上（National Science Board，2000）。

此次转型大大促进了战后以军事科技需求为导向的大量前沿技术的商业化，进而加强了美国产业部门在全球竞争中的技术优势。由于美国存在一个活跃的外部技术市场，美国的一些大企业如苹果公司等，它们的研发投资强度甚至比欧洲或亚洲的竞争者低很多（Mazzucato，2013），因为国家已经为相关创新活动的科学研究、技术原型甚至技术孕育支付了部分成本；同时，在 20 世纪 80 年代之后被大规模激活的高科技中小型企业也为大企业提供了可供整合的科技资源。可以说，在过去 20—30 年中，学术界和商业界热衷于讨论的“模块化创新”“集成创新”“开放式创新”，都是基于国家长期投资于前沿科技活动及 20 世纪 80 年代的系统转型这两个重要的前提条件而产生的。如果没有这两个条件，这些创新模式很难在任何一个国家成为常见和主流的现象，就好比它们今天并没有在世界上大部分国家（包括高度市场化的国家）成为主流现象一样。

当然，对于美国创新系统在 20 世纪 70 年代末之后的这一次转型，部分学者存在一定的疑虑。有学者认为美国事实上并没有在后期孕育出太多重大的技术创新（Mowery and Nelson，1999；Weiss，2014）。本书也支持这种疑虑，因为的确直至今天，美国在工业和创新经济中所拥有的、奠定其全球领袖地位的关键技术，绝大部分的技术原型都出自第二次世界大战到 20 世纪 70 年代末这一时期，而在这一转型之后鲜有重大技术诞生。当然这一现象依然需要更严谨的数据支撑，同时不能排除另一种可能，即新阶段所诞生的重大技术突破可能需要更长的时间才能被私人部门的创新者成功地产业化和商业化。但起码在理论上这一推理是清晰的，即私人部门受制于经济理性，难以支持需要中长期才能受益的基础型技术和关键技术的研发投资，更难以长期主动地去驱动科学突破难关。

当然，这一批评依然只是相对性的。因为不论从研发投资支出结构还是从国家为社会研发活动所提供的资金的绝对值上，美国依然领先于大部分主要经济体。

本章使用了格申克龙式框架来解释美国在过去 200 年间几次关键的系统性转型，这些转型使得美国从一个落后的农业国在短短数十年内转变为世界上独树一帜的最大的制造业经济体，又从一个主要以模仿和跟随欧洲而获得技术、通过大规模制造实现增长的经济体转变为世界性的科技高地和创新高地。这一系列转型不是由市场力量自组织完成的，而是通过国家启动变革来形成解决问题的关键决策，进行社会动员，汇集资源以大规模、长时间地投资于战略性领域，并建设相应的辅助性制度条件和经济条件，来撬动各类社会经济参与者逐渐调整彼此之间的互动机制而达成的。启动每一次关键的系统转型的驱动力不仅仅是经济性的，更是政治性的，系统转型是基于社会整体对国家竞争的压力与危机的认知而得以发动的。

在美国的案例中，国家创新系统的几次转型无疑是深刻的。19世纪初期的实践实质上反映的是国家需要为工业的发展提供基础设施（汉密尔顿和克莱等人的主张）；而对可互换零部件体系的探索，则是要在当时的资源条件下摸索出有效的社会组织方式，即各种要素在进入生产性过程时的组织方式和制度性条件。而这些转变完全超出了市场机制自组织、自我演进的范畴，即便伟大如伊莱·惠特尼这样的企业家、发明家个人或群体也没有能力解决。因为他们缺少撬动整个社会经济体系的能力，更缺少立足于中长期国家整体战略目标的决策合理性。美法同盟关系破裂、美国面临战争威胁为驱动这一生产组织方式的变革提供了危机动员的合法性来源。第二次世界大战给美国带来的转变则更为深刻，它甚至树立了战后人们理解“创新经济”的范本。这一次转型是美国经历两次系统性危机后最终完成的：二战期间与敌军、盟军在军事实力方面的差距，战后和苏联的军备竞赛与技术竞争，都使美国社会感到震惊与恐惧。在巨大的压力下，国家推动完成了此次创新系统的转型，并最终使得政府、企业、大学、研究机构等每一类参与者的职能及行为模式都发生了重大变化，更使得创新活动的组织形式产生了变革。它使得政府和军事部门直接成为创新经济的内在组成部分，为技术创新提供了需求、资金、组织能力和研究载体；大学不再仅仅是人力资源的供给者，它与企业内设的研发机构一样，其研究职能也在很大程度上嵌入工业研发的体系，即其知识搜索、知识生产的活动已经成为工业研发的一部分；部分产业活动越发“科学化”，这使得大企业所雇用的科学家与工程师团队的职能不再停留在19世纪中后期那种仅仅是为企业的生产活动收集和分析技术数据的阶段；而大企业也不只是关注短期内有应用潜力的技术，而是开始尝试在基础性技术和科学研究上投入大量资源。除此之外，美国体制中所形成的第三方组织，包括各种技术协会、标准化组织、产业联盟等也承载了大量技术讨论和技术研发功能，使得知识的生产被充分社会化了；知识生产的活动不再仅仅集中于大学或大型企业，而是弥散于产业链合作、科学或工程技术共同体、规制机构甚至非正式的技术组织。而美国政府直接的资源投入，或者通过发展政府投资项目，或者采用市场化的风险基金和产业基金等方式，为上述协作关系的形成与发展提供了充分的“燃料”，从而使这些协作关系得以通过实践逐步制度化，形成新的创新系统的内在组成部分。因此，可以说，国家不仅驱动变革，推动塑造新的创新系统，同时在这个新的创新系统中，国家同样作为参与者扮演着重要角色，即为这一创新体系提供要素，并维护其有序运作。

20世纪80年代后向“开放式创新”的转型则是在联邦政府面临财政支出压力与国会内大量质疑声音的危机下推动的。国家颁布了一系列法案来激发私人部门进行技术研发与购买技术专利的投资热情，进而形成了一个活跃的外部技术市场，私人部门也最终替代联邦政府成为全社会研发经费的主要来源。

当然，国家或者国家的精英决策集团并不会事先拥有关于系统转型的完备方案。国家所面对的系统性危机并不是成功转型的充分条件，即便是最后成功实现转型的德国与美国，它们的制度构建也是在屡次尝试中反复调整、试错而最终完成的。我们不能简单地将格申克龙式的分析框架仅仅理解为危机动员；有效的资源动员和配置机制是后发国家通过应对危机来驱动快速工业化的重要条件，而要想有效利用这些条件，后发国家则需要在实践中发展内生的制度安排。而这个制度被构建的历史路径往往决定了不同国家之间创新经济模式的差异，如德国更依赖社群式的企业间协调，美国则依靠网络式的互动结构，日本倚重于国家与财阀以及财阀内部不同企业之间的协调，而韩国则依赖国家对财阀的直接影响力等。这些做法都帮助相应国家逐渐形成了新的创新互动机制，即它们不仅是国家动员工业的机制，同时也是在长期的创新活动中不同主体之间进行信息交互和协调、用以回应不确定性和外部竞争的“受组织”的机制。此外，它们都有着明确的路径依赖特征，深深地内嵌于各国的社会体系。

至于为何某些国家能够更有效地应对国家竞争或国家危机，在资源相对短缺的条件下发展出有效的机制，这或许就要从其精英集团的形成，以及精英集团与社会的互动机制中寻找答案。而对这些问题的讨论显然超出了本章的范畴。但可以明确的是，对它的解释必然不可能仅仅停留在经济行为维度，也需要从政治和社会维度去寻找答案。

简言之，对于转型问题，创新系统或创新市场经济自身并不具备完成系统转型的演进能力。当然，这并不是否认市场机制自身有纠错和演进的能力。当国家驱动创新系统转型时，它无法为新的创新系统提供完备的设计图，制度的补缺和完善大多需要由多元的参与者通过互动与试错来完成，这是现实中的市场自我演进能力的体现。此处想强调的是，当讨论那些结构性的系统变迁，例如从农业经济转向工业经济，从制造型经济转向创新导向型经济，或从依附型经济体系转向自主创新型经济体系时，这些变迁所需要的资源，以及不同部门、不同企业的集体行动都超出了单个企业或者市场自组织机制的能力范围。历史上的确存在一些卓越的企业家和创新型企业通过自身开创性的工业实践推动了社会经济的演进，但一则他们的努力同样需要国家在制度构建上的支撑；二则本书中所讨论的剧烈的创新系统性转变所涉及的范畴更为宏大，涉及主导性产业的变更，涉及政企关系、科研与产业关系、中央与地方关系等重大的结构性因素的变迁，涉及社会人力资源培养与利用方式的重大转变，也涉及本国在国际经济体系中的选边站位，而这些转变事实上改变了国家经济内部的要素结构，更改变了人们开展创新互动的基本模式。这种转变无法一蹴而就，而中间的转型过程需要由非经济性的力量持续对主导性部门进行投资，并以此作为撬动社会相关部门转型的杠杆。由此，这样的转变只能由国家凭借政治性的力量来完成动员并推动社会化变革的实现。而新的市场状态下的工业技术和制度安排往往也是在转型的过程中，人们持续地应对问题与挑战时创造出来的。

第三部分

中国的结构性转型与发展型国家的重塑

第二次世界大战之后崛起的东亚国家和地区可以分为两类。除中国之外，二战之后东亚地区兴起的工业经济体几乎都是在美国主导的国际经济体系下发展起来的，这是一类。东亚地区经济体的快速工业化是通过嵌入以美国为中心的国际经济体系启动的，在军事和政治上存在对中心大国的依附，这种依附性为其获取技术和市场带来了明显便利，但也埋下了隐患。自 20 世纪 50 年代开启工业化进程的中国则是另外一类。与日本和韩国相比，中国虽然自改革开放之后同样加入了国际要素市场与消费市场，但在国家军事与政治方面的独立自主性、国内工业体系、国内市场规模以及最终形成的经济总量等综合效应上，中国模式与日韩模式有本质上的差异。因此，虽然在经历快速经济增长后，中国也遇到了与日韩类似的发展瓶颈，但中国今天所面临问题的实质以及寻求解决问题的可能性和解决之道，都与日韩经验有着根本性的差异。

人们对东亚模式发展型国家的“发现”和对它的批评都值得再反思。如果单单考虑通过紧密的政企互动和有选择性的产业政策来促进国家工业经济发展，事实上东亚国家并不是首创者。19 世纪的德国和后来的美国都在不同程度上采取了类似的手段。如果因为日韩等东亚经济体在 20 世纪 90 年代末之后的发展遭遇瓶颈就批评其发展模式，那么结合此前对德国和美国的分析来看，这种批评是值得深入反思的；尤其是考虑到部分学者称美国为“隐藏的发展型国家”或“网络化的发展型国家”，即通过充分的、有效的政企互动来建立并保持创新优势，而这些做法依然是当今发达国家常用的重要举措。这种反差要求我们对东亚传统发展型国家的症结展开更深入的思考，即到底是国家在创新经济中不再起作用，还是国家参与创新经济的形式存在问题。正视美国在二战后创新经济崛起的经验，学者们不能既将美国当作创新经济的典范，同时又简单地否定政企互动和广义的产业政策手段，这在逻辑上显然是无法自洽的。

中国的快速工业化过程之所以与东亚其他在二战后成长起来的工业经济体的工业化过程有本质差别，是因为中国在军事和政治上的独立自主使得它保持了发动应对涉及国际体系冲突这种重大外部危机所需要的社会动员的政治合法性。完备的工业体系、大规模的国有经济部门、长期大规模投入所塑造的世界上最大的工程和科技部门人力资源存量，以及已经得到一定程度培育的庞大国内市场，使得中国拥有通过资源动员和资源投放来创造经济空间、塑造新的创新结构的潜力。在这个过程中，中国也发展出了带有本国特征的有效的资源动员和投放机制。

本部分的中心任务在于运用本书已经发展的理论框架来解释二战后兴起的发展型国家的历程，分析其困境和未来出路。第七章分析了东亚传统发展型国家兴起的历史现象。出于篇幅的考虑，对东亚传统发展型国家兴起背后的逻辑诠释将在第八章完成，同时该章也将分析传统发展型国家模式在 20 世纪 90 年代末“衰落”的现象背后的机制。第九章将讨论中国创新系统的两次重大变迁和目前的转型任务。

第7章 “传统”发展型国家的兴起

“发展型国家”理论在20世纪70—80年代的兴起更多是一个理论事件。因为这一概念中的大量元素在欧洲重商主义兴起的时代就已经出现，而德国和美国的崛起更使得这一概念特征鲜明，甚至有不少学者依然在用“网络化的发展型国家”来描绘美国当前的创新体制（Block，2008）。当然，学者可以为这一概念加上各种各样的定语，但这样一来就扭曲了这一概念被用以分析国家与社会的合作形态对工业发展的推动作用的初衷。本章标题中的“传统”二字事实上更像是学者们的一种习惯表述，它并不表明这种现象所产生的历史次序，因为通过国家与工业之间的紧密互动来撬动系统转型早在德国和美国工业化时期就已经存在了。此外，由政企互动来驱动创新与工业发展的现象如今依然普遍存在，那么“传统”二字也不能说明这种活动的实质已经过时或者消失。

日本、韩国等东亚经济体的案例之所以被人们视为发展型国家的典型而被特别强调，在一定程度上是人们为了辨析不同发展经验时的便利。首先，与19世纪德国和美国的崛起经历相比，东亚经济体已经形成了当代学者更容易辨析的国家机器，且政府与产业部门的互动也有明确的执行主体和财政预算。此外，社会的意识形态也相较此前有了巨大的变化，国家与工业的互动更易于为公众所观察和分析。其次，与二战后美国的实践相比，东亚经济体有更明显的集体主义与国家主义倾向，所以相比美国躲在“反国家主义”传统背后的“网络式”或“分权化”的国家—社会互动机制，东亚经济体的实践更容易让人们产生强国家干预的想象。但更重要的是，“小政府”理念似乎是二战后，尤其是当各种理性选择学派的理念逐渐成为人们分析经济政策的认识基础后才成为人们的主流看法的。对于大多数经济学和政策科学的学习者而言，在此之前的发展实践似乎更接近“史前”事件，他们也就没有充分意识到，这个所谓“史前”其实是与正在行进时的“现代”紧密相连的。

日本和韩国以紧密的政企互动来发展产业政策，选择战略性产业部门从而获得了工业的快速发展，这与当时特殊的国际环境使国内形成了高度一致的发展意愿有密切的关系。战争、地缘政治压力，以及与之相关联的贫困甚至饥饿，使得两国国内社会都接受格申克龙式的资源动员。国家通过向与政府有紧密互动的大型企业投放战略性资源，并充分利用外部由于战争或者国家间矛盾形成的市场空间发展工业经济。国家驱动系统转型的战略，并没有直接产生具体的创新模式；换言之，当国家作为创新系统转型的驱动者时，它并不事先拥有答案。国家所提供的只是转型的方向及产业实践最初的主体骨架，即国家行动解决的是转型的总体战略性任务和方向是什么，以及主要通过哪些行动者来贯彻国家意志等问题。国家的转型战略，或者说广义上的产业政策本质上是一个“发现”的过程（Rodrik，2007）：国家提出明确的总体战略目标，通过动员和资源投放提供相应的舞台；国家通过对其他领域的资源压缩和对选定领域的资源倾斜，制造出了安士敦（Amsden，1989，1990）所说的“扭曲要素价格”效应。但这种政策实践的意义并不在于直接缔造出国际一流的企业或者产业，因为在相对不发达的国家直接用资源堆起来的“虚胖”企业是不可能有一流的竞争能力的。其最重要的意义是通过形成核心企业，为产业链上各厂商、配套产业、大学和科研机构等主体之间的有效互动提供试错机会，以加快积累经验和形成能力的进程——而如果事先没有国家“扭曲要素价格”，这些创新性互动是难以发生在选定的战略性领域的，因为这些领域在此前的环境下并不经济。大量互动性关系甚至新的主体都有可能在这一过程中随着产业活动的开展被塑造出来。

所以，从理论上来说，国家当然要令不成功的产业政策退场。然而，我们必须用动态的眼光来看待国家主导的战略性举措。在发展过程中，在国家的结构性产业政策的作用下，先前“不经济”的产业协作关系很可能会因为社会集体学习过程的开展，而逐步变得经济起来——这正是结构性产业政策的逻辑出发点。由此，一些产业政策虽然“扭曲”了市场机制，并在特定时期看起来不经济，但它们可能并不需要“退出”，否则发展中国家的工业化就无法持续地推进。快速工业化过程的高度动态性，使得人们难以依据特定时间断面上的计算来看待产业政策的成败，由此对产业政策的讨论应当被转化为对国家在发展过程中的“角色转换”的分析。

从现实来看，在快速工业化阶段，日本和韩国的产业政策都保持了高度的动态性。例如国家所选定的战略性产业实现了从重机械类、重化工类向消费电子、半导体集成电路类的转变；国家对特定产业的政策也从关税保护、抵制外资进入等进口替代政策向提供出口补贴、鼓励引进国外技术的出口导向政策转变；甚至国家对创新生态的关注，也由主要关注规模导向的大型制造企业，陆续转向关注机床和仪器设备等资本品环节，最后到关注创新型中小企业和高校、科研院所。不少学者也不约而同地将日本和韩国在二战后的国家工业发展，按照政府主导部门所采取的政策类型划分为多个不同的阶段（Johnson，1982；Forbes and Wield，2002；Kim，1999）。可以说，即便是在追赶目标相对明确的快速工业化阶段，国家通过产业政策推动工业发展及其持续演进的核心要义依然是，国家如何在发展过程中摸索它和关键行为者的关系、如何确定使用战略性资源的模式。正是这种国家引导工业的政策的动态性使它得以持续地将社会整体的战略性资源投放到能够创造新的增长空间、带来生产率提高的领域，并在发展的过程中不断地解决因为全社会在特定阶段将资源集中投放在重工业领域而引发的结构性失调问题。

工业发展本身具有迟滞性，再加上工业体系越发复杂，由此相关的产业政策实践成为一个“发现性”的过程，需要战略决策者在这个过程中不停地去发现问题，寻找解决问题的组织方式。不论是为了实现有效的资源动员和社会动员，还是为了从实践中获得充分的信息反馈，国家都需要与产业、大学科研院所等社会部门构建有效的信息交互机制，以及时有效地获得信息反馈来调整政策，并以此作为推动政策对象和政策工具演进的依据。国家与社会进行信息交互的机制是由各种信息交互的渠道、议题设置机制和协商机制来保障的。由此，这套信息机制从本质上是组织性的，存在路径依赖；同时它也是政治性的，因为反过来也影响了国家决策的认知基础和决策偏好。那么，当国家与社会、与产业互动的网络由于路径依赖或者既得利益结构而产生了僵化，那么国家就可能无法有效掌握关于新的创新主体和新的政策工具的信息，这时，系统性的问题就产生了。

本章将介绍日本在明治维新时期与二战后如何通过有效的资源动员及政企互动实现两轮快速的工业化，并阐释国家在推动创新系统转型的过程中始终扮演着核心角色。随后，本章通过与日本快速工业化过程进行对比，分析韩国在二战后实现工业经济快速增长的国家战略与得失。

7.1 日本明治时期的快速工业化

日本事实上经历了两轮快速工业化。第一轮是在明治维新时期，第二轮则是在第二次世界大战之后。两轮工业化有明显的共同点：日本都是在强大的外部压力下驱动发展的，国家参与工业经济活动既是为了国家安全，也是为了保证国家对社会有效的控制力；日本没有沿循英国式的个人资本主义模式，而是通过国家发动了强有力的资源动员，积极推动大型骨干企业的形成与发展，并通过政企协作快速推动战略性产业的工业化进程。

第一轮快速工业化的背景是日本被西方殖民者用武力打开了国门，原有的政治体系在外部压力下走向崩溃。为了实现独立与富强，国家成为驱动日本社会开展自我改革的中坚力量，它完成资源动员并针对新的战略性部门（尤其是重工业）进行资源投放。同时，国家通过大力发展教育事业、聘用国外技术与管理专家、派遣留学生和官员出国学习、引进国外的工业技术设备等，将原本掌握的资源（受到较好基础教育的青年和改革后的平民阶层，以及农业剩余与自然资源）迅速转化为工业技术进步所需要的各类关键要素，即现代的工程师、科学家、管理人员和技术类资本品。在这个过程中，国家还扶持财阀并促进财阀之间的协作，采用高度组织性甚至指令性的方式直接创造出产业和技术链条上承担各类不同角色的企业。财阀也并未将自己简单地看作市场上完全独立的、单纯以短期利润为目标的主体，它们也主动扮演执行国家意志、协作完成资源动员和工业体系布局及达成发展目标的角色。即便后来人们对这一模式多有批评，但也并非针对日本在快速工业化过程中的实践，而是针对日本在20世纪最后10年向前沿技术的创新转型，因为这种依托政商之间的紧密结盟塑造工业部门与工业技术发展方向的模式已经难以适应现实需要了。

1853年，美国海军准将马修·佩里（Matthew Perry）率领他的“黑船”打开了日本国门；自此之后，日本的幕府政权被迫与美、英、俄、法及荷等国签订了一系列不平等条约。随着西方列强的入侵，各地的藩领开始绕开幕府中央政权与西方列强签订出卖主权利益的协议（Bernstein，1997a）。这引发了日本社会的极大不满，1868年由南方武士发动的叛乱推翻了幕府政权，即“明治维新”。明治天皇又通过两次成功平叛稳定了国内政局，包括对不满的武士阶层进行镇压。在日本社会上下锐意改革的背景下，明治政府利用19世纪80年代的经济危机废除了日本控制经济的传统势力——货栈和行会体系（流通和生产领域的主要势力），并设立日本银行来应对通货膨胀问题，从而在制度上逐步实现了国家经济的现代化（Benedict，1946；Bernstein，1997a）。

明治维新本身就体现了日本社会对国家陷入困境而爆发出来的强烈不满。在第一次世界大战之前，日本国内一直存在着要求政府通过与列强重新谈判或者单方面废除不平等条约的群众运动或学生运动，民众还曾经发起过针对外务大臣的刺杀活动（Gordon，2003）。而新兴的执政集团相对于当时其他的利益集团，如农民和小商人而言，有显著的独立性，在经济改革的过程中，民众虽多有不满甚至爆发过农民起义，但执政集团依然坚持日本要追求快速的工业化以成为世界上举足轻重的国家（Benedict，1946）。为了应对这一重大危机，执政集团采取了非常激烈的社会改革：废除社会体系中对职业的固化限制，废除地方藩领的割据，后来还革除了武士的特权，并在19世纪80年代通过建设中央常备军队来重塑国家权力体系；此外，还有上文提到的借由19世纪80年代的经济危机废除传统的货栈和行会体系。在制度建设上，日本一改以中国为师的传统，全面转向以欧美为国家建设的模板。从19世纪70年代起，日本开始对外派遣重要的官员代表团，向英、法、德等西方国家学习，模仿了从军队到警察司法，从国家银行到邮政系统等诸多西方制度（Westney，1987；Bernstein，1997a）。日本使团出访到正在开展工业化的欧洲强国之后，其决策集团已经决心要推行以西方为目标的

“后发展”式的政策计划（Mann，2012）。

日本政府在人力资源培养方面做出了异乎寻常的巨大投资，使得日本各级教育的普及率在 20 世纪初就已经跻身世界前列。在这一时期，执政者大力投资建设涵括初中高级教育的体系。日本素来有重视基础教育的传统。在幕府末期，日本男性识字率已经达到 40%，而女性也有 10%，这大大领先于绝大多数农业国，甚至是不少欧洲国家（Ikegami，2005）。明治政权则在 1872 年就发展出相对完善的义务教育体系，这使得日本甚至在英国之前就实现了义务教育的普及。1904 年，日本登记入学率已经提高到男童 99% 和女童 96%，当时日本年轻一代中基本不存在文盲（Odagiri and Goto，1993）。

日本由国家创办大学教育。早期的工程学院，即由日本政府聘请苏格兰人亨利・戴埃尔（Henry Dyer）帮助兴办的工学寮（Koakuryo），开办于 1873 年；到 1877 年，该学校改名为工部大学校①，转为正式的大学。而后日本又建立了东京大学、庆应义塾大学和早稻田大学这些综合性大学并开设了工程类学科（Ikegami，2005）。在发展大学教育的过程中，日本雇用了大量来自英国、荷兰、法国和德国的专家来设计大学机制并担任教授；在大规模培养本土大学生之后，这些教授职位逐步为日本毕业生所代替。日本的大学很早就开始强调科学与工程实践应用相结合。东京大学工学院的前身就是工部大学校，是由日本工部省出资建立的，在建立之初就设置了土木、机械、电报、建筑、采矿、化学和冶金等 7 个高度专业化的院系，反映了日本政府对于高等学校服务于工业发展的期望；而创立该学院的戴埃尔尤其强调课堂学习与实验室实地训练二者的结合（Odagiri and Goto，1993）。日本大学这种理念在当时一度是前卫的。以戴埃尔的出生地苏格兰为例，格拉斯哥大学等苏格兰

① 工部大学校在 1886 年被并入东京大学（当时名为帝国大学），成为东京大学工学院。

一流大学此前并没有这种理念，而戴埃尔本人在日本实践之后，于1882年返回格拉斯哥大学才推动了相应的教学形式改革。

国家的这些举措，不仅积累了大量人力资源，也为企业发展现代管理阶层和现代生产模式提供了大量优秀人才。在此期间，日本还把大约占政府年度开支2%的资金用于雇用外国专家，同时斥资向西方国家派遣大量留学生以学习西方的科学技术与行政管理知识（Westney，1987）。日本人力资源培养的力度之大，使得日本的工程师在1882年就能够独立建造铁路线，到1900年日本国内已经建成铁路大约5500公里，而其国内第一条铁路线还是1874年由英国人建造的（Mann，2012；Gordon，2003）。

日本的工业化是由国家直接驱动的。尽管当时英法已经尝试投资于日本的工商事业，但是日本一直对外国投资有疑虑，而当时欧美诸强也无暇进一步加强对日本的控制，这给日本在国内执行激进的工业化政策（Gordon，2003）创造了机会。在明治时期，日本先是在采矿、铁路、造船、机械和纺织等领域开办了一系列国营工厂，甚至由政府官僚负责这些工厂的组织与管理；政府还出资聘请外国专家，同时派遣经营及工程技术人员出国学习，以增强这些国营工厂的能力（Benedict，1946；Odagiri and Goto，1993）。在19世纪70年代至80年代，日本资本构成中有30%—40%来自政府的直接投资，19世纪80年代日本政府在商品与服务方面的开支占国民生产总值的10%，远高于当时的西方国家（Mann，2012；Crawcour，1989）。

在19世纪80年代的经济危机中，日本政府一面改革了原有的经济体制，一面加强了对所选定工业领域的战略性投资，以塑造新的国家创新体系。为此明治政府甚至在1884年颁布了一个十年经济发展规划，该规划很可能是世界上最早的国民经济综合发展计划之一（Bernstein，1997a）。在经济体制改革方面，明治政府实行货币税收政策，开征土地税，并对烟酒产业课以重税，国家财力得以大幅度增强；有了支付能力后，国家将大量资金投放到公路、桥梁、港口甚至现代通信等基础设施的建设中，并暗地里补贴新兴工业企业，以此来刺激工商业的快速发展（Bernstein，1997a；Mann，2012）。其中，将财富从农业领域转移到工业领域是当时日本筹措资金的重要手段。今天人们普遍会认同日本的农业是需要保护的产业，但在其工业化早期直至第一次世界大战，日本的出口一直以农产品为主，其中蚕丝产品出口在1900年占到了日本出口总额的40%，可以说日本在这一时期为发展工业而从海外购置设备的开支中很大一部分都是通过农产品出口税收获得的（Pomeranz and Topik，2012）。在加强战略性投资方面，为了促进工业发展，明治政府将已走上正常运作轨道的国营工厂卖给了经决策者慎重挑选的私人财阀，尤其是三菱与三井这样的大财阀；同时将一系列大型的自然资源、资本品和基础设施的专属使用权低价卖给甚至免费划拨给私人财阀，并实施有选择性的产业政策来支持财阀的经营活动，尤其是军工、钢铁、造船、铁路等重工业与物流运输等产业，以此推动了财阀的成长，即以特定家族为核心，通过控股或参股的方式形成了工业企业集团（Bernstein，1997a）。在第一次世界大战之前，日本形成了三井、三菱、住友和安田四大财阀（Norman，2000；Harryson，1998）。

上述举措，用鲁思·本尼迪克特（Ruth Benedict）的评价就是："日本的政治家将当时的工业发展视同关乎日本国家和民族生死存亡的事情，所以其发展不能仅是听从市场的供求法则或者单个企业的需求"，"日本以最小的损失和浪费组建了它所需要的企业"（Benedict，1946；Norman，2000）。早在20世纪40年代，美国的学者就已经意识到日本工业化的顺序跟此前欧美工业国家发展工业时的产业序列不同，日本不是先从消费品工业或者轻工业入手，而是通过驱动重工业发展起来的；日本实行了差异化的发展战略，国家主要对重工业、铁路和军工业进行控制并扶持指定财阀的发展，而将“计划外”的轻工业部门留给中小型企业。事实上，丰田最初就是从纺织工业中发展起来的，不过丰田公司在发展初期就得到了三井财阀的支持（Norman，2000；Bernstein，1997b）。对轻工业的放任，不仅是因为在国家视野中重工业更加重要，也因为日本在1913年之前并不具有关税自主权（其进口关税最高仅能为5%）。由于轻工业主要直接面向消费者市场，缺乏关税自主权使得日本基本上没有执行李斯特式的“保护幼稚产业”政策的可能，也就没有用以为本土产业提供技术学习的机会窗口。

在重工业和资源类工业中，日本政府不仅创造了其经济体中的骨干企业，更重要的是它在对相关联的工业活动的引导与协调方面的作用，例如联合财阀对煤炭、钢铁、铁路和其他重工业的重大投资与发展进行协商，使得日本在工业发展初期能够超越市场自组织的范畴，克服市场中单个企业自由组合而存在的集体行动困境，实现系统性的协作（Mann，2012）。在涉及关键产业如炼钢、造船、军工以及后来的航空工业时，这些协调机制往往会设定国家在生产及研发方面的目标，并要求参与者不惜任何代价完成目标（Yamauchi，1983）。尤其在当时掣肘日本工业体系发展的重点领域，国家更是毫不犹豫地直接介入。例如在19世纪90年代日本铁路事业大发展时，由于国内无法供应铁轨和制造火车机车所需要的高品质钢材以及工程服务，日本不得不高价从海外进口。为了解决这一问题，明治政府不仅补贴了相关的工程企业，还在1896年直接出资从德国引进全套设备和技术，兴建了当时亚洲第一个现代钢铁联合企业，也是当时日本最大的企业——八幡制铁所；1901年，明治政府要求国内一批以大学教授为主的科研人员组织团队改造八幡制铁所的生产技术；1906年，为了改变当时国内的供需关系，明治政府将大部分铁路收归国有，同时规定铁路所使用的机车和路轨必须向国内厂家采购，并对进口产品课以重税，以此解决了日本相关行业的发展瓶颈（Gordon，2003；Bernstein，1997a；Odagiri and Goto，1993）。同时，明治政府还建立各行业的质量认证体系、组建贸易展览会、促进成立行业联盟等，推动了本土工业共同体的发展。

对于财阀而言，因为得到国家在资源上的支持，接受了国家对其在关联性产业集中发展中所扮演角色的协作性安排，它们迅速成长为以资源类产业、造船、运输类产业为核心的多元化财阀，这些财阀还兼具银行和制造业的职能。在政府的积极扶持下，财阀与政府之间的关系日渐紧密，财阀资本家们的行为模式也更接近于国家官僚，他们并不迷信市场机制，而是更看重通过动员资源来快速发展本国的各类工业。财阀内部的银行在实践中也起到了资源动员机制的作用（Gordon，2003）。

在国家推动社会经济体系转型的过程中，日本财阀建立起新的产业组织方式。日本财阀在国家的支持下逐渐从其主业发展出多元的业务部门，往往包括资源矿藏类、运输类、零售类以及银行等具有内在业务关联的部门，这使得日本财阀得以将部分市场业务内部化。

在企业的内部组织上，日本财阀对工业企业的改造步伐也是惊人的。一是初步推动了日本企业所有权与经营管理权的分离，促成了日本工业中职业管理者的出现。在国家的扶持下，日本财阀很快形成了多业混营结构，这显然超出了所有者的经营能力，因此财阀开始引入职业管理者（Bernstein，1997a）。日本财阀在生产组织方式现代化上的另一个突出表现是，坚定地推进企业内部的管理控制。与德国工业通过科技及工程类高级人力资源的大量供给，以及美国工业通过兵工厂长期的管理实践摸索实现管理控制的路径不同，日本企业管理控制的形成依然依托了政治性力量。日本企业中管理阶层对工匠阶层的压倒性胜利，主要是通过两轮改革实现的。第一轮是明治政府利用19世纪80年代的经济危机对行会及货栈体系进行打击。明治政府取消了手工业行会；而在旧经济体制中承担融资和物流双重职能的货栈系统，则因为日本港口对外开放以及日本政府在19世纪80年代的经济危机中采用了通货紧缩政策而遭到严重打击[①]，这使得工匠阶层失去了可依托的旧经济制度。第二轮则是在19世纪90年代各大财阀建立攻守同盟期间完成的，不同的财阀相互承诺不接受对方企业跳槽的工匠（Gordon，1985）。这种攻守同盟事实上限制了工匠的就业空间，使其不得不接受管理者的约束，这样财阀就可以利用高工资和终身雇佣制赎买工匠，使其成为企业内部技能培训体系的重要基石。在20世纪初，日本更多大企业加入这一潮流，废除了工匠对生产过程和技能培训体制的控制（Gordon，1985），进一步确立了企业内部管理控制的组织基础，也为二战后日本企业在更大范围内实行终身雇佣制提供了制度遗产。

这一阶段，日本的工业经济发展一直都伴随着日本的对外战争。对外侵略战争对于日本在这一阶段的转型实践非常关键，因为只有通过对外战争获取廉价的资源和劳动力以及大规模产品倾销市场，才能够为日本的工业化从投入和产出两端提供持续增长的动力，其快速推进的结构化转型才能够获得持续的社会经济收益，并获得连贯开展技术学习、构建和积累技术能力的机会。

日本的对外扩张战略受到多种因素的影响。本书并不讨论其军国主义的起源，但这一选择的确与日本在明治维新时期系统性转型所依托的社会心理诉求有极大的关系，即日本格申克龙式动员的合法性来源于面临外来压迫时对国家独立和尊严的集体认同，由此对国家安全的需求被表达为工业发展中对重工业和军事工业的强调；

① 当然，少数货栈在这个过程中成功转型，例如日本著名的财阀三井就是由原来的货栈转型发展而来的。

而这种情绪则在此后继续为政治人物所利用。在经济层面上，重工业因其显著的关联效应，撬动了日本整个现代工业系统的起步，而包括枪械、造船等在内的军事需求则为重工业相应部门的发展提供了持久的动力。此外，西方帝国主义列强在这一阶段无暇加强对日本的控制，也为它执行这一政策提供了空间。与此同时，日本也迫切渴望一个可以在更大范围内攫取资源，并扩散其工业制成品的市场。尽管对于东亚其他国家和地区而言，日本在这一时期的崛起给它们带来了很多苦难，但其持续的对外扩张与侵略证明了自身快速崛起的国家实力，从而使其获得了与欧美列强重新协商条约的资本。事实上，在19世纪70年代日本向欧美派遣官员代表团时就曾尝试与列强做相关磋商，但当时列强既无暇他顾，同时也并不认为应当接受日本的请求。日本最终是通过一系列重要战争逐步实现这一目标的。到1913年，日本拿回了所有的关税自主权（Mann，2012；Bernstein，1997a）。关税自主权的重新获取，使得日本拥有了更大的政策空间，从而更积极地执行自身的工业发展战略。

日本在明治时期积极进取的国家战略，使其国内的工业和技术体系得以在很短时间内从无到有地搭建起来，而它仅用了一代人的努力，就为二三十年前尚未在日本出现的工业活动搭建了相对完备的工业体系。日本在1885—1913年国民生产总值年增长率在2.6%—3.6%（Crawcour，1989）；而日本在这一时期的工业产量年增长率则是5%，相比同期世界的3.5%，它的表现无疑是优异的。当时另一个高增长国家美国在1895—1915年间工业产量也仅增长了1倍，而日本则增长了2.5倍（Gordon，2003）。通过世纪之交的20多年的持续快速发展，日本事实上完成了重工业化①。到第一次世界大战之前，日本的造船厂已经能够制造大型巡洋舰和战列舰（Bern-

① 可以说日本从明治维新到临近第一次世界大战爆发的持续快速发展，从构建工业体系和工业能力的角度来说，基本上完成了英国在第一次工业革命中达到的成就。

stein，1997a）。而它的工业基础使得日本在第一次世界大战时获得了巨大利益：由于各主要工业国被卷入战争，日本获得了快速发展，它在战争期间的年均增长率是 9%，并借此还掉了绝大部分外债（Mann，2012）。不幸的是，这些增长为它走向军事扩张并犯下法西斯罪行埋下了伏笔。

7.2 日本在二战后的结构性转变

日本是第二次世界大战的战败国，不得不接受以美国为首的盟军的驻军。战争失败对日本的社会经济造成了很大打击，1946 年其制造工业生产指数降至 1934—1936 年水平的 25%，而食品供给下降到 1934—1936 年的 51%。但日本利用从朝鲜战争开始的一系列全球经济格局变化和地缘政治危机所带来的国际贸易机会，到 1973 年第一次石油危机时，实现了每年将近 10% 速率的经济增长（Odagiri and Goto，1993）。国际市场给了日本经济重新起飞的重要机遇，因为旺盛的国际需求使日本得以重新达成国内不同部门、不同企业之间的协作。二战后，日本不仅很快恢复了其国内工业经济，甚至还完成了从机械化向电气化、电子化的系统转型，到了 20 世纪 80 年代，日本已经在消费电子、汽车、机床和半导体等产业拥有了国际性的竞争优势，并成为美国在 20 世纪末经济层面上的最大竞争对手。而这一切都归因于日本在二战后快速重塑其国家创新系统。

二战后，麦克阿瑟在日本所推行的改革事实上为日本推动经济发展扫除了部分关键障碍。美军进驻日本后，虽然实行的是间接占领[①]，但其意图也很明确——从根本上打击日本原有的统治阶层，尤其是原有的政府、军队和财阀这三股被认为是对发动战争起决定性

---

① 此处的“间接占领”指的是并非采用直接由占领军治理而是由占领军扶持建立的日本新政府来治理的方式。

作用的势力，从而建立对日本社会的控制，并防止共产主义思潮扩张。为此，占领军推行了一系列社会改革，包括土地改革、禁止一大批战争期间的政治家和高级公务员从政、收监财阀家族首脑、“肢解”19家大企业、遣散1500多名财阀的高级管理人员、开展政治民主化改革等，甚至在1945—1947年间支持工人运动来打击日本原有的精英集团[①]。这些措施打击了日本原有的统治阶层，从根本上重塑了日本的社会结构，并令其失去了未来发动战争的能力（Bernstein，1997a；Johnson，1982）。这些做法从客观上缩小了日本的阶层差异，特别是蓝领与白领之间的差异，使得日本在明治维新时期不完全的社会现代化改革在产权改革和阶层流动方面向前大大推进了一步。

这些社会改革对于日本的产业组织形式产生了几个重要影响。一是社会改革所带来的阶层差异的缩小以及工人地位的提高，为日本企业的精益生产方式奠定了基础。虽然美国占领军很快停止了对日本工人运动的支持，但由于当时日本的工人运动已经取得较大成绩，所以日本的劳资关系需要构建在新的社会关系基础上，这使得日本管理阶层和劳动阶层在一定程度上“互相锁定”（封凯栋，李君然，2018）。战后汹涌的日本工人运动以1954年日本全国汽车工会的解散为重要的分水岭。日本的工人在与企业及政府谈判的过程中，一方面虽然被迫放弃了政治运动的重要保障，即跨行业或跨企业工会，而只能立足于企业工会（Thelen，2004）；但另一方面，他们也从企业获得了“终身雇佣制”“年功序列”以及与企业效益挂钩的奖金等制度安排。在1950年工人与丰田公司的谈判中，有30%的

① 驻日占领军还一度根据美国当局的指令大力支持日本的工人运动：1945—1947年间，在杜鲁门的直接授意下，占领军促使日本当局通过了影响深远的三项日本劳动基本法，即《工会法》《劳动关系调整法》和《劳动标准法》，日本工人运动迅速发展，并在1947年到达顶峰；从二战后的几个月开始，日本钢铁等部分大型企业的工人甚至自发夺取了企业的控制权，并尝试自己进行经营，这明显超出了美国政府的预期和容忍范围。1946年，美国当局责令麦克阿瑟调整政策，并开始镇压工会的政治活动（封凯栋，李君然，2018；Gordon，1985）。

骨干工人被列入终身雇佣的范畴。随后更多的日本企业顺应了这一潮流，而随着战后日本企业经济效益的好转，劳资双方通过各种协商机制制定了根据企业盈利能力来扩大终身雇佣制范畴的方案[①]（Dore，1986；Womack，et al.，1990；Lazonick，1990）。日本企业内部管理者与工人之间拥有多种协商渠道，他们既可以通过“企业工会”“管理—劳动会议”“生产委员会”等正式的方式开展会谈，也可以通过管理者与工人之间名义上“非正式”的会谈展开协商（Shimokawa，1994）。这些制度安排为后来日本基于全员质量改进的“精益生产”方式奠定了基础：管理者无法将被纳入终身雇佣制的劳动者视为流动性人力资源，由此管理者也倾向于在劳动者身上投资；而由于“年功序列”等制度的限制，劳动者也更倾向于长期留在同一企业。这使得日本企业将更广泛的组织成员（有技能的蓝领工人）纳入其管理框架，让他们成为企业长期稳定的组织成员并在一定程度上与之分享企业在车间层面的决策权和企业的额外收益（Lazonick，1990；Lazonick and West，1995）。相对应地，日本企业发展出了经典的学习型组织模式，即在车间层面以广泛的轮岗制度来培养多技能员工，一线员工拥有发现问题后随时停下生产线的权力，组织各种班组内及跨层级的讨论会，强调跨部门的快速沟通协作等，这些都成为日本企业在技术学习和技术改进中建立竞争优势的基础（Freeman，1987；Womack，et al.，1990；Shimokawa，1994）。这些制度安排使得日本企业能够快速有效地完成从技术或产品引进，到对引进对象进行逆向工程，再到模仿并发展自身产品进而持续快速改进技术的过程，从而做到“将车间当作实验室”来加速工业技术的进步，实现国内创新生态的集体目标（Clark and Fujimoto，1991；Freeman，1987）。企业员工持续的技术学习、员工的多技能化以及

① 虽然有日本企业在第二次世界大战之前就实行终身雇佣制，但当时这一制度的普及程度和对员工的覆盖范围都无法与 20 世纪 50 年代之后的情况相比。

良好的部门间沟通协作，使得日本的精益生产方式实现了高效率的柔性化生产和全质量管理，以及基于“看板管理”的即时生产（Just In Time），最大幅度压缩了库存（Womack，et al.，1990）。

社会改革对生产组织方式的第二个影响则是对企业间协调的强化。20 世纪 50 年代日本新的财阀体制崛起，新财阀内的不同产业部门之间实现了行政性协调。战后，原有的一体化财阀大多被解体[①]，而新形成的财阀的所有权和治理结构都发生了重大变化。财阀家族直接或间接（经由控股公司）控制诸多企业的旧财阀模式不复存在，但日本的工商业精英们却创造了新的联合方式，他们经由不同企业之间复杂的交叉持股实现了实质性的协同，并通过董事长联席会的方式来维持财阀的运作，战后的新财阀往往被人们称为经连会（Keiretsu，为简明起见，后文将其称为“新财阀”）。

新财阀内部不同企业之间的紧密关联，使得日本工业不仅能在企业车间层面实现接近“零库存”的即时生产，也使得本土供应链有很高的协作效率（Freeman，1987；Porter，et al.，2000）。与新财阀相关联的银行也起到了重要的资源动员作用，为新财阀响应政府号召开展技术改造、重大技术调整以及投资新产业等项目提供了资金保障。以半导体产业为例。日本在 20 世纪 70 年代打造半导体产业时，国内并没有任何一家企业完全专注于半导体生产，半导体产业是在政府的产业政策项目驱动下，由与电子产业相关的新财阀联合发展起来的。这些被政府选中的企业在相当长一段时间内能坚持将 22% 的销售收入用以投入集成电路的研发活动，并承受长时间的经济亏损（Freeman，1987）。

战后的社会改革所带来的第三个重要影响则是日本政府与新财

---

① 在战后，美国一度解散了日本主要的财阀，例如三井集团就被分解为 180 家不同的企业。但在政策转变后，尤其是在美军于 1952 年结束正式的占领统治后，这些财阀被重新组织了起来，形成了三菱、三井、住友、芙蓉、第一劝业以及三和等六大新财阀。

阀之间紧密协商的机制得到重新确立。战后美国占领军的最初设想是彻底打击日本的财阀，转以扶持日本的中产阶级去压制日本原有的财阀和军方势力。然而日本的工人运动很快超出了美国的容忍范围，占领军当局在1947年之后就调整了政策并开始镇压工人运动。在这个过程中，占领军重新评估了财阀体制的作用，在1950年之后允许原有财阀内的部分高级经营管理人员重新回归企业，以帮助解决当时风起云涌的工人运动。这使得日本的新财阀体制，以及政府与商业企业紧密协商的机制反倒在战后再度强化。

在新财阀兴起的过程中，占领军的举措也间接使得政府官僚系统对经济的介入和协调能力变强，从而为日本的政企关系带来了不一样的要素。这主要是因为在战后，占领军所扶持的新政府未能很好地控制日本国内局势，尤其是对经济事务缺乏管理能力。美方不论是出于应对日本工人运动的需要，还是出于在朝鲜战争中从日本就近获得后勤装备供应的需要，都不得不将一大批原本已经被禁止从政的原日本政客和高级官僚重新请回来。当然在这个过程中，美军废除了日本政府的军事职能，军需省不复存在；内务部等原本在1945年之前在日本政治与经济生活中具有较强控制力的部门也被取消。这就扩大了经济事务官员的权力，产生了后来广为人知的通商产业省（Ministry of International Trade and Industry，MITI，简称通产省），而事实上通产省的前身正是此前的商工省和军需省，尤其是通产省重组时的主要负责人其实都曾经在战争时期的军需省工作过（Johnson，1982；Okimoto，1989）。战后的通产省等经济决策部门吸引了当时日本几乎最杰出的精英。与此同时，旧财阀的社会政治影响力却被严重削弱了。这反倒使得政府相对于财阀的影响力更为稳固，使得日本的政企关系变得更为制度化。日本的经济官僚机构与产业、企业之间形成了制度性的、相对稳定的协商机制，而不是像战争结束之前，日本政府更多需要依靠政治家和财阀家族之间形成类似于非正式的“恩庇—侍从”关系以进行协商。

国家与大企业之间的协作从20世纪50年代初的朝鲜战争期间重新起步。当时美国出于为本方阵营提供军需的目的，向日本企业委托了大量订单，这为日本再次执行追赶战略提供了必要的外部条件。军需订单至关重要，它几乎是20世纪50年代日本得以执行高强度的工业扶持政策来驱动系统转型的前提条件，因为巨额的订单使日本得以开足工业机器，仅1950—1953年间，美军的“特需采购”就占据了日本出口总额的47%（Bernstein，1997a）。这样的强市场激励使得政企互动以及经济结构性转型初期的战略实践更容易获得持续发展，而这种发展又促进了产业内部的技术学习，以及企业和产业间协调水平的提高。

在这一阶段，以通产省为代表，日本政府介入产业发展的方式主要有三种：一是直接指令，例如政府掌握特许权或者审批权；二是行政引导和协调，即通过协调不同企业在战略性产业的投资和生产行为来达成产业政策的目标；三是通过建议产业进行自主协调来实现（Johnson，1982）。

而政府之所以参与工业，是为了培养和支持那些在经济实践中愿意把资源投放到新技术和新产业当中的企业。从动机上说，这符合日本在战后通过恢复并实现经济的快速增长来完成国家合法性重构的初衷。就价值观而言，通产省的官员一如他们在明治维新时期的前辈，并不认同市场能够帮助国家创造出特定的产业或者完成国家所需要的结构转型。在战后的政策辩论中，日本明确否定了基于传统竞争优势论的发展战略（Shinohara，1982；Freeman，1987）。那些持“自由贸易论”的主流经济学家主张日本利用低人力成本优势集中发展纺织等劳动密集型产业，而不是通过政府的特殊激励政策去开拓汽车工业中的机会。但通产省及其他经济部门的官僚坚决反对那种认为日本应当满足于成为一个低生产力水平和低人均收入水平的国家的看法，他们坚持以发展高新技术和开发世界市场为目标来动态地配置资源，并创造出了自身的竞争优势（Allen，1981；Freeman，1987）。

但这并不是简单地说，日本政府和通产省反对市场经济手段。通产省的官僚们虽然一直坚持动态的竞争优势和积极的产业政策观念，也一直努力证明自身的路线是正确的，但他们在对公众的表述中同样强调自由市场机制的作用（Johnson，1982）。尤其在20世纪60—70年代的去管制过程中，通产省同样表达过对市场机制、私有产权和企业自由竞争的积极态度，并且指出产业政策是为了让市场竞争机制更好地发挥作用而设计的。市场和产业政策一样，更像是日本在驱动创新系统转型和经济发展时的制度工具：

一方面，在集中资源来构建“产业创新系统”或者推动原有产业系统转型，以及为创造产业或提升特定产业能力而协同不同企业时，通产省采取的做法在约翰逊（Johnson，1982）对产业政策的分类中往往属于典型的结构性政策，即政府对企业和高校等参与者的选择是有针对性的而不是普适性的；通产省往往在提供政策和资金支持时，强调产业准入管制；其他政府部门，如大藏省及央行也长期坚持对不同产业和不同企业的“信贷配额”制度，事实上就是通过信贷和货币工具对战略性投资进行指导甚至规制。

另一方面，当选择范围确定后，也即塑造了产业创新的基本构架后，日本的决策者往往并不排斥被选择企业之间的相互竞争（Bernstein，1997a；Freeman，1987）。事实上，在不少产业（如电子及通信类产业）中，日本企业之间的竞争就相当激烈（Fransman，1999）。用傅高义（Vogel，1979）的话来说，日本政府更像是在经营一个类似于NBA的联盟，即日本对产业的准入有严格的控制，但同时却又鼓励被选中企业之间的激烈竞争。日本的产业政策在协调和竞争之间的选择相当灵活。以日本半导体产业中广为人知的超大规模集成电路（Very Large Scale Integration，VLSI）产业计划为例。当时日本由政府及国立部门发起的 VLSI 联盟事实上有两个：一个是由日本电报电话公司（Nippon Telegraph and Telephone，NTT）在 1975—1981 年间以预设采购订单的形式发起的产业联盟，各参与厂商主要是在自己的实验室里进行研发。但由于 NTT 所组织的联盟成员仅限于 NTT 的传统供货商，所以通产省不得不在 1976 年发起另一个 VLSI 联盟以引入更多的参与者。事实上，这两个联盟在实践中都由通产省负责管理，却采用了完全不同的政策设计。通产省在后一个联盟中力主参与企业在各自独立开发的同时，也设立一个联合实验室，但当时由于各企业之间的竞争意识，这个联合实验室的研发预算事实上只占到总研发预算的 15%—20%（Fransman，1990；Langlois and Steinmueller，1999）。

为了实现政府与企业之间的有效协调，日本需要发展出一系列联系政府决策者与产业部门、科研部门的制度工具。在战后初期，日本政府依靠的关键工具是外汇管控。由于日本是个资源相对匮乏的国家，而它在战后的经济腾飞又以进出口贸易为主，具体来讲，日本国内部分关键原材料和零部件的来源地，以及日本所生产的最终产品的消费市场，都在国外。因此，对外汇配额的调控就成为通产省用以调动企业的非常有效的工具。在这一阶段，日本实行的是对重化工类基础型工业的倾斜政策，如能源、钢铁和化工产业，因为这些产业对整个工业体系的恢复和发展具有重要意义（Freeman，1987）。

外汇管控这一工具事实上在 20 世纪 60 年代之后就被取消了，当时日本不仅推行了贸易自由化改革，而且日本的国际贸易在 20 世纪 60 年代中期达到了平衡且开始产生稳定盈余，这使得外汇控制失去了合理性前提。不过，即便政府已经没有外汇管控这个可以调动企业的政策工具，日本政企之间紧密的协商机制此时已经形成。在战后工业恢复的过程中，日本发展出政企之间的“中间组织”性质的机制，如由政府定期召开的与相关财阀管理人员的协商会，或者由退休后的政府高级官僚在企业任职之后形成的个人化的沟通网络等，这些机制为政府、企业和大学的高层提供了交流信息和进行谈判的渠道。这种渠道有两个功能：一方面，它是政府决策者对产业和科研部门施加压力的渠道，有时通产省对它们直接提出要求，有时政府部门为了特定的产业和技术目标会协调不同企业或者产学研开展联合行动；另一方面，它也为政策制定者与企业和大学展开沟通、了解对方的信息与需求提供基础，从而使其更能制定出可行的政策（Weiss，1995）。通产省的官僚们并不是武断决策或者简单地根据行政逻辑进行决策的，在确定创新的发展方向时，通产省尤其依赖大学和科研机构的科学家及工程师，并通过发展制度化的磋商机制来确定国家在工业和技术上的发展战略；在涉及战略性产业的重大问题上，这种正式的或非正式的沟通会更频繁，产业专家和大学科研人员会被邀请来共同协商，而在政府方面，不仅通产省，其他部门的官僚也会被邀请参加会议（Okimoto，1989）。由此可以想象，由于政府一端在这个过程中获取了大量的信息与知识，所以政策决策者也能很好地掌握关于产业的知识。这就不难解释为何日本的产业政策呈现出显著的动态阶段性特征，即其产业政策能够根据国内工业相对发达国家的发展阶段做出相应的调整。

上述信息获取与协商手段的使用，使得二战后的日本虽然在政府直接支出上并不比其他主要的资本主义国家多，但却能够很好地动员和协调国内相关部门来共同推动产业创新活动。就政府在全社会研发（R&D）投资和执行研发活动的占比这两个指标，弗朗斯曼（Fransman，1999）对20世纪80—90年代日本、美国、德国、法国和英国等国进行了比较，发现日本在以上两项指标上都低于其他国家。这就意味着，日本政府更多是通过动员和协调的方式来引导不同的参与者，而将国家投资更为集中地用于产业创新发展的关键领域和关键阶段。

当然，为了有效激励本国创新体系内各主体的积极参与，日本政府出台了大量激励措施，鼓励企业和大学在先进技术上进行投资。如日本出台了《企业合理化促进法案》，为实验设备、新设备、新机器的采购提供大量补贴，允许企业加速折旧，为企业提供税收优惠，以及投资港口、高速公路、铁路、电网等基础设施建设等（Freeman，1987）。更重要的是，无论是20世纪50年代工业恢复时期的钢铁、机械类工业，还是20世纪70—80年代的信息与通信产业，日本政府及国有大型企业（如通信领域的NTT）都为私人企业提供了稳定且持续增长的市场。在政府的支持下，这些市场在某些程度上可以免受商业波动的影响，从而有利于相关联的企业稳步推进其技术进步计划。例如日本电气股份有限公司（NEC）作为日本最主要的电信设备供应商，在1967年有50%的订单都来自日本政府；在1975年这一比例仍高达30%；甚至在NTT部分私有化之后，该比例在1985年依然有13%（Fransman，1999）。

从格申克龙模式的角度，我们能够更好地理解日本在创新问题上针对外国资本的态度。日本一直以"不欢迎外国投资"闻名于国际社会，而从其大企业的股东身份来看也的确如此：日本的制造工业基本都把持在日本本国股东手中，只有少数公司如国际商业机器公司（IBM）、美国无线电公司（RCA）、通用电气（GE）、安迅公司（NCR）和一些石油行业的企业除外（Odagiri and Goto，1993）。这些得以在日本立足的西方大企业基本上都是日本在战前和战后两次技术引进浪潮中进入日本的，例如明治时期的西部电气是NEC在1899年成立时的股东，西门子（SIEMENS）则在20世纪20年代参与建立了富士通。战后，IBM、RCA和GE等企业对于日本获得电子和通信类技术发挥了重要作用（Fransman，1999）。日本在政策与投资方面对外国资本的约束，使得外国公司为了开拓日本市场，大多数情况下只得通过出卖技术来获取经济上的收益（Odagiri and Goto，1993）。

虽然有部分批评家认为这是由日本国内的政策导致的，但是，日本在20世纪60年代和70年代分别实行贸易和资本自由化改革后，这种情况也并未改观，日本本土企业事实上也并没有失去对产业与技术的控制。由此，我们应该认识到，主要依靠国内资本（或者主要依靠国内资本可以控制的工商企业）是日本发展模式的系统特征而不仅仅是单项政策所带来的结果。事实上，格申克龙式的资源动员模式需要资本投入受到集中性权威的协调，需要资本被投入到带有战略性和探索性的领域中去，这就使得外来资本不太可能为这样一套体系所接纳。就具体的机制而言，日本经济模式中政府与企业之间的紧密互动，本身就要求企业深嵌于本地的社会网络。另外，由于日本本身的工业结构是以财阀为主的，而各个财阀又是包揽金融、制造、运输、销售等众多行业的超大型集团，供应链环节中关联交易的比例很高（Fransman，1999）；财阀内企业之间不仅交叉持股，且大企业股份中70%—75%都由稳定的股东持有，而市场投资者的比例只占25%—30%（Harryson，1998），这些特征都使日本的大企业在行为模式上与英美企业存在巨大区别。在这一环境中，如果没有本土财阀的配合与支持，任何外国资本都难以在当地开展重要的工业技术活动。正如克林顿时期美国总统经济顾问委员会主席劳拉·泰森（Tyson，1993）所言，在国际经贸活动中，日本本土市场存在着对外国资本与商品非正式的结构性阻碍。

总之，日本通过发展出紧密的政企互动机制，使得国家能够依据特定的技术追赶目标，在企业、大学和科研院所各部门选定参与者，并利用各种规制类或补贴、投资类政策手段协调参与者发展出有利于创新互动的机制，从而形成创新生态；而政府采购所提供的订单以及旺盛的国际市场需求，分别为该创新生态从起步到逐渐成熟的不同时期创造了合适的市场需求，从而推动了日本本土产业技术能力的成长。

日本的新财阀在孵育新技术或者新产业的过程中扮演了“耐心资本”的角色，而国家则扮演了孵育新的创新系统（推动创新系统演进）的“耐心资本”的角色。新财阀的任务是为新技术或新产业的发展投入大量资源，甚至忍受新的业务长期不盈利的状况。日本新财阀在发展半导体、液晶显示和工业机器人等产业时的投资力度和长期的战略定力让人印象深刻。而在其背后，国家则承担了孵育整个创新系统转型的任务：国家持续推动新财阀不断进入新的产业，并为之创造资源类和制度类条件。正如前文所强调的，就创新经济的演进而言，只有很有限的一部分是由企业依据短期的“经济理性”来自我调整的；而其他涉及塑造整个创新系统转型的关键要素，例如战略性资源的走向、整个社会人力资源的培养及规划、对关键技术的获取，以及在短时间内形成具有国际竞争力的生产规模和产品规模，这些要素的实现都是由“非市场化”的因素来推动的，而国家在其中扮演了核心角色。

7.3 韩国在二战后的工业经济“奇迹”

韩国在1962年之后的二三十年间的发展被人们普遍称为“汉江奇迹”[①]。经过这一时期的快速工业化，韩国脱离了世界人均收入最低的国家行列，并在1996年成功跻身发达国家俱乐部，即成为

---

① 韩国的“汉江奇迹”起自朴正熙当政，狭义上到1979年朴正熙被刺杀身亡后结束。但由于20世纪80年代韩国的两任总统全斗焕（1980—1988年在任）和卢泰愚（1988—1993年在任）基本上都沿袭了朴正熙的战略思想，而且也都维持了可观的经济增长速度，且韩国的经济发展模式一直到1995年才有根本性的变化，所以，当人们在广义上讨论“汉江奇迹”时也包括了从朴正熙被刺杀一直到20世纪90年代初期这一段时期。

OECD 的一员。这一快速工业化过程主要自朴正熙时期开启，到 20 世纪 90 年代基本结束。虽然在 20 世纪 90 年代末的东亚金融危机之后，韩国通过改革与调整获得了持续的经济发展，但此时的韩国在发展速度上依然无法与“汉江奇迹”时期的快速增长相比。

韩国以国家为龙头推动工业经济快速发展的模式与日本的经验相比有很多相似之处：第一，两国都由强有力的中央政府部门制定并执行发展战略。朴正熙在通过“5·16 军事政变”获得政权后所发表的作为其施政纲领的著作《我们国家的道路》中，明确强调了由国家来制订并推行经济计划对于韩国这样一个落后的国家获得快速发展的重要性，尽管他小心且反复地强调自己的“计划”与共产主义国家“计划”的差异（朴正熙，1988），但在该书中这些差异基本上仅停留在意识形态术语的使用上。1962 年韩国政府在“经济开发五年计划”中首次明确了“计划经济”的做法，中央政府设立经济计划委员会来作为计划经济的领航机构，并由一位副总理兼任委员会的负责人；五年制订一次的“经济开发五年计划”（1962—1981）和“经济社会发展五年计划”（1982—1992）是韩国发展战略和资源配置的基本框架。甚至在金泳三执政后也执行过“新经济五年计划”（实际在 1993—1996 年期间执行）。直到 1994 年，韩国中央政府的经济计划委员会才被撤销[①]（张夏成，2018）。

第二，韩国与日本一样，都通过明显的动员手段来获取资源，并将战略性资源集中投放到选定的产业（Amsden，1989）。被韩国所选中的战略性产业，除了钢铁、造船、化工和机床等这类传统的

---

① 作为韩国重要的学者和文在寅政府的重要智囊，张夏成（2018）认为朴正熙在其纲领中对“自由经济原则”的强调只是口头上满足美国的要求。张夏成在作品中提供了关于韩国在计划体制下如何严苛地限制行业价格的详细描述。当时韩国的计划经济甚至对食品、洗浴、理发的价格都有严格的限制，韩国的浴室经营者在 1990 年之后才能自主决定洗浴价格。在经济自由化改革之后，韩国政府依然通过“行政指导”的方法来规制各行业的价格，甚至到李明博时期，政府依然通过“物价指数”来控制基础消费品的价格。

大规模、关联效应强的产业之外，也包括电子产业。虽然韩国当时尚没有雄厚的电子产业基础，但决策者借鉴日本当时的战略决策，坚持将其设为1965年13个出口导向型战略重点产业之一；1971年朴正熙宣布韩国的发展方向是“重型机械化和化工化”时，电子和半导体行业也同样被列入发展方向（Mathews and Cho，2000）。1969年，在美国哥伦比亚大学电子系韩裔教授金玩熙（Kim Wan-Hee）的建议下，韩国效仿日本在1957年的做法，通过了《电子工业促进法》（Electronics Industry Promotion Law）来保证电子工业得到国家在资源配置上的倾斜。而在该法律框架下，韩国工商部（Ministry of Commerce and Industry，MCI）还具体制订了一个八年期的促进电子工业发展的计划（Mathews and Cho，2000；赵甲济，2013）。

第三，在执行快速工业化战略时，韩国政府和日本政府一样，都采取了扶持跨多行业的财阀的策略，并将财阀当作贯彻自身战略的重要执行工具。同样是在《我们国家的道路》中，朴正熙明确了巨型企业对于韩国追求工业起飞的重要性，他认为巨型企业在塑造社会经济结构和通过发展经济来改善人们生活水平上都具有重要意义（朴正熙，1988）。韩国政府与企业之间发展了正式和非正式的协商机制，官员之间的非正式网络如汉城大学（今首尔大学）的校友关系也成为政企沟通的重要促进剂（Kohli，2004）。所以韩国政府与大企业之间的互动有很强的协调性。如在发展电子工业的早期，韩国效仿日本电子工业协会（Electronic Industry Association of Japan，EIAJ），在1967年组成韩国电子工业合作组织（Korea Electronics Industry Cooperative，KEIC），以通过行业组织协调推行产业政策（Mathews and Cho，2000）。相比之下，韩国对中小型企业的重视不足，这一情况直到20世纪80年代之后才有改观（Kim，1997）。大型财阀在响应国家发展战略方面的确更为积极，例如当三星公司在

1969 年进入电子工业时，其实它并没有太多相关领域的经验（此前它所深耕的产业是纺织与造船工业）；当现代集团在 20 世纪 80 年代斥巨资进入动态随机存取存储器（Dynamic Random Access Memory，DRAM）产业时，它同样缺乏相关积累。这些财阀都需要利用自己多行业经营的优势来扮演对新兴产业的“耐心资本”的角色（Mathews and Cho，2000）。

第四，和日本一样，韩国致力于发展高质量人力资源，尤其重视对理工类人才的培养。相比其他发展中国家而言，日本和韩国在早期就已经形成了较好的基础教育传统。1945 年以前，为了把朝鲜半岛变为其殖民扩张的人力资源供应地，日本对其普及型教育进行了较大投资，使其民众识字率在第二次世界大战结束之前接近 50%（Kohli，1994）。韩国甚至在 20 世纪 60 年代末就出现了大学毕业生供过于求的求职难困境，这从侧面反映了韩国在教育甚至是高等教育方面的超前发展。其中，相比同时期其他大部分正在进行工业化的国家如巴西而言，韩国大学生中选择自然科学和理工类学科的比例明显更高；而朴正熙的长女朴槿惠在 1968 年报考大学时，同样选择了电子工程系，这可以认为是对当时国家提倡的经济发展战略的响应（赵甲济，2013；Kim，1997；Viotti，2002）。

第五，日韩政府都将引进国外技术当作发展本国创新体系的重要举措，但又在引进国外企业产权类投资的问题上持谨慎态度（Kim，2000；Viotti，2002）。政府同样致力于建设国内的科研机构和研究型大学，将其作为知识吸收、知识生产的重要机制。1973 年韩国成立国家科技委员会（National Council for Science and Technology，NCST）时，直接由国家总理担任主席，以示对科技发展的重视。1980 年，韩国公共部门科研机构的研发支出一度占全国研发支出的 49%（Lee，2000）。当相关产业进入工业化起步阶段，韩国并不会拘泥于这些科研机构的公共所有权，反而鼓励并允许私人企业以很低的价格兼并这些科研机构，来帮助私人企业在新产业部门尽快构建内部的技术能力；与此同时，国家又持续地创建新的科研机构（Kim，2000）。

第六，韩国与日本在战后经济腾飞初期的另一个相似点是利用世界局部战争所提供的出口机会。为了赢得美国的支持，朴正熙政府在1964年直接参与了美国在越南的战争（赵甲济，2013）。在以美国为首的军队中，韩国参战人员累计超过30万人，其在越南战场常年都维持着5万人以上的作战部队，规模仅次于美军而居于该阵营参战国的第二位。而韩国从战争中获得的红利，除了美国给予的经济援助外，还有数亿美元的士兵津贴、韩企参加美军扶持的越南共和国（南越）的基建项目的收入，以及韩国直接向美军及南越的出口。韩军参战后，韩国出口的第一对象国迅速从日本转为美国，其出口额在1963—1965年之间几乎有近10倍的增长，对美出口占比超过40%。韩国利用其参战国的地位，在20世纪60年代后期向南越出口一系列重工业产品如钢铁、机械、运输装备等。而当时，这几类工业在韩国尚处于起步阶段，其向西方国家出口的产品基本只是劳动密集型的轻工类产品如纺织制品、塑料制品和假发等（韩忠富，2013）。这无疑为其执行追赶战略以驱动创新系统转型提供了广阔的外部市场。甚至现代、大宇和韩进这三家韩国财阀也都是借着越南战争，从小企业一跃跻身韩国最大企业之列。类似地，韩国在电子及半导体产业中的发展也利用了美国在20世纪80年代打击日本这个竞争对手时所制造出来的市场空间，韩国的“国家—产业”共同体得以利用这些空间推动产业实践，并最终将本国产业创新系统孕育成熟。

最后，和日本的情况一样，韩国的几代决策者也实现了战略的动态性，即根据不同阶段执行有差异的发展战略，并通过执行新政策、投资新产业、设立新机构等方式来驱动创新系统的变化（Kim，

2000）。不过，这两个经济体也都在长时期快速发展之后，遇到了一定的困难。

相比日本，韩国有其特殊性，这些特殊性与其相对后发展的情况紧密关联，而这些特殊性反过来又塑造了韩国持续转型道路的特点。

首先，韩国在工业化起步时的落后程度要比日本在二战后的情况严峻得多，这使得韩国在启动格申克龙式的资源动员时，所采用的机制与日本存在显著差异。

韩国此前的工业基础薄弱，而朝鲜战争又使得其设施损毁严重。1961 年，韩国与汽车相关的经济活动仅仅是为美国驻军提供维修服务；韩国人均 GDP 不到 100 美元，国家财政几乎一半都来自美国为首的西方国家的援助，美国在 1953—1958 年间对韩国的援助甚至占到韩国 GNP 的 15%（Pempel，1999）；韩国的外汇储备几乎为零，当时韩国创汇的主要方式是向民主德国输出矿井工人。1962 年，朴正熙等人成功发起了一次极突然的货币改革，试图通过货币改革挖出私人富商藏匿的大量财富，避免其利用这些财富在市场上开展投机活动；朴正熙的计划是将藏匿的私人储蓄冻结并转入由政府开办的产业开发公司，政府通过向储户付息的方式，获得对这笔被冻结的财富的支配权并将其用于大规模的工业建设。

但是这次货币改革的成果远不如预期：当时货币改革的设计者设想长期藏匿的私人储蓄起码有 1000 亿圜①，这对于当时韩国仅有 2830 亿圜的流通量而言是一笔很大的资金；而政府通过货币改革成功冻结的资金只有 970 亿圜，而且这部分资金还不完全是朴正熙等

① 根据赵甲济（2013）的研究，1962 年 6 月之前韩国的货币单位为“圜”，经朴正熙的货币改革后为“元”；而 1962 年 6 月的货币改革是要求将货币在“圜”和“元”之间按照 10∶1 进行兑换。

人所定义的“藏匿的财富”[1]（赵甲济，2013）。这不仅从事实上宣告了货币改革的失败[2]，而且也令朴正熙等人意识到他们无法通过国内民族资本的动员来有效地启动工业化。

作为替代方案，朴正熙主要依靠国际组织、国际金融机构以及国外政府的援助款项来发展工业，甚至在不少案例中是以违背援助方本意的形式使用这些款项的；同时朴正熙也以韩国政府的财政收入作为抵押向国际社会借款来获得启动工业发展所需要的资本，而这一战略部分影响了韩国的外交政策。当时韩国的政府财政在很大程度上依赖于美国的援助，但该援助款项日渐减少，到20世纪60年代中期不再成为常规安排。在这一背景下，韩国加快了与日本恢复正常外交关系的谈判，并尝试利用日本的资金（尤其是战争索赔以及以战争索赔为条件的贷款）来发展韩国的工业，最终两国于1965年签订《韩日请求权协定》实现了关系正常化[3]。据称，当时日本一共承诺了总额8亿美元的赔偿和贷款。这笔资金部分满足了当时朴正熙政府发展韩国国内工业的资金需求。曾经是世界上最大的钢铁企业之一的浦项制铁，其于1968年所获建设资金就有部分直接来自日本依据该协议提供的资金及贷款。

---

① 根据赵甲济（2013）的研究，当时朴正熙政府颁布了《紧急货币措施法》。根据该法，人们在用旧币兑换新币时，需把部分预存在银行的钱及之前的存款划入政府的冻结账户，并由政府出马强行将其用作产业资金。《紧急货币措施法》根据人们存款的性质和此前约定的储蓄时长规定了被政府冻结的资金比例，其中若是6个月以上1年以内的储蓄存款零存整取，冻结率适用预存款项的35%；对于其他存款，若超过1000万韩元，则被全额划入冻结账户。

② 就执行过程而言，美国作为韩国财政资金的最重要捐助者，并不支持该货币改革，这也是该改革失败的重要原因，但这并不能掩盖货币改革的设计者错误地估计了当时韩国国内民间资本存量的事实，而这才是通过改革来激活国内资金投向产业部门的目标彻底失败的根本原因。

③ 根据赵甲济（2013）的研究，朴正熙在1961年考虑促进韩日关系正常化时，利用日本的资金来发展韩国工业就是其重要的动机。但这一做法在当时韩国国内引发了严重的冲突，大批民众批评政府是搞“行乞外交”，并在1964年6月爆发大规模示威游行，以至于朴正熙政府不得不在首都汉城（今称首尔）实施了一个月的戒严。

其次，韩国启动工业化的资源动员方式强化了企业与国家之间的联系，国家一度对财阀有更强的动员能力。一方面朴正熙本人非常警惕巨型企业对政治经济生活的控制，并认为这是李承晚时期国家陷于困境的重要原因（朴正熙，1988）。另一方面，从客观上来说，企业为了获取资源也需要依赖政府。由于韩国工业化早期的战略性资源，如国外援助、低息贷款等主要由国家控制，所以财阀对于国家有很强的依附性。此外，朴正熙也通过一系列政治与经济手段获得了对大企业以及大企业家牢固的控制权。在他通过军事行动获得政权的当月，朴正熙及其追随者一度以“非法敛财”为名逮捕了25人，另外还有一批人士在软禁或者追捕名单中。执行“处理非法敛财者总纲要”的口径并不是具体的罪案调查，而是“从金融机关获得融资1亿圜以上者，参与操纵外汇买卖者，盈利超过2亿圜者，以及把超过2万美元的财产转移至国外者”，因此，除部分贪腐的政要和将军外，被逮捕、软禁及列上名单的人很多都是韩国重要的企业家。在三星集团创始人李秉喆的说服下，朴正熙释放了这些企业家，并在次月组织了与一批企业家的座谈（赵甲济，2013）。朴正熙的一捕一放使他获得了大企业家们的忠诚。还有一点是，1961年的货币改革虽然并未达到促进经济发展的初始目标，但却使朴正熙政府得以成功将银行国有化，并实现了对外汇的严格管控。这使得财阀们都需要依赖朴正熙政府获得发展所需要的资金，因而愿意遵守朴正熙仿效苏联形式所推动的五年发展计划，以及参与朴正熙所组织的各类产业协同集体攻关项目。虽然与日本一样，韩国的中央官僚体系与财阀之间有稳定的沟通机制，但在朴正熙时期，政府显然占据着主导地位。朴正熙甚至会在事先未约定的情况下直接对财阀下达指令，或者责令对方前来向他汇报工作。当然，政府与财阀之间基于个人纽带的紧密关系也导致当政府缺乏政治强人时，财阀利用其与政治的互相渗透反倒更容易影响政治活动。

再次，基于对财阀的牢固控制力，韩国设定了动态的、“攀登式”的产业发展计划，并要求财阀参与执行。相比日本，韩国在其工业化起步期的20—30年间，国家更倾向于用直接的行政指令来动员财阀去追逐明确的发展目标。韩国政府在20世纪70年代和80年代分别在汽车、电子和半导体领域持续制订国家计划，选定财阀并要求其实现国家所定下的产业和技术目标。关键在于，这些目标往往被设定得很高，使得企业为了满足国家要求不得不对自身进行系统性的动员和调整。

其中，从1973年开始执行的“国民车计划”最具有代表性。当时韩国政府的目标是实现本国汽车工业从组装加工向本土研发的转变，即实现创新系统的结构性转型。在该项目中，韩国政府选定了现代汽车、起亚汽车和新韩汽车（后来的大宇汽车）三家企业，要求这些企业递交各自发展韩国本土设计汽车的计划。韩国政府所提出的要求非常具体，也明显超出当时韩国汽车工业的能力范围。例如，政府要求发动机不得大于1.5升，成本不得高于2000美元，国产化率必须在95%以上。当时韩国汽车年产量不到1.3万台，其中现代汽车的年产量只有5426台，但朴正熙政府要求被选定企业在不到3年的时间内实现年产能达5万台以上（Kim，1997）。当时除了韩国首个汽车企业起亚成立于1944年之外，现代汽车和大宇汽车都仅仅成立了6年。韩国的汽车工业在当时仅仅具备从通用和福特等国外企业进口散件来按图纸进行组装生产的能力。

韩国政府的“大棒”政策使得企业始终处于高度紧张的变革状态，这在一定程度上使得企业避免因为适应了熟悉的工业活动而变得僵化（Leonard-Barton，1992），也使得整个工业体系避免进入相对稳定的“均衡”状态。以现代汽车为例，为了达成“国民车计划”的目标，它制订了一个年产8万台汽车的计划，并为此早早搭建了内部研发团队来广泛吸收各种渠道的技术知识，还从英国等汽车强国聘请技术专家，将年富力强的工程师派遣到国外学习。更重要的是，当这些工程师回国时，他们普遍得到重用并成为技术部门的骨干——这意味着企业生产组织内的权力结构发生了重要变革。现代汽车还将战略性资源投放于获取新技术和技术授权上，在发展其小马驹（Pony）车型的过程中，它总共与5个国家的26家企业开展了合作（Kim，1997）。简言之，现代汽车及其国内产业链都因为参与“国民车计划”而被全面调动起来，并开展了深刻的自我革命。

当然，为了帮助本国厂商快速实现技术能力成长，朴正熙政府除“大棒”之外还提供了一系列“胡萝卜”，即为系统的转型提供物质条件和特殊的政策支持。具体手段包括，对直接进口和散件组装生产方式进行限制来保护本国市场，给予本国自主创新车辆以大幅税收优惠，组建企业联盟，以及其他旨在确保韩国本土研发的汽车能够占有国内大部分市场份额的措施（Kim，1997）。此外，韩国政府通过加强教育和科研部门的投入，以及斥资吸引来自海外的技术专家，持续为工业的动态演进预备了一定的科研力量。这使得韩国企业每一次通过战略性投资和组织动员进入新的领域或者开展新的工业技术活动时，都能从公共部门汲取所需的部分资源。从这个角度来说，韩国以整个国家创新系统为主体不断地往前演进，大企业的任务是不断在技术能力的阶梯上爬升，进入此前技术能力尚不能及的领域，开拓新的工业经济活动；而国家的任务则是为企业的能力爬升提供压力、方向和基本的资源，甚至国家对相应人才和科研力量的培养要远早于它启动相应的产业发展规划。可以说，韩国通过产业政策、教育政策和科技政策的协同推动了本国创新系统的转型。

“国民车计划”的最终成效要一分为二来看：一方面，由于政府的计划远远超出当时韩国汽车企业的能力，因此并没有任何一家企业在仅仅两三年之后，即到1975年就实现朴正熙政府所要求的多重目标。即便是其中表现最好的现代汽车，其在1975推出的小马驹车型的国产化率也只有90%，且该车型在1976年才开始小规模生产；到1982年时整个现代汽车的产量也只有7.8万台，依然没能实现当初制定的在3年内达到量产8万台汽车的目标（Kim，1997）。但在另一面，这个“国民车计划”直接催生了两款自主车型，即现代的小马驹和起亚的布里萨（Brisa）。这两款车型虽然依旧是对国外产品的模仿并且依托于国外企业的技术授权①，但“国民车计划”还是为韩国开了本土自主设计汽车产品的先河。以现代汽车为例，在开发小马驹车型之后，它就没有停止过内部技术开发和产品研发，并在1994年和1995年推出两款正向开发（不依托国外已有车型的架构）的产品雅绅特（Accent）和朗动（Avante），并最终在包括欧美市场在内的国际主流市场上获得了成功。

最后，韩国利用国家暴力机器实现了所谓的“工业和平”。日本在被美军占领早期的社会变革，无意中解决了当时日本社会所遗留的阶层固化问题，并最终使得工人与管理者、蓝领与白领之间形成了较好的协作机制。虽然韩国在企业体制上模仿日本的做法，但韩国并没有经历这种激烈的社会变革。可以说，韩国企业管理者在车间层面的控制权，事实上是在国家对民众的高压下实现的。在二战后，李承晚就在美军的支持下通过成立政府控制的劳工组织来尝试剔除左翼工会的影响，而该组织在1960年被改组为“韩国劳总”（Federation of Korean Trade Unions，FKTU）。朴正熙获得政权后，更是模仿了日本在20世纪50年代的做法，极力杜绝跨企业工会的产生与发展。特别地，韩国在1963年通过修订《劳动组合法》要求

① 现代汽车的小马驹在架构和车身设计上大量借鉴了英国利兰集团的莫里斯·玛丽娜（Morris Marina）车型，在开发过程中，现代公司直接聘请了利兰集团莫里斯公司的前任董事总经理乔治·特恩布尔（George Turnbull）领导的一支英国工程师团队，现代汽车还通过与日本三菱合作获得了发动机和变速箱技术；而起亚的布里萨则被人们普遍认为就是日本马自达福美来（Familia）第二代车型的改款。

劳工加入以韩国劳总为核心的、全国统一的中央集权式的工会体制（Kim，2011）。不过，由于当时韩国处于快速的工业扩张期，大量劳动力快速从农业部门转移至工业部门，这使得韩国劳总无法完全覆盖所有的劳工组织。于是朴正熙政权允许了另一种工会形式，即企业工会。然而，在国家的支持下，企业管理者可以利用暴力管理手段对企业工会实行有效的控制（张彦华，张振华，2017）。

由此可以看出，韩国的快速工业化是在未形成充分的阶层共识的前提下推行的。通过发展大财阀来执行快速工业化战略固然获得了巨大成功，但同时也加速了韩国社会的两极分化，因为这一体制需要持续产生超额利润来投入再生产与再投资，以维持韩国工业经济快速且持续的结构化转型。很快，韩国各地就兴起了各种形式的工人运动来反抗压迫与剥削。而朴正熙政府的应对策略则是严厉打击工人运动，以保证由国家主导的创新系统的演进能够顺利进行。朴正熙的高压政策使得当时韩国因为工人运动而产生的年度劳动损失率甚至比日本还低，更远远低于美国等西方国家。这固然为工业活动的顺利开展提供了良好的环境，但与此同时也埋下了日后轰轰烈烈的民主化运动的种子。韩国 20 世纪 70 年代末以来新兴的全国性工会就素以激进好斗而著称，最终在 20 世纪 90 年代导致韩国政治生态的转型[①]。张夏成（2018）明确指出，在民主化改革后，韩国的劳资关系在多个国际排名中显著靠后，这从另一个侧面反映了朴正熙时期军人政权对劳工运动的高压态势。

本章通过对日本两次快速工业化与韩国二战后工业经济快速发展的简要回顾，展示了传统发展型国家兴起的典型过程。强大的外

---

① 甚至连朴正熙个人被刺杀，也是由于其执政集团内部对于如何处理发生在釜山、马山和昌原等地区的示威游行存在分歧而导致的，而该示威游行最初就是由人们抗议某贸易公司无故解雇工人一事引发的。

部压力对国家安全造成了严重危机，同时国家面临发展社会经济的紧迫任务，这些都驱使它们开启并推动了系统性转型。通过强有力的资源动员、战略性资源的集中投放和政企互动机制的有效塑造，日韩迅速实现了工业化。与美国和德国的不同之处在于，作为国家创新系统的参与者，日本与韩国两国政府不仅扮演了资源投入和制度供给的角色，中央政府还直接与产业界形成了紧密互动与协作，进而深刻影响了产业间协调与企业生产组织方式。这种互动关系甚至具有动态演进的特征，体现为追赶战略和产业政策的战略动态性。

第8章　从“兴起”到“衰落”：关于发展型国家的讨论

本书并不致力于争论国家介入实践的成效，因为本书的目标是构建一个针对发展中国家的国家创新系统理论框架，并以此来讨论国家对于本国创新系统的持续发展和本国创新系统转型的必要作用。国家在两者中的重要性是由创新活动的本质属性，以及国家相对其他主体的能动性决定的。国家参与实践当然有可能失败，但不应当用国家介入实践的效果问题，或者说用实然问题去否定应然问题。

不过问题的复杂性在于，从历史经验来看，国家的失败是普遍的。国家整体在竞争中的失败，除了国家的介入不足、介入不当等原因之外，同样也有其他维度上的因素，例如国内腐败、国际经贸或军事竞争失利等等。如果由历史社会学家，如迈克尔·曼（Michael Mann）或查尔斯·蒂利（Charles Tilly）等人在全球版图内评价国家介入经济活动的成败的话，他们很可能会认为特定国家的成功是相对的，且成功往往仅在一定时期内成立。换言之，国家的困境或失败反倒是普遍的。对这一问题的讨论远远超出了“国家 vs 市场”二分法。然而，当人们对这一问题的观察仅局限于有限的历史尺度时，人们就容易将社会经济所遭遇的困境理解为国家介入经济或工业创新活动的根本逻辑存在问题，将其理解为“国家 vs 市场”的问题。而在国家间竞争的背景下，一个社会经济体的兴衰对个体的影响如此之大，或者说它对于评论者的认知冲击是如此之大，以至于当日本、韩国等东亚“传统”的发展型国家在20世纪90年代后遭遇困境时，不少坚持发展主义的社会学家和政治经济学家都产生了动摇，认为发展型国家理论遭遇了瓶颈。

8.1 重提发展主义：发展的迷思还是争论的迷思

人们关于以日韩为代表的东亚经济体在第二次世界大战后的崛起的讨论，往往会陷入有关时代特殊性的争论。这种时代特殊性往往体现为两个方面。第一，学者们认为日本和韩国的经验特定于一个国家工业技术的模仿和追赶期，用创新研究的术语来说，就是技术目标相对成熟，技术学习和技术进步的不确定性较低的时期。不少学者认同，在这种发展情境下，由积极国家干预主义（interventionist）所主导的产业政策可以是有效的。事实上，这种思路偏向于委托代理理论（Principal-agent Theory）的观点，即在技术的复杂程度大大提高之后，信息的不对称性也大大提高了，所以参与者寻租的空间也大大增加了，从而使得政策失效（Keech and Munger，2015）。第二，还有部分学者认为20世纪80年代后的全球环境已经不再容许新兴的发展中国家采用战后日本、韩国等东亚国家与地区实现快速工业化时的市场保护手段，因此在当今讨论国家在创新活动中的角色已经不再合乎时宜。

这些评论的根本问题在于，混淆了国家扮演积极角色的必要性和国家介入工业创新活动的效果。就效果而言，国家的介入当然可能会失败。暂时不考虑国家介入的战略性，单就国家面临创新不确定性时的知识能力而论，如果将市场作为一个给定的变量，国家作为一个行为主体，其自身的知识和能力必然是有限的，就这一点而言，它与企业（经济性主体）的差异只是数量上的。正如部分国内学者所批评的，政府无法应对创新的不确定性（张维迎，2018）。但他们并没有意识到，作为行为主体，单个经济主体从理论上并不比国家更善于应对不确定性。当然，部分学者会争论说，市场是作为一个整体而不是单个企业的集合来开展创新竞争的。但正如20世纪70—80年代大论战中支持社会主义一方的学者所批评的，这一机制是以浪费作为代价的。本书在第一部分曾分析过，对浪费的控制，很大程度上取决于社会经济体整体在竞争中新增的知识能力（尤其是在竞争中获胜的技术创新）能为社会整体带来多少净增益。社会整体的知识能力并不是由自由市场单方面决定，而是由对公用知识部门和私用知识部门的投资及规制所形成的动态平衡决定的。本书反复强调，如果解构市场这一概念而考察国家对市场的塑造，那么国家作为一个在信息提供、资源动员和制度塑造方面更有能力的行为者，它在应对不确定性的时候当然要比企业个体更具优势。熊彼特（Schumpeter，1976）关于惯例化的创新会导致垄断的推论就暗示了这一点。因为一个集权型的经济主体不仅塑造生产，而且在很大程度上也规制着市场。但如果仅从这个角度讨论国家介入社会经济活动的必要性，事实上是矮化了国家在社会经济活动中的角色，仅将国家理解为具有“经济理性”的行动者，而没能阐明国家介入经济活动的必要性。

理论上，国家需要介入创新活动，需要在创新系统的转型中扮演积极角色，其根本原因在于社会经济中的其他角色很难甚至完全无法完成相应的功能。如果政府介入市场竞争的逻辑完全是为了自身的经济利益，那反倒是有问题的，因为它起码不必要地挤占了企业和其他市场主体的空间。换言之，国家介入创新活动的努力之所以有价值，其根本要义正在于它超越了“经济理性”的部分，即摆脱了部门利益、短期利益的束缚，从而为经济主体提供了动态有序的创新环境，或者推动了整体的结构性转型。国家“非经济性”行为的成功，正在于它能够为经济主体以理性的模式从事新的创新活动创造条件。如果接受这一点，那么任何仅仅基于经济理性的原则去度量国家的“非经济性”行为，在逻辑上都是自我矛盾的。

所以，国家是否应当积极参与创新活动及其制度的塑造，与具体国家的创新政策、产业政策的执行是否有效，是两个不同的问题：前者是国家介入创新经济活动的必要性问题，而后者是国家介入的手段的有效性问题。

当然，在具体的经济实践中，讨论特定的国家介入是否经济、是否有效，几乎是难以回避的问题。因为政府行为是对市场机制的扭曲，而且政府以及政府所消耗的资源具有公共性。所以，国家介入行为在资源消耗上的经济性，以及它对经济系统所产生的社会经济效益两方面，都必须接受社会公众的评论。尽管部分学者强调，对产业政策的支持应当有基于实证研究的证据，本书认为，对国家介入创新活动的批评同样应当扎根于对国家介入创新的不同实践类型的辨析。

在创新实践中，不同类型的国家介入，其目标有着明显不同的偏重。这些不同类型包括但不限于以下活动：国家为了特定项目、特定企业、特定产业而实施的介入活动，国家为了给广泛的创新活动提供知识生产的投入活动，国家为了解决存在明显外部性的产业发展问题所提供的资源倾斜，国家为了保证知识生产的公私两部门在激励与扩散上的平衡所采取的投资类或规制类政策，以及国家为了创新系统的重大结构性转型而进行战略性资源投放，等等。由于这些活动服务于不同的目的，其收效方式和影响的社会维度（经济、政治、文化与军事等）以及回报周期都存在巨大差异，因此不应该采用单一维度对其进行评估。例如，对于美国二战后以军事应用为先导推动其国内创新系统发展的做法，尽管可以质疑特定的军事技术应用是否有转化到民用部门的前景（Weiss，2014），但不能仅基于特定技术的商业化是否成功来评价相关制度。很显然，美国在军事技术上的投资收益除了表现为工业创新之外，还体现为全球性军事优势、金融霸权、对全球范围内关键性要素市场的话语权、对自身有利的外交及经贸环境，甚至对人才的吸引等。而这些收益转而又以不同的形式和途径及不同的回报周期为其技术创新上的优势贡献了力量。考虑到国家行为在创新系统中的特殊性，对其有效性的评价应该遵循必要的系统性原则，这类似于卢荻（1998）所提出的“全面性原则”。不过，鲜有学者能够做到评价的“系统性”或“全面性”这一点——但这并不意味着他们的研究必然缺乏启发性。即便是维斯（Weiss，2014）在分析美国以军事技术为先导的创新体制时，也主要关注了其可持续性：由于美国军事应用过于追求技术领先性，拉大了其与民事应用的技术距离，所以社会整体从军事应用商业化中获利的可能性下降了。由此，维斯质疑这一趋势是否会危及美国整个创新经济的可持续性。

8.2 结构性转型的内核：国家孵化新的创新系统

在市场经济中，国家作为政策决策主体当然不能直接将生产资源转化为工业产出或者技术进步。但在日韩两国数次的重大转型中，国家都通过选择战略性领域转变了资源配置格局。必须强调的是，当国家要进行战略性资源配置的结构性转型时，相关领域企业的生产能力和技术能力，甚至企业组织本身都是尚未发展成熟的；生产型企业及其能力，事实上是在国家战略意识推动重塑的资源结构下被孵化而来的；其他的关键要素，如人力资源、科研机构与科研活动、关键技术也都需要国家通过执行战略规划来及时提供。要想在系统转型中为战略性产业提供足够的资源，无论是资金、基础设施还是关键人力资源等，国家都需要领先于市场活动的形成，甚至领先于市场主体整体的成型就开始提供这些资源。当然不能否认其中会有多元的社会力量的参与，例如精英政治家、企业家和科学家的作用。严格地说，在推动国家创新系统转型时，国家的角色也必然是由具体的社会行动者来履行的。不过，对于后发国家而言，推动系统转型所需的战略性资源和系统性的制度构建都远非政治家、企业家和科学家个人所能提供的。在日韩两国的案例中，政府在推动系统转型中所扮演的角色显然是重要的，在资源动员和系统性制度塑造中，其他社会群体所发挥的作用远远无法与国家等量齐观。

相对应地，我们需要跳出目前流行的主流经济学思路去重新审视国家和市场的关系。一方面，在日本和韩国的案例中，国家在转型中的根本目标并不是替代市场机制，它并非旨在创造一个完全的计划经济，或者通过配给制来完成资源配置和消费分配的双重任务。国家在这个过程中是希望通过制度塑造和资源供给，孕育“新的市场机制”，尝试让新的机制运转起来，即孵育一个在经济上合理的、有效率的创新互动机制。另一方面，由于国家的第二重角色是推动创新系统的整体转型，即重塑市场中的互动关系，所以对这一角色效果的评价，不能简单地以市场效率为标准。这些面向新的创新系统的制度构建（或者在实践中会被部分评论家看作基础性的产业政策）需要时间来实施（Rodrik，2007），因为无论是相关的个体，还是个体之间的互动，都需要通过经验的积累而逐渐形成能力，从而兑现创新活动所带来的“熊彼特租金”，形成创新活动的相对优势(宋磊，2016)。

无论是明治维新时期日本通过资源倾斜支持财阀形成多元化的经营机制，还是韩国朴正熙政府通过补贴政策要求国内财阀参与“国民车计划”“重工业促进计划”“扶持半导体产业的六年计划”，其核心都在于促进国内相关企业、科研机构和大学等为实现产业技术创新而形成互动关系。在这个过程中，国家不仅为其互动关系提供资源倾斜，帮助新的创新互动关系跨越低效率的“死亡峡谷”，而且为这些新的产业共同体提供明确的创新目标和研发压力，使得相关主体之间的联动机制在紧迫的实践中发展完善，以实现技术研发效能和效率的双重提高。

在国家驱动的创新系统转型过程中，国家通过调动战略性资源所实现的并不是不同主体之间的简单组合，因为不同主体之间的静态组合并不能解决问题。相反，国家扶持新的创新系统是为了挖掘创新协作和创新互动中的问题，并尝试解决问题。例如，韩国现代汽车需要在“国民车计划”所提供的保护及支持的窗口期内找到获取技术的方法，最终形成了内设研发团队、对外分包委托开发、实行设备引进等多种方案。在这个过程中，现代汽车甚至在部分环节进行过多种尝试，如委托多个不同的外部合作者来解决问题并探索更有效的技术学习路径；而韩国政府也积极参与到现代汽车与国外技术和设备提供商的谈判中，帮助其更好地获取技术，解决瓶颈（Kim，1997）。

由此，国家驱动创新系统转型过程的核心在于构建新的创新互动关系，塑造新的创新生态共同体，并在保护窗口期内发现问题和解决问题。国家为塑造新的创新系统而对关键资源的价格扭曲会维持一段时间。在这个窗口期，国家会为参与者在新的生态下达成协作、构建能力提供资源，使参与者在新生态尚未成型、创新互动中知识生产效率不高的情况下得到足够的激励。不过，国家为促进转型而实施的要素价格扭曲不应该常态化，因为其会导致社会总体成本过高，使得国家介入的实践无法长期持续。从这个意义上说，罗德里克（Rodrik，2007）的观点是合理的，即产业政策需要有退出机制①。到这里，读者们应当能够理解格申克龙的断言：“一个国家

① 但是，所谓“产业政策的退出机制”指的是特定的政策手段，而不是作为一个整体概念的产业政策。

越落后，（为了发展）它对内生决定的独特制度的需求也就越大。”（Gerschenkron，1962）因为国家通过社会动员实现资源整合的能力，决定了国家通过李斯特式的“市场保护”为孵化新的产业或推动创新系统转型所创造的机会窗口的时间长短。

之所以反复强调国家的第二重角色是孵化新的创新系统，是因为创新系统的塑造不是一蹴而就的。人们在推动创新系统转型的过程中也存在显著的学习效应。以互动机制中的信息交互为例，互动者之间需要就交互建立信息编码机制（技术和需求表达中的概念、术语和格式等）、信息过滤机制（对议题价值和信息价值进行评价的一般性共识）和异常问题解决机制（互动中出现重大问题的处置流程）[①]。如果将讨论的范畴扩大到整个产业创新系统，那么这个过程就应当是第一部分解构创新机制时所涉及的整个“组织性”的制度构建，包括但不限于：教育和技能培训的机制及其内容的设置，为各阶段、各环节提供差异化融资功能的金融体制，正式或非正式的科技及产业共同体，共同体内对技术系统的定义、标准化及专业化分工，对关键技术问题、基础技术路线的共识，以及国家通过投资及规制手段实现公用部门与私用部门在知识生产及转化中的动态平衡，等等。

当然，相对于一个复杂的创新系统而言，国家行动所能直接扶持的主要是其中的骨干框架，框架内新的创新互动关系的塑造需要更广泛的社会参与，并且需要在政企互动过程中不断调整，以在获保护和资源倾斜的窗口期内完成本土创新能力的构建。以韩国为例，在 1975 年扶持半导体产业的六年计划中，韩国政府授意韩国科学技术研究院（Korea Advanced Institute of Science and Technology，KAI-

---

① 此处借用了亨德森和克拉克（Henderson and Clark，1990）、伦纳德－巴顿（Leonard-Barton，1992）等人关于企业内不同单元间进行创新交互时，组织与技术关系的分析框架。

ST）组织公共部门与私人企业组成技术开发联盟，并在 1975 年和 1976 年先后构建了韩国电子技术研究所（Korea Insitute of Electronics Technology，KIET）和韩国电子与通信研究所（Korea Electronics and Telecommunication Research Institute，ETRI）等重要的科研及教育机构作为推动半导体产业的核心组织（Hobday，1995）。韩国政府同时还为了电子及半导体产业的发展在大田市建设科学城，其中包括 17 家政府科研单位和 3 所大学。政府利用这些由国家开办的科研机构吸引了大量曾在美国电子与半导体产业有过科研与开发经验的韩国（韩裔）科学家和工程师，并且在 1976 年率先拥有了半导体领域的超大规模集成技术能力（Mathews and Cho，2000）。然而在此期间，韩国的半导体产业并没有取得太大的成功，甚至在 20 世纪 80 年代 ETRI 在工业界和政府之间发挥的决策桥梁作用也很少得到评论家们的正面评价（Kanatsu，2002；Mathews and Cho，2000）。但是韩国政府和各方逐渐调整了具体的做法，其中包括将部分科研机构私有化，转让给三星、现代、金星和大宇等财阀（Kim，2000）；在 1981 年《促进半导体产业发展的长期计划》通过时，韩国政府从公共部门募集了 4 亿美元，另外还安排了 3. 8 亿美元的低息贷款投资于半导体产业。该投资规模是当时人们预测规模的 10 倍，这大大激励了三星、现代等财阀的积极性。1983—1986 年间，以上四大财阀向半导体产业投入了 12 亿美元；到 1989 年，这一数字上升到 40 亿美元。财阀在国家的激励下开始采用进取型战略，逐渐取代了政府科研机构，成为韩国半导体科技的引领力量（Mathews and Cho，2000；Dedrick and Kraemer，1998）。当 20 世纪 80 年代全球半导体产业陷入低潮并影响到刚刚起步的韩国半导体产业时，韩国科技部和工贸部坚持认为行业必将恢复且有更好的前景，而韩国的经济发展前途在于知识密集型产业。就此，韩国政府给予了工业界巨大支持并促成了著名的“逆周期投资”战略，即通过在全球产业低潮期进行大规模战略性技术投资来追赶甚至超越对手。正是这些不断修正、不断发展的做法塑造了人们今天所熟知的韩国半导体产业。

从这个角度来说，国家所驱动的创新系统转型既是一个“发现性”的过程，又是一个能力演进的过程。所以，罗德里克（Rodrik，2007）的论断又是存在不足的：既然国家政策实践深嵌于创新系统的成长过程，那么国家对要素价格扭曲的实质或程度都有可能因为创新系统组织性能力的提高而发生变化。所以无论出于何种动机，决定国家应在哪些活动范畴退出的因素都将与创新系统组织性的能力成长过程存在密切关联，而不会仅是静态的对应关系。

换言之，如果套用熊彼特（Schumpeter，1976）对创新竞争与常规竞争进行比较时所采用的比喻，那么比起市场“自组织”所产生的演进，国家所推动的创新系统转型正好比体制革新中的“大炮轰门”，即内部发动创新体系的变革，为后续新的经济与技术创新活动、新的互动关系和新的市场交易创造新的平台（Schumpeter，1976）。从本书谈及的德、美、日、韩四个国家的案例来看，国家在创新系统中所扮演的第二重角色的核心是孕育和孵化新的创新互动关系，而这正是对李斯特学说中关于为幼稚产业提供市场保护之后怎么行动的回应。国家在扮演第二重角色时的举措是战略性的，即在信息不完备、情况不明朗时对国家整体所面临的关键挑战做出回应。国家第二重角色的动机甚至往往是多维度的，军事、政治、财政等多种因素都会起到重要的作用。而其行动的核心在于为回应挑战而做出关乎国家发展长期竞争力的战略性决策。例如，德国以建立大学和新式科技共同体、政府和社会精英集团联盟促进新式工业发展，来回应法国对神圣罗马帝国的肢解和对普鲁士的削弱。美国在二战后发展了庞大的“政府—军工—科研”复合体来应对科技竞争威胁。日本和韩国通过集中扶持少数大型企业来快速实现关联性多门类工业的发展等。特别值得留意的是，这些决策都是在信息不完备的情况下做出的。例如，19 世纪德国的现代科技企业，美国在二战后的高科技中小型企业及硅谷创新经济模式，都是在国家推动重大转型相当长一段时间后才被人们创造出来的。这些新的企业类型事实上是由国家的战略性投资所带来的要素诱致产生的，即相对充足的科学家与工程师的供给催生了当时德国新的企业模式，而大量政府和军方资助的前沿科技项目则为硅谷那些强调创新性、灵活性的中小企业的诞生提供了条件，并诱使它们发展出以技术类资产而不是最终产品为交易内容的商业模式。

当然，为了应对转型过程中的各类问题，以及开发利用转型过程中战略投资所产生的“冗余资源”，国家的行动会逐渐转向其第一重角色。以美国在二战后的转型为例，为了落实依托前沿科技来构筑国家竞争优势的战略转向，美国在军事、能源、太空和农业科技等领域与大学及大企业合作创办了大量实验室；同时由于大企业不肯将战略重点放在突破性技术的研发和产业化上，美国在军事和能源等部门还建立了一系列项目管理机构，以降低决策层级，让中小企业和大学科研团队能够参与项目决策，其中就包括著名的 DARPA。从 20 世纪 60 年代开始，为了促进军事和能源部门中由联邦政府资助的科研项目成果的商业化扩散，美国联邦政府的相应部门还首创了风险投资基金机制，而这一做法逐渐得到私人投资者的效仿（Fuchs，2010；Janeway，2012；Weiss，2014）。国家通过持续完善激励创新、促进知识转化的制度，逐渐为新的创新活动塑造了制度环境，同时也使得国家本身的行动（除了涉及战略性资源的部分外）逐步转化为产业创新系统的一部分，也即国家的第一重角色的一部分。

8.3 东亚发展型国家的困境：国家与工业互动的组织性僵化

格申克龙（Gerschenkron，1962）在其分析框架中强调了“旨于增加对新生的工业部门的资本供给的特殊的制度因素”（下简称“特殊的制度因素”）的重要性，因为国家需要通过这样的机制来完成社会动员、资源集中与战略性投放。事实上，格申克龙在论证时是以资源的动员和投放为中心视角的。如果切换视角，那么国家所构建的本土内生制度，同时也是国家实现社会动员、资源集中和资源投放的组织性安排，即国家需要通过特定的制度性手段去发动社会个体和各类企业或社会组织，并通过对他们的激励和规制，推动创新与转型目标的实现。那么在国家与创新活动参与者（包括企业、大学和科研机构等）之间，就必须存在实现信息交互和协商的制度性机制。这种机制在二战后东亚传统发展型国家的实践中普遍存在，而且起到了关键性的作用。例如约翰逊（Johnson，1982）和科利（Kohli，2004）等人都将发展型国家的研究焦点放在了政府内的领航机构与工商业互动机制上。而维斯和霍布森（Weiss and Hobson，1995）干脆就将国家与企业的信息协商机制解释为“治理性互赖”，即国家与工业界良好的互动关系保证了东亚模式中各类政策（含产业政策）的有效性，而他们也将其视为东亚模式成功的关键。

而在20世纪90年代末，东亚经济体包括日本、韩国等，都面临了较严峻的危机，这一危机虽然是以东亚金融危机的形式表现出来的，但事实上反映的是东亚国家实体经济发展滞缓。在这一阶段，西方学术界对相对紧密的“政企互动”的质疑到达了顶峰。各国学者对此有大量的负面评论，如波特等人（Porter，et al.，2000）就直接将日本当时的竞争力危机归咎于僵化且无法响应产业发展需求的政府；而中国学者，如许宝强等人（1999）与卢荻（1998）等人在《读书》杂志上围绕“东亚国家（与地区）的发展主义”的论战也发生于这一时期。虽然说在东亚金融危机后，部分东亚国家和地区尤其是韩国逐渐恢复了增长，且日本也开始显现出自我调整的活力（Fransman，2010），从实证上挑战了20世纪90年代末部分学者过于草率的观点，但这一问题在理论上依然有着很高的讨论价值。

面对“传统”发展型国家在转入创新主导型经济时所遭遇的困难，学者们普遍认为，国家自主性的减弱和模仿对象的缺失造成了发展型国家的衰落；而自主性的减弱则有其国际和国内环境变化的原因。在国际上，贸易保护主义对国家外向型经济造成了阻碍，自由主义和民主化潮流使得国家自主性受到制约（Haggard，2018；王振寰，2003）。在国内，随着经济的发展，特殊利益集团日益壮大，政府被俘获而失去了自主性，从而很难产生整体性的发展战略，由此，紧密的政企关系反而变成了发展的障碍。国家一旦进入技术发展前沿阶段，以“集中资源，挑选赢家”为主要特征的产业政策便失去了“存在可模仿的目标”这一前提条件，从而很难发挥作用（Callon，1995；王振寰，2010）。陈玮和耿曙（2017）进一步使用新制度分析框架下的信息甄别机制、考核监督机制和投入分析机制区分了政府在模仿阶段和创新阶段的介入效果差异。他们指出，传统的产业政策在模仿阶段有效的原因在于政府具有信息优势，能够设置政策标准并进行有效监督。而传统产业政策在创新阶段失效的原因有两点：一是政府信息不足导致监督失灵，这是由于缺乏可借鉴经验，政府难以设定清晰的政策执行标准来甄别与监督企业；二是政府信息有限导致风险积累，政府选定产业冠军的做法与风险很大、需要试错的前沿技术发展要求产生矛盾。

除了韩国在增长（尤其是在高科技领域的竞争力）上的恢复在实证上对“衰落论”进行了反驳之外，上述解释东亚国家兴衰原因的观点实际上还存在一些理论上的缺陷。首先，学者们把官僚机构被俘获和国家自主性丧失当作发展型国家衰落的主要原因之一。这种说法的等价命题是，如果官僚机构不被俘获，原来的政商关系就依然有效。但这显然是不符合事实的，因为其一，它很难解释为何不同的国家在相似的发展阶段都遇到了困境，除非官员被俘获是经济发展之后的必然现象。其二，如果认为官员被俘获是经济发展之后的必然现象，那么它其实暗示发展型国家的官员在工业化的初期反倒比经济发展起来之后更不容易被俘获。但从官僚与工商集团的关系而言，由于工业化初期社会的资源相对更稀缺，工商集团应当对官僚的依赖程度更高，由此官商之间关系腐败的可能性应当更高才对。因而“官僚机构被俘获说”很难独立解释传统发展型国家在进入新阶段后的困境。

其次，学者们普遍认可的另一种解释是，新发展阶段中工业技术模仿对象的缺失以及国家介入经济的信息成本提高。这一解释简化了对国家的认识，而这种简化与发展型国家理论的原有逻辑相冲突：因为发展型国家理论正是立足于政企互动的逻辑而不是纯粹“政府 vs 市场”二分法的逻辑发展起来的，所以不论是认为“政企互动的结构是固定的、无法演进的”，还是认为“市场的信息成本必然低于政企互动的信息成本”，这些观点都是对发展型国家理论逻辑的自我否定。

如前所述，在格申克龙式的快速工业化过程中，国家依托一套制度来动员社会，并按照自身的意志在工业中投放战略性资源。那么这套制度就会包括组织性、制度性的政企互动模式，以此来帮助国家完成与工业之间的信息交互，并在此基础上发展政策。既然这套政治互动模式本质上是组织性和制度性的，那它就存在路径依赖甚至僵化的可能性。

所以，发展型国家兴衰的关键就应当在于：它是否能够根据不同的发展任务而建立起有效的政企互动机制，或者按照工业创新发展的需要及时地调整甚至更新自己的政企互动机制。假定将政企互动机制简化为一套政府与企业进行信息交互的机制，那么国家需要有效地从工业界获取信息，制定政策以促进市场经济发展，应对创新发展中的不确定性。从这一前提出发，发展型国家的困境本质上是由政企互动机制出现系统僵化而导致国家无法适应发展任务所造成的，而这并不意味着国家参与经济活动必然失败。只有了解不同发展阶段的工业创新活动的性质，才能分析新的发展阶段需要怎样的政企互动机制，进而开出解决发展困境的药方。

政府与企业之间互动机制的特点会受到产业技术创新特点的影响。从产业技术创新特点的角度来分析，产业的创新发展历程大致可以根据其产品技术和生产技术的成熟度划分为不同阶段（Abernathy and Utterback，1978；Perez and Soete，1988）。在二战后东亚经济体的快速工业化历程中，传统发展型国家普遍调动资源，对相对成熟的、不确定性低的技术进行大规模投资，而这往往是后发国家在技术水平相对低，国内缺乏足够的科技力量时采用的战略（Perez and Soete，1988；Amsden，1989）。在东亚经济体转型过程中，由于社会动员和资源集中主要由国家来完成，所以国家就需要与工商业构建协商与动员机制。在产业技术成熟阶段，市场竞争的焦点不是根本性的产品创新，而是产品的渐进性改良、工艺水平的提高和管理技巧的革新（Abernathy and Utterback，1978）。产品的主导设计早已形成，大量相关的技术嵌入专利、设备等载体，这些技术往往可以通过购买这些载体来获得（Hobday，1995）。在生产工艺上，全球市场中早已出现设备供应商为生产过程提供专业化的标准生产设备。国家所要进入的“新”产业在技术上的这些特征，就使得规模大、在财务能力和人员平均成本上具备优势的大企业，成为政府在决策时最重要的互动对象。

在资源的集中和投放上，由于发展初期资源条件有限，所以日本、韩国等东亚经济体都采用了以国家作为“领航者”的模式。这些东亚经济体都是以国家为资源的重要控制者，通过集权决策直接投资、安排资产划拨或私有化、定向补贴、安排银行优惠贷款等手段来鼓励企业在战略性产业中引进外国技术，建立大规模生产能力，并通过渐进式改进，提高生产效率，从而实现经济快速增长（Kim，

2000；Wade，1990；Hikino and Amsden，1994）。

国家所选择的战略性产业的技术创新特征，以及资源动员与投放的结构，决定了在国家领航的模式下，政府的领航机构（如日本的通产省，韩国的经济计划委员会及工商部等）和大型企业之间所搭建的信息网络在形式上是相对简单的。事实上，不仅企业的数量有限，而且国家为了促进产业界的集体行动，还经常以联盟或协会等形式将大企业整合起来，如日本电子工业协会和韩国电子工业合作组织，这些做法进一步简化了政府的领航机构与产业界之间的联系网络。甚至到20世纪80年代，韩国的ETRI依然扮演着替政府解读产业技术发展进度的角色，ETRI还代表政府，根据产业联盟的技术发展规划给各个财阀制订技术发展计划，以及给企业配发相应的国家补贴（Kanatsu，2002；Mathews and Cho，2000）。

简言之，在这一模式下，国家与数量有限、对象明确的社会主体构建互动机制，后者包括大企业、研究机构和大学等，甚至设置定期化的协商机制。这一做法之所以有效，是因为这一阶段所需获得的信息是特定的，包括特定的技术来源、特定的企业集团和特定的金融机制等。国家只需要选择与其投放战略性资源相关的有限的关键节点来建立沟通和协商机制，就可以保证其资源配置和产业政策的有效性。而这正是学者们建立发展型国家理论时所依赖的东亚经济体的经验基础。

但当一个经济体从成熟技术制造模式尝试转型进入新兴的产业领域并建立国内创新型企业时，它在产品生命周期上就进入技术的早期阶段，或者说这个时期的产业创新采用“流动性”（fluid）的模式。在这一阶段，产业技术创新的特征发生了根本性的变化。因为这一时期产品技术的主导设计尚未出现，产品和市场的变化较为频繁（Abernathy and Utterback，1978；Perez and Soete，1988）。在这个阶段，技术发展的方向是难以预测的、非线性的：一方面，创新参与的主体众多，包括某一技术的生产商和供应商、产生替代性技术的竞争对手、消费者、金融部门、规制部门、教育部门等。另一方面，创新的信息和知识，例如解决什么技术问题、采用什么技术、形成怎样的产品特征等，产生于多元主体演进性的互动机制中，而并非一开始就可以计划或者可以充分预见的（Dosi and Egidi，1991；Lundvall，1988；Geels，2002；Kivimaa and Kern，2016）。因此，任何参与创新活动的主体，无论是国家，还是企业或个人投资者等，要想在这一阶段获得充分的信息以支持自己的战略决策，都必须使自身的组织结构适应于这一复杂的信息结构，即这些主体要能够根据不同的阶段，针对不同的对象，发展出不同的互动机制。对于国家而言，其角色就从“领航者”转变成“协调者”，它无法通过直接指令来指导每一个参与者，但它依然是系统的构建者和最重要的协调者，并对各个系统的各个部分起到关键的激励作用（Kim，2000）。

其中经典的案例是二战后的美国。虽然在撬动其创新系统转型时，国家扮演了重要的战略投资者的角色，但是它并没有采用集中式的资源配置机制，而是根据产业的不同环节，设置了政府科研项目、政府创新投资基金、政府风险基金等不同的资助机制（Mazzucato，2013；Janeway，2012）。同时，在政府资助科研的形式上，美国不仅将资源配置权分给不同领域的专业政府部门，而且在每一政府部门内还发展出了大量分权化的形式，如构建跨政府、产业和大学的联合技术中心（Federal Funded Research and Development Center，FFRDC）作为项目决策的机构。另外，美国还设置了大量专业科研管理机构来进行分散决策，如著名的 DARPA 等，而且这些机构往往又通过纳入外部的专业科技力量来辅助决策。

美国在二战后的做法，被弗雷德·布洛克等学者称为“隐藏的发展型国家”或“网络化的发展型国家”，即国家在保持对战略发展方向的影响力，保持对重要技术、基础科研的直接投资的同时，采用分权式的决策机制，在政府资本的投资决策中广泛纳入多元的社会主体（Block，2008；Schrank and Whitford，2009；Block and Keller，2009）。这些做法使国家得以与更大范围内的、不确定的、分散化的、数量和种类众多的组织（包括中小企业、科技型初创企业、金融机构、科研机构等）建立网络化的互动关系（Fransman，2010；蔡明璋，2005）。同时，国家还针对不同的环节设计出有针对性的政企互动机制，发展出或直接的、紧密的、目标明确的干预手段，或分权的、竞争性的、开放的支持创新活动的机制（Block，2008）。当然，这些做法也更有利于一个同时以投资和规制手段强力支持创新经济的国家躲在网络化的制度安排背后，从而以“自由市场”或者“华盛顿共识”的口号自我表征。

网络化的发展型国家模式和传统的发展型国家模式的对比可以用表 8-1 来简单概括。

表 8-1　传统的发展型国家与网络化的发展型国家的比较

	传统的发展型国家	网络化的发展型国家
结构	社会主体数量有限，对象特定； 决策集权化	社会主体多元，动态变化； 决策分权化
创新模式	渐进创新； 技术的产业化和商业应用	突破性创新； 创新全过程、全链条
国家角色	自上而下选定战略性产业； 针对性投放资源； 制定奖惩规则	构建和维持网络； 在关键领域发展任务导向型项目； 开放式窗口

通过以上分析，可以概括出两点：第一，国家必然是创新经济的重要参与者。就前文分析的成功的创新经济案例而言，国家在不同的模式中都扮演了实质性的关键角色：无论是将成熟产业作为本国工业起飞的战略性产业，将大规模标准化制造作为本国参与国际竞争的战略性产业活动，还是致力于投资前沿技术产业，将发展多样化的、灵活的科技型企业作为本国竞争能力的核心，各类国家均

是如此。第二，不同的发展阶段要求不同的政企互动机制。当发展任务发生变化时，政企互动机制就应当产生结构性的变化以促成技术—能力的重新耦合。与政府进行互动的社会对象（包括企业或科研群体）、互动中需要关注的核心信息、互动关系的类型（长期合作或保持一定灵活性），都可能需要根据不同阶段的情况发生根本性的变化，如图 8-1 所示。发展型国家模式需要政企互动作为国家获取信息、与工业协商从而制定有效政策的前提，所以这一组织性、制度性的机制就有形成路径依赖甚至系统僵化的可能。

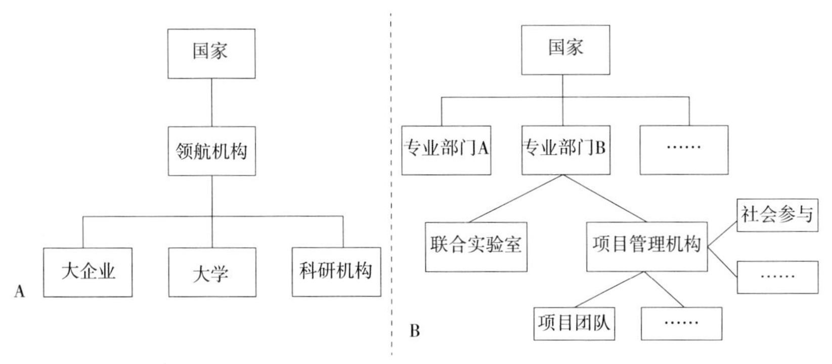

图 8-1　不同的政企互动模式

注：本图仅为示意。模式 B 中，未明确标注的其他专业部门（如专业部门 A）的下层结构类似于专业部门 B，为图示简明起见省去。

系统僵化是必然发生的。从演化的视角来说，一个组织性载体的核心僵化是核心能力的体现①（Leonard-Barton，1992）。如果认同复杂的工业活动是基于多元主体的动态互动机制这一观点，那么，

① 核心能力（core capabilities）和核心僵化（core rigidities）是本书从企业动态能力学说借鉴的概念，它们是一体两面的关系。核心能力是指一个组织有别于其他组织的知识集合，是一个相互关联、相互影响的知识系统，包括了人员的知识和技能，技术系统，管理系统，与知识的内容和结构、知识积累的方式及知识控制方式有关的价值和规范（Leonard-Barton，1992）。当技术创新所需要的能力与组织的核心能力相一致的时候，核心能力对技术创新起到促进作用；反之，核心能力就变成了核心僵化，对技术创新起到阻碍作用（Tushman and Anderson，1986；Henderson and Clark，1990；Leonard-Barton，1992）。核心僵化使得在推动系统性转变时组织需要面临着巨大的转变成本。

国家创新系统能力的形成和发展必然依赖于国家基本结构与基本制度的相对稳定性，即包括政府、企业、科研机构、金融机构和教育部门等机构都很明确自己大体上应该与哪些对象进行信息交互，交互什么样的信息，以及什么样的信息有价值；若存在竞争性情景，那么参与者对于竞争的规则、价值判断的基础都有大体相近的认识。这种相对稳定性降低了经济活动的不确定性，从而有效地引导了战略性资源的配置和互动性平台的建立。

对于发展型国家模式而言，如果一个国家“特殊的制度因素”是在发展成熟技术产业的过程中塑造的，那么政府与特定的企业集团、金融机构等组织就自然会逐步形成制度化的双向互动关系。技术成熟阶段的技术经济范式能在特定时期内促进一个经济社会系统实现经济增长，成为系统的能力所在。但当其中的战略性产业的发展以及发展产业的具体做法所能实现生产率和回报达到增长的极限时，为了克服障碍，盈利动机会刺激生产领域创新，本国部分创新者会呼吁新的技术模式；而既有的包括政企互动制度在内的社会制度框架将不再适应，也很难迅速调整以适应新的技术模式，这时系统能力就变成了系统僵化，阻碍了经济增长（Perez，1983）。当系统面临转型时，由于固定成本、学习效应、协同效应、调适性预期（自证预言）等机制的存在，原来的社会制度框架会具有排他性、累积性、不可逆性的特征，会在既定轨道上自我强化（Dosi，1982；David，1985，2005）。

所以，在系统转型的过程中，在前一阶段曾作为国家资源投放主要渠道的大型企业，很可能会转变为既得利益集团，阻碍系统转型（Kim，2000）。这会使得政府被锁定在与特定企业的关系中，而没有意愿和能力与更广泛的、更多样化的组织（诸如中小企业、科技型初创企业、科研机构、科技型风险投资基金等）建立联系，以适应技术流动性阶段的需要（Hikino and Amsden，1994；Kim，

2000；王振寰，2010）。东亚发展型国家困境出现的原因在于：在面临系统转型时，这些国家政企互动的网络被锁定，官员与大学、工业集团的协商渠道，甚至是人员流动渠道的惯性，使得国家无法把与创新的技术流动性阶段相关的更大范围的中小型企业、新兴科研力量、新式复合型机制、全球性的人员流动与协作等纳入政企互动的网络，从而未能根据创新不同阶段的要求来进行有效的资源配置。渐进性的修补型政策，即属于国家的第一重角色范畴的举措，无法解决系统僵化的问题。

系统僵化这一问题的解决不应该依靠自由市场——哪怕解决问题的过程最终会形成更为市场导向的经济体制。相反它需要国家再度扮演其第二重角色，通过充分的社会动员来打破原有的政企互动机制，完成系统的结构性转型。

日本是出现核心僵化而未能完成系统转型的典型案例。亚洲金融危机后，日本自2001年开始大力推动科学主导型产业（Science-based Industry）的发展，期望通过所选定的四个战略性领域（生命科学、信息技术、环保技术和纳米材料技术）的科技突破带动相关产业的发展，日本政府还出台了涉及产业合作、知识产权保护、振兴中小企业和推动大企业变革等的一系列举措。但是，这一转型依然是由以科学技术政策委员会为代表的机构，通过与大财阀的协商合作来推动的；政企之间互动的根本模式没有发生变化。也就是说，日本并没有从根本上改革其政企互动机制以适应新阶段技术发展的需要，因而也没有很好地实现系统转型。

在一定程度上可以说，认为传统发展型国家已经衰落的学者是对的。因为政府的行为的确是解释部分东亚经济体在20世纪90年代末之后经济发展停滞的重要原因，尤其是政府不恰当地扶持了部分大企业，扭曲了市场竞争，妨碍了新兴技术和企业的兴起（Porter，et al.，2000；Kim，2000）。但这一解释也并不全对，因为政府只是系统僵化的一部分。僵化的实质是政企互动关系的结构与发展阶段不相适应，所以不能简单地对政企互动关系本身提出质疑或批评。

如果因为传统发展型国家遭遇困境就转头向自由市场索取答案，那也是有问题的，因为这既不符合创新理论，也不符合客观实践。而前几年在全球范围内非常流行的一本著作，即由玛丽安娜·马祖卡托（Mariana Mazzucato）撰写的《创新型政府》（*The Entrepreneurial State*）一书，很好地揭示了部分决策者对创新经济的误解。《创新型政府》这本书源于欧盟在2008年全球金融危机后委托马祖卡托的一项研究项目；委托方发起该项目的初衷是为欧洲寻求去管制化的方法，从而孵育欧洲版本的“硅谷经济模式”。但马祖卡托在完成了对美国创新系统的分析后却告诉世界，积极的国家长期战略而非自由市场才是美国创新经济的秘诀，美国在二战后创新系统的深刻转型是由国家对科研和技术创新的长期投入所驱动的。

既然国家在创新转型中具有关键作用，那么对日韩两国的转型经验就应有更深入的思考。20世纪80年代日本与美国等西方主要国家在制造业上的激烈竞争是日本国家创新体系整体能力的集中体现，但同时也埋下了后期转型失败的种子。由于自身在军事和政治上依附于美国，同时工业经济（如80年代的半导体产业）也严重依赖于美国市场，所以，在美国的压力下，日本不得不于1986年和1991年先后签订了两个五年期的《日美半导体协议》，于1989年签下《日美半导体保障协定》。这些协议，尤其是其中对日本本土市场中美国半导体产品份额的强制性要求，使得日本国内竞争失序，打乱了其通过强化国内竞争和出口导向战略来持续加快本土技术进步的步伐，抑制了企业进行大规模战略性投资的积极性，也使得日本社会整体失去了通过资源动员来实现跨越式发展的共识。而韩国在美日半导体产业的竞争中，通过与美国合作获得了发展机会。同时，在1998年东亚金融危机之后，韩国的国家动员能力进一步增强，它在一定程度上通过鼓励中小型企业以及推动财阀对新兴产业的投资，逐步恢复增长势头。但即便如此，韩国后续的创新发展依然是有限的，主要是对原有产业的优化以及在应用与服务上的延伸。换言之，在政治上对美国的依附限制了这些国家通过动员来重塑国内创新系统进而与美国争夺创新制高点的可能性，使其只能成为美国所主导的全球体系的一环。

本章的讨论再次重申了国家双重角色的必要性——其他社会经济主体无法替代国家所发挥的作用。作为创新系统的参与者，国家通过资源投入和制度塑造能更好地为创新主体构筑互动空间，来应对演进过程中的不确定性。作为系统转型的推动者，超越经济理性的政治意义上的国家能通过危机动员机制开启对新的创新系统的孵化，为形成适应技术发展需要的创新竞争市场提供资源与制度框架。更重要的是，创新系统转型同样具有动态演进特征，国家介入的方式与程度将会随着创新系统组织性能力的提高而变化。也就是说，国家的战略性角色将逐渐淡化，部分将转化成常态创新系统中的投资与规制性措施。

国家双重角色之间的逻辑关联也为理解东亚发展型国家的困境提供了一把钥匙。本质上，这一困境是政企互动机制出现系统僵化，无法适应新的产业发展阶段与发展任务所导致的。这是结构性的问题，如果以此困境来否定国家介入经济活动的必要性或者否定政企互动机制本身，那将是片面、错误甚至有害的。随着成熟技术制造模式逐渐转向创新经济，国家需要完成从“领航者”到“协调者”的角色转变，以适应技术流动性阶段更复杂、参与主体更广泛的创新过程。完成这一转变则需要国家再度承担第二重角色，打破与旧的创新系统相适应的内生制度安排，这是国家扮演“协调者”这一协调性质而非指令性质更强的角色，塑造新的政企互动机制的前提。

第9章　中国的结构性转型：回顾与前瞻

中国在工业经济上的崛起是21世纪迄今为止全球最重要的事件之一。经济史学家安格斯·麦迪逊（Angus Maddison）在其多部作品中都对新中国的成就给予了高度赞扬（Maddison，2007）。中国的崛起，在现代世界经济史上已经足以和日本两次快速工业化以及苏联在20世纪20—30年代的经济增长这样惊人的奇迹相提并论；即使和19世纪德国的工业化以及二战之后美国的腾飞相比，也仅是缺少与之相伴的技术革命罢了。媒体上有不少乐观的评论家预测，在中国的崛起历程中，革命性的技术（如人工智能）已经出现，不过尚待工业发展实践来释放其巨大潜能。

然而，中国在2016年之后创新发展所遭遇的重大挑战与这些乐观的预测形成了强烈反差。正如本书在导论中指出的，中国这轮举世瞩目的发展目前面临双重结构性转型压力。第一重压力是由工业发展阶段的变化带来的，即从模仿到创新的转型压力。这一重结构性转型是由创新内在的“自我毁灭”的本质所驱动的，它要求中国转变主导产业，或者转变经济发展方式，即改变其在全球产业链中创造价值的基本模式。这一转型是发展中国家在成功完成基本工业化后普遍需要面对的（Lundvall，Intarakumnerd and Vang，2006），然而能够快速且成功完成转型的发展中国家并不多见。第二重压力来自当前美国对中国的打压。美国试图让中国脱离由其主导的世界经济体系，并以此作为压制中国的战略工具。这意味着中国要想延续自身的能力成长，就必然会与现行世界经济体系的主导者产生冲突。

面对这两项挑战，人们无法直接依托中国在过去30多年高速增长的核心经验来获得答案，即依托生产密集型的制造经济和全球化的生产协调体系来实现发展。因此，中国必然需要寻找超越这些经验的战略出路。这一出路既然涉及中国核心的价值创造模式及其与国际经济体系的基本关系，那就必然是结构性的系统转变。

要寻找战略出路，就必须深刻理解中国现有创新系统的特点及其问题。我们需要回顾中国过去几十年的发展历程，特别是理解中国经济成功发展的经验，以及此前已经发生的20世纪80年代和2005年前后两次重要的发展战略变迁的基本逻辑。只有这样，我们才能理解当前外部环境给中国现有系统带来的挑战的根本逻辑，才能明确系统内有哪些能力和经验应当被继续坚持。

然而，中国社会主流观点对自身成功经验的解读是存在缺陷的，评论家往往用“改革红利”这种单因素论来解释中国在20世纪90年代及之后的经济长期快速增长。改革是中国在20世纪70年代末政治经济体系转型的重要举措。在改革过程中，决策者需要长期摸索以积累大量的经验与教训，进而制定出有效的改革举措。然而当“改革红利”这一解释被泛化之后，它就失去了帮助人们理解制度改革举措得以发挥作用的因果机制，因为这种泛化解释让人们误以为是“改革”这个名义逻辑推动了经济发展，而不是改革者们的定位、分析和解决问题的具体努力。这种泛化的解释特别符合片面强调市场机制的自由主义思潮，因为它简单地强化了市场的作用，同时将政府看作发展的障碍而呼吁改革。在具体的流行话语中，这种思潮尤其喜欢强调，改革通过约束政府的作用激发了中国本土的企业家精神，并促进了劳动力和其他要素的流动和灵活配置。仿佛只要去管制化，将权力交给市场，一切经济问题就迎刃而解，创新经济就自动出现了。这种思潮在中国并没有形成体系，它更多是以一种“无意识”甚至“集体无意识”的状态存在。本书对这种思潮的批判在第一部分已有充分的陈述，本章就不再赘述。

但这种单因素论的解释在实践中却有相当大的影响力。它令支持者们相信中国只要进一步约束政府的行为，加大市场的权力空间，就势必能获得进步和经济发展。这种解释的内核其实是“政府 vs 市场”二分法。然而这种二分法无法解释创新所需要的“组织化”条件（见本书第一部分），因此也就根本无法解释当前国际政治经济格局变化对中国创新发展的影响。事实上，这种单因素论也难以解释中国在过去几十年里的成功经验，因为市场化改革逻辑无法解释为什么唯独中国而不是同样强调市场化道路的其他国家（例如印度和墨西哥）取得了如此举世瞩目的经济成功。甚至连阿里吉（Arrighi, 2007）在解释中国经验时都敏锐地意识到，中国经济的吸引力并不能简单地理解为对要素的“去管制化”，而是有着复杂的制度背景和积累效应，“与普遍的看法相反，中国对外资的主要吸引力并非其丰富的廉价劳动力资源。全球有很多这样的资源，可没有一个地方能够像中国那样吸引如此多的资本。我们认为，主要吸引力是这些劳动力在健康、教育和自我管理能力上的高素质……二者并不是外资创造的，而是基于当地传统的发展进程创造的”[①]。

本书作者在最近的一些研究中指出，除了工业发展阶段变化和外部环境变化这两个结构性冲击之外，中国目前依然面临着从计划经济体制向市场经济体制转型的压力。这一转型虽已历时 40 多年，但依然未能彻底完成。在中国，国家尚未能够在新的情境之下针对

① 阿里吉（Arrighi, 2007）在该段话后还指出“外资在中国该进程的后期参与了进来，在一些方面起到了促进作用，而在另一些方面则起到了破坏作用”。

工业技术活动构建有效的信息系统，以实现对工业技术信息有效的收集、分析和处理。虽然在形式上，中国已经完成从计划经济体制向市场经济体制的转变，但从政治经济学和发展型国家理论的视角来看（如 Weiss and Hobson，1995；Wade，1990），中国还没有在市场经济的条件下面向复杂的工业技术创新的发展情景中构建起政企互动的有效渠道（封凯栋，姜子莹，2020）。能力不足使得国家难以直接、迅速地定位本国创新系统中的薄弱环节，也使得政策制定者未能有效识别潜在的创新型企业和创新项目。这些都影响了国家扮演第一重角色的有效性。简言之，本书作者之所以认为从计划经济向市场经济的转型尚未完成，是因为国家仍然没有完成在市场经济体制下有效执行创新政策的国家能力的构建。

面对正在展开的国际经济体系大转型，本书无法对所有问题做出全面深入的分析。立足于本书的分析框架，本章尝试对中国的创新系统做简要的历史回顾，为读者梳理在 20 世纪 80 年代和 2005 年前后这两次重要的发展战略变迁，并以此来分析中国当前面临的双重结构性挑战的深层次危机。中国的决策者需要与社会达成共识，并通过广泛的社会动员和战略性资源投放来应对危机，而新的国家创新系统则会在这个过程中被构建出来。

本章分为四节，前三节分别对改革开放前、20 世纪 80 年代开始融入全球化，以及 2005 年前后的自主创新转型这三个时期的创新系统做概要分析。受限于篇幅，本章打破传统编年史式的叙述方式，着重分析三个阶段国家创新系统的突出特征和两次政策转型的过程，并以此为读者分析当前中国所面临的重大挑战和寻找出路提供一个系统性的视角。

9.1 改革前的创新系统

新中国的经济建设大体起步于 1952 年，在此之后，中国执行了典型的格申克龙式战略，将资源从农业和消费部门动员起来，用以发展工业，尤其是重工业和资本品工业。成功的快速工业化是以新中国所开展的深刻社会改革为基础的，通过土地改革、教育系统改革和工业经济社会主义改造等诸多努力，中国成功获取了直接从广大农村动员资源的能力，并有效提高人口素质和生活水平，为工业规模的扩张奠定了良好的人力资源基础。

“一五”时期和“二五”早期苏联援建的156项工业项目为这一时期的工业发展奠定了基础。为充分从这些项目中学习并获取经验，中央政府又独立投资兴办了300多项大型工业项目，并在教育和工厂管理领域开展了根本性改革。这一时期的工业化基本以重工业和军事工业为重心，这主要是出于两点考虑：第一，重工业对于后续工业发展起到基础性作用；第二，重工业对于应对外部潜在的战争威胁、保证国家安全至关重要。

在中苏交恶和“大跃进”失败之后，一方面，中国构建起一套以中央计划协调为主的经济体系，通过连续制订并执行五年期的经济计划以及年度国民经济计划，以保证新生的本土工业能够如计划者所期望的那样逐步推动实现国家的战略目标。这套制度在工业层面的执行基础是国务院所设置的一系列工业主管部门，以及“五定五保”的制度安排。它在一定程度上解决了20世纪60年代的无序问题，但这套制度由于决策流程长、生产与研发割裂、跨部门协作困难，在后期也明显制约了中国的创新发展。

另一方面，中国通过艰苦的“自力更生”解决工业发展过程中机器设备的供给问题，即自主创制大型机器设备，以解决“生产机器的机器”缺乏的问题。在当时恶劣的国际环境下，中国不得不上马“三线建设”等工程，这一举措促进了地理范畴上的工业扩散，但同时又使得战略性资源并没有被集中配置以谋求战略性的技术突破，而是被用于同代技术的再生产投资，这就进一步约束了工业部门投资于战略性新兴技术的能力。

9.1.1 典型的“格申克龙式”的发展战略

改革开放之前，中国工业的发展逻辑与“格申克龙式”的追赶发展战略是相似的。虽然格申克龙及其思想被介绍到中国是相对晚近的事情，但中国自20世纪50年代“一五计划”开始的政策举措，与格申克龙和赫希曼等人的经济发展战略思想高度吻合，即通过资源动员和有选择性地集中投放，创造出机械化与化工化的工业发展所需的工业体系。

这一模式的特征首先是在危机的压力下形成社会共识。中国的工业化起步于1952年。新中国成立时中国社会对1840年鸦片战争之后中国受西方列强欺辱的百年历史的集体记忆犹新，这使得中国社会普遍对追求建立独立富强的国家、实现民族复兴拥有高度的认同感。同时，这一时期的战争威胁，尤其是在抗美援朝战争中中国军队在武器装备和后勤水平上的巨大劣势，使得全社会在集中力量发展工业的问题上达成了高度一致。而中苏关系破裂使得中国在1960—1972年间同时面临两个超级大国的威胁。在此期间，中国政府对重工业和军事工业的强调，以及建设大小三线，都属于由外部危机和压力机制所驱动的国家战略。

其次，快速的工业化强调将资源从农业部门和消费部门动员出来，投资于工业部门。通过著名的农产品“价格剪刀差”战略，国家得以将农业剩余尽可能地投放到工业领域，以谋求更大的回报率，从而加速积累与再生产投资。在1952—1978年间，全国的资本形成年均增长率为11.3%，其中国有工业部门的年均增长率为12.9%，而消费部门的年均增长率只有3%。在这26年间，资本形成增加了13倍，其中54.1%都是国有工业资本，而消费在同期只增加了3倍。工农业总产值之间的对比也呈现出相同的规律，以“一五”计划期间为例，工业总产值年均增长率为 18%，而农业只有 4.5%（Naughton，2007）。这些都充分表明了资源正通过政策手段和有明确偏向的投资政策流向工业生产部门。

最后，快速的工业化强调投资于重工业，特别是资本品工业，而不是轻工业。从 1952 年开始的“一五”计划到“五五”计划的头三年（1976—1978），固定资产投资比率中重工业的比重从来没有低于 85%；而轻工业一直在 7.8%—15.0% 之间波动（Naughton，2007）。虽然在“一五”计划期间，轻工业的投资占比达到 15%，为该时期的最高水平，但以“一五”计划和“二五”计划早期从苏联引进的 156 个项目为例，其中仅有 3 项属于“轻工及医药工业类”，而能源类工业占据了 52 项，军事相关工业占 44 项，机械类工业占 24 项，还有 20 项属于冶金工业（张柏春等，2004；董志凯，吴江，2004）。

在中苏交恶，苏联中止了与中国的合作后，中方的战略举措能更好地说明中国当时坚定的依靠重工业和资本品工业来构建自主的工业体系，保证自身独立发展权的战略选择。当苏联撤走了援华专家并中止了与中国的合作项目后，中国失去了持续从国外引进技术资本品的可能性。而在 1963—1965 年，为了解决前一阶段各地盲目上马工程带来的混乱，中国进入了投资水平相对较低的“三年调整期”。即便如此，中央政府依然在石油化工、机械制造等领域发起了战略性重大工程，以解决当时中国在石油和工业机械上的对外依赖问题。以机械工业为例，中央政府在资源困难的情况下，在 1961—1969 年启动建设“九大装备”的重大任务专项，该专项的根本目标是解决“工业母机”问题，即用以生产机器设备的巨型机器。这些机器具有规模大、工作压强大、精度高等特点，反映了整个工业最重要的基础性能力，具有显著的外部性和战略意义。当时世界上仅有美、苏、德等少数国家拥有与“九大装备”相关的全套生产能力。

该专项以抗日时期延安根据地军工系统的负责人之一、时任第一机械工业部副部长沈鸿为负责人，进行了全国性的、跨部门的动员。九年间，该专项共动员了10个国务院部委，100多个国营大型工厂，1000名工程师和超过10 000名工人，共设立了100多项重大项目。本土工程师们通过“土办法创新”，利用精巧的系统设计和生产流程创新，使得能工巧匠的技艺得以替代部分环节中对大型加工设备的需求，工程师们凭借坚韧顽强的精神最终达成了目标。到1969年，该项目建成了9套大型成套设备，包括840类，1400多台复杂、精密的重大机器设备[①]（孙烈，2012；李健，黄开亮，2011）。

在20世纪60—70年代，除了“九大装备”之外，中国还在20多个基础性和共用性技术领域以国家直接动员的方式发起了一系列“大会战”来攻艰克难。根据郭年顺（2020）的不完全统计，这些“大会战”包括1961—1964年国产晶体管计算机大会战、1960—1970年高精度精密机床大会战、1961—1965年成套石油炼化工艺大会战、1964—1972年攀枝花钢铁基地大会战、1964—1970年成昆铁路大会战和1962—1964年火车车轮和轮毂大会战等。这些在相对艰苦的物质条件下由国家发动、国家保障的大会战充分体现了决策者的战略意志，即要在关键的生产设备环节打破瓶颈，从而获得发展与之相关联的其他制造型工业的机会。关键装备领域的突破使中国在当时得以通过研发生产新机器来延续创制新工业和通过生产已有机器设备来扩大再生产投资。而这些举措也使得中国的工业规模持续扩张，20世纪60年代中国的工业产值就进入了世界前十国家之列（刘国光等，2006；Naughton，2007）。

---

① 这“九大装备”包括：（1）30 000吨模锻水压机；（2）12 500吨卧式挤压水压机；（3）辊宽2800毫米铝板热轧机；（4）辊宽2800毫米铝板冷轧机；（5）直径2—80毫米钢管轧机；（6）直径80—200毫米钢管轧机；（7）辊宽2300毫米薄板冷轧机；（8）辊宽700毫米+20辊特薄板轧机；（9）10 000吨油压机。

9.1.2 深刻的社会变革

与新中国成立后的快速工业化相关联的是一系列深刻的社会改革。这些改革有自身发展的逻辑，并且在资源动员和培育人力资源方面为当时贫穷落后的中国创造了更好的条件。

首先，土地改革使得中国在缺乏外来资金的前提下，得以从农业部门积累资本投资于工业。尽管不同研究对土地改革之前土地在不同阶层中的分布情况有不同的看法，但对于土地分布严重不均存在高度共识（Lardy，1987；Perkins and Yusuf，1984）。土地改革是新中国政治意识形态追求国家与社会经济现代化的自然表达，因为当时的土地制度明显阻碍了中国工业化进程的开启：土地改革之前的地主阶层占有农业产出50%以上的收益，成为横亘在国家和民众之间的食利阶层。如果无法改革或者消除这一阶层，那么国家就难以通过社会动员来获得发展工业经济所需的资源。由于地主在占有土地方面具有显著优势，农民与地主博弈的能力很弱，不少地主在面临战乱或灾荒等外部冲击时，为“保收成”往往进一步压榨农民。极化的土地占有结构使得收租盘剥农民成为地主阶层低风险稳收益的商业模式，相比之下，开拓现代工商事业对于他们而言就显得风险过高了。这使得1949年之前的中国地主阶层虽然占有了中国当时主要的生产资料，但大部分地主并没有动机投资于现代工商事业（Lardy，1987）。而土地改革则打破了地主经济对政府与农民、农民与市场之间关系的把控。仅1950年这一年内，大概3.1亿被解放的农民就得以免除相当于350亿公斤稻米的地租；到1952年，中国在农村建立起32 788个供销合作社，覆盖了全中国27.8%即约1.38亿农村人口，已经可以对将近一半的农业商品进行统购统销（刘国光等，2006）。这就为国家动员资源提供了可能。

土地改革也改变了大量农民处于饥饿线的生活状态。温饱的生活使得家庭开始为人力资源进行投资，生产力水平的提高反过来又提高了劳动力的流动性（Perkins and Yusuf，1984）。1956—1958年，仅北京一地就涌进了80万剩余农村劳动力，这甚至在一定程度上促进了当时城乡区隔的户籍制度的形成（路风，1989，2000）。此外，土地改革作为中国社会阶级革命的重要组成部分，也起到了消除阶级差异，促进社会化合作的作用。

其次，教育和卫生健康事业得到了快速发展。新中国不仅大力发展教育事业，而且还在各地通过发动教师与干部组成扫盲工作队开展扫盲工作，并将广播和报纸普及到大部分乡村。仅1951年和1952年这两年的冬天，中国就为4200万名农民开设了冬季学习班，此外还有数百万名工人和农民接受了各类业余学校的教育（Pepper，1984，2000）。这使得受教育人口和受教育年限都显著增加：在1950年中国人口的平均受教育年限只有1.6年，到1973年已经提高到4.1年；而文盲占人口总数的比例则从1949年的超过80%下降到1982年的34.5%（Pepper，1984，2000）。如果考虑人口的年龄分布，到这一阶段，中国事实上已经完成了大部分学龄和劳动人口的扫盲工作，小学入学率已经达到90%（Naughton，2007）。公共医疗卫生体系的建立和运转，以及在20世纪50年代开始的消灭几大传染病的工作，不仅将人口的平均预期寿命从1949年的30岁提升到20世纪80年代初期的70岁，也为农业人口转化为工业劳动力打下了基础。

高等教育系统在1952年的改革引发很大的争议。1952年的改革被不少评论者批评，他们认为改革削弱了大学的综合性特征。但事实上，1952年之前的大学总体上规模小，即便是北京大学和清华大学等著名高校，其每个系的教员规模也都很小，师生比很高，无法有效实现高等教育的规模化。这样的体制作为新中国成立前的阶级再生产工具是适宜的，但却无法适应大规模工业建设的需要。通过学科调整，以及在大学设置上偏重于工程类学科，高等教育体系发生了显著变化：当时中国大学的数量从 211 所下降到 183 所；工程、农林、医学及师范等专业类大学从 108 所上升到 149 所；在校大学生从 1949 年的 12 万人，到“一五”计划末期的 1957 年已经提升到 44 万人（Pepper，1984，2000）。

最后，工厂组织管理方式得到了改革。解放前，中国工厂的车间多数都由工头把持，类似于英国在工业革命时期的体制。但在中国的模式中，工头背后往往是同乡会或者其他社会帮会势力。新政权为了剔除工头对车间的把持，构建了一系列与帮会体系相抗争的制度安排，包括实质上的终身雇佣制（“铁饭碗”）和平均主义制度（“大锅饭”）（路风，1989）。但这些制度又使得国有企业的工厂车间并没有真正实现管理控制，而是“行政控制”，即由全国统一的劳动和干部管理体系来决定一个组织成员在工厂中的薪资和待遇，这就为后期的国有企业管理效率问题埋下了伏笔（路风，2000）。

9.1.3 工业和科技管理体制

就工业行政管理制度而言，中国在这一时期最突出的特点是建立了一套主要依靠中央计划指令和国务院各个工业主管部门内部行政协调来运作的工业经济系统。这一体制始于 1952 年，为了执行国家发展计划，尤其是为了推进中国重工业战略而将经济决策权力集中化。为了机械工业率先在 1952 年设立了重工业部。从 1954 年开始，国务院负责各经济领域的办公室职能逐渐得到拓展，陆续产生了各专业部委。以重工业部为例，到 20 世纪 80 年代初期，该部门共发展出 14 个不同的专业性工业主管部门，分别负责民用机械工业、农用机械工业、电子机械工业、军事机械工业、航空航天等不同的专业领域。而工业主管部门之下，除了生产企业之外，还陆续发展起了产业科研机构以及部属大学。这些努力使得工业主管部门成为行业内横跨人才培养、基础科研、产业科研以及生产制造等不同领域的行政管理者，从而形成了从中央到地方的“条条”行政管理系统。在专业的工业主管部门之上，国家计委承担国务院系统内对国民经济五年及更长期的计划性工作，国家经委负责年度性的国民经济管理。后者事实上扮演了计划经济的“执行参谋部”的角色，负责在不同产业之间分配经济运行所需要的物资、能源和运力等。

计划经济的做法则在1961年被进一步加强。当时为了整顿“大跃进”所导致的经济混乱，中央政府出台了《国营工业企业工作条例（草案）》（简称“工业七十条”）。具体来说，中央政府推出七十条规则，以恢复计划经济体制和自上而下的企业管理秩序。在这份文件中，第一章第八条经常被概括为“五定五保”。中央政府规定了五个关键维度的指标，企业也需要在五个考核维度上保证业绩。其中，国家对企业实行“五定”，即定产品方案和生产规模，定人员和机构，定主要的原料、材料、燃料、动力、工具的消耗定额和供应来源，定固定资产和流动资金，以及定协作关系。同时，企业要对国家实行“五保”，即保证产品的品种、质量和数量，保证不超过工资总额，保证完成成本计划且力求降低成本，保证完成上缴利润，保证主要设备的使用期限（徐之河，徐建中，1992；Feng，2020）。

“五定五保”被看作中国计划经济条件下界定国家与企业关系的模板。除了中央部委和直属企业之间的关系由“五定五保”来约束之外，中央政府还要求，这种计划与监管体系也应适用于全国其他企业及其内部组织的管理工作，如企业对分厂或车间，或车间对工作班组或个人，也应当执行这样一套管理方案。具体来说，它强调自上而下的计划指令的价值。当然，伴随着当时政治层面上的波动，20世纪60—70年代中国在工业行政管理上一直都有不同的思潮与主流的计划经济思想进行竞争，其中，20世纪50年代末起为建设地方

"五小"工业而开始兴办的社队企业（这些企业中的一部分成为改革开放时期乡镇企业的前身），以及1966年之后一段时间的管理权下放都对"计划经济"体制构成了冲击。但作为该时期的主流范式，计划经济体制得到了反复强化，尤其是国务院于1975年出台《工业二十条》的文件，进一步强化了计划经济体制的权威性。

特别值得一提的是科研院所和生产型企业之间的固定的协作关系。根据"五定五保"的要求，生产型企业和产业科研机构都需要与中央计划为其指定的对象开展产研合作[①]（Feng，2020；Gu，1999）。这成为计划经济布局生产和科研时的决策依据。例如，在柴油发动机机油喷射部件这一领域，国家在无锡布点了无锡油泵油嘴厂，相对应地也布点了无锡油泵油嘴研究所。前者负责油泵油嘴产品的生产，其生产图纸则主要由无锡油泵油嘴研究所提供；后者的主要任务则是跟踪和改进油泵油嘴的设计，并将图纸提供给无锡油泵油嘴厂。这种"定点对子"关系是企业和产业科研院所"定协作关系"合作机制的规范，而重大的技术突破，例如产品的升级换代，则基本上需要由主管的工业部门通过发动不同细分领域内的企业、研究所、大学以及中科院通过会战式的联合攻关来实现。

中国这套工业行政管理体系和科技管理体制在后期广受批评，但为实现计划经济下明确的工业建设目标，这套体系也建立起了一套政企互动的系统。除了国家计委和国家经委两个全面负责计

---

① 当时中国的科技体制主要由产业科研部门、中科院和大学这三部分组成。中科院除了开发军事技术外主要从事基础类科学研究，而中国的大学几乎是到20世纪90年代才开始将科研职能提升为与教学职能同等重要的地位，由此这套"定点对子"关系塑造了当时中国民用科技领域的大部分行为模式。当时中国的科研系统是以军事技术开发为中心的，除了著名的"两弹一星"以及核能等项目外，在国务院的专业工业主管部门里，还有专门负责兵工、航空、航天以及核能等军工性质的部门。甚至在相当长的一段时间内，计算机和部分电子工业的开发活动也都主要是为军事应用服务的。这当然与当时中国面临巨大的外部威胁有关，美苏两大阵营都在科技上对中国严防死守，实行对中国严苛的技术禁运，使得中国不得不通过举国体制动员起自身的人力物力开展自主科技创新来保证军事技术方面的相对安全。

划工作的部委外，这套体系还通过建设专业工业主管部门及其下辖的下沉到基层的行政单位以及分布在各地的直属企事业单位，接触到产业界的广大主体，并基于行政关系形成了较为紧密的信息沟通渠道（Gu，1999）。这套专司工业与经济事务的干部体系构成了发展型国家专业官僚机构的雏形，培养了一大批具有一定水平的技术官僚。但是，这套体系的决策权力并不像美国的网络式发展型国家模式那样是分权式的，相反它是典型的苏联体制，它的决策权并没有下放，而是主要留在中央各部委手里，这就导致工业决策流程冗长且僵化。虽然技术官僚们构建起一体化的信息网络，但这一网络的节点（如企业和科研机构）并没有博弈能力，而是受制于“五定五保”的规制，再加上国家总体预算持续紧张（因为当时国家更强调对再生产的投资），基层的经济单元基本只能作为计划指令的执行机构而没有任何的战略决策能力。

中国现代经济学的先驱者，也是计划经济时期经济建设工作的重要参与者孙冶方认为，当时国有企业的设备管理制度压制了企业的活力。企业设备管理方面的三类经费包括日常维修、大修理以及更新改造经费，但只有占比最少的日常维修经费是企业自己可以动用的，而大修理以及更新改造经费完全为上级计划部门所控制，有时甚至会被挪用于其他投资。根据“五定五保”的要求，企业在设备管理和修理上又必须执行“不增值、不变形、不移地”的规则，这就使得企业完全失去了自主开展技术改造的空间（孙冶方，1979）。于是，孙冶方将这样一套制度称为“复制古董、冻结技术进步”的制度。

9.2 第一次结构性转型尝试：“市场换技术”和融入全球化

本书所分析的中国创新系统的第一次结构性转型指的是，中国自1978年开始寻求新的发展道路，实行开放战略，并最终使得中国的工业经济逐步融入新一轮全球化浪潮的过程。

这一轮结构性转型的背景是，在20世纪70年代末中国计划从国外引进技术设备以升级国内工业水平时出现了支付能力的严重不足。支付能力的不足导致引进的项目缺乏系统性，继而产生了发展失衡现象，导致了系统性危机；而决策者也面临着继续推动工业经济发展的压力。为了解决问题，决策者们尝试通过引进国外投资的方式来加快中国工业发展。引进外来资本在当时的政治环境下是重大的战略变化，决策者们的初衷是实现进口替代和促进国内工业技术的进步。但在实践中技术进步的目标被部分扭曲，伴随着“市场换技术”的战略实践，中国在工业、科技和企业管理体制上发生了重大变化，原有的专业工业主管部门体系解体，产业研发体系也随之转制，但新的科研和开发体系在这一阶段并没有形成。这些变化从根本上改造了计划经济体制，使得中国工业经济得以更好地融入了全球化经济体系，自此中国逐渐依靠自身在劳动密集型工业和工程密集型工业上的优势，获得持续的快速经济增长。

9.2.1 结构性调整的危机机制

1977年，中国制订了一个大型的工业技术引进计划，该计划包括120个重大项目，涵盖10个大型综合钢铁厂、10个新油田、30个大型发电厂和5个新港口，人们把它称为“78计划”（Naughton, 2007）。该计划是类似于“43方案”的一个重要战略计划，目的是从整体上升级中国的工业能力。“43方案”是在1972年尼克松访华之后，中国政府利用美方相对友好的态度，从美国引进了价值43亿美元的26个大型的化工、电力和钢铁类技术设备的项目。该方案有效地弥补了当时国内在化纤、化肥等领域的技术短板，起到了很好的社会经济效果。人们预计执行“78计划”需要800亿美元（Vogel，2011），其中一大部分经费将来自国外政府、金融机构和企业的贷款，而联邦德国也主动承诺可以给予中国200亿美元的贷款。

在商定贷款偿付方案时，当时负责工业部门的部长们为了促成“78计划”，承诺增加出口，尤其是承诺增加原油的出口以换取外汇。然而中国当时的石油产量并不高，人们为此派遣了大量勘探队去寻找新的油田，并为此进行了累计1500万米的钻探作业，但仅在新疆一个偏远的地区发现了石油，而且开采难度很大（Naughton，2007）。也就是说，原先设想的偿还贷款的方式并不现实。

但这个时候，各个专业工业部门已经开始与国外厂商签订引进合同。在1978年，各部委总共签订了22个大型技术引进项目，需要130亿美元来支付进口设备的费用，同时国内配套基础设施的建设还需要200多亿元人民币。然而当时中国政府在1977年全部财政收入仅为874亿元人民币，出口外汇收入仅为76亿美元（陈锦华，2005）。在这个时候，原本承诺为中国提供200亿美元贷款的联邦德国并没有兑现诺言（Vogel，2011）；而由于潜在的贷款偿付方案并不可行，中国的决策者们也没有能力去紧急引进新的贷款，所以中国面临着巨大的外汇支付危机。

当国家的外汇支付危机被披露，各个工业部门非但没有停止引进国外技术的步伐，反而在引进国外设备的行动被最终叫停之前进行了一场“签约竞赛”——它们都希望自己能在国家有限的支付能力内分一杯羹。在上面提到的130亿美元的项目中，有78亿美元的项目都是在1978年最后两个月完成的，这笔支出相当于1949—1977年间外汇支出总额的89.2%（李健，黄开亮，2001；Naughton，2007）。

各工业主管部门对财政资金的竞争，不仅导致“78计划”出现了支付危机，而且由于部分原定项目没有被引进，其他本应在国内完成的辅助性项目投资不足，因此实际引进的项目并没有实现与其他项目协调配合的目标，致使整个“78计划”的技术引进效益不佳，在1979年遭到了陈云等国家领导人的批评（陈云，1995）。面对这一情况，中国只好寻找新的办法来引进外来技术，加快中国工业技术进步。

在这个背景下，当时中国派出外访南斯拉夫和罗马尼亚的代表团回国，介绍了这些社会主义国家采用合作生产和建立合资企业的经验。这就改变了当时决策者们的思路，他们认为这些做法能够有效地引进技术，同时还可以利用外资来降低对中方资金和外汇储备的需求（李健，黄开亮，2001）。与此同时，当时中国汽车工业的负责人、一机部副部长饶斌也向国务院递交了一份申请设立中外合资汽车生产企业的报告。在中央的授意下，饶斌向一些跨国公司发出邀请，邀请对方访华并协商潜在的合作可能性（徐秉金，欧阳敏，2017）。经过一系列协商，汽车工业领域的德国大众，以及当时已经在谈判的通信设备业领域的比利时贝尔制造公司[①]（Belgium BTM），成为第一批尝试在中国开拓合资生产的先驱企业。而这很快就开启了中国工业新的发展模式。

9.2.2 工业经济的外向性转型

在上述背景下，通过引进跨国公司与中国本土企业设立合资生产型企业成为解决当时中国发展困境的一个重要办法。首先，“市场换技术”政策的动机是要实现进口替代。当时，随着中国逐渐开放国内市场，大量进口产品蜂拥而来。以轿车产业为例，由于国产轿

① 通信设备制造业中中外合资方式的兴起过程与汽车行业非常相似。国家邮电部在1978年被授权到海外寻找引进成套技术设备的机会。但当1978年外汇支付危机爆发后，中央政府改变了预期，希望派往国外的代表团能够寻找同意在中国投放较先进生产线的跨国企业，而且该生产线中还需要包括当时被巴统组织（COCOM）对中国禁运的半导体生产线；当时比利时贝尔制造公司是唯一接受相应条件，并尝试和中方一起绕过COCOM监管的外方企业。

车产品和英美日等发达国家的产品之间存在代差，1984 年全年全国用于进口轿车成品的花费竟然比自 1958 年中国创立本土轿车工业以来所有的投资总额还要多（夏大慰等，2002）。这毫无疑问给政府在维持外汇平衡上造成了极大压力。其次，中国决策者也希望通过“市场换技术”来实现本土工业技术能力的快速成长。中国政府将跨国公司看作拥有先进生产技术，同时也拥有先进企业管理理念的合作者，因此在合作中也尽可能地学习跨国公司的经营管理理念，允许以外方的经验为主来改造当时中国的合资企业，并尝试将相关经验向国有企业推广。也就是说，“市场换技术”最初在政策上是包含进口替代和提高本土工业技术能力两个目标（Feng，2020）。

通过设立中外合资企业来提高中国工业技术能力的做法首先在汽车和通信设备等行业落实，然后迅速推广至大部分民用制成品工业。在中国原有的计划经济体制下，汽车工业一直存在被称为“三大三小两微”的骨干企业架构，指的是一汽、东风和上汽三大直属中央的大型国有汽车企业，北汽、广汽和天汽三个属于地方政府的中型企业，以及来自军工和航天系统的长安和云雀两家生产微型车的企业。这些骨干企业在 1983—1994 年全部将自己的主要轿车生产线转移到与跨国公司共同建立的合资企业中。随后，它们没有停留在仅仅与一家跨国公司进行合资，而是陆续与多家跨国公司组建了合资企业。例如，一汽同时分别与大众、丰田、大宇设立了合资企业，同时还与马自达达成了合作生产协议；东风同时分别与标致、日产和起亚设立了合资企业；而上汽则同时与大众和通用等跨国公司设立了合资企业。国内其他成规模的国有企业，如南京汽车、沈阳汽车等也都陆续建立了中外合资企业。这些国内厂商陆续放弃了自己已有的国家产品技术平台甚至产品品牌——仅有一汽红旗的品牌得以保留（路风，封凯栋，2005；Feng，2020）。而就外企一方来说，几乎所有国际知名的面向大众消费市场的跨国汽车企业到 2005

年都已经在中国设立了合资生产型企业。

除了进口替代和技术学习的驱动力之外，还有两个因素使得“市场换技术”战略的执行被大大提速。第一个因素是中国政府为了加速改革开放和引进先进技术与管理经验，明确对三资企业给予税收优惠，尤其是1991年《外商投资企业和外国企业所得税法》的颁布掀起了中外合资经营的热潮；第二个因素则是1994年的分税制改革，它强化了地方政府发展地方经济，或者说提高了地方政府推动GDP增长并开拓税源的行为倾向。在这一背景下，通过引进跨国公司与当地优质企业共同建立合资企业就成为一种“短平快”的推高当地GDP的做法。例如，1994年仅武汉市就有816家国有企业与跨国公司进行股权合作（章迪诚，2006）。根据第三次全国工业普查的数据，截至1995年，全国已有乡级以上中外合资经营企业约34 000家①。整个工业主体在这一阶段都积极引进跨国资本和融入国际生产网络。

在汽车、电子及通信设备等重点产业中，中国政府积极推动骨干型国有企业与跨国公司建立合资企业，同时为合资企业的组建进行了资源动员。在轿车产业中，为了帮助合资企业在中国本土搭建起基本的供应网络，政府往往得动员数百家企业参与配套工作。而这些在供应链上的配套工作，又往往以类似“市场换技术”的方式开展，即与国外供应链企业合作或合资，或者引进生产设备等。这些举措涉及了来自中央政府、地方政府和银行的大量资源投入和人才动员。同时，中国还通过抬高汽车等产业的国外成品的进口关税来为“市场换技术”所建立起来的中外合资企业提供保护，以解决当时已经迫在眉睫的进口替代问题。在通信设备产业中，当中国支持并建设该产业内第一个中外合资制造型企业，即上海520厂与比

---

① 数据根据国家统计局网站的《第三次全国工业普查主要数据公报》中“在49 559个乡及乡以上‘三资’工业企业中……合资企业占68.6%，合作企业占10.8%”折算而来。

利时贝尔制造公司合资建立的上海贝尔时，国家不仅动员了邮电部体系下的国营工厂和研究院所去支持上海贝尔的发展，甚至还以上海贝尔所引进的外方产品型号 S1240 程控交换机为名，专门设立了一个邮电部直属的 1240 局，以激活国内的各类资源为上海贝尔提供支持。邮电部任命上海贝尔公司董事长兼任该局局长，授权该公司在全国范围内调动所需资源。在 1984—1987 年间，1240 局从各地附属于邮电部的生产和研究部门调用了 10 余位高级专家和教授、60 余位工程师和研究人员、70 余位管理人员，这增强了上海贝尔的一流人才资源储备。为了提高上海贝尔的计算机和软件技术水平，上海市政府还在 1985—1987 年间斥资邀请斯坦福大学教授在复旦大学教授研究生课程，这个项目培养了 100 名研究生，其中 60% 的毕业生被分配到上海贝尔工作（Feng，2020）。

然而在“市场换技术”的实践中，借助与跨国公司的合资合作机会来迅速提高本土工业技术能力的目标并没有实现。问题的核心在于，“市场换技术”的政策实践并没有在产品技术升级方面给予合资企业足够的压力，这使得“市场换技术”的实践并没有从本质上贯彻通过“动员资源”和“让出部分市场”来获取快速的技术能力成长的战略意志。2001 年，已经有 12 家跨国公司在中国设立了生产轿车的合资企业，但当年的新研车型仅有 13 个，其中数个新车型还是由当时新兴的本土创新企业贡献的（Feng，2016，2020）。可以说，无论是从政府要求还是从市场需求的角度来看，跨国公司都几乎没有在中国遭遇创新竞争的压力。

造成这一局面的原因是复杂的。部分是因为当时中国的政策决策者和国有企业管理者面临的是一个新的产业格局。在 20 世纪后半叶的全球化浪潮中，ICT 在生产组织协调实践中的广泛应用和模块化生产协作方式的盛行使得生产能力和技术能力在全球生产网络中被区隔开来（Bell and Pavitt，1993）：在全球分工体系中，拥有生产制造能力的发展中国家企业不一定拥有相应的技术能力，即管理和改变相应产品所含技术的能力，发展中国家企业只是被锁定在加工制造和组装环节。在中国快速融入全球化的进程中，中国本土企业在产品设计、生产手段、生产设备和管理方法上和当时的外方企业相比，普遍存在明显差距。此外，大规模集成电路、自动化生产设备和数字控制技术等前沿技术应用将大量复杂的技术封装在芯片、软件控制系统和设备体系之中，所以通过传统的观察、拆解的方法很难掌握这些技术。当时的决策者和管理者很难准确辨析生产能力和技术能力之间的区别——二者的分离在中国此前的工业化过程中并不显著。更何况，适应并熟练掌握国外合作伙伴输入的生产设备、生产线，对于当时的实践者而言已经是巨大的挑战了。

另外一部分原因则是外方有意识地主导了合资企业的发展方向。在企业层面，合资企业开展生产性活动的主动权往往被外方所主导。中方引进跨国公司的初衷是实现进口替代和有效的技术学习，最终推动中国工业的技术进步。但跨国企业凭借自己在技术能力上的优势，并通过对中国政府和中国企业的误导，仅向中国输出了成型的生产线和已有的产品设计，利用中国的廉价劳动力和工程技术人员来为其完成生产制造。在经历了 20 世纪 70—80 年代西方发达国家内部在制造业上激烈的全球性竞争后，跨国公司都在寻求以更低的成本实现全球化制造和商品投放，从而发展全球生产网络的模式（Chandler，1994；Ernst and Kim，2002）。这从客观上使得它们都倾向于将中国作为以西方发达国家主导的世界经济体系的一环来承担劳动密集型和工程密集型的加工制造。很多企业借此从自身已有的甚至过时的产品设计和生产设备中赚取更多的利润，同时控制中国这个具有巨大增长前景的市场，而且还可以利用中国的低成本制造来辐射全球。因此，这些合资企业更倾向于约束甚至削弱中国本土企业开发复杂技术和产品系统的能力。外方战略的有效性是由以下几方面因素保证的：

首先，由于“市场换技术”实践中跨国公司对中国输出的是成型的生产线和已有的产品设计，因此外方拥有产品设计的知识产权。虽然在生产过程中，部分中方技术人员根据原定的合作目标会提出进行技术改动的要求，但由于知识产权由外方控制，而且在汽车、通信设备等复杂技术产品中，技术都深嵌在一个复杂的系统，任何单项技术的改动都需要系统拥有者的验证与认可（certify and approve）。跨国公司作为拥有技术控制权的一方，有大量程序上和知识产权上的“正当性”来拒绝或者阻挠中方进行技术改动的尝试，例如设置旷日持久的论证程序，并要求获得其全球技术或制造部门的认可。这些都极大地阻碍了中方技术人员的技术改进活动，使得他们最终只能放弃尝试。

其次，由于中方普遍把跨国公司看作拥有先进技术和先进管理经验的伙伴，所以跨国公司在对合资企业进行组织构建和组织调整时拥有极大的话语权。基于这一优势，它们有意弱化甚至解散中方的技术研发团队。例如在电气设备产业中，西安仪表厂与日本横河于 1985 年的合资案例中，日方就以保证产品生产和售后质量为由调用中方的专职开发人员，最终将原有 300 人的技术中心完全拆解，使得中方失去产品开发能力。还有的跨国公司拒绝按照合资协议来组建合资公司的技术研发中心，如在北汽与美国汽车公司（AMC）的合资案例中，原定合资方案中规定的技术中心在 10 年后经中方多次抗议才成立，而在技术中心成立后，中国技术人员在海外受训时的活动范围又受到严重约束。在北汽厂址搬迁的过程中，外方更是违背约定，拒绝重建技术中心。还有的合资企业以已有产品“拉皮改造”的方式来应付中方关于开发新产品的要求。凡此种种，不一而足。

再者，在“市场换技术”实践早期的探索中，当部分企业意识到合资企业经营活动在实质上并不包括中方原本期望的技术开发类活动时，中方各层级决策者对外方的违约行为所采取的措施并不够坚决。这是因为中方的决策者往往面临巨大的财务压力。在建立合资企业的过程中，除了要引进主要产品设计、生产线与生产线上的各类设备，还要配套主机厂组建供应链，有可能涉及数十家甚至数百家本土和国外供应商，这些都需要花费大量的人力物力，形成中方巨大的财务成本。而支出财务成本的主体除了中央各工业主管部门和地方政府之外，往往还包括大型国有工业集团、银行甚至企业内集资的员工等多元主体，这些主体都期望能够尽快地获得回报以释放自身的财务压力（封凯栋，2020；Feng，2020）。投资压力使得合资企业更倾向于追逐中短期内可见的、通过提高制造本地化率和扩大生产规模能带来的回报。由此，在“市场换技术”的双重目标中，既然技术能力成长的目标难以度量，并且难以在短期内实现，那么实现进口替代，通过提高制造环节的本地化率并扩大生产规模就被人们当作工作抓手，进而利用受保护的市场获得投资回报。所以在早期的“市场换技术”的典型项目（如上汽大众的桑塔纳项目）中，地方政府都把生产的“本地化率”当作重中之重，要求企业管理者把它当作头等大事并立军令状。事实上，中国的决策者们当时普遍没有意识到生产能力与技术能力的分离，生产的“本地化率”的提高很大程度上被人们模糊地等同于本土工业能力的整体升级。

然而，对生产本地化率的强调意味着企业在内部资源配置以及战略主导权等方面形成了偏向性。当财务压力被解决之后，这种战略偏好却因路径依赖逐渐固化为企业和相关参与者的基本行为模式。如轿车行业里的合资企业，并没有因为在2001年之后财务压力缓解而主动改变自身的行为逻辑，这一方面是因为沿袭已有的做法能够持续地带来收益；另一方面则是因为在这个过程中，中方原有的技术开发团队已经基本解体。当中国因为加入世界贸易组织（WTO）而迎来经济快速增长时，中国的骨干型企业被纳入“市场换技术”框架已经有10—15年，国内企业成体系的研发组织基本已经解体或被边缘化，不再开展组织性的活动，甚至此前的一代研发工程师都已经老去，被合资企业新招募的、没有自主开发产品和技术的集体记忆的年轻人所替代。笔者（Feng，2020）在对上海贝尔的案例分析中，曾记录过该企业内两次新老工程师关于是否要坚持自主开发技术的争论：在20世纪80年代的争论中，工程师们对自主技术开发抱有热忱，但由于资金约束不得不让位于企业提高生产本地化率的任务；而在20世纪90年代末的争论中，新一代工程师认为企业应当“遵从全球化分工”“做更有经济回报的事”的主张压过了上一代工程师的声音，成为企业的共识。

以上就可以看出为何“市场换技术”实践并没有从实质上提高中国工业在产品技术和关键技术上的能力。参与这一实践的大量国有企业都放弃了本土的产品和技术系统，转而采用外企合作伙伴所要求或建议的生产设备来按照外方合作伙伴所提供的产品设计进行生产。在轿车产业中，合资企业基本不开展任何具有切实意义的产品开发和关键技术开发类的活动，更不会在发动机、变速箱等关键子系统上投入战略性资源。本土原有的产品设计普遍被放弃。在1995年之后的中国轿车产业中，除北京吉普的BJ212等零星个案外，中国基本没有本土开发的轿车产品在售[①]。而通信设备制造业则在20世纪90年代初期就形成了“七国八制”的产业格局——当时中国邮电系统所使用的局用程控交换机的市场被八家来自七个不同国家的跨国企业，通过在中国设立合资企业的方式完全控制了。与本土所开发的产品在市场上消失相关联的，是相应企业的技术开发团

---

① 当时一汽的“红旗”轿车虽然保留了自主品牌，但已经改为主要依托奥迪100的技术在生产。

队被解散或被转为他用，或者在企业组织内被闲置和边缘化。“市场换技术”的实践变得只与制造、组装和销售有关，而与系统性地获取、消化和提高产品开发技术与关键工程技术无关。如在2005年前后的“自主创新大讨论”中，上汽集团当时已经通过与大众公司合资生产桑塔纳系列车型20年，但当人们质疑它甚至没有生产该车型完备的零部件清单时，上汽集团却无法给出明确的回复——而获取完备的零部件清单往往是通过逆向工程来构建自身能力的过程中应最先完成的工作。

9.2.3 工业和科技管理体制

这一阶段中国创新系统的重大转变，是以计划经济体制下以专业的工业主管部门为中心的产学研体制的解体为标志的。工业管理体制的变化首先随着计划体制的变迁以及国营企业的改革而发生变化：前者是专业工业主管部门存在的前提，而后者是工业主管部门执行计划指令的核心依托。当计划性的物资调配体制和国营企业被改革后，大部分专业工业主管部门就没有了存在的必要性。而面向特定产业的工业主管部门体系的解体，又直接影响了产业科研院所作为一个体系的存续，后者在经历了1985年和1998年两轮主要的科研体制改革之后，终于在1998年整体解体。名义上产业科研院所以多种方式开始市场化运作，但由于改革效果并不好，其中大量“大院大所”在此之后都退出了历史舞台。总体来说，计划经济下的工业和科技管理体制显然已经不再适应这一阶段中国工业技术创新的需求，但这一时期的改革并没有塑造出一个有利于本土企业充分利用全球化来加速本土工业技术能力成长的环境。

国营企业和计划经济体制的改革始于1978年。首先，它是社会主义阵营经济改革思潮的一部分。当时苏联以及东欧部分社会主义国家已经开始从国营企业的经营管理着手改革，尝试激活经济。于是在1979年和1984年，国务院分别颁布了国营企业“扩权十条”和“新扩权十条”，其核心都是尝试扩大国营企业的经营自主权，把一部分人事权、销售定价权在给定的范围内赋予试点的国营企业（李君然，2020）。在1981—1982年，为扩大企业自治权，我国开始试行经济责任制。1984年3月，来自福建省的55位厂长发表了一封公开信，要求进一步加强管理自主权，这封信后来被《人民日报》转载。国家体改委和国家经委快速给予回应，当年的《政府工作报告》就明确指出，要逐步实行厂长负责制；而国务院很快就下发了《关于认真搞好国营工业企业领导体制改革试点工作的通知》并附以新的《国营工业企业法（草案）》。这些改革赋予厂长在生产经营计划、产品定价、物资采购、人员管理和工资待遇等十个方面的决策权。然而中国经济在1982—1984年持续低迷，导致中央财政出现大幅下滑。在此之后，决策者转向以承包责任制为解决方案。同期，通过引入国外投资来激活国有企业的做法迅速由汽车、电子等行业扩散到更广泛的领域。而这些做法都使得决策者认为放开计划经济体制对要素市场和消费市场的控制是激活经济的关键。经过一段时间的试点，中国于1985年正式推行价格双轨制。作为此前国民经济运营管理的关键机构，国家经委在这一时期的角色被认为已经不再需要，虽然当时政府内部有一定的反对声音，但其最终还是于1988年被撤销，其部分职能被国家计委和国家体改委所吸收。

然而，中国经济在1989年之后遭遇了严峻挑战。国内经济运行不畅使得决策者不得不重组国民经济管理机构，并在1993年组建国家经济贸易委员会（后简称“国家经贸委”）。国家经贸委在这一阶段主要作为各工业主管部门的领导和协调性机构。随着此前承包责任制中一系列不利于企业长期发展的弊端陆续暴露出来，中国官方自1992年起就停止了对承包责任制的倡导。1993年《公司法》通过后，国营企业股份制改革开启（章迪诚，2006），经过所有制改革的国营企业改为国有企业。但单纯的所有制性质改变依然没能解决问题，从1995年开始国有企业整体经营遭遇了严重困难，而且带来了严重的三角债问题，光1996年上半年亏损就已达130亿元，三角债规模达4000亿元，而这一局面到1997年仍未扭转甚至还在恶化（邵宁等，2014；余嘉俊，2018）。经过1993—1997年的百户现代企业制度试点，中国逐渐摸索出以“国有独资母公司下设子公司”的形式来完成国有企业现代企业制度的构建（余嘉俊，2018），而该架构的意义在于解决传统的“委托代理”和“预算软约束”的问题。随着这一轮改革的开展，国有企业的治理找到了新的模式，国资系统逐渐成型，国务院相关的专业工业主管部门失去了存在的必要性。这些工业主管部门自1994年开始陆续被撤销，到1998年，煤炭工业部、机械工业部、冶金工业部、国内贸易部、轻工总会（原轻工业部）和纺织总会（原纺织工业部）等10个部委被改组为国家局，交由国家经贸委管理。

与计划经济体制改革和工业行政管理体系改革相呼应，国家产业科研系统也进行了一系列改革。首先是1985年的科技体制改革。这次改革一方面放松了对科研院所的管制，另一方面改革了拨款制度。这次改革按照不同类型科学技术活动的特点，在基础研究和应用研究中逐步实行科学基金制度，此外科研院所按照要求还要服务于经济活动，这事实上是允许科研院在“定点对子”关系以外开展应用开发活动，并通过自主经营活动来补足部分经费缺口（Gu，1999）。其次是要求科研院所为经济建设服务。在1992年南方谈话后，中国政府将科研体制改革的原则定为“稳住一头，放开一片”。其中，“稳住一头”是强调要稳定地支持基础研究，开展前沿科技追踪，涉及经济和社会发展的重大问题和涉及国防科技的关键研究；而“放开一片”则是要求应用型科研单位更直接地为经济建设和社会发展服务，开展科技成果商业化和产业化活动。再次是要求部属科研院所进行市场化改革。1998 年随着国务院一系列专业工业主管部门被并入国家经贸委系统，其下属的科研院所则开始了市场化改革。其中，1999 年启动了当时已经并入经贸委的 10 个国家局下属的 242 家科研机构的改制；2000 年，建设部、国土资源部等 11 个部委下属的 134 家技术开发性科研机构启动改制。这两批科研机构改制的主要做法是将其并入企业集团，成为企业的研发机构，或者直接将其改制为独立企业。此后，副省级城市以上地方政府所属的 981 家技术开发性科研院所也需要照此进行工商登记。

然而这一阶段的科研体制改革是否取得了预期效果，是存在争议的。根据国家统计局历年数据，县以上独立核算研究机构和院所（不含转制院所）的数量不断下降，从 1995 年的 5850 家下降为 2008 年为 3727 家，同时研发机构从业人员从 101 万人下降至 62 万人，科研人员从 64.4 万人下降至 48.8 万人，这说明改革在缩减原有科研体制的规模方面是有效的。但是，接纳和吸收部分转制院所后的大型国有企业在研发方面的表现却并不尽如人意。大中型企业内设的技术开发机构的比例呈下降趋势。1990 年，全国规模以上企业有 60% 设立了技术开发机构，到 2008 年这一比例却下降到 5%（刘洪亮，2015）。

到 2003 年，针对原有工业行政管理体制的改革基本告一段落。随着国资系统在 2001—2002 年逐步成型，国家经贸委也逐渐失去了存在的意义。2003 年，全国人大取消了经贸委。经贸委原有的部分职能由国资委、国家发改委和商务部承担。行业管理和国有企业管理职能则被取消，甚至在经贸委最终摘牌时，大量国民经济运行、行业惯例和国有企业改革的相关文件档案都没有找到相应的部委或其他政府机关接收。

这一阶段工业和科技管理体制的改革是国有企业改革的必然结果。当国有企业改制后成为市场经济的能动主体，原有的计划体制也就无法继续维系对国有经济进行行政指令性资源调配的职能了。然而，改革的方向应当是怎么样的？如何才能构建出适应新时期的工业和科技管理体制？对于上述问题，当时的改革者们显然普遍寄希望于市场机制。但事情的发展却并不如愿：显然，“市场换技术”的实践并不能为中国带来显著的技术创新，哪怕是应用类的新技术都不常见。以汽车和通信设备制造业为例。在2005年国内政策发生“自主创新”转向之前，中外合资企业并没有在本土研发过任何一款全新车型，或者任何一款重要的零部件（如发动机或变速箱）。通信设备制造业中“市场换技术”的实践同样如此。作为通信设备制造业“市场换技术”实践中各方面表现最好的中外合资企业，上海贝尔依托中国和海外市场在2000年已经成为世界上最大的程控交换机生产商。然而在接近20年的合资历程中，上海贝尔只在中国申请过两项技术专利，而这两项专利都是针对中国特定的应用情形而开发的。简言之，产业技术开发环节在这一阶段并没有得到政策的重视，在20世纪90年代末期甚至有凋敝之势。市场机制本身并没有促使本土企业在国家通过关税保护和资源动员构筑的机会窗口中实现迅速的技术进步，反而更趋向于利用政策所制造出来的红利来获得利润。

首先，合资企业中的外方追求的不是合资企业利益的最大化，而是其母公司利益的最大化。从这个角度来说，合资公司中的外方合作者的行动准则不是市场规律，而是跨国公司内部的行政机制。受到跨国公司控制的合资企业，其本质上是跨国公司这一组织实体在中国的延伸，其优先追求的是跨国公司本部的利益。在“市场换技术”的实践中，外方有自己明确的意图，即通过对中方政府、中方企业做出承诺来获得在中国发展的优惠资源。它们主观上所要实现的目标并不是中方的目标，而是跨国公司本部的目标，即在扩大其在中国本土的生产规模的同时，也把中方合作伙伴锁定在大量消耗劳动、能源和环境的制造与组装环节。在这个过程中，并没有市场这只“无形的手”从根本上扭转合资企业的行为模式而令其变得更具创新性。跨国公司的全球性生产网络内部的行政协调远远超出市场协调，所以跨国公司对合资企业进行控制的需求远远超越对合资企业进行效率提升的需求。

其次，在这一背景之下，中国的改革者并没有为“市场换技术”实践中进口替代和本土技术能力提升这组目标的实现制定行之有效的执行方案。不仅在改制之前的工业主管部门无法适应全球化形势下中外合资开展工业活动，在改制之后的国资委系统同样也没有发展出有效的管理能力。它们的管理手段要么侧重于确保产业各环节供求平衡，要么侧重于资产的增值保值或者对国企负责人的考核。它们都没有发展出新的具有渗透性的信息网络来掌握重点企业在合资合作项目引进中的技术学习过程，也不了解借助外力来提高中国企业、中国工业的技术能力，以及在实践中应当抓住哪些关键事项和关键节点。所以结果就是，中国的大型国企在组装生产一款车型20年后却连该产品完整的零部件清单都不掌握，而政策制定者甚至没有意识到该问题的严重性。

有效的信息网络是国家制定政策、贯彻战略意志的前提条件。由于在政策导向、产业和企业管理等问题上都缺少行之有效的抓手，国家并没有发展出行之有效的手段来给产业实践者提升工业技术能力施加压力。这使得用以促进工业能力升级的条件，即资源动员和市场保护，被跨国公司和本土国有企业利用，作为其扩张生产能力的有力条件。换言之，国家用以推动创新系统转型的“燃料”被利用了，但创新系统转型的目标却并没有实现。国家通过政策扶持、资源动员和投放所创造的机会窗口只是促进了合资企业迅速提高制造能力，使得中国制造成为全球生产网络的一环；而系统性的产品开发能力、核心技术能力和关键的技术装备能力在这一过程中则没有通过“市场换技术”的实践而得到充分的发展。

所以结果是，中国工业的内循环出现了问题，大量企业都依附于全球性的生产网络，体现为：采购国外设备，与国外的供应商联系紧密，按照国外的图纸或者订单进行生产。这不仅仅导致中国工业在关键技术、系统性技术上依赖于国际市场，也使得作为工业基石的机器设备、工业软件等资本品工业遭遇了巨大困难。由于生产型企业主要与国外供应商打交道，所以高端的“生产者—用户”互动并不发生在国内，这导致机床产业（如中国计划经济时代著名的“十八罗汉”）、尖端仪器仪表产业以及新兴的各类工业软件产业不仅失去了国内市场的有力支持，也失去了创新知识的来源，从而陷入了能力不足的恶性循环。与此同时，中国的科研部门也部分地呈现出对“全球化”的依附，即科研的议程设置、工具手段和讨论载体都以国外同行为标准，这使得中国本土的产学研结合不畅的问题进一步突出。

不过幸运的是，中国工业在这一转变过程中也孕育了革新者，并在 2005 年前后推动了中国工业经济朝着“自主创新”方向转型。

9.3　第二次结构性转型尝试:“自主创新”的政策转型

“自主创新”转型指的是中国一部分企业和政策辩论者通过自主创新的实践和公开辩论，在 2004 年正式开启了关于“自主创新 vs 市场换技术”的政策大辩论，并在 2005 年推动了国家发展战略朝着自主创新实践转型。而该转型以 2006 年全国科学技术大会公布的《国家中长期科学和技术发展规划纲要（2006—2020 年）》，以及中央政府所推动的一系列全国性政策宣讲为标志。

自主创新转型同样由一系列社会危机所推动。当时的危机主要来自民众对于进入 WTO 之后中国工业竞争力的悲观情绪。在前一时期，“市场换技术”实践的盛行使得中国工业在一系列关键产业中丧失了自主技术、自主产品和自主品牌，这引发了社会公众的担忧与不满。而当时少部分异军突起的本土创新型企业又证明了另一条道路即自主创新的道路，是可行的。因此民众的不满，再加上少数政策企业家的开拓性工作，共同推动了政策议程。在党和国家主要领导人的支持下，中国社会终于在 2005 年前后开启了政策范式的转向。

自主创新的政策转向推动了国内创新活动的兴起，尤其在 2008 年之后中国陆续推出了一系列国家科技重大专项，还出台了覆盖面广的补贴类政策，这都体现了政府重新将本土技术能力成长看作关键发展任务这一转变。随着国力的提升，中国政府陆续将发展重点转移到当时的“下一代”技术上，如 4G 移动互联网、大数据、云计算、人工智能以及 5G 和量子计算等，国家在 2014 年设立半导体集成电路大基金，并在 2015 年提出“中国制造 2025”行动纲领，等等。这些举措的实质，都在于通过动员和投放战略性资源创造新的增长空间，并在新的增长空间中塑造新的创新系统，从而孕育前沿技术创新活动。

但是，这一阶段的中国创新系统转型是不完全的。这就导致在 2016 年特朗普执政之后，美国针对中国在高科技领域进行封锁，中国部分行业出现了被美方“卡脖子”的“技术短板”问题。

9.3.1 结构性调整的危机机制

中国社会在正式媒体上对“市场换技术”的质疑始于 20 世纪 90 年代末。虽然轿车等产业中合资企业生产制造的“本地化率”问题在 20 世纪 90 年代中期陆续得到解决，但程远等记者还是敏锐地意识到中国工业技术能力缺失的问题，并从 1998 年开始发表一系列文章，批评中外合资企业在本土开发技术和产品方面的糟糕表现。

2000 年，曾担任中国汽车工业总公司①领导职务的两位退休同志也意识到这一问题。他们曾经都是 20 世纪 80 年代早期推动“市场换技术”政策在汽车行业落实的关键人物。然而，当中国与 WTO 的谈判涉及有关汽车产业政策的条款时，这两位离休干部分别致函时任国家领导人，强调国内汽车品牌的衰落是决策者必须高度关注的重要问题（贾新光，2010）。

1999 年北约轰炸中国驻南斯拉夫大使馆和 2001 年“南海撞机”事件进一步加剧了公众对本国工业依附于跨国企业的不安和质疑。人们的担忧，实质上是人们意识到中国逐渐被锁定，仅作为以美国为中心的世界经济体系的一部分，从而失去了本国在国家安全和经济安全上的保障。当然，人们已经认识到，对全球化经济体系的嵌入是极富价值的，当时社会对“世界工厂”的热议正说明了这一点；而以出口为导向的经济部门的快速增长，也使得这一时期中国的 GDP 保持两位数的增长率。但同时，人们也认识到，这种“世界工厂”模式是带层级强制性的，即中国的发展将被以美国为中心的世界经济体系约束在特定的空间内。这种担忧时常会体现为民众和批评者这样的表述：“中国的国有企业变成了跨国公司的组装厂”“衬衣换飞机”“鞋子袜子换芯片”。这一模式虽然在当时带来了快速的经济增长，但它与新中国成立以来中国社会整体的共识并不相符，即建立独立自主自强的中国，摆脱任何国外势力的不正当干预。

当然，对于一贯将“发展”放在战略决策首位的中国而言，如果不能提供一个替代性的解决方案，人们对“市场换技术”政策的质疑效果是有限的。因为中国政府向来不缺乏发展本土技术力量的动机，“市场换技术”政策的最初目标也包含了通过引进外资来促进

---

① 中国汽车工业总公司成立于 1982 年，简称“中汽总公司”。在 1982—1993 年间，中汽总公司作为国务院直属的全国性总公司，实质上承担了中国汽车工业的行业管理职能。

本土技术进步的设想；政策决策者的困境在于并不明确怎样的方式才能成功。而本土创新型企业的崛起改变了这一局面。自主创新企业相比“市场换技术”策略的中外合资企业最突出的区别在于，前者从诞生之初就是创新性的，并在创业之初就瞄准了产业中最重要、最关键的技术环节。例如在通信设备制造业中，华为早在1991年，即企业在市场站稳脚跟之前，就设立了自己的专用集成电路（Application Specific Integrated Circuit，ASIC）部门，即后来成立于2004年的海思的前身。而轿车产业中的奇瑞、吉利和比亚迪等，也很早就致力于发动机、变速箱等核心和复杂零部件的开发工作。其中，奇瑞通过与奥地利的AVL李斯特公司（AVL List）多达18款发动机的合作开发项目，逐渐掌握了发动机的研发技术；随着奇瑞在关键技术上能力的提高，意大利汽车巨头菲亚特在2007年甚至签订了要求奇瑞每年为其供应10万台发动机的协议（Feng，2016）。自主创新企业将产品和技术创新作为自身赢得市场竞争的关键战略，虽然它们和“市场换技术”下的中外合资企业同样孕育于中国当时的创新体系，但它们却通过发展自主技术创新能力，激活了中国相应领域里的人力资源、上下游工业和大学科研院所，从而推动中国的创新体系朝完全不一样的方向发展。这一实践为社会公众和政策决策者推动系统性转型提供了新的范例。

事实上，本土创新型企业孕育于中国当时的工业体系内部，成长于改革释放出的部分科研和生产资源里。例如在通信设备制造业中关键的技术突破来自“巨龙通信”，而其创始者是原解放军信息工程大学的邬江兴将军团队。当时他们是军事科技系统的成员，负责军用大型计算机的开发。20世纪80年代中国在中美关系缓和后推进的“百万大裁军”使得大量的军事科研单位不得不自筹部分经费。邬江兴团队利用大型计算机技术进入了通信设备市场，并在1991年获得了成功。

巨龙公司在生产管理和销售上表现不佳，但其技术理念极大地激发了中兴、华为和大唐电信这些本土创新型企业。在原有的产业结构中，当时主导中国市场的跨国公司人为地为中国政府制造了一系列危机：20 世纪 90 年代中国邮电管理部门两次要求这些跨国公司加快实现彼此设备之间的互联互通[①]，但这些在技术上占据话语权的跨国公司回应并不积极，这导致中国政府的邮电管理部门越发意识到自主创新和自主创新企业的重要性。

跨国公司在上述事件中的反应，非常符合安士敦（Amsden，2009）分析中的跨国公司在发展中国家的行为模式。这些跨国公司参与中国“市场换技术”实践，与中国国有企业共同建立合资公司的主要动机是控制中国市场并获得低成本制造的生产基地。它们更倾向于通过控制市场来获取利益，自然对于中国本土市场所提出的技术开发需求毫不在意。这无疑给中国的邮电管理部门制造了一场危机，因为其冒犯了相关部门对中国本土电信网络的管理主权。在这两次危机中，中国的邮电管理部门意识到“巨大中华”（巨龙、大唐、中兴和华为四家国内的通信设备制造商）的价值，通过发动它们与政府主管部门一起开展联合攻关，解决了当时的技术问题。在这个过程中，“自主创新”的重要性得到了邮电管理部门的高度认可，而这些企业作为平衡跨国公司影响力的重要力量，得到了政府和电信运营商的支持，获得了一定的国内市场份额以支撑其技术能力成长。

在开启产品开发与市场扩张的正循环后，自主创新企业有效地利用了中国在改革开放过程中释放出来的资源。20 世纪 90 年代中国

---

① 这两次是中国的邮电主管部门在固话网络上要求各主要设备提供商通过采用七号信令系统以实现不同厂商之间的设备互联互通，以及在第二代移动通信系统中要求各主要设备提供商开放其设备的 Abis 接口以促进互联互通。但这些在中国不同地区市场上各占优势的跨国公司响应不积极。

大学规模的扩张、国有企业和科研院所的改制都使得自主创新企业获得了大量专业人力资源。在通信设备制造业中，华为和中兴等企业由于发展良好，在1998年前后就能够提供比合资企业更丰厚的薪酬待遇，这使其具备从合资企业直接挖走技术骨干的能力。与此同时，自主创新企业又抓住了和香港代理企业、国外元器件企业合作开拓内地市场的机会。在快速的组织扩张中，自主创新企业将大量专业人才投放到技术与产品开发的一线，以及与用户互动的一线。如中兴和华为都实行了广泛的轮岗制，要求工程师在技术研发、产品工程和销售服务等不同领域积累经验；而在服务用户的过程中，大量工程师被派驻一线去分析用户所面临的技术问题，掌握用户需求并及时提出解决方案。尽管相比跨国公司而言，自主创新企业早期在技术能力方面存在明显劣势，但相比“市场换技术”实践中的中外合资企业，自主创新企业又具有自己的优势。它们发展了面向技术创新的“学习型组织”，因此其能力积累与跨国公司本部在同一“赛道”上，而不像中外合资企业被锁定在全球生产网络中的制造环节。虽然自主创新企业早期的技术能力无法与跨国企业相比，但正由于它们在这一时期不得不贯注于本土市场，因而它们在细化用户的需求（比如替用户开发新的电信服务），解决用户的定制化问题（如通信设备在极寒、极高海拔等环境中作业），以及解决突发性问题上（如地震、寒潮等）甚至比跨国公司在中国的分支机构做得更好——因为跨国公司在中国的分支与其在中国所设立的合资企业一样，都是跨国公司全球体系的一部分，其技术战略要服从跨国公司总部的安排，而非积极地响应本地用户的需求。如华为和中兴等企业早期都以贴近用户而闻名，这不仅使得其通过差异化竞争在本土市场扎稳脚跟，并且通过高强度的“生产者—用户”互动制定出一套有效的发展技术能力的体系。

中国轿车行业中自主创新的先行者哈飞汽车，同样诞生自当时已有的工业体系。哈飞汽车的母公司为哈尔滨飞机制造厂，是中国重要的带军工性质的飞机制造企业，该厂也因为20世纪80年代的大裁军陷入困境。但作为具有特殊属性的计划经济定点企业，哈尔滨飞机制造厂又必须完成计划指令所交付的任务。这一危机使得该厂不得不冒险分离出5000人去搞汽车工业（哈飞汽车），来养活3万人的飞机工业部门。哈飞汽车是通过对日本面包车产品进行逆向开发起步的。在这个过程中，哈飞汽车因拥有当时中国汽车业中少有的计算机设计能力而得到国际专业汽车车身设计企业的青睐，而后者因为国际汽车产业在规模上的退潮而亟须寻找新的增长点。于是，在与这些自身并不具备制造能力的国际汽车设计企业的合作中，哈飞汽车从1994年开始设计并制造一系列新的汽车产品。这些合作项目为哈飞汽车逐渐掌握汽车开发的整体流程，以及有效地将原来服务于飞机设计及制造部门的工程技术人员转入汽车开发行业提供了平台。在1996年之后，其他自主创新企业开始留意并学习哈飞汽车的做法，如安徽的奇瑞汽车和浙江的吉利汽车。与通信设备制造业中的模式一样，自主创新并不是“封闭式独立创新”，而是在充分利用国内国外技术资源的前提下，通过发展企业自身的研发力量来定义技术与产品系统，然后通过自身的投资和开发活动来逐渐建立起与不同的研发类、技术类、设备类和零部件供应商的互动合作关系。同时，自主创新企业也都广泛利用了当时中国已有的人力资源，尤其是大批来自国有骨干企业的、对“市场换技术”实践不满而坚持研发自主设计产品的工程师。这些企业为海外归国工程师提供了大量参与新产品开发或者在零部件环节进行创新创业的机会，还充分利用了国外专业工程技术企业的服务，同时还激活了国内一批原本在合资企业供应网络中相对边缘的零部件厂商，并通过带动后者的研发能力塑造了一套全新的创新模式。轿车产业的自主创新企业同样以寻找新的细分市场（如开发售价10万元的轿车产品）获得楔入产业的机会，并在一代又一代产品的销售和改造中掌握了与消费者、供应网络、政府管理部门以及金融系统互动的有效方式。

2002 年前后，这些本土自主创新企业在国内主流市场上变得活跃起来，它们利用自身的新产品和新技术开始与跨国公司展开激烈的竞争。在这一阶段，通信设备制造业中的华为与中兴已经初步成为国际市场和国际标准制定的重要参与者。轿车行业和通信设备制造业的重要性使得这些自主创新企业很快成为社会公众议论的焦点。但同时期，其他许多重要产业依然在跨国公司的主导之下，并且这些跨国公司还持续利用并购工具来吞并中国传统的骨干型企业，这一现象在机床行业、工程机械行业、关键零部件行业等尤为普遍。在自主创新企业的对比之下，这些现象加重了中国民众的不满情绪。最终在 2004 年，科技部等部门向国务院递交了一系列关于“市场换技术”和本土企业自主创新的政策分析报告，并组织了一系列研讨会。社会公众对自主创新这一话题产生了极大热情，媒体组织了系列论坛，其中部分论坛甚至还通过电视台进行现场直播。最终这个政策议程被开启，党和国家领导人在广泛听取意见后，高屋建瓴，谋篇布局，正式开始推动 2005 年及之后的政策转型。

9.3.2 自主创新的实践

2005 年自主创新政策转型使得中国政府开始重新审视其发展战略。国家采取了一系列政策措施以激励创新型企业的成长。华为、中兴、奇瑞、吉利等企业得到了银行以及开发性金融机构的大力支持；同时，国家还通过制造产业转型的机会来促进国内工业技术能力的追赶。例如在通信设备制造业中，中国先后在 3G、4G 和 5G 的发展过程中扶持由中国本土厂商开发和推广的技术标准；而在汽车产业中，中国政府自 2010 年之后在新能源汽车领域所扮演的全球性引领者的角色，也帮助自主创新企业在新的产业技术环境下获得了追赶国际领头企业的空间。

此外，国家还设立了一系列的专项政策来促进自主创新的实践。尤其是在2008年之后，中国先后设立了国家科技重大专项、战略新兴产业振兴计划和高新技术企业认证等项目来促进新兴产业和关键技术领域的发展。政府各部门也制定了部门性的创新激励政策，国资管理部门甚至将企业科技投入比例纳入国有企业领导的中长期考核指标。2012年，中国共产党第十八次全国代表大会提出“创新驱动发展战略”，将创新和经济发展方式转型看作经济政策的关键目标。

在这个背景下，传统的大型国有企业终于不再坚持原来的“市场换技术”道路。在轿车产业中，一汽、东风、上汽、广汽和北汽等骨干型企业自2006年开始通过收购国外技术资产或者开展中外合作来推出本土品牌车辆。它们虽然在技术开发活动中依然落后于自主创新型企业，但它们的参与使得中国本土品牌的汽车产品在本土市场上的份额从2010年开始一直保持在30%—40%，而在10年之前这一份额连2%都不到（Feng，2016）。

通信设备制造业中的自主创新型企业更是创新的典范，它们不仅打破了跨国企业对中国电信设备市场的垄断，而且还在国际技术共同体中不断提升自身的话语权。中国企业跻身国际技术标准的竞争是从第三代移动通信技术（3G）时代开始的。通过中国政府的努力，由中国企业和德国西门子公司共同推出的TD-SCDMA跻身当时全球三个3G国际技术标准之列。虽然该技术的成本高昂（中国为了推动该技术的产业化应用，前后投入的设备采购与布置经费高达数百亿元人民币）且商业化程度有限（除了中国以外，其他国家对TD-SCDMA技术的商业化应用并不多），但这一战略转型的确产生了重要作用：一方面，它孕育了一批此前国内并不拥有的关键技术研发企业，培养了包括系统、终端、核心芯片、测试仪表等在内的大批移动通信制造企业，初步构建了较为完整的移动通信产业链。展讯、天碁、凯明、重庆重邮信科等今天在中国通信和半导体版图中相当重要的企业都是在发展3G的过程中成长起来的，它们的发展丰富了国内创新系统的生态结构。另一方面，它使得中国厂商从设备制造商跃迁到国际标准制定者。从4G开始，华为和中兴等企业就在标准制定中扮演了国际主流企业的角色，其中华为的技术优势就在于TD-LTE标准，该标准与TD-SCDMA有较明显的技术承接性。

当然，自主创新转型对于中国工业系统的最大意义在于扭转了国内工业技术活动的组织形式。发展自身的研发组织，充分利用国内外的技术资源来开发新技术和新产品，开始被国内企业看作一种可以选择的商业模式。反过来，这也对中国创新系统的演进起到了重要的推动作用。尤其是这一转型使得中国的工程技术力量（体现为规模庞大的工程师群体和工程专业大中院校学生）的价值在中国本土的创新活动中得到体现。这些专业人才不再只是“市场换技术”模式中的生产执行和生产活动的管理者，而被赋予了新的价值。事实上，在2005年之后，连跨国公司都开始在中国设立大量研发机构，以利用中国高性价比的工程技术人力资源。

9.4 尚未完成的创新系统转型

然而，面向“自主创新”的创新系统转型是不完备的。这种转型更多地体现为“增量式改革”，即通过新设企业或者投资新兴产业来推动自主创新实践，而并没有从根本上改变中国工业和科研部门整体依附于全球化体系、缺乏产业和科研内循环的面貌。大量工业企业和科研部门依然通过模仿、追随国外的先进技术和科研活动，并把自己的开发活动内嵌于国外的技术体系而产生价值。从系统整体而言，这使得中国的国家创新系统成为以美国为中心的国际创新系统的附属品，必须依托国外体系所提供的协调机制和公共品才能维系；中国创新活动的前沿，不论是获得公用部门的知识，还是私用知识向公用知识的转化，在很大程度上都发生在与“国际同行”之间的接触面上。尽管在2005年之后的自主创新转型中产生了新的企业和新的产业，但因为不同产业和不同技术在复杂的现代工业体系中往往存在着广泛的关联，由此新增部分同样在基础技术和关键技术上普遍存在着对国际市场的依赖。美国特朗普和拜登两届政府在高科技领域向中国持续发起的各种攻击所导致的“卡脖子”困境则警醒我们，中国创新系统尚未完成彻底转型，还存在着内在的脆弱性。

中国之所以没有完成彻底的创新系统转型，主要在于两方面原因：一是国内大量的产业部门并没有形成界定和解决产业基础技术问题和关键技术问题的共同体，而后者既需要产业链上参与者的紧密互动，也需要本土科研与教育等部门被产业发展任务充分动员起来；二是作为推动系统转型的关键力量，国家也尚未发展出有效的、基于市场机制的自主创新活动的信息网络，以及时准确地掌握科技与产业创新中的动向，并以此作为自己发展创新政策和投放战略性资源的基础。

9.4.1 创新共同体的缺失

具有强劲内循环的创新经济体，要求本土的经济活动能够作为创新发展的源动力，即它要求本土的“生产者—用户”互动持续地创造新需求，发展新技术和推出新产品。作为一个群体，企业需要根据本土需求和本土产业技术环境来识别问题、定义需求，并为满足该需求整合包括人力物力在内的创新资源。因此，产业创新水平的高低首先取决于企业从环境中动员的资源的质量，也即国家创新系统中公用部门知识积累的水平。所以，本土科研和教育部门与产业的结合就成为创新内循环的重要基石。

中国创新系统中产学研结合不畅已被人们长期诟病。该问题根植于计划经济时代工业部门当中产业科研与产业生产职能的分离，但市场化改革之后，该问题并没有得到根本解决。因为计划经济时代以工业主管部门作为产业科研与产业生产的领航协调者的做法效率固然较低，但改革之后的市场机制本身没有形成在复杂技术领域协调不同参与者形成合力的替代性机制。这一判断也在中国的发展实践中得到印证：中国在2012年之前实现了创新发展的高技术产业(如通信设备、液晶显示等)，基本都需要通过具有强大内部研发能力的企业的崛起来带动产业整体的研发水平，中国还远没有到达可以通过整合本土市场上的外部科技资源完成复杂技术创新的阶段。“看得见的手”依然是推动关键技术创新的主要协调机制，即由少数锐意进取的大企业通过内部的行政协调，或者通过战略投资构建产学研之间的长期合作来解决技术问题。当前中国大部分产业部门并未形成具有自组织功能的产学研协作机制，即无需政府来组织产学研参与者，或者无须少数大企业以超出中短期经济理性的方式来构建合作网络。

然而产学研结合不畅是创新系统转型不彻底的结果。中国大部分本土企业和大学在技术开发或科研活动中缺乏足够的互动，是因为长期以来它们分别嵌入了西方国家主导的体系，而不是以本土产学研结合为中心的体系。企业能够通过对外合作直接或间接地获得产品图纸和生产设备，自然也就缺乏与本土科研部门互动的动机。一个普遍被人们关注到的事实是，高校和科研界在评价体系上长期参照西方标准。它们不仅在评价方法上追求国际化，同时还追求所认定成果的“国际化”。这使得学术界也开始追逐由西方同行主导的议程，主要采用西方的话语，使用西方的设备或者方法从事研究，且把学术成果发表在以英文为语言载体的期刊上。2008年以来，国家加大了对大学和科研机构的科研经费投入，但这不但没有增加反倒削弱了其与产业协作的动机（Zhou and Liu，2016），因为这一举措使得这些机构的应用型研究无须通过与企业或者产业共同体的合作就能够获得充足的经费。种种问题叠加，势必造成中国本土产业在核心技术上被西方“卡脖子”的现象。

这充分说明，要推动形成国内产业创新共同体，不仅需要增加资源供给，更要解决创新内循环中公共品提供机制缺失的问题。因为创新的发生与发展，不能依靠产业、科研和教育部门中各个参与者各行其是，它需要在共同体内通过共同目标的确立和议事日程的设置来启动，需要在界定技术问题、讨论技术问题、确定技术发展方向、协作分工等事项上形成正式或非正式的集体安排。而创新竞争则是在共同体普遍共识的基础上，在支持不同技术方案的企业群落之间展开的。这些社群性质的集体安排在实践中往往表现为产业联盟、学会或协会、技术标准组织，以及政府支持的基础性研究项目等等。这些公共品的存在使得企业之间以及产学研之间就技术探索形成了方向感，而公用知识的存在也提高了不同参与者互动与协作的水平。

中国本土产业创新共同体的发展需要大量的资源投入以促使不同部门的参与者，如大学、科研院所、社会组织和企业等，都能够形成合理的回报预期。但对于中国的创新系统转型而言，更重要的是形成各部门转型的集体行动。因为无论是共识的形成、对关键问题和技术方向的界定，还是议事日程的设立等公共品的建设，只有在各类型参与者精细分工、高度协作和竞争的情况下才有意义；在巨大的国际竞争压力下，这种转型很难在短时间内通过少数企业或科研院所的推动塑造而成；只有由国家通过整体动员、结构性调整和战略性资源的投放，通过“扭曲要素价格”，让产业创新共同体的建设以及产学研结合在一定的时间窗口变得符合“理性”，新的创新系统才能逐渐孵育出来。

事实上，甚至对于创新经济机制已经相当成熟的美国而言，在与中国的竞争中，它依然在继续强化国家在协调科研与产业活动中的角色。例如美国国会在2021年提出的《NSF未来法案》（NSF for the Future Act）和《创新与竞争法案》（United States Innovation and Competition Act of 2021）不仅都强调了美国联邦政府需要大幅度提高对NSF和基础研究的投入，而且强调基础研究与产业的结合，尤其是基础研究要面向国家所选定的关键产业领域的发展需求。其中，《NSF未来法案》要求NSF成立“科学和工程方案局”（Directorate for Science and Engineering Solutions，DSES）；而《创新与竞争法案》直接要求将NSF从“国家科学基金会”改名为“国家科学技术基金会”（National Science and Technology Foundation，NSTF），并借鉴DARPA的运营模式，通过从外部聘请任期制的项目管理者，对所资助项目是否符合国家的战略进行更严格的审核。而2020年12月美国总统科技顾问委员会向总统递交的一份名为《未来产业研究所：美国科学与技术领导力的新模式》（“Industries of the Future Institutes：A New Model for American Science and Technology Leadership”）的报告时，不仅强调要与中国在人工智能、量子信息科学、先进制造、生物技术和先进通信网络五大未来产业领域竞争，而且要求政府所支持的“未来产业研究联合体”覆盖从科研到产业化的研发创新链条的全部环节。由此可见，要实现关键领域的重大突破，通过支撑产学研合作来推动创新系统的转型，国家需要扮演关键的角色——不仅在美国是这样，在中国更应当这样。

9.4.2 国家在创新政策制定与执行中的信息能力不足

中国创新系统转型的不彻底，除了产学研各部门存在的问题外，政府同样存在需要继续改进的薄弱环节。国家是推动创新和创新系统转型的关键力量，但现阶段我国政府却缺乏与企业互动的有效的信息系统，这妨碍了政府通过制定合理的政策来贯彻自己的战略意志。国家的信息系统指的是政府通过与企业以及其他创新主体互动以获取、分析和处理信息的系统，它被发展型国家理论的研究者认为是国家制定有效的发展型政策的前提基础（Weiss and Hobson，1995；Weiss，1995）。缺乏信息系统的根源在于，中国废除了原有的专业工业主管部门体系之后，却没有针对市场经济新形势下的政企互动发展出有效的机制。在认为市场能自动生成创新所需要的协调机制的错误思潮的影响下，政府在创新和工业领域的能力，无论是表现为政府相关主管部门人员的规模和专业性上，还是表现为政府从产业中获取信息的能力上，长期处于被持续削弱的态势。国家信息能力的不足，使得国家在复杂的技术环境中发展和执行政策时缺乏有效的识别问题、识别有潜力的创新者及创新技术的能力，从而导致国家虽然从2005年开始在创新领域投入了大量资源，但却未能避免被“卡脖子”。

在市场化改革中，国家所组织的科研活动没有了工业主管部门这一执行主体，而不得不通过新的架构来完成。在新的架构中，中央政府没有了自上而下的一体化信息网络，所以不得不开始依托地方政府作为创新政策的重要执行机构；同时开始采用资质类认证、财税类补贴和竞争性项目等手段来替代由部委组织的高度组织化的联合攻关项目。政策实施手段上的转变可以从国家“科技攻关计划”中看出。从“八五”计划（1991—1995）开始，除少数重点项目由政府直接管理外，“科技攻关计划”中绝大多数项目都依靠行业和地区管理。此外，项目选拔机制也发生了变化，开始采用承包制，引入竞争机制，遵循择优原则。而在“九五”（1996—2000）计划时期，各类项目申报和实施过程的管理已经被制度化和规范化，所以政策项目的决策者和创新主体之间无须再通过直接行政手段进行协调。

在2006年中国提倡自主创新转型后，大量部门性创新政策项目也采用了这一形式，包括2008年之后设立的国家科技重大专项，以及工信部等部门开展的设备升级改造项目，科技部主持的高新技术企业认证等普遍采用通过项目发包和资质认证的方式来组织产业创新活动。

然而，在新的体系中，地方政府虽然与企业之间存在较好的互动网络①，在一定程度上能够弥补中央政府在政企互动方面的不足，但是地方政府却严重缺乏拥有专业技术的公务人员。事实上，专业技术公务员队伍在大多数地方政府中都没有发展起来，因为目前地方政府并不存在长期的专业化的与复杂工业活动打交道的公务员职位。公务员不仅需要应付大量的行政事务性工作，而且各种轮岗、挂职锻炼、升迁调动等机制使得他们在相当短的周期内就会离开特定的岗位。当然更重要的原因是人员上的不足。在地方政府中，以地级市一级为例，在工信部门内负责工业大类（如机械类工业）的人员数量往往仅有1—3人，而科技类部门也只有少数的行政人员去处理全口径的科技事务。这使得每当地方政府要执行由中央政府或地方政府出台的创新政策时，不得不发动大量兄弟部门，如纪检、党务、工会等部门的人手来参与工作。来自中央政府的专家团队只有在极少数的国家重大项目中才会临时下沉到省一级单位参与审批和答辩工作。在绝大部分产业政策和创新政策的执行过程中，地方政府的工作人员需要面对大量的企业申请者和海量的信息，人手的缺乏和业务的繁重最终使得所有的信息审查工作只能流于形式而难以做到实质性检查。中央政府在其所设立的各种创新政策项目中，对申请者的质量、申请者的方案，以及相关方案的执行情况都缺乏

① 这一点直接受益于1994年的分税制改革对地方政府行为模式的塑造。由于地方政府被塑造成为积极的甚至带竞争性的经济主体，所以地方政府有很强的意愿去和当地企业进行互动，并促进地方经济的发展。

与政策目标相匹配的信息收集和信息分析的手段，所以政府对其所资助项目的有效激励和监督就失去了保障。

而新政策手段的发展同样存在不足。为了解决半导体集成电路产业的技术短板问题，中国政府自从2014年开始设立专项基金，以商业化的运作方式对有潜力的创新项目进行投资。这当然是很有价值的补充手段。在发达国家的创新经济体中，针对创新发展和成熟的周期，政府和市场部门也会共同设立类似的产业投资基金（Janeway，2012）。然而，由于这类由国家设立的专项产业基金需要遵循市场化基金营利性目标的约束，要追逐经济回报，所以它事实上更适合于创新从技术原型到产业化的阶段，即不确定性已经较低，已经形成可见的经济回报预期的阶段。所以，这一手段依然无法解决中国当前在创新系统中最大的结构性问题，即如何为科研与前沿技术突破、重大技术产业化之间搭建顺畅的桥梁，从而也就无法有效地促进中国形成本土内向型的产学研体系。因为“短板”现象的存在本身就意味着在本土开展相应的工业技术活动是不具备经济理性的，那么如果想要克服“短板”就需要在相当长一段时间内利用资源的超额供给来支持相应的参与者发展出技术能力，使原来缺失的工业技术活动（“短板”）在经济上变得可行。在一个竞争性的投资环境中，市场化的投资者当然会更青睐那些风险更低、可预见回报更高的活动。这就解释了为什么这些基金并没有提前解决中国在半导体集成电路等代表性高科技领域中的“短板”问题。

综上所述，中国国家创新系统在经历了两次结构性转变之后，原有僵化的计划经济系统被打破，中国的工业经济也得以逐步融入全球化体系，并实现了长期的高速增长。但中国工业主要是在以美国为中心的全球生产体系下发展起来的，主要依靠从事劳动密集型和工程密集型产业活动实现增长。在两次转型过程中，决策者都成功地通过资源动员和配套政策完成了重大改革，但由于中国的创新系统尚未完成面向前沿创新竞争的根本转变，基于本土内循环的创新机制依然有待建设。

当前中国创新系统的结构性问题已经难以再通过部门性的、增量的改革措施来解决。它需要国家在当前中国被迫与美国科技脱钩的背景下再度通过社会动员，通过塑造科研和产业活动新的发展方向，尤其是促进国内科研与产业活动的结合，推动本土的创新活动来解决基础问题和重大问题，从而持续地开拓新的增长空间。为了达成这一目标，政府必须重新思考它与工业的互动关系。改革逻辑的惯性使得人们倾向于约束政府的规模，这也在事实上削弱了国家制定有效的创新政策的能力以及国家推动创新系统转型的能力，从而使得国家无法有效地履行自身在发展与转型中的双重角色。国家能力并不必然导致国家对创新活动的过度干预，相反它是国家明确哪些领域需要干预，哪些领域并不需要干预的逻辑前提。尤其是当中国在“百年未有之大变局”下需要完成工业经济体系由外向依赖型向以内循环为主的双循环模式转型时，国家是推动本土产学研集体转型的关键力量。这时就更需要国家重构一套有效率的政企互动的信息机制，以有效地界定问题、识别有潜力的创新者与创新方向，通过一系列重大任务计划来促进产业创新共同体建设，并最终完善面向前沿创新竞争的市场机制。

结语 大转型、国家创新系统和全球经济

21 世纪的大转型

从全球环境来说，“百年未有之大变局”的实质是以美国为中心的国际经济体系的结构性变化。换言之，是美国在其全球经济体系内对正在稳步爬升的中国的排斥。美国尝试在经贸和科技两个领域同时与中国“脱钩”，以此压缩中国在高技术领域的发展空间，使中国成为一个依附型的经济体，或者迫使中国离开它所主导的国际体系。

以上视角能够帮助读者更好地理解本书写作的时代背景。在本书写作的过程中，中国公众对全球化的认识在迅速发生变化，对其过度美化的认识正逐渐退潮。在理论上，全球性市场能够给创新者提供更大的协调空间来提升创新互动的质量，也能够为创新竞争提供更大的平台。但全球化是有条件的，创新活动的受组织机制的本地性使得本地的政治和经济因素在创新决策中始终扮演着关键角色。从这个角度来说，并不存在理想化的全球化体系，因为“全球化”或“全球化创新体系”必然是由特定国家或特定国家群体主导的，甚至有可能会出现不同的跨国经贸循环并存的“全球化”格局。在全球化创新体系中，对特定国家或企业不论是吸纳还是排斥，在某种程度上其实质都是国际政治经济议题。那么在国家之间的竞争中，技术和金融上的优势就有可能被“武器化”。而这正是我们自 2017

年以来所见证和经历的。

这再次说明，全球化本身并没有降低国家在维系本国创新经济发展中的重要性。全球化并不意味着来自不同国家的企业对资源和知识的获取是公平的、无差异的；全球化本身也意味着全球性的竞争，而工业经济层面的竞争反过来又继续塑造着国家和国家机器。国家间的竞争不会因为资源可以在全球范围内配置或者特定经济体的创新活动进入技术前沿就消失。历史并未终结，国家在应对外部竞争、冲突甚至战争的压力中不断推动国内政治和经济发展的规律并没有改变。国家的积极作用为国内创新竞争水平的跃迁开辟了空间，根据工业经济发展史，无论是曾经的德国、美国，还是日本、韩国，都已经反复说明了这一点；而自 2017 年在经贸和科技领域转变对华政策后，美国同样通过国家各类政策手段来强化其产业竞争力。

本书在理论分析中将李斯特的“国家主义经济学”和格申克龙传统纳入对国家创新体系的分析，并不是简单地强调国家视角与开放视角或全球化视角的对立。在当代工业经济活动中，受国家协调的竞争与协作活动，和完全基于市场机制的跨国性竞争与协作活动同时存在。在大部分工业技术都已高度复杂化，技术分工和贸易分工极大发展的情况下，一个国家如果主动将自身隔离于全球创新竞争之外，毫无疑问是不明智且低效率的。然而，必须正视的是，基于狭义市场机制的创新竞争、由国家主导塑造的本地化创新系统，以及由国家推动的创新系统转型，在全球性创新经济活动中起到了完全不同的作用。在正常的经贸环境下，全球范围内企业之间的竞争与协作是常态。虽然不同企业之间出于规模、资源条件和战略等因素必然会存在差异，但同类型企业之间最具标志性的差异往往是立足于其国别特征的，因为这些企业的创新能力立足于本国创新系统的公用知识部门。换言之，企业之间竞争水平的高低取决于其所依托的创新共同体内公用知识部门能力的高低。即便是在全球性的创新竞争中，位于前沿的企业所能动员的核心资源中很大一部分依然来自本国创新共同体内的产业链协作、产学研合作，以及由政府或社会组织所发展的社群性质的议事机制等等。而为创新经济所依赖的公用知识部门提供关键规则和关键要素投入，正是国家在创新和发展中的第一重作用。

因此，虽然本书并不想主观渲染国际层面上“不可避免的矛盾”或者“即将到来的重大冲突”，不过书中所回溯的若干国家的发展历程不止一次印证了这种可能性。诚然，创新发展所带来的生产率的提高使得国家间的竞争有被调节和缓和的空间，但当技术进步并没有带来范式的变迁时，技术进步所产生的收益增量毕竟是有限的，一国的技术能力提升不可避免地会使不同国家之间发生收益调整，从而导致不同国家之间相对竞争位置和收益水平的变更。那么，给定目前的技术进步范式，对于发展中国家而言，要么被限制在国际体系已经给定的层次框架之内，要么不可避免地与现有体系中的参与者甚至主导者发生不同程度的冲突与矛盾。这意味着，对于中国而言，要为民众不断创造更好的社会经济条件，就必须正视与主要国家长期激烈竞争甚至对抗的可能性的存在。

“百年未有之大变局”为我们展示了现行国际经济体系产生严重裂痕后的格局。变局发生的根源在于中国作为后发者的能力成长使得美国等主导者无法维系自身在这一体系中的系统性优势。美国之所以对自身在5G通信、人工智能和量子计算等领域不能保持绝对的主导权倍感不安，是因为这些技术都带有工业通用技术[①]的性质，即它们在未来将成为大量工业的基础应用，决定了相关应用类工业的

---

① 通用技术即General Purpose Technology（GPT），指的是能够以较低的成本应用于不同产业的技术（Gambardella and Giarratana，2018）。通用技术被认为是技术长波中具有相对重要性的技术，因为它能够给众多相关产业的生产率带来影响（Freeman and Soete，1997）。

效率平台。如果美国在重要的通用技术上落后，那么不仅意味着它在单项技术、单个产业上的落后，还意味着美国在世界范围内启动创新议程、掌握创新走向、整合创新流程的能力下降了，这种主导权是它以往在相关产业内影响全球性投资和利润分配能力的基础。类似的挑战在此前曾发生过，如日本 20 世纪 70—80 年代对美国的挑战，但此前的挑战者在军事和金融领域都依附于美国。面对这些挑战，美国在产业层面采取了一系列打压措施，但由于美国在其他领域内的手段更为有效，所以矛盾始终都在美国的控制之下而没有被极端化。中国则呈现出与前例完全不同的特点：中国的资本在整体上呈现出更强的民族性，尤其是国家作为重要的战略投资者，其投资行为具有明确的本土意志，并呈现出良好的计划性。而中国案例当中的华为更是例外的案例，因为它不仅在关键技术上领先，而且由于其独特的所有权体制使得以美国为主导的国际资本没有任何渗透空间，所以令在原体系中拥有优势的美国难以忍受。

可以说，在“百年未有之大变局”面前，除非中国政府愿意以实现民族复兴与共同富裕目标的滞缓为代价，继续依附于以美国为主导的国际经济体系，否则当前中美之间的矛盾将无法回避：这一矛盾归根到底源自中国在践行发展目标时自身工业能力和技术能力的成长，挑战了美国在现行国际经济体系中的主导地位。如果要继续推动中国的创新与发展，就需要完成国家创新系统的根本转型，构筑起工业技术创新的双循环体制。

发展和转型的国家创新系统

具体的政策实践中可以找到大量理由去质疑政府特定的创新政策和产业政策的合理性与有效性，但是发展中国家不能放弃积极的国家战略。本书的第 1—3 章已经充分说明，由于创新活动本身具有复杂性、缄默性和不确定性，所以它不可能由完美的市场机制来协调；创新经济是由一系列高度组织化和制度化的机制来协调的。如果国家希望发展出成功的创新经济，就需要在投资政策和规制政策两个维度扮演积极角色。当然，国家行为中会存在大量的失败案例，这一点和企业行为是一样的，但不同于企业失败的是，国家行为的失败往往是国家能力不足导致的：国家没有构建起有效的信息收集、信息分析的网络，国家决策没有得到足够的专业知识的支持。但需要人们警醒的是，正是在缺乏能力的前提下，国家反倒更倾向于运用强制力来贯彻自身的发展意志（Weiss and Hobson，1995）。在现实的实践中，常见的“一刀切”或者“层层加码”的政策现象往往与此有关。

那种认为进入全球化时代或进入前沿创新竞争领域后，国家应该从经济中退出，从而将指挥棒完全交给市场机制的观点，并没有充分认识到创新经济的本质。熊彼特及其追随者早就对此做过申辩。持续性的、高效率的创新市场经济需要国家强有力的投资政策与规制政策来塑造并保持其动态稳定性；而完全放任的、自由的市场反倒会导向垄断经济。那种认为前沿创新或者全球化将从根本上改变创新竞争与发展中国家追赶式工业化的规律，因此市场协调或者全球性协调将从根本上取代国家协调或本土协调的观点，也带有浓厚的“历史终结论”的特点。当然，将国家经济完全寄托于“外向型”发展模式会降低对国家能力的要求。因为在这种模式下，国家事实上把一部分维系本国知识应用与知识生产之间平衡的主导权让渡给了全球生产网络。然而这种模式也决定了发展中国家不可能逾越全球生产网络的层级结构对它的束缚。

在国际政治经济体系发生剧变的今天，对于志在迅速完成追赶式发展的后发国家而言，国家在推动创新经济发展中的重要性从未如此显著。因为从发达国家的视角来看，发展中国家的快速工业化与追赶式发展，与人们想象中自由且公平的“全球市场经济”在本质上是冲突的。全球化归根到底是一套具有内在层级性的分工和贸易体系，后发国家卓有成效的“追赶式”发展，本质上就是它们融入主流国际经济体系，然后再通过国内创新与经济活动的技术进步从内部挑战已有的层级体系，使自身在全球利润分配中获得更有利位置的过程。而这无疑会对原有的“秩序”构成挑战。而这种挑战在名义上会被归为有益的市场竞争还是对市场的不正当扭曲，则由国际体系的主导者来定义。正如本书所提到的，在与当时国际体系的关系上，二战之后日韩在“东亚奇迹”中的经验同德国与美国在19世纪乃至美国在二战后的经验是存在着本质上的区别的。而中国又有别于日本和韩国等其他东亚经济体。中国始终坚持独立自主的方针并追求本国人民的共同富裕，这就要求中国的创新经济发展不能被动地受制于任何外在力量的打压。

因此，发展中国家要想突破全球生产网络的层级结构，而不是仅仅停留在既定的国际分工中的位置，就需要国家扮演其推动创新与发展的第二重角色：不断地塑造新的创新系统。这要求国家超越既定中短期的“经济合理性”，采取有效的战略举措来调配资源，不断为企业开展新的产业活动或者进入新的产业创造条件，培育新的创新互动机制，发展立足于本土的知识生产机制。推动创新系统转型需要国家为之动员资源，并提供必要的保护。但更重要的是，战略性资源的投放和优惠政策的提供必须配以对参与者施加必要的压力。因为追赶过程或者塑造新的创新系统的过程本质上是政治性的，即要实现在此前的国内经济体系下不可行、不经济的目标，通过制度孵育和企业能力成长，将这些目标转变为可行的、经济的，从而创造新的增长空间。相反，如果参与者的行为模式完全是经济性的，即它们只是利用由国家力量动员起来的资源通过当下“有利可图”的模式追求利益，那么重塑创新系统的目标就无法实现。

如果没有积极的战略，发展中国家在其工业化过程中就难以避免落入“中等收入陷阱”。部分学者（如 Flaaen，Ghani and Mishra，2013）已经认识到，中等收入陷阱在创新和工业化领域表现的实质是“技术模仿陷阱”，即当发展中国家通过引进和模仿发达国家的技术进行大规模生产制造这一模式失去了可观的利润空间后，由于无法获取继续保持利润空间的新技术，无法持续开展工业化，发展中国家就会出现低工资和失业潮，甚至出现社会动荡。如果从全球生产网络或者国际经济体系的视角分析中等收入陷阱，就可以观察到，这些现象往往是由经济下行周期的外资流出，或者国家间激烈的贸易争端和技术禁运造成的。从更大的图景来看，发展中国家遭遇中等收入陷阱是国际经济体系既有权力架构自我维护的一种调节手段，即主导者从自身的利益出发，有选择性地限制部分在前一阶段快速成长的国家的上升空间，并将全球化中部分经济活动转移到资源和劳动要素更具性价比的“新地区”去。所以，发展中国家能否跨越中等收入陷阱，关键在于国家能否在长期创新活动中通过积极战略保持本土知识生产与知识扩散的动态稳定性，使得本土经济活动能持续进入新的领域；面临包括资本流出、国际经贸脱钩、技术禁运等结构性冲击时，国家需要在危急时刻实现社会动员，以资源动员和战略性投放的方式来抵御外部环境剧烈变化带来的冲击，为塑造新的增长空间和新的创新体系提供可能。

从长期来看，国家扮演发展与转型的积极角色从来都不意味着发展中国家将被拒于全球生产网络体系之外。正如上一章所指出的，即便在 20 世纪 80 年代中国尚未完全启动市场化改革之时，国际资本和跨国公司依然会踊跃地尝试进入中国市场。排除政治、文化等非经济类因素，一个经济体对国际资本是否具有吸引力取决于它是否能够为外来资本创造出可观的盈利空间，而这种“租金”往往是由本地科技进步、人力资源、要素禀赋和政府所提供的优惠政策等因素带来的。硅谷创新创业经济、英国剑桥地区的高技术聚群、印度班加罗尔以及中国长三角和珠三角的制造业之所以具有广泛的、全球性的吸引力，原因正在于此。只有本土的创新系统能够持续为经济活动提供新的技术及社会条件，即熊彼特（Schumpeter，1961）所强调的创新式发展，才能够对外来经济参与者产生持续的吸引力。从这个角度来说，保持中国或其他发展中国家对国际资本吸引力的根本因素不是名义上的“开放政策”，而是该国经济的持续增长和锐意进取的创新力量。

即将到来的全球经济新体系

如前所述，如果充分认识到创新经济体系背后的政治性，那么“全球化”或“全球经济体系”就必然具有内在的层级性，其本质是围绕若干中心国家构建起来的一套跨国经贸体系。“全球化”或“全球经济体系”中主导国家的地位并不是绝对的或排他的。排除军事和政治因素不谈，能够为其他国家和地区带来增长潜力的国家都有机会发展以自身为中心的“全球化”——在这里，或许国际性或地区性的“经贸圈”才是更合适的概念。

那么，中国在发展双循环体系的过程中，构建强有力的“内循环”就是建设“外循环”的基础。即将到来的、以中国为中心国家的全球经济体系的必要条件是中国能够为相关的跨国性经贸和创新活动提供足够广阔的增长前景。这就更要求中国实现创新系统的根本转型，解决国内科技与产业体系各自对外依赖的问题，使得中国的产业活动、产学研结合活动能够持续地创造新技术和新知识，从而为参与者提供新的空间。当然创新的组织是动态且复杂的，新的机制、新的创新参与者不应该仅根据理论家们纸面上的指导意见来塑造，而应该在解决重大现实问题的实践中被构建。这就要求我们充分认识到“新型举国体制”在中国现阶段的重要意义，并利用“新型举国体制”来解决中国长期创新发展所面临的关键技术问题和制度构建问题。

一方面，通过“新型举国体制”解决基础技术和关键技术缺失的问题，打破国内产业互动和产学研互动的瓶颈。基础技术和关键技术缺失是中国工业和科研长期对外依赖的结果，对外依赖又进一步阻碍了中国产业界和产学研之间面向内部整合以开展创新互动。阻碍的根源在于，当本土尝试构建创新产业链时，部分与大量其他技术环节存在紧密关联的节点，即关键技术，被国外主体控制。由于大量相关环节甚至产品设计的创新都需要从这些关键环节获得信息反馈，在无法获得相关信息反馈的情况下，本土不仅无法构建完整的创新链条，甚至连直接关联的技术环节乃至更大范畴内的技术活动，都受到极大的限制，这使得中国本土创新参与者之间的互动难以有效地开启。

作为重大任务组织机制，“新型举国体制”首要的任务就是填补中国本土工业互动机制中的缺口，扫除限制本土创新互动的障碍，开启有效的创新竞争。作为一种重大任务机制，“新型举国体制”本质上并不是抑制市场机制的，反而可以创造和推动市场机制。因为只有克服了关键技术瓶颈，相应环节的本土市场才能够被创造出来；同时，也只有通过“新型举国体制”为本土产业提供这些关键技术的知识供应，才有可能促进更多的企业进入相关联的领域，形成创新竞争。

另一方面，通过“新型举国体制”解决中国长期存在的产学研结合不畅的问题。在过去的发展历程中，中国产业和科研中的不少部门、学科在事实上都形成了跟踪国外、全面嵌入以国外企业为主导的全球生产网络的局面，即产业发展的技术和市场“两头在外”，不以本土互动机制为核心。产业链、价值链和学术认知、学术评价的对外依赖，造成全面创新转型面临着难以逾越的集体行动的困境。在外部压力巨大的背景下，单个部门内的资源动员水平相对有限，因此产学研的内循环很难在有限的时间内由市场自组织来完成。这使得国家需要以战略性、长期性、非经济理性的决策逻辑来推动跨部门的协作，突破基于单个部门行动理性的集体行动困境。

正如本书反复强调的，要想构建生产“有用知识”的本土创新机制，知识创造和技术创新就需要扎根于产学研的全过程互动。即使是在最开始的基础研究阶段，一项技术的早期概念验证与可行性探索活动也必须考虑到后续的技术和产品开发、样机制造、大规模生产等阶段的需求与可能出现的问题。这就要求本土的科研活动和产业开发活动在不同程度上以实际任务为导向。这种导向必须有具体的任务作为导引，否则不论是科研界还是产业界，都可能根据自身的便利来解读、扭曲目标，对成果进行“自我评价”。“新型举国体制”则在任务的具体性和紧迫性、资源和人员动员的合理性上都为产学研的结合提供了有效的载体；更重要的是，通过“新型举国体制”的任务实践，人们可以将产学研结合的机制和有益做法固定下来，发展成适用于中国发展阶段的制度化做法。

再者，通过“新型举国体制”创建技术创新活动中的公共品，塑造以中国为中心的创新共同体。创新活动是深深内嵌于社会经济关系的，创新的有效发展需要“受组织”的市场制度。本土创新共同体的形成需要一系列公共品作为支撑，包括但不限于共同体所依托的基础性技术、必要的技能供给、技术架构和议事日程等，而这些公共品往往需要学会、行业协会、标准化组织和工业联盟等共同体机制来支撑。共同体的形成决定了一个国家内部创新竞争的水平，以及它对其他国家创新活动的潜在的影响力。而为了使这些社会化的机制能够具有推动产业创新发展的功能，其主办国或者大企业，往往需要以投资政策来资助科研活动，从而为共同体解决基础性、共同性的技术问题，为共同体的塑造提供支撑。

在当今，很难在短期内通过企业之间的自组织来完成共同体的塑造，而“新型举国体制”这一重大任务机制则可以在解决核心技术问题的同时，为创新共同体的形成留下技术性和组织性“遗产”。国家可以引导并塑造共同体对重大任务的认同，推动形成共同的议事日程，塑造解决问题的协商表决机制。创新竞争与研发活动应当基于共同体的共识来进行，这些共识包括：议事日程包括哪些，相关事项的优先顺序是怎样的，如何在不同阶段提出问题并界定问题，如何进行群体协商或表决来发展解决问题的方案，基本协作原则与产业技术标准是什么，等等。在关键问题上形成一致的议事日程是确保本土创新共同体形成“以中国为中心”的整体性战略意图的关键。

当然“新型举国体制”是一个动态的解决问题和构建制度的过程。“新型举国体制”并不等同于计划手段，相反，为了实现上述目标，它需要将广泛的社会参与者都纳入进来，包括国有企业也包括民营企业，包括大中型企业也包括中小型甚至小微企业，包括企业也包括科研院所和大学，甚至可以包括本土参与者之外的海外参与者。此外，“新型举国体制”本身并不是目标。其目标在于通过重大任务机制来解决本土创新中的薄弱环节与制度构建问题，任务完成后该体制就会让位于其作用过程中所构建的制度，让位于新的创新市场竞争机制，并以此从根本上提高本土创新竞争的水平。从这个角度来说，“新型举国体制”的使用应当取决于产业创新竞争动态演进过程中解决本土系统失灵问题的需要，其任务、目标和工作机制将由新的历史时期和新的发展情境来定义。

当中国本土创新系统能够实现教育、科研和产业的紧密结合，能够稳定和持续地提供基础技术知识与关键技术知识等技术创新所需的公共品时，中国的创新经济活动必然能对国际参与者产生吸引力，中国就必然能够发展出基于创新活动的国际经贸圈，使得更多国际性的基础科研、产业技术开发和产品创新活动向中国集聚，从而使得中国成为新的全球创新经济体系的中心。

事实上，对于现阶段的中国而言，“新型举国体制”就是国家在扮演它在创新与发展中的双重角色的重要路径。“新型举国体制”能够打破创新活动的关键瓶颈，同时打造产业共同体议事机制，让更多的参与者进入创新竞争的市场机制，这是构建与发展中国本土创新内循环的必由之路，也是国家在创新经济活动中体现其第一重角色的过程。“新型举国体制”同时又是国家动员社会去集体应对新挑战的重要途径，通过重大任务机制不断解决问题，创造新的增长空间。为了应对重大问题和完成重大任务，“新型举国体制”必将不断打破已有制度藩篱，构建新的协作机制，催生新的产业创新机制乃至新的国家创新系统，并在发现性的历程中逐步摸索战略发展方向。这是国家通过“新型举国体制”实现其第二重角色的体现。只有以进取的国家政策来协同社会，才能有效地支撑创新市场经济的发育和发展，并通过不断自我调整和自我革命来推动转型升级，让中国成为全球经济新体系的中心。

参考文献

蔡明璋，2005，《台湾的新经济：文献的回顾与评述》，《台湾社会学刊》第 6 期。

车维汉，2004，《“雁行形态”理论研究评述》，《世界经济与政治论坛》第 3 期。

陈锦华，2005，《国事忆述》，中共党史出版社。

陈玮，耿曙，2017，《发展型国家的兴与衰：国家能力、产业政策与发展阶段》，《经济社会体制比较》第 2 期。

陈云，1995，《陈云文选》，人民出版社。

邓久根，2013，《历史创新体制与创新型国家建设》，科学出版社。

董志凯，吴江，2004，《新中国工业的奠基石：156 项建设研究（1950—2000）》，广东经济出版社。

樊春良，2005，《全球化时代的科技政策》，北京理工大学出版社。

封凯栋，2011，《国家创新系统：制度与演化的视角》，《国家行政学院学报》第 3 期。

封凯栋，2012，《知识的生产与转变经济发展方式》，《科学学与科学技术管理》第 1 期。

封凯栋，2020，《寻找中国本土创新转型的根本动力》，《群言》

第 6 期。

封凯栋，付震宇，李君然，2018，《国家创新系统转型的比较研究》，《今日科苑》第 7 期。

封凯栋，姜子莹，2019，《创新的不确定性与受组织的市场：产业政策讨论应有的演化理论基础》，《学海》第 2 期。

封凯栋，姜子莹，2020，《国家在创新转型中的双重角色：创新理论视角下发展型国家兴衰对中国政策选择的启示》，《经济社会体制比较》第 6 期。

封凯栋，李君然，付震宇，2017，《隐藏的发展型国家藏在哪里？——对二战后美国创新政策演进及特征的评述》，《公共行政评论》第 6 期。

封凯栋，李君然，2018，《技能的政治经济学：三组关键命题》，《北大政治学评论》第 2 期。

封凯栋，赵亭亭，2012，《专利制度的两面性：历史与现状》，《企业管理》第 S1 期。

冯之浚，1999，《国家创新系统的理论与政策》，经济科学出版社。

〔德〕盖耶尔，曼弗雷德，2016，《洪堡兄弟：时代的双星》，赵蕾莲译，黑龙江出版社。

郭年顺，2020，《打开民营企业“黑箱”：工业体系和嵌入式创业者》，北京大学博士学位论文。

韩忠富，2013，《试论韩国参与越南战争的“红利”》，《韩国研究论丛》第 2 期。

黄琪轩，2013，《巴西“经济奇迹”为何中断》，《国家行政学院学报》第 1 期。

贾新光，2010，《大洗牌：中国汽车谁主沉浮》，机械工业出版社。

〔德〕康拉德，佛兰茨-米夏埃尔，2017，《洪堡传》，赵劲，张富馨译，同济大学出版社。

〔美〕科瓦西奇，威廉等，2017，《以竞争促增长：国际视角》，中信出版社。

〔德〕拉甫，迪特尔，1987，《德意志史：从古老帝国到第二共和国》，Inter Nationes 出版社。

李健，黄开亮，2001，《中国机械工业技术发展史》，机械工业出版社。

李君然，2020，《国有企业改革与管理控制的形成：基于洛阳国有企业的比较研究》，北京大学博士学位论文。

刘国光等，2006，《中国十个五年计划研究报告》，人民出版社。

刘洪亮，2015，《我国技术开发型科研院所转制研究》，北京大学硕士学位论文。

卢荻，1998，《东亚经验与历史资本主义》，《读书》第 10 期。

路风，1989，《单位：一种特殊的社会组织形式》，《中国社会科学》第 1 期。

路风，2000，《国有企业转变的三个命题》，《中国社会科学》第 5 期。

路风，封凯栋，2005，《发展我国自主知识产权汽车工业的政策选择》，北京大学出版社。

吕薇等，2002，《政府对产业+技术研究开发的资助与管理》，中国财政经济出版社。

〔韩〕朴正熙，1988，《我们国家的道路：社会复兴的思想》，陈琦伟等译，华夏出版社。

齐建国，1995，《技术创新：国家系统的改革与重组》，社会科学文献出版社。

〔日〕青木昌彦，2002，《飞雁式制度变迁》，王列译，《比较》

第 1 期。

邵宁等，2014，《国有企业改革实录》，经济科学出版社。

石定寰等，1999，《国家创新系统：现状与未来》，经济管理出版社。

宋磊，2016，《追赶型工业战略的比较政治经济学》，北京大学出版社。

宋磊，郦菁，2019，《经济理念、政府结构与未完成的政策转移：对产业政策的中国化过程的分析》，《公共行政评论》第 1 期。

孙烈，2012，《制造一台大机器：20 世纪 50—60 年代中国万吨水压机的创新之路》，山东教育出版社。

孙冶方，1979，《从必须改革“复制古董、冻结技术进步”的设备管理制度谈起》，《红旗》第 6 期。

〔法〕托克维尔，1991，《论美国的民主》（下卷），董果良译，商务印书馆。

王春法，1998，《技术创新政策：理论基础与工具选择》，经济科学出版社。

王振寰，2003，《全球化与后进国家：兼论东亚的发展路径与转型》，《台湾社会学刊》第 31 期。

王振寰，2010，《追赶的极限：台湾的经济转型与创新》，巨流图书股份有限公司。

夏大慰等，2002，《汽车工业：技术进步与产业组织》，上海财经大学出版社。

徐秉金，欧阳敏，2017，《中国汽车史话》，机械工业出版社。

徐之河，徐建中，1992，《中国公有制企业管理发展史 1927—1965》，上海社会科学院出版社。

许宝强，1999，《发展主义的迷思》，《读书》第 7 期。

杨鸿，2005，《雁行模式与东亚经济合作》，复旦大学博士学位论文。

余嘉俊，2018，《愿景引导之下的政策方案探索：中国改革开放时期的政策模式》，北京大学博士学位论文。

张柏春等，2004，《苏联技术向中国的转移：1949—1966》，山东教育出版社。

张宏宇，2019，《世界经济体系下美国捕鲸业的兴衰》，《世界历史》第4期。

张家治，邢润川，1993，《历史上的自然科学研究学派》，科学出版社。

张维迎，2018，《我为什么反对产业政策？与林毅夫辩》，林毅夫等，《产业政策：总结、反思与展望》，北京大学出版社。

张夏成，2018，《韩国式资本主义：从经济民主化到经济正义》，邢丽菊，许萌译，中信出版社。

张彦华，张振华，2017，《威权下的成长：韩国劳动体制演变的政治经济分析》，《比较政治学研究》第1期。

章迪诚，2006，《中国国有企业改革编年史：1978—2005》，中国工人出版社。

赵甲济，2013，《总统：朴正熙传》，李圣权译，江苏文艺出版社。

朱天飚，2006，《比较政治经济学》，北京大学出版社。

Abernathy, W. J., & J. M. Utterback (1978). "Patterns of industrial innovation." *Technology Review*,80(7):40–47.

Abramovitz, M. (1986). "Catching up, Forging ahead, and Falling behind." *The Journal of Economic History*,46(2):385–406.

Akamatsu, K. (1961). "*A Theory of Unbalanced Growth in the World Economy.*" Weltwirtschaftliches Archiv, 86:196–217.

Akamatsu, K. (1962). "A Historical Pattern of Economic Growth in Developing Countries." *Developing Economies*,1(s1):3-25.

Alic, J. A., et al. (1992). *Beyond Spinoff: Military and Commercial Technologies in a Changing World*.Boston, MA: Harvard Business Press.

Allen, G. C. (1981). *A Short Economic History of Modern Japan*. London: Palgrave Macmillan.

Amann, R., & J. Cooper (1982). *Industrial Innovation in the Soviet Union*.New Haven: Yale University Press.

Amsden, A. H. (1989). *Asia's Next Giant: South Korea and Late Industrialization*.New York: Oxford University Press.

Amsden, A. H. (1990). "South Korea's Record Wage Rates: Labor in Late. Industrialization." *Industrial Relations: A Journal of Economy and Society*,29(1): 77-93.

Amsden, A. H. (2001). *The Rise of "the Rest": Challenges to the West from Late-industrializing Economies*.New York: Oxford University Press.

Amsden, A. H. (2009). "Nationality of Firm Ownership in Developing Countries: Who Should 'Crowd out' whom in Imperfect Markets?" In M. Cimoli, G. Dosi, & J. E. Stiglitz (ed.).*Industrial Policy and Development: The Political Economy of Capabilities Accumulation*. Oxford: Oxford University Press.

Appleby, J. (2010). *The Relentless Revolution: A History of Capitalism*.New York: W.W. Norton & Company.

Arora, A., A. Gambardella & E. Rullani (1997). "Division of Labour and the Locus of Inventive Activity." *Journal of Management & Governance*,1(1):123-140.

Arrighi, G. (2009). *The Long Twentieth Century: Money, Power, and the Origins of Our Times*.London & New York: Verso Books.

Arrighi, G. (2007). *Adam Smith in Beijing: Lineages of the Twenty-first Century*.London & New York: Verso.

Atkinson, R. C., & W. A. Blanpied (2008). "Research Universities: Core of The US Science and Technology System." *Technology in Society*, 30(1):30-48.

Baldwin, C. Y., & K. B. Clark (2000). *Design Rules: Thc Powcr of Modularity* (Vol.1). Cambridge, MA: MIT Press.

Barge-Gil, A., & A. López (2014). "R&D Determinants: Accounting for the Differences between Research and Development." *Research Policy*, 43(9):1634-1648.

Baumard, P. (1999). *Tacit Knowledge in Organizations*. London, Thousand Oaks, Calif: Sage.

Baumol, W. J. (1986). "Productivity Growth, Convergence, and Welfare: What the Long-Run Data Show." *The American Economic Review*, 76(5):1072-1085.

Beer, J. H. (1959). *The Emergence of The German Dye Industry*. Urbana, IL: University of Illinois Press.

Belfiore, M. (2010). *The Department of Mad Scientists: How DARPA Is Remaking our World, from the Internet to Artificial Limbs*. New York: Harper Collins.

Bell, M. & K. Pavitt (1993). "Technological Accumulation and Industrial Growth: Contrasts between Developed and Developing Countries." *Industrial and Corporate Change*,2(1):157-210.

Ben-David, J. (1971).*The Scientist's Role in Society: A Comparative Study*.Englewood Cliffs, New Jersey: Prentice-Hall.

Benedict, R. (1946). *The Chrysanthemum and the Sword: Patterns of*

Japanese Culture.Boston: Houghton Mifflin Harcourt.

Bernstein, J. R. (1997a). "Japanese Capitalism." In T. K. McCraw (ed.). *Creating Modern Capitalism: How Entrepreneurs, Companies, and Countries Triumphed in Three Industrial Revolutions.* Cambridge, MA & London, England: Harvard University Press.

Bernstein, J. R. (1997b). "Toyota Automatic Looms and Toyota Automobiles." In T. K. McCraw (eds.). *Creating Modern Capitalism: How Entrepreneurs, Companies, and Countries Triumphed in Three Industrial Revolutions.* Cambridge, MA & London, England: Harvard University Press.

Best, M. (2001). *The New Competitive Advantage: The Renewal of American Industry*.Oxford: Oxford University Press.

Block, F. (2008). "Swimming against the Current: The Rise of a Hidden Developmental State in the United States." *Politics & Society*,36(2): 169-206.

Block, F., & M. R. Keller (2009). "Where Do Innovations Come from? Transformations in the US Economy, 1970-2006." *Socio-Economic Review*,7(3): 459-483.

Borrus, M., et al. (2000). *International Production Networks in Asia: Rivalry or Riches*.London & New York: Routledge.

Branscomb, L. M., et al. (1999). *Industrializing Knowledge, University-Industry Linkages in Japan and the United States.* Cambridge, MA: MIT Press.

Breschi, S., & F. Malerba (1997). "Sectoral Systems of Innovation: Technological Regimes, Schumpeterian Dynamics and Spatial Boundaries." In C. Edquist (ed.). *Systems of Innovation*.London:Pinter.

Buderi, R. (1996). *The Invention That Changed the World: How a*

Small Group of Radar Pioneers Won the Second World War and Launched a Technical Revolution.New York: Simon & Schuster.

Buderi, R. (2000). *Engines of Tomorrow: How the World's Best Companies Are Using their Research Labs to Win the Future*.New York: Simon & Schuster.

Bush, Vannevar (1945). *Science——The Endless Frontier: A Report to The President*.Washington: United States Government Printing Office.

Callon, S. (1995). *Divided Sun: MITI and the Breakdown of Japanese High－tech Industrial Policy, 1975－1993*. Stanford, Calif: Stanford University Press.

Cardwell, D. S. L. (1972). *Turning Points in Western Technology: A Study of Technology, Science, and History*. New York: Science History Publications.

Chaminade, C., B. Å. Lundvall, & S. Haneef (2018). *Advanced Introduction to National Innovation Systems*. Cheltenham, UK: Edward Elgar Publishing.

Chandler, A. D., Jr. (1962). *Strategy and Structure: Chapters in the History of the American Industrial Enterprise*.Cambridge, MA: MIT Press.

Chandler, A. D., Jr. (1977). *The Visible Hand: The Managerial Revolution in American Business*.Cambridge, MA: Harvard University Press.

Chandler, A. D., Jr. (1990). *Scale and Scope: The Dynamics of Industrial Capitalism*. Cambridge, MA: Belknap Press.

Chandler, A. D., Jr. (1994). "The Competitive Performance of U.S. Industrial Enterprises since the Second World War." *Business History Review*,68(1): 1–72.

Chandler, A. D., Jr., & J. W. Cortada (2000). *A Nation Transformed by Information: How Information Has Shaped the United States from Co-*

*lonial Times to the Present.*New York: Oxford University Press.

Chang, Ha-Joon (2002). *Kicking Away the Ladder: Development Strategy in Historical Perspective.*London: Anthem Press.

Chesbrough, H., W. Vanhaverbeke, & J. West (2006). *Open Innovation: Researching a New Paradigm.*Oxford: Oxford University Press.

Choung, J. Y., et al. (2014). "Transitions of Innovation Activities in Latecomer Countries: An Exploratory Case Study of South Korea." *World Development,*54:156-167.

Christensen, C. M. (1997). *The Innovator's Dilemma: When New Technologies Cause Great Firms to Fail.*Boston, MA: Harvard Business Review Press.

Christensen, J. L., & B-Å. Lundvall (2004). *Product Innovation, Interactive Learning and Economic Performance.*Oxford, Amsterdam & San Diego: Emerald Group Publishing Limited.

Clapham, J. H. (1921). *The Economic Development of France and Germany 1815-1914.*Cambridge UK: The University Press.

Clark, K. B. (1985). "The Interaction of Design Hierarchies and Market Concepts in Technological Evolution." *Research Policy,* 14 (5): 235-251.

Clark, K. B. & T. Fujimoto (1991). *Product Development Performance: Strategy, Organization, and Management in the World Auto Industry.* Boston: Harvard Business School Press.

Clark, W. (2006). *Academic Charisma and The Origins of The Research University.*Chicago & London: The University of Chicago Press.

Cohen, W. M. (2011). "Fifty Years of Empirical Studies of Innovative Activity and Performance." In B. Hall & N. Rosenberg (eds.). *Handbook of Economics of Innovation.*Amsterdam, The Netherlands: Elsevier.

Cohen, W. M., & R. C. Levin (1989). "Empirical Studies of Innovation and Market Structure." *Handbook of Industrial Organization*, 2:1059-1107.

Cohen, W. M., R. C. Levin, & D. C. Mowery (1987). "Firm Size and R&D Intensity: A Re-examination." *The Journal of Industrial Economics*, 35(4):543-565.

Contractor, F. J., et al. (2010). "Reconceptualizing the Firm in a World of Outsourcing and Offshoring: The Organizational and Geographical Relocation of High-Value Company Functions." *Journal of Management Studies*,47(8):1417-1433.

Cooke, P., et al. (1997). "Regional Innovation Systems: Institutional and Organisational Dimensions." *Research Policy*,26(4-5):475-491.

Crawcour, E. S. (1989). "Industrialization and Technological Change, 1885-1920." In P. Duus (ed.). *The Cambridge History of Japan* (Vol.6). Cambridge, UK: Cambridge University Press.

Currall, S. C., et al. (2014). *Organized Innovation: A Blueprint for Renewing America's Prosperity.* Oxford: Oxford University Press.

David, P. A. (1985). "Clio and the Economics of QWERTY." *The American Economic Review*,75(2):332-337.

David, P. A. (2005). "Path Dependence in Economic Processes: Implications for Policy Analysis in Dynamical System Contexts." In K. Dopfer (ed.). *The Evolutionary Foundations of Economics.* Cambridge & New York: Cambridge University Press.

David, P. A., & J. A. Bunn (1988). "The Economics of Gateway Technologies and Network Evolution: Lessons from Electricity Supply History." *Information Economics and Policy*,3(2):165-202.

David, P. A., & G. Wright (1992). *Resource Abundance and American*

Economic Leadership.CEPR Publication, No. 267, Standford University.

DeBresson, C. (1989). "Breeding Innovation Clusters: A Source of Dynamic Development." *World Development*,17(1): 1-16.

Dedrick, J., & K. L. Kraemer (1998). *Asia's Computer Challenge : Threat or Opportunity for the United States and the World* ? New York: Oxford University Press.

Dertouzos, M. L., et al. (1989). *Made in America*. Cambridge, MA: MIT Press.

Dore, R. (1986). *Flexible Rigidities: Industrial Policy and Structural Adjustment in the Japanese Economy, 1970-1980*.Stanford & Calif.: Stanford University Press.

Dosi, G. (1982). "Technological Paradigms and Technological Trajectories: A Suggested Interpretation of the Determinants and Directions of Technical Change." *Research Policy*,11(3): 147-162.

Dosi, G., & M. Egidi (1991). "Substantive and Procedural Uncertainty." *Journal of Evolutionary Economics*,1(2):145-168.

Dosi, G., & R. R. Nelson (2010). "Technical Change and Industrial Dynamics as Evolutionary Processes." In B. H. Hall, & N. Rosenberg (eds.). *Handbook of the Economics of Innovation* (Vol.1). Amsterdam, The Netherlands: Elsevier.

Drucker, P. F. (1946). *Concept of The Corporation*. New York: John Day.

Dupree, A. H. (1964). *Science in the Federal Government: A History of Policies and Activities to 1940*. Baltimore: Johns Hopkins University Press.

Edelstein, D. M. (2008). *Occupational Hazards: Success and Failure in Military Occupation*.New York & London: Cornell University Press.

Ernst, D., & L. Kim (2002). "Global Production Networks, Knowledge Diffusion, and Local Capability Formation." *Research Policy*, 31(8-9):1417-1429.

Estrin, J. (2009). *Closing the Innovation Gap: Reigniting the Spark of Creativity in a Global Economy* (Vol.38). New York: McGraw-Hill.

Etzkowitz, H. (1998). "The Norms of Entrepreneurial Science: Cognitive Effects of the New University-industry Linkages." *Research Policy*, 27(8):823-833.

Etzkowitz, H. (2012). "Triple Helix Clusters: Boundary Permeability at University—Industry—Government Interfaces as a Regional Innovation Strategy." *Environment and Planning C: Government and Policy*, 30(5): 766-779.

Etzkowitz, H., et al.(2008). "Pathways to the Entrepreneurial University: Towards a Global Convergence." *Science and Public Policy*, 35(9): 681-695.

Evans, H, (2004). *They Made America: From the Steam Engine to the Search Engine: Two Centuries of Innovators*. New York: Hachette Book Group.

Fagerberg, J. (2005). "Innovation: A Guide to the Literature." In J. Fagerberg, D. C. Mowery, & R. R. Nelson (eds.). *The Oxford Handbook of Innovation*.Oxford & New York: Oxford University Press.

Fagerberg, J., & M. M. Godinho (2005). "Innovation and Catching-up." In J. Fagerberg, D. C. Mowery, & R. R. Nelson (eds.). *The Oxford Handbook of Innovation*.Oxford & New York: Oxford University Press.

Farrell, J., & G. Saloner (1992). "Converters, Compatibility, and the Control of Interfaces." *The Journal of Industrial Economics*,40(1):9-35.

Fear, J. (1997). "German Capitalism." In T. K. McCraw (ed.). *Crea-*

*ting Modern Capitalism: How Entrepreneurs, Companies, and Countries Triumphed in Three Industrial Revolutions.*Cambridge, MA: Harvard University Press.

Feng, K. (2016). "Chinese Indigenous Innovation in the Car Sector." In Y. Zhou, W. Lazonick, & Y. Sun (eds.).*China as an Innovation Nation.* Oxford, UK: Oxford University Press.

Feng, K. (2020). *Innovation and Industrial Development in China: A Schumpeterian Perspective on China's Economic Transformation.* Abingdon, UK: Routledge.

Flaaen, A., S. E. Ghani, & S. Mishra (2013). "How to Avoid Middle Income Traps? Evidence from Malaysia." World Bank Policy Research Working Paper, April 1, 2013, No.6427.

Forbes, N., & D. Wield (2002). *From Followers to Leaders: Managing Technology and Innovation in Newly Industrializing Countries.*London & New York: Routledge.

Fransman, M. (1990). *The Market and Beyond: Cooperation and Competition in Information Technology.*Cambridge, UK: Cambridge University Press.

Fransman, M. (1999). *Visions of Innovation: The Firm and Japan.* Oxford & New York: Oxford University Press.

Fransman, M. (2010). *The New ICT Ecosystem: Implications for Policy and Regulation.*Cambridge, UK: Cambridge University Press.

Freeman, C. (1987). *Technology Policy and Economic Performance: Lessons from Japan.*London & New York: Pinter Publishers.

Freeman, C. (1988). "Japan: A New National System of Innovation?" In G. Dosi, C. Freeman, R. R. Nelson, G. Silverberg, & L. Soete (eds.). *Technical Change and Economic Theory.* London & New York:

Pinter Publishers.

Freeman, C. (1995). "The 'National System of Innovation' in Historical Perspective." *Cambridge Journal of Economics*,19(1):5-24.

Freeman, C. (2002). "Continental, National and Sub-National Innovation Systems—Complementarity and Economic Growth." *Research Policy*,31(2):191-211.

Freeman, C., & C. Perez (1988). "Structural Crises of Adjustment, Business Cycles and Investment Behavior." In G. Dosi, C. Freeman, R. R. Nelson, G. Silverberg, & L. Soete (eds.). *Technical Change and Economic Theory*.London & New York: Pinter Publishers.

Freeman, C., & F. Louca (2001). *As Time Goes By: From the Industrial Revolutions to the Information Revolution*. Oxford & New York: Oxford University Press.

Freeman, C. & L. Soete (1997). *The Economics of Industrial Innovation*.Cambridge, MA: MIT Press

Fremdling, R. (1983). "Germany." In P. O'Brien (ed.). *Railways and the Economic Development of Europe, 1830 - 1914*. London: Palgrave Macmillan.

Fuchs, E. R. (2010). "Rethinking the Role of the State in Technology Development: DARPA and the Case for Embedded Network Governance." *Research Policy*,39(9): 1133-1147.

Fujita, M., P. Krugman, & A. Venables (1999). *The Spatial Economy: Cities, Regions, and International Trade*.Cambridge, MA: MIT Press.

Gambardella, A., & M. Giarratana (2018). "General-Purpose Technology." In M. Augier and D. Teece (eds.). *The Palgrave Encyclopedia of Strategic Management*.London: Palgrave Macmillan.

Geels, F. W. (2002). "Technological Transitions as Evolutionary

Reconfiguration Processes: A Multi-level Perspective and a Case-Study." *Research Policy*,31(8-9): 1257-1274.

Gerschenkron, A. (1962). *Economic Backwards in Historical Perspective: A Book Essays.* Cambridge, MA: Belknap Press of Harvard University Press.

Gerschenkron, A. (1963). "The Early Phases of industrialization in Russia: Afterthoughts and Counterthoughts." In W. W. Rostow (ed.). *The Economics of Take-off into Sustained Growth.*London: Palgrave Macmillan.

Gerschenkron, A. (1968). *Continuity in History, and other Essays.* Cambridge, MA: Belknap Press of Harvard University Press.

Gerschenkron, A. (1970). *Europe in the Russian Mirror: Four Lectures in Economic History.* London: Cambridge University Press.

Gibbons, M., C. Limoges, H. Nowotny, S. Schwartzman, P. Scott, & M. Trow (1994). *The New Production of Knowledge: The Dynamics of Science and Research in Contemporary Societies.*London, UK: Sage Publications.

Gillispie, C. C., & K. Alder (1998). "Engineering the Revolution." *Technology and Culture*,39(4):733-754.

Gilpin, R. (1975). *U.S. Power and the Multinational Corporation: The Political Economy of Foreign Direct Investment.*New York: Basic Books.

Giuliani, E., C. Pietrobelli, & R. Rabellotti (2005). "Upgrading in Global Value Chains: Lessons from Latin American Clusters." *World Development*,33(4):549-573.

Gordon, A. (1985). *The Evolution of Labor Relations in Japan: Heavy Industry, 1853-1955.*Cambridge, MA: Harvard University Press.

Gordon, A. (2003). *A Modern History of Japan: From Tokugawa Times to the Present.*New York: Oxford University Press.

Gordon, R. B. (1989). "Simeon North, John Hall, and Mechanized Manufacturing." *Technology and Culture*,30(1): 179-188.

Goto, A., & H. Otayiri (1993). "The Japanese System of Innovation: Past, Present, and Future." In R. R. Nelson (ed.). *National Innovation System: A Comparative Analysis*.New York & Oxford: Oxford University Press.

Grant, R. M. (1991). "The Resource-based Theory of Competitive Advantage: Implications for Strategy Formulation." *California Management Review*,33(3):114-135.

Gu, S. (1999). *China's Industrial Technology: Market Reform and Organisational Change*.London & New York: Routledge.

Guston, D. H. (1994). "Congressmen and Scientists in The Making of Science Policy: The Allison Commission, 1884-1886." *Minerva*,32(1): 25-52.

Haggard, S. (2018). *Developmental States*. Cambridge, UK: Cambridge University Press.

Hamilton, A. (1791). "Alexander Hamilton's Final Version of the Report on the Subject of Manufactures." (On-Line Access: https://founders.archives.gov/documents/Hamilton/01-10-02-0001-0007)

Harryson, S. (1998). *Japanese Technology and Innovation Management: From Know-how to Know-who*.Cheltenham: Edward Elgar Publishing.

Hatch, W. F. (2010). *Asia's Flying Geese: How Regionalization Shapes Japan*.Ithaca: Cornell University Press.

Heilbroner, R. L., & W. Milberg (2011). *The Making of Economic Society*.Upper Saddle River, NJ: Prentice Hall.

Henderson, R. M., & K. B. Clark (1990). "Architectural Innovation: The Reconfiguration of Existing Product Technologies and The Failure of

Established Firms." *Administrative Science Quarterly*,35(1): 9–30.

Henderson, W. O. (1975). *The Rise of German Industrial Power, 1834–1914*.Berkeley: University of California Press.

Hessels, L. K., & H. van Lente (2008). "Re-thinking New Knowledge Production: A Literature Review and a Research Agenda." *Research Policy*,37(4): 740–760.

Hikino, T., & A. H. Amsden (1994). "Staying Behind, Stumbling Back, Sneaking Up, Soaring Ahead: Late Industrialization in Historical Perspective." In W. Baumol (ed.). *Convergence of Productivity: Cross-National Studies and Historical Evidence*. New York: Oxford University Press.

Hirschmann, A. O. (1958). *The Strategy of Economic Development*. New Haven: Yale University Press.

Hobday, M.(1995). *Innovation in East Asia: The Challenge to Japan*. Aldershot: Edward Elgar.

Hobday, M. (2003). "Innovation in Asian Industrialization: A Gerschenkronian Perspective." *Oxford Development Studies*,31(3):293–314.

Hounshell, D. (1984). *From the American System to MA Production, 1800–1932: The Development of Manufacturing Technology in The United States*.Baltimore, Maryland: The Johns Hopkins University Press.

Hughes, J. & L. P. Cain (1998). *American Economic History*. Reading, MA: Addison Wesley.

Hughes, T. P. (1983). *Networks of Power: Electrification in Western Society, 1880–1930*.Baltimore, MD: Johns Hopkins University Press.

Ikegami, E. (2005). *Bonds of Civility: Aesthetic Networks and the Political Origins of Japanese Culture*.Cambridge & New York: Cambridge University Press.

Jaffe, A. B., & J. Lerner (2004). *Innovation and its Discontents: How our Broken Patent System Is Endangering Innovation and Progress, and What to Do about It.* Princeton, N.J.: Princeton University Press.

Janeway, W. H. (2012). *Doing Capitalism in the Innovation Economy: Markets, Speculation and the State.* Cambridge, UK: Cambridge University Press.

Jensen, M. B., et al. (2007). "Forms of Knowledge and Modes of Innovation." *Research Policy*, 36(5): 680–693.

Johnson, B. (2010). "Institutional Learning." In B.A. Lundvall (ed.). *National Systems of Innovation: Towards a Theory of Innovation and Interactive Learning.* London: Anthem Press.

Johnson, C. A. (1982). *MITI and the Japanese Miracle: The Growth of Industrial Policy, 1925–1975.* Stanford, Calif: Stanford University Press.

Johnson, S. B. (2003). "Systems Integration and the Social Solution of Technical Problems in Complex Systems." In A. Prencipe, A. Davies, & M. Hobday (eds.). *The Business of Systems Integration.* Oxford, New York: Oxford University Press.

Jucevičius, G., & K. Grumadaitė (2014). "Smart Development of Innovation Ecosystem." *Procedia – Social and Behavioral Sciences*, 156:125–129.

Kanatsu, T. (2002). *Technology, Industrial Organization and Industrial Policy: Governments of South Korea and Taiwan in Information Technology Industrial Development.* PhD dissertation, Columbia University.

Keech, W. R., & M. C. Munger (2015). "The Anatomy of Government Failure." *Public Choice*, 164(1–2):1–42.

Kemp, R., et al. (1998). "Regime Shifts to Sustainability through Processes of Niche Formation: The Approach of Strategic Niche Management." *Technology Analysis & Strategic Management,*10(2): 175–198.

Kim, L. (1997). *Imitation to Innovation: The Dynamics of Korea's Technological Learning.*Boston: Harvard Business School Press.

Kim, L. (1998). "Crisis Construction and Organizational Learning: Capability Building in Catching-up at Hyundai Motor." *Organization Science,*9(4):506–521.

Kim, L. (2000). "Korea's National Innovation System in Transition." In L. Kim & R. R. Nelson (eds.). *Technology, Learning, and Innovation: Experiences of Newly Industrializing Economies.*Cambridge, UK: Cambridge University Press.

Kim, S. R., & N. von Tunzelmann (1998). "Aligning Internal and External Networks: Taiwan's Specialization in IT." Electronic Working Paper Series, No. 17, SPRU, University of Sussex.

Kim, Y. C. (2011). "The Park Regime and Labor Control Strategy: Formation and Evolution." *Journal of the Economic Geographical Society of Korea,*14(2):192–210.

Kivimaa, P., & F. Kern (2016). "Creative Destruction or Mere Niche Support? Innovation Policy Mixes for Sustainability Transitions." *Research Policy,*45(1): 205–217.

Kline, S.J., & N. Rosenberg (1986). "An Overview of Innovation." In R. Landau & N. Rosenberg (eds.). *The Positive Sum Strategy. Harnessing Technology for Economic Growth.*Washington,DC: National Academy Press.

Knight, F. H.(1921). *Risk, Uncertainty, and Profit.* Boston & New York: Houghton Mifflin Company.

Kohli, A. (1994). "Where Do High Growth Political Economies Come from? The Japanese Lineage of Korea's 'Developmental State'."

World Development,22(9):1269-1293.

Kohli, A. (2004). *State-directed Development: Political Power and Industrialization in the Global Periphery.* Cambridge, UK: Cambridge University Press.

Kojima, K. (1978). *Direct Foreign Investment. A Japanese Model of Multinational Business Operations.* London: Croom Helm.

Kojima, K. (2000). "The 'Flying Geese' Model of Asian Economic Development: Origin, Theoretical Extensions, and Regional Policy Implications." *Journal of Asian Economics*,11(4): 375-401.

Krammer, S. M. (2009). "Drivers of National Innovation in Transition: Evidence from a Panel of Eastern European Countries." *Research Policy*,38(5):845-860.

Krugman, P. (1986). *Strategic Trade Policy and the New International Economics.* Cambridge, MA: MIT Press.

Krugman, P. (1990). *Rethinking International Trade.* Cambridge, MA: MIT Press.

Krugman, P. (1994). "The Myth of Asia's Miracle." *Foreign Affairs*, 73(6): 62-78.

Landes, D. S. (1969). *The Unbound Prometheus: Technological Change and Industrial Development in Western Europe from 1750 to the Present.* Cambridge, UK: Cambridge University Press.

Langlois, R., & E. Steinmueller (1999). "The Evolution of Competitive Advantage in the Worldwide Semiconductor Industry." In D. C. Mowery & R. R. Nelson (eds.). *Sources of Industrial Leadership.* Cambridge, UK: Cambridge University Press.

Lardy, R. N. (1987). *China's Entry into the World Economy: Implications for Northeast Asia and the United States.* Lanham, MD: University

Press of America.

Lazonick, W. (1990). *Competitive Advantage on the Shop Floor.* Cambridge, MA: Harvard University Press.

Lazonick, W., & J. West (1995). "Organizational Integration and Competitive Advantage: Explaining Strategy and Performance in American Industry." *Industrial and Corporate Change*,4(1):229–270.

Lee, K. (2013). *Schumpeterian Analysis of Economic Catch–Up: Knowledge, Path–Creation, and the Middle–Income Trap.* Cambridge,UK & New York: Cambridge University Press.

Lee, K., & C. Lim (2001). "Technological Regimes, Catching–Up and Leapfrogging: Findings from the Korean Industries." *Research Policy*, 30(3):459–483.

Lee, K., J. Song, & J. Kwak (2015). "An Exploratory Study on the Transition from OEM to OBM: Case Studies of SMEs in Korea." *Industry and Innovation*,22(5): 423–442.

Lee, T. L., & N. von Tunzelmann (2005). "A Dynamic Analytic Approach to National Innovation Systems: The IC Industry in Taiwan." *Research Policy*,34(4): 425–440.

Lee, W. Y. (2000). "The Role of Science and Technology Policy in Korea's Industrial Development." In L. Kim, & R. R. Nelson (eds.). *Technology, Learning, and Innovation.* Cambridge, UK: Cambridge University Press.

Leonard–Barton, D. (1992). "Core Capabilities and Core Rigidities: A Paradox in Managing New Product Development." *Strategic Management Journal*,13(S1):111–125.

Lerner, J. (1999). "Venture capital and the commercialization of Academic Technology: Symbiosis and Paradox." In L. M. Branscomb, F. Kodama, & R. Florida (eds.). *Industrializing Knowledge: University-Industry Linkages in Japan and the United States.*Cambridge, MA: MIT Press.

Levin, R. C., et al. (1985). "R&D Appropriability, Opportunity, and Market Structure: New Evidence on some Schumpeterian Hypotheses." *The American Economic Review,*75(2): 20-24.

Levin, R. C., et al.(1987). "Appropriating the Returns from Industrial Rcscarch and Development." *Brookings Papers on Fconomic Activity,* 1987(3):783-831.

Leydesdorff, L., & H. Etzkowitz (1996). "Emergence of a Triple Helix of University—Industry—Government Relations." *Science and Public Policy,*23(5):279-286.

Lipsey, R. E. (2000). "U.S. Foreign Trade and The Balance of Payments, 1800-1913." In S. L. Engerman & R. E. Gallman (eds.). *The Cambridge Economic History of The United States: The Long Nineteenth Century.*Cambridge, UK: Cambridge University Press.

List, F. (1885). *The National System of Political Economy.*London: Longmans, Green & Co.

Lucas, R. E., Jr. (1988). "On the Mechanics of Economic Development." *Journal of Monetary Economics,*22(1):3-42.

Lundvall, B-Å. (1985). *Product Innovation and User-Producer Interaction.*Aalborg: Aalborg Universitetsforlag.

Lundvall, B-Å. (1988). "Innovation as An Interactive Process: From User-producer Interaction to the National System of Innovation." In G. Dosi, C. Freeman, R. R. Nelson, G. Silverberg, & L. Soete (eds.). *Technical Change and Economic Theory.*London & New York: Pinter Publishers.

Lundvall, B-Å. (1992). *National Innovation Systems: Towards a Theory of Innovation and Interactive Learning.*London Pinter Publishers.

Lundvall, B-Å. (2007). "National Innovation Systems—Analytical Concept and Development Tool." *Industry and Innovation*,14(1): 95-119.

Lundvall, B-Å., & B. Johnson (1994). "The Learning Economy." *Industry and Innovation*,1(2): 23-42.

Lundvall, B-Å., et al. (2002). "National Systems of Production, Innovation and Competence Building." *Research Policy*,31(2): 213-231.

Lundvall, B-Å., P. Intarakumnerd, & J. Vang (2006). "Asia's Innovation Systems in Transition: An Introduction." In B-Å. Lundvall, P. Intarakumnerd, & J. Vang (eds.). *Asia's Innovation System in Transition*.Cheltenham, UK: Edward Elgar.

Maddison, A. (2001). *The World Economy: A Millennial Perspective.* Paris: OECD Publishing.

Maddison, A. (2007). *Chinese Economic Performance in the Long Run*.Paris: OECD Publishing.

Malerba, F., et al. (2016). *Innovation and the Evolution of Industries: History-Friendly Models*.Cambridge, UK: Cambridge University Press.

Malerba, F., & R. Nelson (2011). "Learning and Catching up in Different Sectoral Systems: Evidence from Six Industries." *Industrial and Corporate Change*,20(6):1645-1675.

Mann, M. (2012). *The Sources of Social Power: A History of Power from the Beginning to AD 1760* (Vol.1). Cambridge, UK: Cambridge University Press.

Mansfield, E. (1980). "Basic Research and Productivity Increase in Manufacturing." *The American Economic Review*,70(5):863-873.

Mathews, J. A., & D. S. Cho (2000). *Tiger Technology: The Creation of a Semiconductor Industry in East Asia*.Cambridge, UK & New York: Cambridge University Press.

Mattsson, Lars-Gunnar (1998). "Dynamics of Overlapping Networks and Strategic Actions by the International Firm." In A. Chandler, P. Hagstrom, & O. Solvell (eds.). *The Dynamic Firm: The Role of Technology, Strategy, Organization, and Regions.* Oxford: Oxford University Press.

Mazzucato, M. (2013). *The Entrepreneurial State: Debunking Private vs. Public Sector Myths in Risk and Innovation.* London: Anthem Press.

McCaffrey, M. (2009). "Entrepreneurship, Economic Evolution, and the End of Capitalism: Reconsidering Schumpeter's Thesis." *The Quarterly Journal of Austrian Economics,* 12(4):3-21.

McCraw, T. K. (1997). "American Capitalism." In T. K. McCraw (ed.). *Creating Modern Capitalism: How Entrepreneurs, Companies, and Countries Triumphed in Three Industrial Revolutions.* Cambridge, MA & London, England: Harvard University Press.

McCraw, T. K. (2007). *Prophet of Innovation: Joseph Schumpeter and Creative Destruction.* Cambridge, MA: Belknap Press of Harvard University Press.

Merges, R. P., & R. R. Nelson (1994). "On Limiting or Encouraging Rivalry in Technical Progress: The Effect of Patent Scope Decisions." *Journal of Economic Behavior & Organization,* 25(1):1-24.

Ministry of Finance, Japan (2022). "Japanese Public Finance Fact Sheet." (Accessed Online: https://www.mof.go.jp/english/policy/budget/budget/fy2022/01.pdf)

Mokyr, J. (1990). *The Lever of Riches: Technological Creativity and Economic Progress.* New York: Oxford University Press.

Mokyr, J. (1994). "Cardwell's Law and the Political Economy of Technological Progress." *Research Policy,* 23(5):561-574.

Mokyr, J. (2002). *The Gifts of Athena: Historical Origins of the*

*Knowledge Economy.*Princeton, NJ: Princeton University Press.

Moss, D. A. (1997). "The Deutsche Bank." In T. K. McCraw (ed.). *Creating Modern Capitalism: How Entrepreneurs, Companies, and Countries Triumphed in Three Industrial Revolutions.*Cambridge, MA: Harvard University Press.

Mowery, D. C., & N. Rosenberg (1998). *Paths of Innovation: Technological Change in 20th-century America.*Cambridge,UK & New York: Cambridge University Press.

Mowery, D. C., & R. R. Nelson (1999). *Sources of Industrial Leadership: Studies of Seven Industries.*Cambridge, UK: Cambridge University Press.

Mudambi, R. (2008). "Location, Control and Innovation in Knowledge-intensive Industries." *Journal of Economic Geography,*8(5):699-725.

Murmann, J. P. (2003). *Knowledge and Competitive Advantage: The Coevolution of Firms, Technology, and National Institutions.* New York: Cambridge University Press.

Murrell, P. (1990). *The Nature of Socialist Economics: Lessons from Eastern European Foreign Trade.*Princeton: Princeton University Press.

Naisbitt, J. (1994). *Global Paradox: The Bigger the World Economy, the More Powerful its Smallest Players.*New York：W.Morrow.

Narula, R., & J. H. Dunning (2000). "Industrial Development, Globalization and Multinational Enterprises: New Realities for Developing Countries." *Oxford Development Studies,*28(2): 141-167.

National Science Board (2000). *Science and Engineering Indicators.* Arlington, VA: National Science Foundation.

Naughton, B. J. (2007). *The Chinese Economy: Transitions and Growth.*Cambridge, MA: MIT Press.

Neal, H. A., et al. (2008). *Beyond Sputnik: U.S. Science Policy in the Twenty-first Century.* Ann Arbor: University of Michigan Press.

Needham, J. (1954). *Science and Civilisation in China* (Vol.1). Cambridge, UK: Cambridge University Press.

Nelson, J. R. (1979). "Alexander Hamilton and American Manufacturing: A Reexamination." *The Journal of American History,* 65 (4): 971-995.

Nelson, R. R. (1962). "The Link between science and Invention: The Case of the Transistor." In Universities-National Bureau Committee for Economic Research & Committee on Economic Growth of the Social Science Research Council (ed.). *The Rate and Direction of Inventive Activity: Economic and Social Factors.* Princeton: Princeton University Press.

Nelson, R. R. (1988). "Institutions Supporting Technical Change in the United States." In G. Dosi, C. Freeman, R. R. Nelson, G. Silverberg, & L. Soete (eds.). *Technical Change and Economic Theory.* London & New York: Pinter Publishers.

Nelson, R. R. (1990). "Capitalism as an Engine of Progress." *Research Policy,* 19(3): 193-214.

Nelson, R. R. (1991). "Why Do Firms Differ, and How Does it Matter?" *Strategic Management Journal,* 12: 61-74.

Nelson, R. R. (1992). "National Innovation Systems: A Retrospective on a Study." *Industrial and Corporate Change,* 1(2): 347-374.

Nelson, R. R. (1993). *National Innovation Systems: A Comparative Analysis.* New York & Oxford: Oxford University Press.

Nelson, R. R. (1994). "The Co-evolution of Technology, Industrial Structure, and Supporting Institutions." *Industrial and Corporate Change,* 3 (1): 47-63.

Nelson, R. R. (2008). “What Enables Rapid Economic Progress: What are the Needed Institutions?” *Research Policy*,37(1):1–11.

Nelson, R. R., & B. N. Sampat (2001). “Making Sense of Institutions as a Factor Shaping Economic Performance.” *Journal of Economic Behavior & Organization*,44(1):31–54.

Nelson, R. R., & G. Wright (1992). “The Rise and Fall of American Technological Leadership: The Postwar Era in Historical Perspective.” *Journal of Economic Literature*,30(4): 1931–1964.

Nelson, R. R., & H. Pack (1999). “The Asian Miracle and Modern Growth Theory.” *The Economic Journal*,109(457):416–436.

Nelson, R. R., & S. G. Winter (1982). *An Evolutionary Theory of Economic Change*. Cambridge, MA & London, England: The Belknap Press of Harvard University Press.

Noble, D. F. (1977). *America by Design: Science, Technology, and the Rise of Corporate Capitalism*.Oxford & New York: Oxford University Press.

Noble, D. F. (1984).*Forces of Production: A Social History of Industrial Automation*.New York: Alfred A. Knopf.

Norman, E. H. (2000). *Japan's Emergence as a Modern State: Political and Economic Problems of The Meiji Period*. Vancouver: UBC Press.

North, D. (1981). *Structure and Change in Economic History*. New York: W.W. Norton & Company.

Nussbaum, F. L. (1933). *A History of the Economic Institutions of Modern Europe: An Introduction of der Moderne Kapitalismus of Werner Sombart*.New York: F.S. Crofts & Co.

Odagiri, H. and A. Goto (1993). “The Japanese System of Innovation: Past Present and Future.” In Richard R. Nelson(ed.). *National Innova-*

tion Systems: A Comparative Analysis. New York and Oxford: Oxford University Press.

OECD (1997). *National Innovation Systems.* Paris: OECD.

OECD (1999a). *Managing National Innovation Systems.* Paris: OECD.

OECD (1999b). *Boosting Innovation: The Cluster Approach.* Paris: OECD.

OECD (2012). *Competitive Neutrality: National Practices.* Paris: OECD.

Office of Management and Budget (2021). "Budget of the U.S. Government Fiscal Year 2022." (Accessed Online: https://www.whitehouse.gov/wp-content/uploads/2021/05/budget_fy22.pdf)

Ohmae, K. (1990). "The Borderless World." *McKinsey Quarterly,* (3): 3-19.

Okimoto, D. I. (1989). *Between MITI and the Market: Japanese Industrial Policy for High Technology.* Stanford, Calif.: Stanford University Press.

Ozawa, T. (1993). "Foreign Direct Investment and Structural Transformation: Japan as a Recycler of Market and Industry." *Business & The Contemporary World,* 5(2): 129-150.

Ozawa, T. (2009). *The Rise of Asia: The "Flying-Geese" Theory of Tandem Growth and Regional Agglomeration.* Cheltenham, UK: Edward Elgar.

Pavitt, K. (1984). "Sectoral Patterns of Technical Change: Towards a Taxonomy and a Theory." *Research Policy,* 13(6):343-373.

Pavitt, K. (1999). *Technology, Management and Systems of Innovation.* Cheltenham, UK: Edward Elgar Publishing.

Pavitt, K. (2003). "Specialization and Systems Integration: Where Manufacture and Services Still Meet." In A. Prencipe, A. Davies, & M. Hobday (eds.). *The Business of Systems Integration.* Oxford, New York: Oxford University Press.

Pelikan, P. (1988). "Can the Imperfect Innovation Systems of Capitalism Be Outperformed?" In G. Dosi, C. Freeman, R. R. Nelson, G. Silverberg, & L. Soete (eds.). *Technical Change and Economic Theory.* London & New York: Pinter Publishers.

Pempel, T. J. (1999). "The Developmental Regime in a Changing World Economy." In M. Woo-Cumings (ed.). *The Developmental State.* New York: Cornell University Press.

Pepper, S. (1984). *China's Universities: Post-Mao Enrollment Policies and their Impact on the Structure of Secondary Education.* Ann Arbor: Center for Chinese Studies, University of Michigan.

Pepper, S. (2000). *Radicalism and Education Reform in 20th-century China: The Search for an Ideal Development Model.* Cambridge, UK: Cambridge University Press.

Perez, C. (1983). "Structural Change and Assimilation of New Technologies in the Economic and Social Systems." *Futures,* 15(5): 357-375.

Perez, C. (2002). *Technological Revolutions and Financial Capital: The Dynamics of Bubbles and Golden Ages.* Cheltenham, UK: Edward Elgar Publishing.

Perez, C. & L. Soete (1988). "Catching up in Technology: Entry Barriers and Windows of Opportunity." In G. Dosi, C. Freeman, R. R. Nelson, G. Silverberg, & L. Soete (eds.). *Technical Change and Economic Theory.* London & New York: Pinter Publishers.

Perkins, D. & S. Yusuf (1984). *Rural Development in China.* Baltimore & London: The Johns Hopkins University Press.

Pilinkienė, V., & P. Mačiulis (2014). "Comparison of Different Ecosystem Analogies: The Main Economic Determinants and Levels of Impact." *Procedia-Social and Behavioral Sciences*,156:365-370.

Piore, M., & C. Sabel (1984). *The Second Industrial Divide: Possibilities for Prosperity*. New York: Basic Books.

Pisano, G. P., & W. C. Shih (2012). *Producing Prosperity: Why America Needs a Manufacturing Renaissance*. Boston, MA: Harvard Business Review Press.

Polanyi, K. (1957). *The Great Transformation: Economic and Political Origins of Our Time*. Boston: Beacon Press.

Polanyi, M. (1966). *The Tacit Dimension*. Chicago & London: The University of Chicago Press.

Pomeranz, K., & S. Topik (2013). *The World That Trade Created: Society, Culture and the World Economy, 1400 to the Present*. Armonk, N. Y.: M. E. Sharpe.

Porter, M. E. (1990). *The Competitive Advantage of Nations*. New York: Free Press.

Porter, M. E., & Ö. Sölvell(1998). "The Role of Geography in the Process of Innovation and the Sustainable Competitive Advantage of Firms." In A.D. Chandler, P. Hagström, & Ö. Sölvell (eds.). *The Dynamic Firm: The Role of Technology, Strategy, Organization, and Regions*. New York: Oxford University Press.

Porter, M. E., et al. (2000). *Can Japan Compete?* London: Macmillan.

Powell, W. M. (1990). "Neither Market nor Hierarchy: Network Forms of Organization." In B. M. Staw & L. L. Cummings (eds.). *Research in Organizational Behavior* (Vol.12). Greenwich, CT: JAI Press.

Quah, D. T. (1996). “Twin Peaks: Growth and Convergence in Models of Distribution Dynamics.” *The Economic Journal*,106(437): 1045–1055.

Rearden, S. L. (2012). *Council of War: A History of the Joint Chiefs of Staff, 1942–1991*.Washington, D.C.: NDU Press.

Rodrik, D. (2007). *One Economics, Many Recipes: Globalization, Institutions, and Economic Growth*. Princeton,NJ: Princeton University Press.

Rodrik, D. (2011). *The Globalization Paradox: Democracy and the Future of the World Economy*.New York: W. W. Norton & Co.

Romer, P. M. (1986). “Increasing Returns and Long-run Growth.” *Journal of Political Economy*,94(5): 1002–1037.

Rosenberg, N. (1963). “Technological Change in the Machine Tool Industry, 1840–1910.” *The Journal of Economic History*,23(4): 414–443.

Rosenberg, N. (1969). “The Direction of Technological Change: Inducement Mechanisms and Focusing Devices.” *Economic Development and Cultural Change*,18(1):1–24.

Rosenberg, N. (1976). *Perspectives on Technology*. Cambridge, UK: Cambridge University Press.

Rosenberg, N. (1985). “The Commercial Exploitation of Science by American Industry.” In K. Clark, A. Hayes, & C. Lorenz (eds.). *The Uneasy Alliance: Managing the Productive-Technology Dilemma*. Boston, MA: HBS Press.

Rosenberg, N. (1996). “Uncertainty and Technological Change.” In R. Landau, T. Taylor, & G. Wright (eds.). *The Mosaic of Economic Growth*.Stanford, California: Stanford University Press.

Rosenberg, N., & D. C. Mowery (1991). *Technology and the Pursuit of Economic Growth*.Cambridge, England: Cambridge University Press.

Rosenberg, N., & L. E. Birdzell (1986). *How the West Grew Rich:*

The Economic Transformation of the Industrial World. New York: Basic Books.

Rosenberg, N., & R. R. Nelson (1994). "American Universities and Technical Advance in Industry." *Research Policy*,23(3): 323–348.

Rostow, W. W. (1960). *The United States in the World Arena: An Essay in Recent History.* New York: Harper & Brothers.

Rothbard, M. N. (2009). *Man, Economy, and State with Power and Market.* Auburn, Ala: Ludwig von Mises Institute.

Rothwell, R., & P. Gardiner (1985). "Invention, Innovation, Re-innovation and the Role of the User: A Case Study of British Hovercraft Development." *Technovation*,3(3): 167–186.

Saxenian, A. (1996). *Regional Advantage: Culture and Competition in Silicon Valley and Route 128.* Cambridge, MA: Harvard University Press.

Schmitz, H. (2007). "Transitions and Trajectories in the Build-up of Innovation Capabilities: Insights from the Global Value Chain Approach." *Asian Journal of Technology Innovation*,15(2):151–160.

Schrank, A., & J. Whitford (2009). "Industrial Policy in the United States: A Neo-Polanyian Interpretation." *Politics & Society*, 37(4): 521–553.

Schumpeter, J. A. (1961). *The Theory of Economic Development: An Inquiry into Profits, Capital, Credit, Interest, and the Business Cycle.* Cambridge, MA: Harvard University Press.

Schumpeter, J. A. (1976). *Capitalism, Socialism and Democracy.* London: George Allen and Unwin.

Seward, W. H., & G. E. Baker(1853). *The Works of William H. Seward.* New York: Redfield.

Shapiro, C., & H. R. Varian (1999). *Information Rules: A Strategic Guide to the Network Economy.* Boston, MA: Harvard Business School Press.

Shimokawa, K. (1994). *The Japanese Automobile Industry: A Business History.* London, Atlantic Highlands, NJ: Athlone Press.

Shin, J-S. (1996). *The Economics of the Latecomers: Catching-Up, Technology Transfer and Institutions in Germany, Japan and South Korea.* London & New York: Routledge.

Shin, J-S. (2002). "The East Asian Industrialization in the Gerschenkronian Mirror: Catching-up Strategies and Institutional Transition." Working Paper No. 0208, Department of Economics, National University of Singapore.

Shinohara, M. (1982). *Industrial Growth, Trade, and Dynamic Patterns in the Japanese Economy.* Tokyo: University of Tokyo Press.

Smith, B. L. R. (1990). *American Science Policy Since World War II.* Washington, D.C.: Brookings Institution Press.

Smith, M. R. (1973). "John H. Hall, Simeon North, and the Milling Machine: The Nature of Innovation Among Antebellum Arms Makers." *Technology and Culture,* 14(4): 573-591.

Solow, R. M. (1955). "The Production Function and the Theory of Capital." *The Review of Economic Studies,* 23(2): 101-108.

Solow, R. M. (1956). "A Contribution to the Theory of Economic Growth." *The Quarterly Journal of Economics,* 70(1): 65-94.

Sölvell, Ö., & I. Zander (1998). "International Diffusion of Knowledge: Isolating Mechanisms and the Role of the MNE." In A. D. Chandler, P. Hagström, & Ö. Sölvell (eds.). *The Dynamic Firm: The Role of Technology, Strategy, Organization, and Regions.* New York: Oxford University Press.

Stiglitz, J. E., & B. Greenwald (2014). *Creating a Learning Society.* New York: Columbia University Press.

Stokes, D. E. (1997). *Pasteur's Quadrant: Basic Science and Technological Innovation.* Washington, DC: Brookings Institution Press.

Storper, M., & B. Harrison, (1991). "Flexibility, Hierarchy and Regional Development: The Changing Structure of Industrial Production Systems and their Forms of Governance in the 1990s." *Research Policy,* 20(5): 407–422.

Storz, C. (2008). "Dynamics in Innovation Systems: Evidence from Japan's Game Software Industry." *Research Policy,*37(9):1480–1491.

Sturgeon, T. J. (2002). "Modular Production Networks: A New American Model of Industrial Organization." *Industrial and Corporate Change,*11 (3): 451–496.

Taylor, A. (2016). *American Revolutions: A Continental History, 1750–1804.* New York: W.W. Norton & Company.

Teece, D. J. (1986). "Profiting from Technological Innovation: Implications for Integration, Collaboration, Licensing and Public Policy." *Research Policy,*15(6):285–305.

Thelen, K. (2004). *How Institutions Evolve: The Political Economy of Skills in Germany, Britain, the United States, and Japan.* Cambridge & New York: Cambridge University Press.

Thurow, L. (1992). *Head to Head: The Coming Economic Battle among Japan, Europe, and America.* New York: Morrow.

Tilly, C. (1975). *The Formation of National States in Western Europe.* Princeton, New Jersey : Princeton University Press.

Tilly, C. (1992). *Coercion, Capital, and European States, AD 990–*

*1992.*Cambridge, MA: Blackwell.

Tilly, R. H. (1978). "Capital formation in Germany in the Nineteenth Century." In M. M. Postan, D.C. Coleman, Peter Mathias (eds.). *The Cambridge Economic History of Europe* (Vol 7). Cambridge, UK: Cambridge University Press.

Tushman, M. L., & P. Anderson (1986). "Technological Discontinuities and Organizational Environments." *Administrative Science Quarterly,* 31(3): 439-465.

Tyson, L. D. A. (1993). *Who's Bashing Whom? Trade Conflict in High-Technology Industries.*Washington, DC: Peterson Institute for International Economics.

Utterback, J. M. (1994). *Mastering the Dynamics of Innovation.*Boston, MA: Harvard Business School Press.

Utterback, J. M., & W. J. Abernathy (1975). "A Dynamic Model of Process and Product Innovation." *Omega,*3(6): 639-656.

Utterback, J. M., & F. F. Suárez (1993). "Innovation, Competition, and Industry Structure." *Research Policy,*22(1): 1-21.

Veblen, T. (1915). *Imperial Germany and the Industrial Revolution.* Akron: Macmillian Publishers.

Vernon, R. (1966). "International Investment and International Trade in The Product Cycle." *The Quarterly Journal of Economics,* 80 (2): 190-207.

Vincenti, W. G. (1993). *What Engineers Know and How They Know It: Analytical Studies from Aeronautical History.*Baltimore & London: The Johns Hopkins University Press.

Viotti, E. B. (2002). "National Learning Systems: A New Approach on Technological Change in Late Industrializing Economies and Evidences from the Cases of Brazil and South Korea." *Technological Forecasting and Social Change*,69(7): 653–680.

Vogel, E. F. (1979). *Japan As Number One: Lessons for America.* New York: Harper Colophon Books.

Vogel, E. F. (2011). *Deng Xiaoping and the Transformation of China.* Cambridge, MA: Belknap Press of Harvard University Press.

von Hippel, E. (1976). "Thc Dominant Role of Users in the Scientific Instrument Innovation Process." *Research Policy*,5(3): 212–239.

von Hippel, E. (1986). "Lead Users: A Source of Novel Product Concepts." *Management Science*,32(7): 791–805.

von Hippel, E. (1988). *The Sources of Innovation.*New York: Oxford University Press.

von Hippel, E. (1994). "'Sticky Information' and the Locus of Problem Solving: Implications for Innovation." *Management Science*,40(4): 429–439.

von Hippel, E. (2005). *Democratizing Innovation.* Cambridge, MA: MIT Press.

von Tunzelmann, N. (1995). *Technology and Industrial Progress: The Foundations of Economic Growth.*Aldershot, UK: Edward Elgar Publishing.

von Tunzelmann, N. (2003). "Historical Coevolution of Governance and Technology in the Industrial Revolutions." *Structural Change and Economic Dynamics*,14(4): 365–384.

von Tunzelmann, N., & V. Acha (2005). "Innovation in 'Low-Tech' Industries." In J. Fagerberg, D. C. Mowery, & R. R. Nelson (eds.). *The Oxford Handbook of Innovation.* Oxford & New York: Oxford University Press.

Wade, R. (1990). *Governing the Market: Economic Theory and the*

Role of Government in East Asian Industrialization. Princeton, NJ: Princeton University Press.

Walton, G. M., & H. Rockoff (2005). *History of The American Economy.* Mason, USA: Cengage Learning.

Wang, Q., & N. von Tunzelmann (2000). "Complexity and the Functions of the Firm: Breadth and Depth." *Research Policy*, 29(7–8):805–818.

Wang, Z. (2008). *In Sputnik's Shadow: The President's Science Advisory Committee and Cold War America.* New Brunswick, New Jersey & London: Rutgers University Press.

Weiss, L. (1995). "Governed Interdependence: Rethinking the Government–business Relationship in East Asia." *The Pacific Review*, 8(4): 589–616.

Weiss, L. (2014). *America Inc.? Innovation and Enterprise in the National Security State.* Ithaca & London: Cornell University Press.

Weiss, L., & J. M. Hobson (1995). *States and Economic Development: A Comparative Historical Analysis.* Cambridge, MA: Polity Press.

Westney, D. E. (1987). *Imitation and Innovation: The Transfer of Western Organizational Patterns to Meiji Japan.* Cambridge, MA: Harvard University Press.

Whitehead, A. N. (1926). *Science and the Modern World: Lowell Lectures, 1925.* Cambridge: Cambridge University Press.

Whitley, R. (1999). *Divergent Capitalisms: The Social Structuring and Change of Business Systems.* Oxford, New York: Oxford University Press.

Wiles, P. (1981). "A Sovietological View." In A. Heertje (ed.). *Schumpeter's Vision: "Capitalism, Socialism, and Democracy" after 40 Years.* Eastbourne, UK: Praeger.

Womack, J. P., et al. (1990). *The Machine that Changed the World.* New York: Rawson Associates.

World Bank (1991). *World Development Report 1991: The Challenge of Development.*New York: Oxford University Press.

Yamauchi, I. (1983). "Long-range Strategic Planning in Japanese R and D." *Futures,*15(5): 328-341.

Yamazawa, I. (1990). *Economic Development and International Trade: The Japanese Model.*Honolulu, Hawaii: Resource Systems Institute, East-West Center.

Yamazawa, I. & A. Hirata (1993). *Trade Policies Towards Developing Countries.*New York: Palgrave Macmillan .

Zachary, G. P. (1997). *Endless Frontier: Vannevar Bush, Engineer of the American Century.*New York: Free Press.

Zhou, Y. & X. Liu (2016). "Evolution of Chinese State Policies on Innovation." In Y. Zhou, W. Lazonick, & Y. Sun (eds.). *China as an Innovation Nation.*Oxford, UK: Oxford University Press.